U0946958

故宮珍本六壬三書 (上)

六壬類聚　臨川紀大奎◎輯著　張越◎點校

六壬經緯　京江鐵甕子◎著

華齡出版社

责任编辑：薛　治
责任印制：李未圻

图书在版编目（CIP）数据

故宫珍本六壬三书 / 张越点校. —北京：华龄出版社，2017.9
ISBN 978-7-5169-1042-9

Ⅰ.①故…　Ⅱ.①张…　Ⅲ.①学－古籍－善本－汇编－中国
Ⅳ.①B2

中国版本图书馆 CIP 数据核字（2017）第 224506 号

书　　名：故宫珍本六壬三书
作　　者：张　越 点校
出版发行：华龄出版社
印　　刷：三河市九洲财鑫印刷有限公司
版　　次：2017 年 11 月第 1 版　2017 年 11 月第 1 次印刷
开　　本：720×1020　1/16　　印　　张：35.75
字　　数：550 千字
定　　价：128.00 元（全二册）

地　　址：北京市朝阳区东大桥斜街 4 号　　邮　　编：100020
电　　话：（010）58124218　　传　　真：（010）58124204
网　　址：http://www.hualingpress.com

总目录

上　册

下　册

太史　馮夔揚先生　鑒定

六壬經緯

京江　鐵甕子　著

目　录

序

丹徒毛氏，以数学名于乡荐，绅士大夫，咸钦其术。有毛生者，持《六壬经纬》来谒，请为序。其书六卷：曰演法，曰神煞，曰格局，曰断占，曰类相，曰定式，条分缕析，皆其祖父所传，秘不示人者。余儒家也，儒者言数始《河图》、《洛书》。大《易》之卦象、《尚书》之《洪范》并言数而理即寓焉。《春秋左氏传》所载龟筮之占，其理颇微妙，非有所授受，不得其解。汉以后，各自为家，如九流一十一家，传其术者，各有师授，莫得而湙考。近世所传，独六壬占多奇中，考前代如《常阳经》、《金銮密记》，亦有所授受。大都自隐其名，弗令人通晓。术家务秘其传，以矜奇辟云尔。丹徒毛氏，擅是术三世矣。毛生欲以是书传诸人，其意盖以数者天地自然之理，趋吉避凶亦儒家之道，所宜通晓。毛生其不囿于术者欤！生祖一驹、父翥并以术名。生名志道，号铁瓮子，世居丹徒千秋桥畔云。

时　雍正三年乙巳五月

赐进士出身　翰林院庶吉士

特授江南镇江府丹徒县知县金溪冯咏拜撰

自 序

余，汉儒毛公，讳苌，裔也。自宋龙图阁待制讳友公，来任镇江军府，启宇千秋桥畔，名曰归与斋，宦迹、居址两载郡志，丹徒故里由此昉焉。溯友公及道，凡二十一世。先祖子千公幼习经史，兼精数学，隐茅山白云观中，与秦邮铁山王公、吴门岂凡金公最契，二相国屡欲荐于朝，卒托疾弗起。吾父际生公敬承家学，为人卜休咎，其应如响。都统北平蔡公、总河长沙陈公知交尤密，其隐逸事迹载在郡志，彰彰可考。余于经史诸书未及肄业，惟专意六壬之学，尝览群书，旁搜秘旨，习见诸家简内，有演法而无定式，有格局而无神煞，有类相而无断占。遂键户潜心，错综经纬，条分缕析：一演法，以七例为衡；二定式，以七百二十局为法；三格局，以九十一款为度；四神煞，以四十四种为准；五类相，以纲领一十一门为规；六断占，以一十三篇为则。后更详明凡例，衍释精微，公诸同好。乙巳岁，太史金溪冯公出宰吾邑，以数学试余，余出是书就正，公赠以序，更编入郡志，以垂示将来，不可谓非余之知遇也。在昔大《易》始于伏羲，成于文王、周、孔，天下宗之。《六壬》始于黄帝，虽有成书，尚未明备，余窃不自揣，纂成兹帙，以坊友之请，授之梓人，刊以问世，庶使远近流传趋避之道，不可与有志者共喻哉。至于尽泄其传，质直无隐，《经纬》出而知我罪我，惟听之斯世斯人而已。志道谨序。

六壬经纬总目

例　言

一、演法传述皆讹，学者难以遵守，谨更定七例，为初学之津梁。

二、传课装讹，占断不验，今立成七百二十局，使学者观此了然，庶几无惑。

三、格局推设多端，瑕瑜互见，爰为增减，别成九十一格，其讲断一一载之集中。

四、神煞异说纷纭，并无理据，谨删定四十四种，增著解义，其无用者皆去之。

五、类相不能尽述，但诸家互相是非，今提纲挈领，只著一十一门，览者由此引申触类。

六、断法不可胜纪，然诸家秘旨未传，谨著一十三篇，如规矩准绳，以资幼学，至于变化通微，尤在识者神而明之。

铁瓮子再记

六壬经纬卷之一

演　法

干　支

演六壬数，先以本日干支为主，而阴阳五行生克由是推之。其阳干，甲、丙、戊、庚、壬；阴干，乙、丁、己、辛、癸；阳支，子、寅、辰、午、申、戌；阴支，丑、卯、巳、未、酉、亥。五行：甲、乙、寅、卯属木，丙、丁、巳、午属火，庚、辛、申、酉属金，壬、癸、亥、子属水，戊、己、辰、戌、丑、未属土。生克：水生木，木生火，火生土，土生金，金生水；水克火，火克金，金克木，木克土，土克水。凡占某事，以本日之干为人，本日之支为事。若占某人，则以本日之干为我，本日之支为人。此干支、阴阳、五行、生克之辨也。

演干支式：

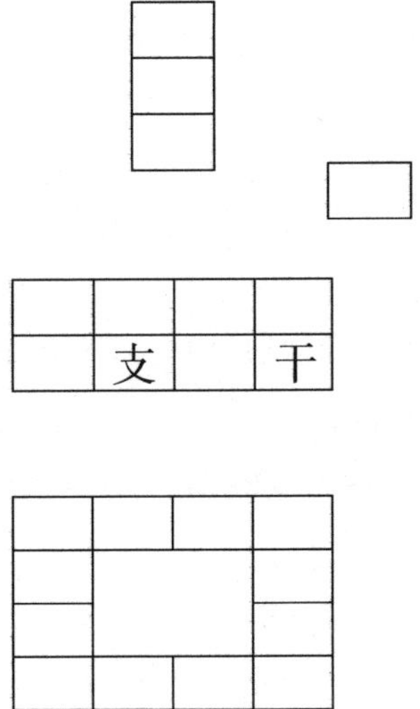

占　时

取时之法：用雷劈枣木，择十一月壬子日子时制成小盒，圆、广五寸，上下相连，内周围刻十二塘。用赤珊瑚为珠，从左旋转，盒面周围刻十二孔，观珠所落之处，中雕太极图，以离坎两分子午，定其某时。

演占时式：

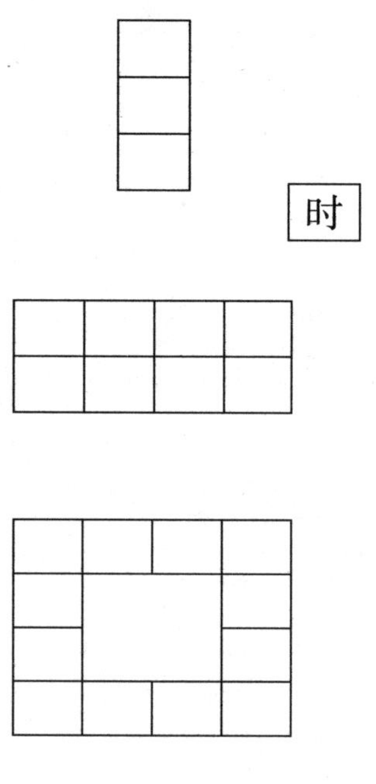

月　将

正月亥，二月戌，三月酉，四月申，五月未，六月午，七月巳，八月辰，九月卯，十月寅，十一月丑，十二月子。月将既明，则以值月之将加临运定之时，余将左转，依次周流顺布。至于更换值月之将，不可拘定月分，当按历家中气交节时刻换之。

演月将式：

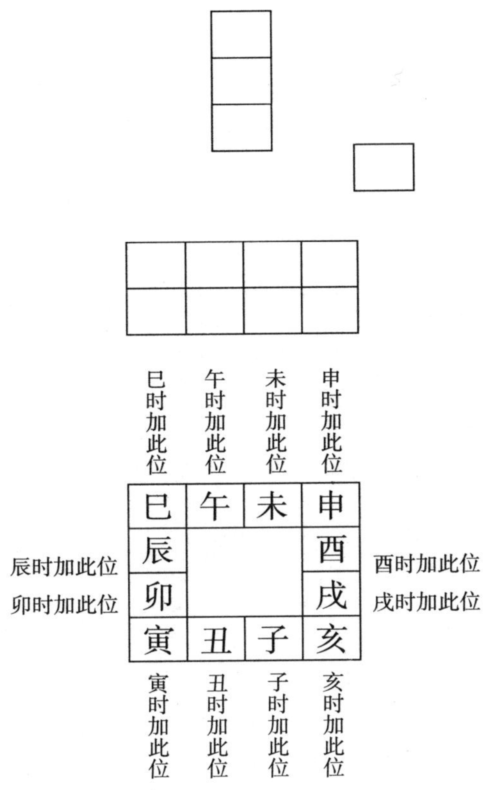

四　课

甲同寅，乙同辰，丙、戊同巳，丁、己同未，庚同申，辛同戌，壬同亥，癸同丑。其法：先取日干所同位上之将加于日干上，为第一课；又以第一课位上之将加于第一课上，为第二课；次取日支位上之将加于日支上，为第三课；又以第三课位上之将加于第三课上，为第四课。占事者，以第一课干阳应人，第三课支阳应事；占人者，以第一课干阳应我，第三课支阳应人。其第二课干阴、第四课支阴，不必论也。

演四课式：

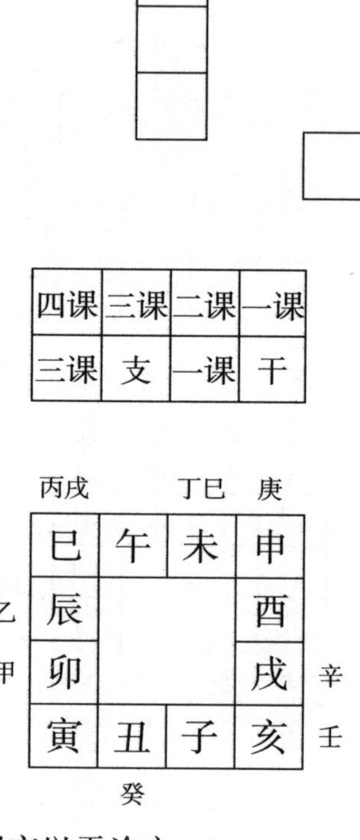

其支与干所同者，即亦以干论之。

三　传

四课中，取五行上下相克为初传，初传位上之将为中传，中传位上之将为末传，谓之三传。但四课中先取一下克上为初传，纵有二、三上克下，亦勿论；如无一下克上，方取一上克下为初传；四课中有二、三下克上，则取将与干阴阳相比为初传，或有二、三上克下，亦取将与干阴阳相比为初传；四课中有二、三、四下克上，或二、三、四上克下，将与干阴阳俱比俱不比，则取寅、申、巳、亥位上为初传，如无寅、申、巳、亥所乘，则取子、午、卯、酉位上为初传，或俱是寅、申、巳、亥所乘，或俱是子、午、卯、酉所乘，阳日干，则取干两课，属日中先见之时为初传，阴日干，则取支两课属日中先见之时为初传；四课中，若上、下俱无克，则取二、三、四课克干为初传，如二、三、四课不克干，则取干克二、三、四课为初传，或二将克干，干克二将，亦择将与干阴阳相比为初传；四课中，上下俱无克，二、三、四课不克干，干不克二、三、四课，阳日干取酉上之将为初传，中传则取支上将，末传则取干上将，阴日干取酉下之将为初传，中传则取干上将，末传则取支上将；四课中若支加干，或干加支，上下俱无克，二、三、四课不克干，干不克二、三、四课，戊辰、戊午日取丑上之将为初传，丙辰日取戌上之将为初传，辛丑日取巳为初传，辛未日取亥为初传，辛酉日取丑为初传，中末两传俱取干上之将；四课中干支相同，若上下俱无克，不取二、三、四课克干，不取干克二、三、四课，甲寅、庚申日，取第一课顺数第三将为初传，丁未、己未、癸丑日，取第四课逆数第三将为初传，中、末两传俱取干上之将；四课中诸将各临本位，勿论上下有克无克，六甲日三传寅、巳、申，六丙日、六戊日巳、申、寅，六庚日申、寅、巳，壬申日亥、申、寅，壬午日亥、午、子，壬辰日亥、辰、戌，壬寅日亥、寅、巳，壬子日亥、子、卯，壬戌日亥、戌、未，六癸日丑、戌、未，丁卯、己卯、辛卯日卯、子、午，丁巳、己巳、辛巳日巳、申、寅，丁酉、己酉日酉、未、丑，丁亥、己亥日亥、未、丑，丁未、己未、辛未日未、丑、戌，丁丑、己丑、辛丑日丑、戌、未，辛亥日亥、戌、未，辛酉日酉、戌、未，乙丑日辰、丑、戌，乙亥日辰、亥、巳，乙酉日辰、酉、卯，乙未日辰、未、丑，乙巳日辰、巳、申，乙卯日辰、卯、子；四课中，诸将各临冲位，若上下俱无克，二、三、四课不克干，干不克二、三、四课，辛未日三传巳、丑、辰，辛丑日亥、未、辰，丁丑、己丑日亥、未、丑，丁未、己未日巳、丑、丑。凡占人、占事以初传应初，中传应中，末传应末。

演三传式：

初
中
末

本　命

当事者属相，谓之本命，本命即如本人之身。本命位上所乘之神、将，如日干所乘之神、将论焉。

演本命式：

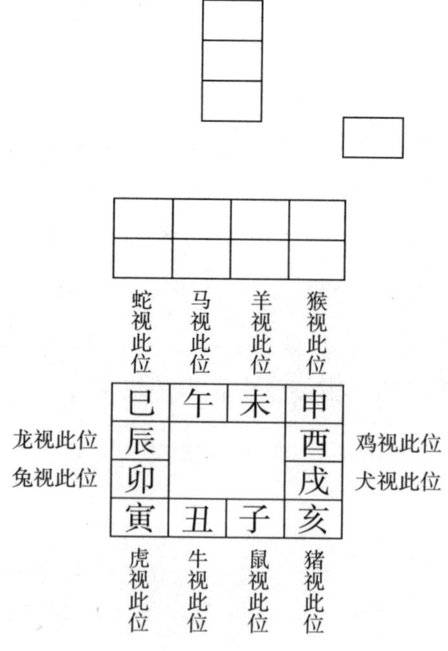

贵　神

贵人、螣蛇、朱雀、六合、勾陈、青龙、天空、白虎、太常、玄武、太阴、天后为十二神。至演法，则有阴阳配合、顺逆之道。故六甲、六戊、六庚日丑为阳贵，未为阴贵；六乙、六己日子为阳贵，申为阴贵；六丙、六丁日亥为阳贵，酉为阴贵；六壬、六癸日巳为阳贵，卯为阴贵；六辛日午为阳贵，寅为阴贵。阴阳之道如此。若运定卯、辰、巳、午、未、申六时者，即以贵人乘其阳贵；运定酉、戌、亥、子、丑、寅六时者，即以贵人乘其阴贵。配合之道如此。若贵在亥、子、丑、寅、卯、辰六位，余神依次左转加临。若贵在戌、酉、申、未、午、巳六位者，余神依次右转加临。顺逆之道如此。夫然后三传、四课、占时一一加乘，凡占人占事，以神乘将，将乘神，相参断论。

演贵神左转式：

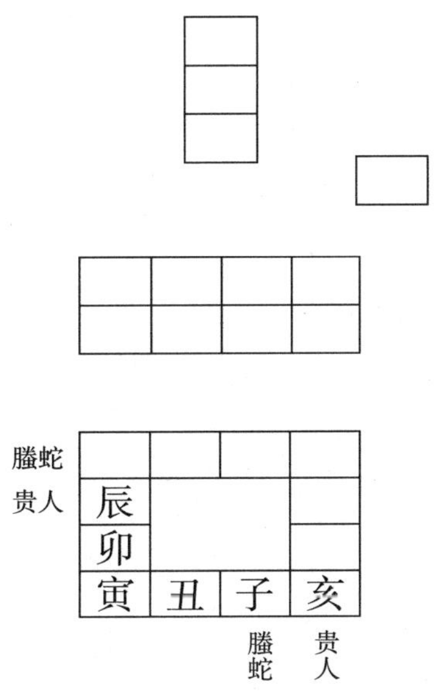

演贵神右转式：

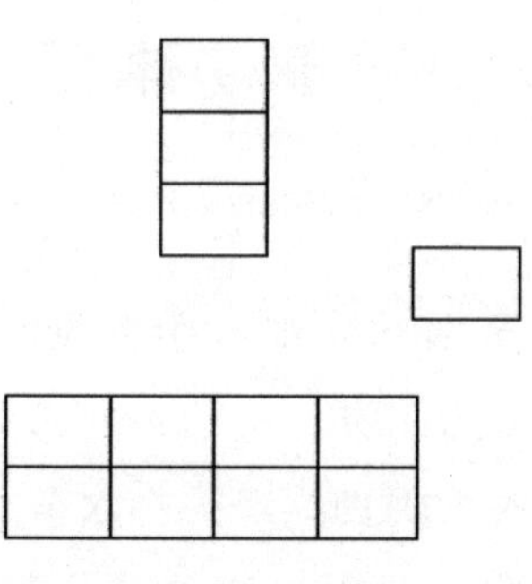

贵人	巳	午	未	申	
螣蛇				酉	螣蛇
				戌	贵人

六壬经纬卷之二

定　式

定式总计七百二十局，内每旬分列一百二十局，内每日分列一十二局，只列其三传四课，至于格名，一概未登，因其繁衍与岁月日时迁变不一，故不详载。学者览后格局自能了然。

甲子日十二局

寅 巳 申 子子寅寅 子子寅甲 巳午未申 辰　　酉 卯　　戌 寅丑子亥	子 亥 戌 戌亥子丑 亥子丑甲 辰巳午未 卯　　申 寅　　酉 丑子亥戌	戌 申 午 申戌戌子 戌子子甲 卯辰巳午 寅　　未 丑　　申 子亥戌酉	午 卯 子 午酉申亥 酉子亥甲 寅卯辰巳 丑　　午 子　　未 亥戌酉申
戌 午 寅 辰申午戌 申子戌甲 丑寅卯辰 子　　巳 亥　　午 戌酉申未	寅 酉 辰 寅未辰酉 未子酉甲 子丑寅卯 亥　　辰 戌　　巳 酉申未午	寅 申 寅 子午寅申 午子申甲 亥子丑寅 戌　　卯 酉　　辰 申未午巳	子 巳 戌 戌巳子未 巳子未甲 戌亥子丑 酉　　寅 申　　卯 未午巳辰

<table>
<tr>
<td>辰
申
子
申辰戌午
辰子午甲
酉戌亥子
申　　丑
未　　寅
午巳辰卯</td>
<td>申
亥
寅
午卯申巳
卯子巳甲
申酉戌亥
未　　子
午　　丑
巳辰卯寅</td>
<td>辰
午
申
辰寅午辰
寅子辰甲
未申酉戌
午　　亥
巳　　子
辰卯寅丑</td>
<td>辰
巳
午
寅丑辰卯
丑子卯甲
午未申酉
巳　　戌
辰　　亥
卯寅丑子</td>
</tr>
</table>

乙丑日十二局

<table>
<tr>
<td>辰
丑
戌
丑丑辰辰
丑丑辰乙
巳午未申
辰　　酉
卯　　戌
寅丑子亥</td>
<td>子
亥
戌
亥子寅卯
子丑卯乙
辰巳午未
卯　　申
寅　　酉
丑子亥戌</td>
<td>亥
酉
未
酉亥子寅
亥丑寅乙
卯辰巳午
寅　　未
丑　　申
子亥戌酉</td>
<td>丑
戌
未
未戌戌丑
戌丑丑乙
寅卯辰巳
丑　　午
子　　未
亥戌酉申</td>
</tr>
<tr>
<td>巳
丑
酉
巳酉申子
酉丑子乙
丑寅卯辰
子　　巳
亥　　午
戌酉申未</td>
<td>卯
戌
巳
卯申午亥
申丑亥乙
子丑寅卯
亥　　辰
戌　　巳
酉申未午</td>
<td>戌
辰
戌
丑未辰戌
未丑戌乙
亥子丑寅
戌　　卯
酉　　辰
申未午巳</td>
<td>寅
未
子
亥午寅酉
午丑酉乙
戌亥子丑
酉　　寅
申　　卯
未午巳辰</td>
</tr>
<tr>
<td>酉
丑
巳
酉巳子申
巳丑申乙
酉戌亥子
申　　丑
未　　寅
午巳辰卯</td>
<td>未
戌
丑
未辰戌未
辰丑未乙
申酉戌亥
未　　子
午　　丑
巳辰卯寅</td>
<td>申
戌
子
巳卯申午
卯丑午乙
未申酉戌
午　　亥
巳　　子
辰卯寅丑</td>
<td>寅
卯
辰
卯寅午巳
寅丑巳乙
午未申酉
巳　　戌
辰　　亥
卯寅丑子</td>
</tr>
</table>

丙寅日十二局

<table>
<tr><td>巳
申
寅
寅寅巳巳
寅寅巳丙
巳午未申
辰　　酉
卯　　戌
寅丑子亥</td><td>子
亥
戌
子丑卯辰
丑寅辰丙
辰巳午未
卯　　申
寅　　酉
丑子亥戌</td><td>丑
亥
酉
戌子丑卯
子寅卯丙
卯辰巳午
寅　　未
丑　　申
子亥戌酉</td><td>亥
申
巳
申亥亥寅
亥寅寅丙
寅卯辰巳
丑　　午
子　　未
亥戌酉申</td></tr>
<tr><td>戌
午
寅
午戌酉丑
戌寅丑丙
丑寅卯辰
子　　巳
亥　　午
戌酉申未</td><td>子
未
寅
辰酉未子
酉寅子丙
子丑寅卯
亥　　辰
戌　　巳
酉申未午</td><td>寅
申
寅
寅申巳亥
申寅亥丙
亥子丑寅
戌　　卯
酉　　辰
申未午巳</td><td>子
巳
戌
子未卯戌
未寅戌丙
戌亥子丑
酉　　寅
申　　卯
未午巳辰</td></tr>
<tr><td>酉
丑
巳
戌午丑酉
午寅酉丙
酉戌亥子
申　　丑
未　　寅
午巳辰卯</td><td>申
亥
寅
申巳亥申
巳寅申丙
申酉戌亥
未　　子
午　　丑
巳辰卯寅</td><td>辰
午
申
午辰酉未
辰寅未丙
未申酉戌
午　　亥
巳　　子
辰卯寅丑</td><td>辰
巳
午
辰卯未午
卯寅午丙
午未申酉
巳　　戌
辰　　亥
卯寅丑子</td></tr>
</table>

丁卯日十二局

<table>
<tr><td>卯
子
午
卯卯未未
卯卯未丁
巳午未申
辰　　酉
卯　　戌
寅丑子亥</td><td>丑
子
亥
丑寅巳午
寅卯午丁
辰巳午未
卯　　申
寅　　酉
丑子亥戌</td><td>丑
亥
酉
亥丑卯巳
丑卯巳丁
卯辰巳午
寅　　未
丑　　申
子亥戌酉</td><td>子
酉
午
酉子丑辰
子卯辰丁
寅卯辰巳
丑　　午
子　　未
亥戌酉申</td></tr>
</table>

卯 子 午 卯卯未未 卯卯未丁 巳午未申 辰　　酉 卯　　戌 寅丑子亥	丑 子 亥 丑寅巳午 寅卯午丁 辰巳午未 卯　　申 寅　　酉 丑子亥戌	丑 亥 酉 亥丑卯巳 丑卯巳丁 卯辰巳午 寅　　未 丑　　申 子亥戌酉	子 酉 午 酉子丑辰 子卯辰丁 寅卯辰巳 丑　　午 子　　未 亥戌酉申
未 卯 亥 未亥亥卯 亥卯卯丁 丑寅卯辰 子　　巳 亥　　午 戌酉申未	戌 巳 子 巳戌酉寅 戌卯寅丁 子丑寅卯 亥　　辰 戌　　巳 酉申未午	卯 酉 卯 卯酉未丑 酉卯丑丁 亥子丑寅 戌　　卯 酉　　辰 申未午巳	巳 戌 卯 丑申巳子 申卯子丁 戌亥子丑 酉　　寅 申　　卯 未午巳辰
未 亥 卯 亥未卯亥 未卯亥丁 酉戌亥子 申　　丑 未　　寅 午巳辰卯	酉 子 卯 酉午丑戌 午卯戌丁 申酉戌亥 未　　子 午　　丑 巳辰卯寅	酉 亥 丑 未巳亥酉 巳卯酉丁 未申酉戌 午　　亥 巳　　子 辰卯寅丑	辰 巳 午 巳辰酉申 辰卯申丁 午未申酉 巳　　戌 辰　　亥 卯寅丑子

戊辰日十二局

巳 申 寅 辰辰巳巳 辰辰巳戊 巳午未申 辰　　酉 卯　　戌 寅丑子亥	卯 寅 丑 寅卯卯辰 卯辰辰戊 辰巳午未 卯　　申 寅　　酉 丑子亥戌	丑 亥 酉 子寅丑卯 寅辰卯戊 卯辰巳午 寅　　未 丑　　申 子亥戌酉	寅 亥 申 戌丑亥寅 丑辰寅戊 寅卯辰巳 丑　　午 子　　未 亥戌酉申

<table>
<tr>
<td>巳
申
寅
辰辰巳巳
辰辰巳戊
巳午未申
辰　　酉
卯　　戌
寅丑子亥</td>
<td>卯
寅
丑
寅卯卯辰
卯辰辰戊
辰巳午未
卯　　申
寅　　酉
丑子亥戌</td>
<td>丑
亥
酉
子寅丑卯
寅辰卯戊
卯辰巳午
寅　　未
丑　　申
子亥戌酉</td>
<td>寅
亥
申
戌丑亥寅
丑辰寅戊
寅卯辰巳
丑　　午
子　　未
亥戌酉申</td>
</tr>
<tr>
<td>子
申
辰
申子酉丑
子辰丑戊
丑寅卯辰
子　　巳
亥　　午
戌酉申未</td>
<td>子
未
寅
午亥未子
亥辰子戊
子丑寅卯
亥　　辰
戌　　巳
酉申未午</td>
<td>巳
亥
巳
辰戌巳亥
戌辰亥戊
亥子丑寅
戌　　卯
酉　　辰
申未午巳</td>
<td>寅
未
子
寅酉卯戌
酉辰戌戊
戌亥子丑
酉　　寅
申　　卯
未午巳辰</td>
</tr>
<tr>
<td>子
辰
申
子申丑酉
申辰酉戊
酉戌亥子
申　　丑
未　　寅
午巳辰卯</td>
<td>亥
寅
巳
戌未亥申
未辰申戊
申酉戌亥
未　　子
午　　丑
巳辰卯寅</td>
<td>申
戌
子
申午酉未
午辰未戊
未申酉戌
午　　亥
巳　　子
辰卯寅丑</td>
<td>寅
午
午
午巳未午
巳辰午戊
午未申酉
巳　　戌
辰　　亥
卯寅丑子</td>
</tr>
</table>

己巳日十二局

<table>
<tr>
<td>巳
申
寅
巳巳未未
巳巳未己
巳午未申
辰　　酉
卯　　戌
寅丑子亥</td>
<td>卯
寅
丑
卯辰巳午
辰巳午己
辰巳午未
卯　　申
寅　　酉
丑子亥戌</td>
<td>丑
亥
酉
丑卯卯巳
卯巳巳己
卯辰巳午
寅　　未
丑　　申
子亥戌酉</td>
<td>寅
亥
申
亥寅丑辰
寅巳辰己
寅卯辰巳
丑　　午
子　　未
亥戌酉申</td>
</tr>
</table>

<table>
<tr><td>巳
申
寅
巳巳未未
巳巳未己
巳午未申
辰　　酉
卯　　戌
寅丑子亥</td><td>卯
寅
丑
卯辰巳午
辰巳午己
辰巳午未
卯　　申
寅　　酉
丑子亥戌</td><td>丑
亥
酉
丑卯卯巳
卯巳巳己
卯辰巳午
寅　　未
丑　　申
子亥戌酉</td><td>寅
亥
申
亥寅丑辰
寅巳辰己
寅卯辰巳
丑　　午
子　　未
亥戌酉申</td></tr>
<tr><td>卯
亥
未
酉丑亥卯
丑巳卯己
丑寅卯辰
子　　巳
亥　　午
戌酉申未</td><td>酉
辰
亥
未子酉寅
子巳寅己
子丑寅卯
亥　　辰
戌　　巳
酉申未午</td><td>巳
亥
巳
巳亥未丑
亥巳丑己
亥子丑寅
戌　　卯
酉　　辰
申未午巳</td><td>巳
戌
卯
卯戌巳子
戌巳子己
戌亥子丑
酉　　寅
申　　卯
未午巳辰</td></tr>
<tr><td>酉
丑
巳
丑酉卯亥
酉巳亥己
酉戌亥子
申　　丑
未　　寅
午巳辰卯</td><td>申
亥
寅
亥申丑戌
申巳戌己
申酉戌亥
未　　子
午　　丑
巳辰卯寅</td><td>亥
丑
卯
酉未亥酉
未巳酉己
未申酉戌
午　　亥
巳　　子
辰卯寅丑</td><td>申
申
午
未午酉申
午巳申己
午未申酉
巳　　戌
辰　　亥
卯寅丑子</td></tr>
</table>

庚午日十二局

<table>
<tr><td>申
寅
巳
午午申申
午午申庚
巳午未申
辰　　酉
卯　　戌
寅丑子亥</td><td>午
巳
辰
辰巳午未
巳午未庚
辰巳午未
卯　　申
寅　　酉
丑子亥戌</td><td>午
辰
寅
寅辰辰午
辰午午庚
卯辰巳午
寅　　未
丑　　申
子亥戌酉</td><td>巳
寅
亥
子卯寅巳
卯午巳庚
寅卯辰巳
丑　　午
子　　未
亥戌酉申</td></tr>
</table>

<table>
<tr><td>申
寅
巳
午午申申
午午申庚
巳午未申
辰　　酉
卯　　戌
寅丑子亥</td><td>午
巳
辰
辰巳午未
巳午未庚
辰巳午未
卯　　申
寅　　酉
丑子亥戌</td><td>午
辰
寅
寅辰辰午
辰午午庚
卯辰巳午
寅　　未
丑　　申
子亥戌酉</td><td>巳
寅
亥
子卯寅巳
卯午巳庚
寅卯辰巳
丑　　午
子　　未
亥戌酉申</td></tr>
<tr><td>戌
午
寅
戌寅子辰
寅午辰庚
丑寅卯辰
子　　巳
亥　　午
戌酉申未</td><td>戌
巳
子
申丑戌卯
丑午卯庚
子丑寅卯
亥　　辰
戌　　巳
酉申未午</td><td>寅
申
寅
午子申寅
子午寅庚
亥子丑寅
戌　　卯
酉　　辰
申未午巳</td><td>辰
酉
寅
辰亥午丑
亥午丑庚
戌亥子丑
酉　　寅
申　　卯
未午巳辰</td></tr>
<tr><td>辰
申
子
寅戌辰子
戌午子庚
酉戌亥子
申　　丑
未　　寅
午巳辰卯</td><td>酉
子
卯
子酉寅亥
酉午亥庚
申酉戌亥
未　　子
午　　丑
巳辰卯寅</td><td>申
戌
子
戌申子戌
申午戌庚
未申酉戌
午　　亥
巳　　子
辰卯寅丑</td><td>戌
未
酉
申未戌酉
未午酉庚
午未申酉
巳　　戌
辰　　亥
卯寅丑子</td></tr>
</table>

辛未日十二局

<table>
<tr><td>未
丑
戌
未未戌戌
未未戌辛
巳午未申
辰　　酉
卯　　戌
寅丑子亥</td><td>巳
辰
卯
巳午申酉
午未酉辛
辰巳午未
卯　　申
寅　　酉
丑子亥戌</td><td>午
辰
寅
卯巳午申
巳未申辛
卯辰巳午
寅　　未
丑　　申
子亥戌酉</td><td>亥
未
未
丑辰辰未
辰未未辛
寅卯辰巳
丑　　午
子　　未
亥戌酉申</td></tr>
</table>

<table>
<tr><td>未
丑
戌
未未戌戌
未未戌辛
巳午未申
辰　　酉
卯　　戌
寅丑子亥</td><td>巳
辰
卯
巳午申酉
午未酉辛
辰巳午未
卯　　申
寅　　酉
丑子亥戌</td><td>午
辰
寅
卯巳午申
巳未申辛
卯辰巳午
寅　　未
丑　　申
子亥戌酉</td><td>亥
未
未
丑辰辰未
辰未未辛
寅卯辰巳
丑　　午
子　　未
亥戌酉申</td></tr>
<tr><td>卯
亥
未
亥卯寅午
卯未午辛
丑寅卯辰
子　　巳
亥　　午
戌酉申未</td><td>酉
辰
亥
酉寅子巳
寅未巳辛
子丑寅卯
亥　　辰
戌　　巳
酉申未午</td><td>巳
丑
辰
未丑戌辰
丑未辰辛
亥子丑寅
戌　　卯
酉　　辰
申未午巳</td><td>巳
戌
卯
巳子申卯
子未卯辛
戌亥子丑
酉　　寅
申　　卯
未午巳辰</td></tr>
<tr><td>亥
卯
未
卯亥午寅
亥未寅辛
酉戌亥子
申　　丑
未　　寅
午巳辰卯</td><td>亥
丑
丑
丑戌辰丑
戌未丑辛
申酉戌亥
未　　子
午　　丑
巳辰卯寅</td><td>寅
辰
午
亥酉寅子
酉未子辛
未申酉戌
午　　亥
巳　　子
辰卯寅丑</td><td>申
亥
申
酉申子亥
申未亥辛
午未申酉
巳　　戌
辰　　亥
卯寅丑子</td></tr>
</table>

壬申日十二局

<table>
<tr><td>亥
申
寅
申申亥亥
申申亥壬
巳午未申
辰　　酉
卯　　戌
寅丑子亥</td><td>戌
酉
申
午未酉戌
未申戌壬
辰巳午未
卯　　申
寅　　酉
丑子亥戌</td><td>午
辰
寅
辰午未酉
午申酉壬
卯辰巳午
寅　　未
丑　　申
子亥戌酉</td><td>巳
寅
亥
寅巳巳申
巳申申壬
寅卯辰巳
丑　　午
子　　未
亥戌酉申</td></tr>
</table>

<table>
<tr><td>亥
申
寅
申申亥亥
申申亥壬
巳午未申
辰　　酉
卯　　戌
寅丑子亥</td><td>戌
酉
申
午未酉戌
未申戌壬
辰巳午未
卯　　申
寅　　酉
丑子亥戌</td><td>午
辰
寅
辰午未酉
午申酉壬
卯辰巳午
寅　　未
丑　　申
子亥戌酉</td><td>巳
寅
亥
寅巳巳申
巳申申壬
寅卯辰巳
丑　　午
子　　未
亥戌酉申</td></tr>
<tr><td>子
申
辰
子辰卯未
辰申未壬
丑寅卯辰
子　　巳
亥　　午
戌酉申未</td><td>午
丑
申
戌卯丑午
卯申午壬
子丑寅卯
亥　　辰
戌　　巳
酉申未午</td><td>寅
申
寅
申寅亥巳
寅申巳壬
亥子丑寅
戌　　卯
酉　　辰
申未午巳</td><td>辰
酉
寅
午丑酉辰
丑申辰壬
戌亥子丑
酉　　寅
申　　卯
未午巳辰</td></tr>
<tr><td>未
亥
卯
辰子未卯
子申卯壬
酉戌亥子
申　　丑
未　　寅
午巳辰卯</td><td>巳
申
亥
寅亥巳寅
亥申寅壬
申酉戌亥
未　　子
午　　丑
巳辰卯寅</td><td>子
寅
辰
子戌卯丑
戌申丑壬
未申酉戌
午　　亥
巳　　子
辰卯寅丑</td><td>丑
寅
卯
戌酉丑子
酉申子壬
午未申酉
巳　　戌
辰　　亥
卯寅丑子</td></tr>
</table>

癸酉日十二局

<table>
<tr><td>丑
戌
未
酉酉丑丑
酉酉丑癸
巳午未申
辰　　酉
卯　　戌
寅丑子亥</td><td>未
午
巳
未申亥子
申酉子癸
辰巳午未
卯　　申
寅　　酉
丑子亥戌</td><td>未
巳
卯
巳未酉亥
未酉亥癸
卯辰巳午
寅　　未
丑　　申
子亥戌酉</td><td>午
卯
子
卯午未戌
午酉戌癸
寅卯辰巳
丑　　午
子　　未
亥戌酉申</td></tr>
</table>

<table>
<tr>
<td>丑
戌
未
酉酉丑丑
酉酉丑癸
巳午未申
辰　　酉
卯　　戌
寅丑子亥</td>
<td>未
午
巳
未申亥子
申酉子癸
辰巳午未
卯　　申
寅　　酉
丑子亥戌</td>
<td>未
巳
卯
巳未酉亥
未酉亥癸
卯辰巳午
寅　　未
丑　　申
子亥戌酉</td>
<td>午
卯
子
卯午未戌
午酉戌癸
寅卯辰巳
丑　　午
子　　未
亥戌酉申</td>
</tr>
<tr>
<td>巳
丑
酉
丑巳巳酉
巳酉酉癸
丑寅卯辰
子　　巳
亥　　午
戌酉申未</td>
<td>卯
戌
巳
亥辰卯申
辰酉申癸
子丑寅卯
亥　　辰
戌　　巳
酉申未午</td>
<td>卯
酉
卯
酉卯丑未
卯酉未癸
亥子丑寅
戌　　卯
酉　　辰
申未午巳</td>
<td>未
子
巳
未寅亥午
寅酉午癸
戌亥子丑
酉　　寅
申　　卯
未午巳辰</td>
</tr>
<tr>
<td>酉
丑
巳
巳丑酉巳
丑酉巳癸
酉戌亥子
申　　丑
未　　寅
午巳辰卯</td>
<td>辰
未
戌
卯子未辰
子酉辰癸
申酉戌亥
未　　子
午　　丑
巳辰卯寅</td>
<td>丑
卯
巳
丑亥巳卯
亥酉卯癸
未申酉戌
午　　亥
巳　　子
辰卯寅丑</td>
<td>亥
子
丑
亥戌卯寅
戌酉寅癸
午未申酉
巳　　戌
辰　　亥
卯寅丑子</td>
</tr>
</table>

甲戌日十二局

<table>
<tr>
<td>寅
巳
申
戌戌寅寅
戌戌寅甲
巳午未申
辰　　酉
卯　　戌
寅丑子亥</td>
<td>子
亥
戌
申酉子丑
酉戌丑甲
辰巳午未
卯　　申
寅　　酉
丑子亥戌</td>
<td>午
辰
寅
午申戌子
申戌子甲
卯辰巳午
寅　　未
丑　　申
子亥戌酉</td>
<td>申
巳
寅
辰未申亥
未戌亥甲
寅卯辰巳
丑　　午
子　　未
亥戌酉申</td>
</tr>
</table>

<table>
<tr><td>寅
巳
申
戌戌寅寅
戌戌寅甲
巳午未申
辰　　酉
卯　　戌
寅丑子亥</td><td>子
亥
戌
申酉子丑
酉戌丑甲
辰巳午未
卯　　申
寅　　酉
丑子亥戌</td><td>午
辰
寅
午申戌子
申戌子甲
卯辰巳午
寅　　未
丑　　申
子亥戌酉</td><td>申
巳
寅
辰未申亥
未戌亥甲
寅卯辰巳
丑　　午
子　　未
亥戌酉申</td></tr>
<tr><td>戌
午
寅
寅午午戌
午戌戌甲
丑寅卯辰
子　　巳
亥　　午
戌酉申未</td><td>子
未
寅
子巳辰酉
巳戌酉甲
子丑寅卯
亥　　辰
戌　　巳
酉申未午</td><td>寅
申
寅
戌辰寅申
辰戌申甲
亥子丑寅
戌　　卯
酉　　辰
申未午巳</td><td>子
巳
戌
申卯子未
卯戌未甲
戌亥子丑
酉　　寅
申　　卯
未午巳辰</td></tr>
<tr><td>寅
午
戌
午寅戌午
寅戌午申
酉戌亥子
申　　丑
未　　寅
午巳辰卯</td><td>申
亥
寅
辰丑申巳
丑戌巳甲
申酉戌亥
未　　子
午　　丑
巳辰卯寅</td><td>辰
午
申
寅子午辰
子戌辰甲
未申酉戌
午　　亥
巳　　子
辰卯寅丑</td><td>辰
巳
午
子亥辰卯
亥戌卯甲
午未申酉
巳　　戌
辰　　亥
卯寅丑子</td></tr>
</table>

乙亥日十二局

<table>
<tr><td>辰
亥
巳
亥亥辰辰
亥亥辰乙
巳午未申
辰　　酉
卯　　戌
寅丑子亥</td><td>戌
酉
申
酉戌寅卯
戌亥卯乙
辰巳午未
卯　　申
寅　　酉
丑子亥戌</td><td>酉
未
巳
未酉子寅
酉亥寅乙
卯辰巳午
寅　　未
丑　　申
子亥戌酉</td><td>丑
戌
未
巳申戌丑
申亥丑乙
寅卯辰巳
丑　　午
子　　未
亥戌酉申</td></tr>
</table>

<table>
<tr>
<td>辰
亥
巳
亥亥辰辰
亥亥辰乙
巳午未申
辰　　酉
卯　　戌
寅丑子亥</td>
<td>戌
酉
申
酉戌寅卯
戌亥卯乙
辰巳午未
卯　　申
寅　　酉
丑子亥戌</td>
<td>酉
未
巳
未酉子寅
酉亥寅乙
卯辰巳午
寅　　未
丑　　申
子亥戌酉</td>
<td>丑
戌
未
巳申戌丑
申亥丑乙
寅卯辰巳
丑　　午
子　　未
亥戌酉申</td>
</tr>
<tr>
<td>未
卯
亥
卯未申子
未亥子乙
丑寅卯辰
子　　巳
亥　　午
戌酉申未</td>
<td>午
丑
申
丑午午亥
午亥亥乙
子丑寅卯
亥　　辰
戌　　巳
酉申未午</td>
<td>巳
亥
巳
亥巳辰戌
巳亥戌乙
亥子丑寅
戌　　卯
酉　　辰
申未午巳</td>
<td>寅
未
子
酉辰寅酉
辰亥酉乙
戌亥子丑
酉　　寅
申　　卯
未午巳辰</td>
</tr>
<tr>
<td>未
亥
卯
未卯子申
卯亥申乙
酉戌亥子
申　　丑
未　　寅
午巳辰卯</td>
<td>未
戌
丑
巳寅戌未
寅亥未乙
申酉戌亥
未　　子
午　　丑
巳辰卯寅</td>
<td>申
戌
子
卯丑申午
丑亥午乙
未申酉戌
午　　亥
巳　　子
辰卯寅丑</td>
<td>丑
寅
卯
丑子午巳
子亥巳乙
午未申酉
巳　　戌
辰　　亥
卯寅丑子</td>
</tr>
</table>

丙子日十二局

<table>
<tr>
<td>巳
申
寅
子子巳巳
子子巳丙
巳午未申
辰　　酉
卯　　戌
寅丑子亥</td>
<td>戌
酉
申
戌亥卯辰
亥子辰丙
辰巳午未
卯　　申
寅　　酉
丑子亥戌</td>
<td>丑
亥
酉
申戌丑卯
戌子卯丙
卯辰巳午
寅　　未
丑　　申
子亥戌酉</td>
<td>午
卯
子
午酉亥寅
酉子寅丙
寅卯辰巳
丑　　午
子　　未
亥戌酉申</td>
</tr>
</table>

<table>
<tr><td>巳
申
寅
子子巳巳
子子巳丙
巳午未申
辰　　酉
卯　　戌
寅丑子亥</td><td>戌
酉
申
戌亥卯辰
亥子辰丙
辰巳午未
卯　　申
寅　　酉
丑子亥戌</td><td>丑
亥
酉
申戌丑卯
戌子卯丙
卯辰巳午
寅　　未
丑　　申
子亥戌酉</td><td>午
卯
子
午酉亥寅
酉子寅丙
寅卯辰巳
丑　　午
子　　未
亥戌酉申</td></tr>
<tr><td>申
辰
子
辰申酉丑
申子丑丙
丑寅卯辰
子　　巳
亥　　午
戌酉申未</td><td>子
未
寅
寅未未子
未子子丙
子丑寅卯
亥　　辰
戌　　巳
酉申未午</td><td>午
子
午
子午巳亥
午子亥丙
亥子丑寅
戌　　卯
酉　　辰
申未午巳</td><td>巳
戌
卯
戌巳卯戌
巳子戌丙
戌亥子丑
酉　　寅
申　　卯
未午巳辰</td></tr>
<tr><td>酉
丑
巳
申辰丑酉
辰子酉丙
酉戌亥子
申　　丑
未　　寅
午巳辰卯</td><td>申
亥
寅
午卯亥申
卯子申丙
申酉戌亥
未　　子
午　　丑
巳辰卯寅</td><td>辰
午
申
辰寅酉未
寅子未丙
未申酉戌
午　　亥
巳　　子
辰卯寅丑</td><td>寅
卯
辰
寅丑未午
丑子午丙
午未申酉
巳　　戌
辰　　亥
卯寅丑子</td></tr>
</table>

丁丑日十二局

<table>
<tr><td>丑
戌
未
丑丑未未
丑丑未丁
巳午未申
辰　　酉
卯　　戌
寅丑子亥</td><td>子
亥
戌
亥子巳午
子丑午丁
辰巳午未
卯　　申
寅　　酉
丑子亥戌</td><td>亥
酉
未
酉亥卯巳
亥丑巳丁
卯辰巳午
寅　　未
丑　　申
子亥戌酉</td><td>子
辰
戌
未戌丑辰
戌丑辰丁
寅卯辰巳
丑　　午
子　　未
亥戌酉申</td></tr>
</table>

<table>
<tr>
<td>丑
戌
未
丑丑未未
丑丑未丁
巳午未申
辰　　酉
卯　　戌
寅丑子亥</td>
<td>子
亥
戌
亥子巳午
子丑午丁
辰巳午未
卯　　申
寅　　酉
丑子亥戌</td>
<td>亥
酉
未
酉亥卯巳
亥丑巳丁
卯辰巳午
寅　　未
丑　　申
子亥戌酉</td>
<td>子
辰
戌
未戌丑辰
戌丑辰丁
寅卯辰巳
丑　　午
子　　未
亥戌酉申</td>
</tr>
<tr>
<td>巳
丑
酉
巳酉亥卯
酉丑卯丁
丑寅卯辰
子　　巳
亥　　午
戌酉申未</td>
<td>卯
戌
巳
卯申酉寅
申丑寅丁
子丑寅卯
亥　　辰
戌　　巳
酉申未午</td>
<td>亥
未
丑
丑未未丑
未丑丑丁
亥子丑寅
戌　　卯
酉　　辰
申未午巳</td>
<td>巳
戌
卯
亥午巳子
午丑子丁
戌亥子丑
酉　　寅
申　　卯
未午巳辰</td>
</tr>
<tr>
<td>酉
丑
巳
酉巳卯亥
巳丑亥丁
酉戌亥子
申　　丑
未　　寅
午巳辰卯</td>
<td>午
戌
辰
未辰丑戌
辰丑戌丁
申酉戌亥
未　　子
午　　丑
巳辰卯寅</td>
<td>酉
亥
丑
巳卯亥酉
卯丑酉丁
未申酉戌
午　　亥
巳　　子
辰卯寅丑</td>
<td>申
酉
戌
卯寅酉申
寅丑申丁
午未申酉
巳　　戌
辰　　亥
卯寅丑子</td>
</tr>
</table>

戊寅日十二局

<table>
<tr>
<td>巳
申
寅
寅寅巳巳
寅寅巳戊
巳午未申
辰　　酉
卯　　戌
寅丑子亥</td>
<td>子
亥
戌
子丑卯辰
丑寅辰戊
辰巳午未
卯　　申
寅　　酉
丑子亥戌</td>
<td>丑
亥
酉
戌子丑卯
子寅卯戊
卯辰巳午
寅　　未
丑　　申
子亥戌酉</td>
<td>寅
亥
申
申亥亥寅
亥寅寅戊
寅卯辰巳
丑　　午
子　　未
亥戌酉申</td>
</tr>
</table>

巳 申 寅 寅寅巳巳 寅寅巳戊 巳午未申 辰　　酉 卯　　戌 寅丑子亥	子 亥 戌 子丑卯辰 丑寅辰戊 辰巳午未 卯　　申 寅　　酉 丑子亥戌	丑 亥 酉 戌子丑卯 子寅卯戊 卯辰巳午 寅　　未 丑　　申 子亥戌酉	寅 亥 申 申亥亥寅 亥寅寅戊 寅卯辰巳 丑　　午 子　　未 亥戌酉申
戌 午 寅 午戌酉丑 戌寅丑戊 丑寅卯辰 子　　巳 亥　　午 戌酉申未	子 未 寅 辰酉未子 酉寅子戊 子丑寅卯 亥　　辰 戌　　巳 酉申未午	寅 申 寅 寅申巳亥 申寅亥戊 亥子丑寅 戌　　卯 酉　　辰 申未午巳	子 巳 戌 子未卯戌 未寅戌戊 戌亥子丑 酉　　寅 申　　卯 未午巳辰
丑 午 酉 戌午丑酉 午寅酉戊 酉戌亥子 申　　丑 未　　寅 午巳辰卯	申 亥 寅 申巳亥申 巳寅申戊 申酉戌亥 未　　子 午　　丑 巳辰卯寅	辰 午 申 午辰酉未 辰寅未戊 未申酉戌 午　　亥 巳　　子 辰卯寅丑	辰 巳 午 辰卯未午 卯寅午戊 午未申酉 巳　　戌 辰　　亥 卯寅丑子

己卯日十二局

卯 子 午 卯卯未未 卯卯未己 巳午未申 辰　　酉 卯　　戌 寅丑子亥	丑 子 亥 丑寅巳午 寅卯午己 辰巳午未 卯　　申 寅　　酉 丑子亥戌	丑 亥 酉 亥丑卯巳 丑卯巳己 卯辰巳午 寅　　未 丑　　申 子亥戌酉	子 酉 午 酉子丑辰 子卯辰己 寅卯辰巳 丑　　午 子　　未 亥戌酉申

<table>
<tr>
<td>卯
子
午
卯卯未未
卯卯未己
巳午未申
辰　　酉
卯　　戌
寅丑子亥</td>
<td>丑
子
亥
丑寅巳午
寅卯午己
辰巳午未
卯　　申
寅　　酉
丑子亥戌</td>
<td>丑
亥
酉
亥丑卯巳
丑卯巳己
卯辰巳午
寅　　未
丑　　申
子亥戌酉</td>
<td>子
酉
午
酉子丑辰
子卯辰己
寅卯辰巳
丑　　午
子　　未
亥戌酉申</td>
</tr>
<tr>
<td>未
卯
亥
未亥亥卯
亥卯卯己
丑寅卯辰
子　　巳
亥　　午
戌酉申未</td>
<td>戌
巳
子
巳戌酉寅
戌卯寅己
子丑寅卯
亥　　辰
戌　　巳
酉申未午</td>
<td>卯
酉
卯
卯酉未丑
酉卯丑己
亥子丑寅
戌　　卯
酉　　辰
申未午巳</td>
<td>巳　察微
戌
卯
丑申巳子
申卯子己
戌亥子丑
酉　　寅
申　　卯
未午巳辰</td>
</tr>
<tr>
<td>未　察微
亥
卯
亥未卯亥
未卯亥己
酉戌亥子
申　　丑
未　　寅
午巳辰卯</td>
<td>酉
子
卯
酉午丑戌
午卯戌己
申酉戌亥
未　　子
午　　丑
巳辰卯寅</td>
<td>亥　弹射
丑
卯
未巳亥酉
巳卯酉己
未申酉戌
午　　亥
巳　　子
辰卯寅丑</td>
<td>辰
巳
午
巳辰酉申
辰卯申己
午未申酉
巳　　戌
辰　　亥
卯寅丑子</td>
</tr>
</table>

庚辰日十二局

<table>
<tr>
<td>申
寅
巳
辰辰申申
辰辰申庚
巳午未申
辰　　酉
卯　　戌
寅丑子亥</td>
<td>卯
寅
丑
寅卯午未
卯辰未庚
辰巳午未
卯　　申
寅　　酉
丑子亥戌</td>
<td>午
辰
寅
子寅辰午
寅辰午庚
卯辰巳午
寅　　未
丑　　申
子亥戌酉</td>
<td>巳
寅
亥
戌丑寅巳
丑辰巳庚
寅卯辰巳
丑　　午
子　　未
亥戌酉申</td>
</tr>
</table>

<table>
<tr>
<td>申
寅
巳
辰辰申申
辰辰申庚
巳午未申
辰　　酉
卯　　戌
寅丑子亥</td>
<td>卯
寅
丑
寅卯午未
卯辰未庚
辰巳午未
卯　　申
寅　　酉
丑子亥戌</td>
<td>午
辰
寅
子寅辰午
寅辰午庚
卯辰巳午
寅　　未
丑　　申
子亥戌酉</td>
<td>巳
寅
亥
戌丑寅巳
丑辰巳庚
寅卯辰巳
丑　　午
子　　未
亥戌酉申</td>
</tr>
<tr>
<td>子
申
辰
申子子辰
子辰辰庚
丑寅卯辰
子　　巳
亥　　午
戌酉申未</td>
<td>午
丑
申
午亥戌卯
亥辰卯庚
子丑寅卯
亥　　辰
戌　　巳
酉申未午</td>
<td>寅
申
寅
辰戌申寅
戌辰寅庚
亥子丑寅
戌　　卯
酉　　辰
申未午巳</td>
<td>寅
未
子
寅酉午丑
酉辰丑庚
戌亥子丑
酉　　寅
申　　卯
未午巳辰</td>
</tr>
<tr>
<td>辰
申
子
子申辰子
申辰子庚
酉戌亥子
申　　丑
未　　寅
午巳辰卯</td>
<td>寅
巳
申
戌未寅亥
未辰亥庚
申酉戌亥
未　　子
午　　丑
巳辰卯寅</td>
<td>申
戌
子
申午子戌
午辰戌庚
未申酉戌
午　　亥
巳　　子
辰卯寅丑</td>
<td>午
未
申
午巳戌酉
巳辰酉庚
午未申酉
巳　　戌
辰　　亥
卯寅丑子</td>
</tr>
</table>

辛巳日十二局

<table>
<tr>
<td>巳
申
寅
巳巳戌戌
巳巳戌辛
巳午未申
辰　　酉
卯　　戌
寅丑子亥</td>
<td>卯
寅
丑
卯辰申酉
辰巳酉辛
辰巳午未
卯　　申
寅　　酉
丑子亥戌</td>
<td>丑
亥
酉
丑卯午申
卯巳申辛
卯辰巳午
寅　　未
丑　　申
子亥戌酉</td>
<td>寅
亥
申
亥寅辰未
寅巳未辛
寅卯辰巳
丑　　午
子　　未
亥戌酉申</td>
</tr>
</table>

<table>
<tr>
<td>巳
申
寅
巳巳戌戌
巳巳戌辛
巳午未申
辰　　酉
卯　　戌
寅丑子亥</td>
<td>卯
寅
丑
卯辰申酉
辰巳酉辛
辰巳午未
卯　　申
寅　　酉
丑子亥戌</td>
<td>丑
亥
酉
丑卯午申
卯巳申辛
卯辰巳午
寅　　未
丑　　申
子亥戌酉</td>
<td>寅
亥
申
亥寅辰未
寅巳未辛
寅卯辰巳
丑　　午
子　　未
亥戌酉申</td>
</tr>
<tr>
<td>午
寅
戌
酉丑寅午
丑巳午辛
丑寅卯辰
子　　巳
亥　　午
戌酉申未</td>
<td>未
寅
酉
未子子巳
子巳巳辛
子丑寅卯
亥　　辰
戌　　巳
酉申未午</td>
<td>巳
亥
巳
巳亥戌辰
亥巳辰辛
亥子丑寅
戌　　卯
酉　　辰
申未午巳</td>
<td>卯
申
丑
卯戌申卯
戌巳卯辛
戌亥子丑
酉　　寅
申　　卯
未午巳辰</td>
</tr>
<tr>
<td>酉
丑
巳
丑酉午寅
酉巳寅辛
酉戌亥子
申　　丑
未　　寅
午巳辰卯</td>
<td>申
亥
寅
亥申辰丑
申巳丑辛
申酉戌亥
未　　子
午　　丑
巳辰卯寅</td>
<td>寅
辰
午
酉未寅子
未巳子辛
未申酉戌
午　　亥
巳　　子
辰卯寅丑</td>
<td>午
未
申
未午子亥
午巳亥辛
午未申酉
巳　　戌
辰　　亥
卯寅丑子</td>
</tr>
</table>

壬午日十二局

<table>
<tr>
<td>亥
午
子
午午亥亥
午午亥壬
巳午未申
辰　　酉
卯　　戌
寅丑子亥</td>
<td>戌
酉
申
辰巳酉戌
巳午戌壬
辰巳午未
卯　　申
寅　　酉
丑子亥戌</td>
<td>寅
子
戌
寅辰未酉
辰午酉壬
卯辰巳午
寅　　未
丑　　申
子亥戌酉</td>
<td>巳
寅
亥
子卯巳申
卯午申壬
寅卯辰巳
丑　　午
子　　未
亥戌酉申</td>
</tr>
</table>

<table>
<tr>
<td>亥
午
子
午午亥亥
午午亥壬
巳午未申
辰　　酉
卯　　戌
寅丑子亥</td>
<td>戌
酉
申
辰巳酉戌
巳午戌壬
辰巳午未
卯　　申
寅　　酉
丑子亥戌</td>
<td>寅
子
戌
寅辰未酉
辰午酉壬
卯辰巳午
寅　　未
丑　　申
子亥戌酉</td>
<td>巳
寅
亥
子卯巳申
卯午申壬
寅卯辰巳
丑　　午
子　　未
亥戌酉申</td>
</tr>
<tr>
<td>戌
午
寅
戌寅卯未
寅午未壬
丑寅卯辰
子　　巳
亥　　午
戌酉申未</td>
<td>午
丑
申
申丑丑午
丑午午壬
子丑寅卯
亥　　辰
戌　　巳
酉申未午</td>
<td>午
子
午
午子亥巳
子午巳壬
亥子丑寅
戌　　卯
酉　　辰
申未午巳</td>
<td>辰
酉
寅
辰亥酉辰
亥午辰壬
戌亥子丑
酉　　寅
申　　卯
未午巳辰</td>
</tr>
<tr>
<td>未
亥
卯
寅戌未卯
戌午卯壬
酉戌亥子
申　　丑
未　　寅
午巳辰卯</td>
<td>酉
子
卯
子酉巳寅
酉午寅壬
申酉戌亥
未　　子
午　　丑
巳辰卯寅</td>
<td>申
戌
子
戌申卯丑
申午丑壬
未申酉戌
午　　亥
巳　　子
辰卯寅丑</td>
<td>丑
寅
卯
申未丑子
未午子壬
午未申酉
巳　　戌
辰　　亥
卯寅丑子</td>
</tr>
</table>

癸未日十二局

<table>
<tr>
<td>丑
戌
未
未未丑丑
未未丑癸
巳午未申
辰　　酉
卯　　戌
寅丑子亥</td>
<td>巳
辰
卯
巳午亥子
午未子癸
辰巳午未
卯　　申
寅　　酉
丑子亥戌</td>
<td>巳
卯
丑
卯巳酉亥
巳未亥癸
卯辰巳午
寅　　未
丑　　申
子亥戌酉</td>
<td>戌
未
辰
丑辰未戌
辰未戌癸
寅卯辰巳
丑　　午
子　　未
亥戌酉申</td>
</tr>
</table>

<table>
<tr>
<td>丑
戌
未
未未丑丑
未未丑癸
巳午未申
辰　　酉
卯　　戌
寅丑子亥</td>
<td>巳
辰
卯
巳午亥子
午未子癸
辰巳午未
卯　　申
寅　　酉
丑子亥戌</td>
<td>巳
卯
丑
卯巳酉亥
巳未亥癸
卯辰巳午
寅　　未
丑　　申
子亥戌酉</td>
<td>戌
未
辰
丑辰未戌
辰未戌癸
寅卯辰巳
丑　　午
子　　未
亥戌酉申</td>
</tr>
<tr>
<td>巳
丑
酉
亥卯巳酉
卯未酉癸
丑寅卯辰
子　　巳
亥　　午
戌酉申未</td>
<td>卯
戌
巳
酉寅卯申
寅未申癸
子丑寅卯
亥　　辰
戌　　巳
酉申未午</td>
<td>未
丑
未
未丑丑未
丑未未癸
亥子丑寅
戌　　卯
酉　　辰
申未午巳</td>
<td>巳
戌
卯
巳子亥午
子未午癸
戌亥子丑
酉　　寅
申　　卯
未午巳辰</td>
</tr>
<tr>
<td>酉
丑
巳
卯亥酉巳
亥未巳癸
酉戌亥子
申　　丑
未　　寅
午巳辰卯</td>
<td>辰
未
戌
丑戌未辰
戌未辰癸
申酉戌亥
未　　子
午　　丑
巳辰卯寅</td>
<td>巳
未
酉
亥酉巳卯
酉未卯癸
未申酉戌
午　　亥
巳　　子
辰卯寅丑</td>
<td>申
寅
申
酉申卯寅
申未寅癸
午未申酉
巳　　戌
辰　　亥
卯寅丑子</td>
</tr>
</table>

甲申日十二局

<table>
<tr>
<td>寅
巳
申
申申寅寅
申申寅甲
巳午未申
辰　　酉
卯　　戌
寅丑子亥</td>
<td>子
亥
戌
午未子丑
未申丑甲
辰巳午未
卯　　申
寅　　酉
丑子亥戌</td>
<td>午
辰
寅
辰午戌子
午申子甲
卯辰巳午
寅　　未
丑　　申
子亥戌酉</td>
<td>巳
寅
亥
寅巳申亥
巳申亥甲
寅卯辰巳
丑　　午
子　　未
亥戌酉申</td>
</tr>
</table>

<table>
<tr>
<td>寅
巳
申
申申寅寅
申申寅甲
巳午未申
辰　　酉
卯　　戌
寅丑子亥</td>
<td>子
亥
戌
午未子丑
未申丑甲
辰巳午未
卯　　申
寅　　酉
丑子亥戌</td>
<td>午
辰
寅
辰午戌子
午申子甲
卯辰巳午
寅　　未
丑　　申
子亥戌酉</td>
<td>巳
寅
亥
寅巳申亥
巳申亥甲
寅卯辰巳
丑　　午
子　　未
亥戌酉申</td>
</tr>
<tr>
<td>戌
午
寅
子辰午戌
辰申戌甲
丑寅卯辰
子　　巳
亥　　午
戌酉申未</td>
<td>戌
巳
子
戌卯辰酉
卯申酉甲
子丑寅卯
亥　　辰
戌　　巳
酉申未午</td>
<td>寅
申
寅
申寅寅申
寅申申甲
亥子丑寅
戌　　卯
酉　　辰
申未午巳</td>
<td>子
巳
戌
午丑子未
丑申未甲
戌亥子丑
酉　　寅
申　　卯
未午巳辰</td>
</tr>
<tr>
<td>辰
申
子
辰子戌午
子申午甲
酉戌亥子
申　　丑
未　　寅
午巳辰卯</td>
<td>申
亥
寅
寅亥申巳
亥申巳甲
申酉戌亥
未　　子
午　　丑
巳辰卯寅</td>
<td>辰
午
申
子戌午辰
戌申辰甲
未申酉戌
午　　亥
巳　　子
辰卯寅丑</td>
<td>辰
巳
午
戌酉辰卯
酉申卯甲
午未申酉
巳　　戌
辰　　亥
卯寅丑子</td>
</tr>
</table>

乙酉日十二局

<table>
<tr>
<td>辰
酉
卯
酉酉辰辰
酉酉辰乙
巳午未申
辰　　酉
卯　　戌
寅丑子亥</td>
<td>申
未
午
未申寅卯
申酉卯乙
辰巳午未
卯　　申
寅　　酉
丑子亥戌</td>
<td>未
巳
卯
巳未子寅
未酉寅乙
卯辰巳午
寅　　未
丑　　申
子亥戌酉</td>
<td>丑
戌
未
卯午戌丑
午酉辰己
寅卯辰巳
丑　　午
子　　未
亥戌酉申</td>
</tr>
</table>

<table>
<tr><td>辰
酉
卯
酉酉辰辰
酉酉辰乙
巳午未申
辰　　酉
卯　　戌
寅丑子亥</td><td>申
未
午
未申寅卯
申酉卯乙
辰巳午未
卯　　申
寅　　酉
丑子亥戌</td><td>未
巳
卯
巳未子寅
未酉寅乙
卯辰巳午
寅　　未
丑　　申
子亥戌酉</td><td>丑
戌
未
卯午戌丑
午酉辰己
寅卯辰巳
丑　　午
子　　未
亥戌酉申</td></tr>
<tr><td>巳
丑
酉
丑巳申子
巳酉子乙
丑寅卯辰
子　　巳
亥　　午
戌酉申未</td><td>午
丑
申
亥辰午亥
辰酉亥乙
子丑寅卯
亥　　辰
戌　　巳
酉申未午</td><td>卯
酉
卯
酉卯辰戌
卯酉戌乙
亥子丑寅
戌　　卯
酉　　辰
申未午巳</td><td>未
子
巳
未寅寅酉
寅酉酉乙
戌亥子丑
酉　　寅
申　　卯
未午巳辰</td></tr>
<tr><td>申
子
辰
巳丑子申
丑酉申乙
酉戌亥子
申　　丑
未　　寅
午巳辰卯</td><td>未
戌
丑
卯子戌未
子酉未乙
申酉戌亥
未　　子
午　　丑
巳辰卯寅</td><td>申
戌
子
丑亥申午
亥酉午乙
未申酉戌
午　　亥
巳　　子
辰卯寅丑</td><td>亥
子
丑
亥戌午巳
戌酉巳乙
午未申酉
巳　　戌
辰　　亥
卯寅丑子</td></tr>
</table>

丙戌日十二局

<table>
<tr><td>巳
申
寅
戌戌巳巳
戌戌巳丙
巳午未申
辰　　酉
卯　　戌
寅丑子亥</td><td>卯
寅
丑
申酉卯辰
酉戌辰丙
辰巳午未
卯　　申
寅　　酉
丑子亥戌</td><td>丑
亥
酉
午申丑卯
申戌卯丙
卯辰巳午
寅　　未
丑　　申
子亥戌酉</td><td>亥
申
巳
辰未亥寅
未戌寅丙
寅卯辰巳
丑　　午
子　　未
亥戌酉申</td></tr>
</table>

<table>
<tr>
<td>巳
申
寅
戌戌巳巳
戌戌巳丙
巳午未申
辰　　酉
卯　　戌
寅丑子亥</td>
<td>卯
寅
丑
申酉卯辰
酉戌辰丙
辰巳午未
卯　　申
寅　　酉
丑子亥戌</td>
<td>丑
亥
酉
午申丑卯
申戌卯丙
卯辰巳午
寅　　未
丑　　申
子亥戌酉</td>
<td>亥
申
巳
辰未亥寅
未戌寅丙
寅卯辰巳
丑　　午
子　　未
亥戌酉申</td>
</tr>
<tr>
<td>酉
巳
丑
寅午酉丑
午戌丑丙
丑寅卯辰
子　　巳
亥　　午
戌酉申未</td>
<td>子
未
寅
子巳未子
巳戌子丙
子丑寅卯
亥　　辰
戌　　巳
酉申未午</td>
<td>巳
亥
巳
戌辰巳亥
辰戌亥丙
亥子丑寅
戌　　卯
酉　　辰
申未午巳</td>
<td>申
丑
午
申卯卯戌
卯戌戌丙
戌亥子丑
酉　　寅
申　　卯
未午巳辰</td>
</tr>
<tr>
<td>酉
丑
巳
午寅丑酉
寅戌酉丙
酉戌亥子
申　　丑
未　　寅
午巳辰卯</td>
<td>申
亥
寅
辰丑亥申
丑戌申丙
申酉戌亥
未　　子
午　　丑
巳辰卯寅</td>
<td>子
寅
辰
寅子酉未
子戌未丙
未申酉戌
午　　亥
巳　　子
辰卯寅丑</td>
<td>亥
子
丑
子亥未午
亥戌午丙
午未申酉
巳　　戌
辰　　亥
卯寅丑子</td>
</tr>
</table>

丁亥日十二局

<table>
<tr>
<td>亥
未
丑
亥亥未未
亥亥未丁
巳午未申
辰　　酉
卯　　戌
寅丑子亥</td>
<td>戌
酉
申
酉戌巳午
戌亥午丁
辰巳午未
卯　　申
寅　　酉
丑子亥戌</td>
<td>酉
未
巳
未酉卯巳
酉亥巳丁
卯辰巳午
寅　　未
丑　　申
子亥戌酉</td>
<td>巳
寅
亥
巳申丑辰
申亥辰丁
寅卯辰巳
丑　　午
子　　未
亥戌酉申</td>
</tr>
</table>

<table>
<tr>
<td>亥
未
丑
亥亥未未
亥亥未丁
巳午未申
辰　　酉
卯　　戌
寅丑子亥</td>
<td>戌
酉
申
酉戌巳午
戌亥午丁
辰巳午未
卯　　申
寅　　酉
丑子亥戌</td>
<td>酉
未
巳
未酉卯巳
酉亥巳丁
卯辰巳午
寅　　未
丑　　申
子亥戌酉</td>
<td>巳
寅
亥
巳申丑辰
申亥辰丁
寅卯辰巳
丑　　午
子　　未
亥戌酉申</td>
</tr>
<tr>
<td>未
卯
亥
卯未亥卯
未亥卯丁
丑寅卯辰
子　　巳
亥　　午
戌酉申未</td>
<td>午
丑
申
丑午酉寅
午亥寅丁
子丑寅卯
亥　　辰
戌　　巳
酉申未午</td>
<td>巳
亥
巳
亥巳未丑
巳亥丑丁
亥子丑寅
戌　　卯
酉　　辰
申未午巳</td>
<td>巳
戌
卯
酉辰巳子
辰亥子丁
戌亥子丑
酉　　寅
申　　卯
未午巳辰</td>
</tr>
<tr>
<td>未
亥
卯
未卯卯亥
卯亥亥丁
酉戌亥子
申　　丑
未　　寅
午巳辰卯</td>
<td>午
戌
寅
巳寅丑戌
寅亥戌丁
申酉戌亥
未　　子
午　　丑
巳辰卯寅</td>
<td>酉
亥
丑
卯丑亥酉
丑亥酉丁
未申酉戌
午　　亥
巳　　子
辰卯寅丑</td>
<td>申
酉
戌
丑子酉申
子亥申丁
午未申酉
巳　　戌
辰　　亥
卯寅丑子</td>
</tr>
</table>

戊子日十二局

<table>
<tr>
<td>巳
申
寅
子子巳巳
子子巳戊
巳午未申
辰　　酉
卯　　戌
寅丑子亥</td>
<td>戌
酉
申
戌亥卯辰
亥子辰戊
辰巳午未
卯　　申
寅　　酉
丑子亥戌</td>
<td>丑
亥
酉
申戌丑卯
戌子卯戊
卯辰巳午
寅　　未
丑　　申
子亥戌酉</td>
<td>寅
亥
申
午酉亥寅
酉子寅戊
寅卯辰巳
丑　　午
子　　未
亥戌酉申</td>
</tr>
</table>

<table>
<tr><td>巳
申
寅
子子巳巳
子子巳戌
巳午未申
辰　　酉
卯　　戌
寅丑子亥</td><td>戌
酉
申
戌亥卯辰
亥子辰戌
辰巳午未
卯　　申
寅　　酉
丑子亥戌</td><td>丑
亥
酉
申戌丑卯
戌子卯戌
卯辰巳午
寅　　未
丑　　申
子亥戌酉</td><td>寅
亥
申
午酉亥寅
酉子寅戌
寅卯辰巳
丑　　午
子　　未
亥戌酉申</td></tr>
<tr><td>巳
申
丑
辰申酉丑
申子丑戌
丑寅卯辰
子　　巳
亥　　午
戌酉申未</td><td>子
未
寅
寅未未子
未子子戌
子丑寅卯
亥　　辰
戌　　巳
酉申未午</td><td>午
子
午
子午巳亥
午子亥戌
亥子丑寅
戌　　卯
酉　　辰
申未午巳</td><td>巳
戌
卯
戌巳卯戌
巳子戌戌
戌亥子丑
酉　　寅
申　　卯
未午巳辰</td></tr>
<tr><td>辰
申
子
申辰丑酉
辰子酉戌
酉戌亥子
申　　丑
未　　寅
午巳辰卯</td><td>卯
午
酉
午卯亥申
卯子申戌
申酉戌亥
未　　子
午　　丑
巳辰卯寅</td><td>辰
午
申
辰寅酉未
寅子未戌
未申酉戌
午　　亥
巳　　子
辰卯寅丑</td><td>寅
卯
辰
寅丑未午
丑子午戌
午未申酉
巳　　戌
辰　　亥
卯寅丑子</td></tr>
</table>

己丑日十二局

<table>
<tr><td>丑
戌
未
丑丑未未
丑丑未己
巳午未申
辰　　酉
卯　　戌
寅丑子亥</td><td>子
亥
戌
亥子巳午
子丑午己
辰巳午未
卯　　申
寅　　酉
丑子亥戌</td><td>亥
酉
未
酉亥卯巳
亥丑巳己
卯辰巳午
寅　　未
丑　　申
子亥戌酉</td><td>子
辰
戌
未戌丑辰
戌丑辰己
寅卯辰巳
丑　　午
子　　未
亥戌酉申</td></tr>
</table>

<table>
<tr>
<td>丑
戌
未
丑丑未未
丑丑未己
巳午未申
辰　　酉
卯　　戌
寅丑子亥</td>
<td>子
亥
戌
亥子巳午
子丑午己
辰巳午未
卯　　申
寅　　酉
丑子亥戌</td>
<td>亥
酉
未
酉亥卯巳
亥丑巳己
卯辰巳午
寅　　未
丑　　申
子亥戌酉</td>
<td>子
辰
戌
未戌丑辰
戌丑辰己
寅卯辰巳
丑　　午
子　　未
亥戌酉申</td>
</tr>
<tr>
<td>巳
丑
酉
巳酉亥卯
酉丑卯己
丑寅卯辰
子　　巳
亥　　午
戌酉申未</td>
<td>卯
戌
巳
卯申酉寅
申丑寅己
子丑寅卯
亥　　辰
戌　　巳
酉申未午</td>
<td>亥
未
丑
丑未未丑
未丑丑己
亥子丑寅
戌　　卯
酉　　辰
申未午巳</td>
<td>巳
戌
卯
亥午巳子
午丑子己
戌亥子丑
酉　　寅
申　　卯
未午巳辰</td>
</tr>
<tr>
<td>酉
丑
巳
酉巳卯亥
巳丑亥己
酉戌亥子
申　　丑
未　　寅
午巳辰卯</td>
<td>午
戌
辰
未辰丑戌
辰丑戌己
申酉戌亥
未　　子
午　　丑
巳辰卯寅</td>
<td>卯
巳
未
巳卯亥酉
卯丑酉己
未申酉戌
午　　亥
巳　　子
辰卯寅丑</td>
<td>寅
卯
辰
卯寅酉申
寅丑申己
午未申酉
巳　　戌
辰　　亥
卯寅丑子</td>
</tr>
</table>

庚寅十二局

<table>
<tr>
<td>申
寅
巳
寅寅申申
寅寅申庚
巳午未申
辰　　酉
卯　　戌
寅丑子亥</td>
<td>子
亥
戌
子丑午未
丑寅未庚
辰巳午未
卯　　申
寅　　酉
丑子亥戌</td>
<td>午
辰
寅
戌子辰午
子寅午庚
卯辰巳午
寅　　未
丑　　申
子亥戌酉</td>
<td>巳
寅
亥
申亥寅巳
亥寅巳庚
寅卯辰巳
丑　　午
子　　未
亥戌酉申</td>
</tr>
</table>

<table>
<tr>
<td>申
寅
巳
寅寅申申
寅寅申庚
巳午未申
辰　　酉
卯　　戌
寅丑子亥</td>
<td>子
亥
戌
子丑午未
丑寅未庚
辰巳午未
卯　　申
寅　　酉
丑子亥戌</td>
<td>午
辰
寅
戌子辰午
子寅午庚
卯辰巳午
寅　　未
丑　　申
子亥戌酉</td>
<td>巳
寅
亥
申亥寅巳
亥寅巳庚
寅卯辰巳
丑　　午
子　　未
亥戌酉申</td>
</tr>
<tr>
<td>戌
午
寅
午戌子辰
戌寅辰庚
丑寅卯辰
子　　巳
亥　　午
戌酉申未</td>
<td>戌
巳
子
辰酉戌卯
酉寅卯庚
子丑寅卯
亥　　辰
戌　　巳
酉申未午</td>
<td>寅
申
寅
寅申申寅
申寅寅庚
亥子丑寅
戌　　卯
酉　　辰
申未午巳</td>
<td>子
巳
戌
子未午丑
未寅丑庚
戌亥子丑
酉　　寅
申　　卯
未午巳辰</td>
</tr>
<tr>
<td>辰
申
子
戌午辰子
午寅子庚
酉戌亥子
申　　丑
未　　寅
午巳辰卯</td>
<td>申
亥
寅
申巳寅亥
巳寅亥庚
申酉戌亥
未　　子
午　　丑
巳辰卯寅</td>
<td>辰
午
申
午辰子戌
辰寅戌庚
未申酉戌
午　　亥
巳　　子
辰卯寅丑</td>
<td>辰
巳
午
辰卯戌酉
卯寅酉庚
午未申酉
巳　　戌
辰　　亥
卯寅丑子</td>
</tr>
</table>

辛卯日十二局

<table>
<tr>
<td>卯
子
午
卯卯戌戌
卯卯戌辛
巳午未申
辰　　酉
卯　　戌
寅丑子亥</td>
<td>丑
子
亥
丑寅申酉
寅卯酉辛
辰巳午未
卯　　申
寅　　酉
丑子亥戌</td>
<td>丑
亥
酉
亥丑午申
丑卯申辛
卯辰巳午
寅　　未
丑　　申
子亥戌酉</td>
<td>子
未
子
酉子辰未
子卯未辛
寅卯辰巳
丑　　午
子　　未
亥戌酉申</td>
</tr>
</table>

<table>
<tr><td>卯
子
午
卯卯戌戌
卯卯戌辛
巳午未申
辰　　酉
卯　　戌
寅丑子亥</td><td>丑
子
亥
丑寅申酉
寅卯酉辛
辰巳午未
卯　　申
寅　　酉
丑子亥戌</td><td>丑
亥
酉
亥丑午申
丑卯申辛
卯辰巳午
寅　　未
丑　　申
子亥戌酉</td><td>子
未
子
酉子辰未
子卯未辛
寅卯辰巳
丑　　午
子　　未
亥戌酉申</td></tr>
<tr><td>未
卯
亥
未亥寅午
亥卯午辛
丑寅卯辰
子　　巳
亥　　午
戌酉申未</td><td>戌
巳
子
巳戌子巳
戌卯巳辛
子丑寅卯
亥　　辰
戌　　巳
酉申未午</td><td>卯
酉
卯
卯酉戌辰
酉卯辰辛
亥子丑寅
戌　　卯
酉　　辰
申未午巳</td><td>卯
申
丑
丑申申卯
申卯卯辛
戌亥子丑
酉　　寅
申　　卯
未午巳辰</td></tr>
<tr><td>未
亥
卯
亥未午寅
未卯寅辛
酉戌亥子
申　　丑
未　　寅
午巳辰卯</td><td>酉
子
卯
酉午辰丑
午卯丑辛
申酉戌亥
未　　子
午　　丑
巳辰卯寅</td><td>巳
未
酉
未巳寅子
巳卯子辛
未申酉戌
午　　亥
巳　　子
辰卯寅丑</td><td>辰
巳
午
巳辰子亥
辰卯亥辛
午未申酉
巳　　戌
辰　　亥
卯寅丑子</td></tr>
</table>

壬辰日十二局

<table>
<tr><td>亥
辰
戌
辰辰亥亥
辰辰亥壬
巳午未申
辰　　酉
卯　　戌
寅丑子亥</td><td>戌
酉
申
寅卯酉戌
卯辰戌壬
辰巳午未
卯　　申
寅　　酉
丑子亥戌</td><td>寅
子
戌
子寅未酉
寅辰酉壬
卯辰巳午
寅　　未
丑　　申
子亥戌酉</td><td>巳
寅
亥
戌丑巳申
丑辰申壬
寅卯辰巳
丑　　午
子　　未
亥戌酉申</td></tr>
</table>

<table>
<tr>
<td>亥
辰
戌
辰辰亥亥
辰辰亥壬
巳午未申
辰　　酉
卯　　戌
寅丑子亥</td>
<td>戌
酉
申
寅卯酉戌
卯辰戌壬
辰巳午未
卯　　申
寅　　酉
丑子亥戌</td>
<td>寅
子
戌
子寅未酉
寅辰酉壬
卯辰巳午
寅　　未
丑　　申
子亥戌酉</td>
<td>巳
寅
亥
戌丑巳申
丑辰申壬
寅卯辰巳
丑　　午
子　　未
亥戌酉申</td>
</tr>
<tr>
<td>子
申
辰
申子卯未
子辰未壬
丑寅卯辰
子　　巳
亥　　午
戌酉申未</td>
<td>午
丑
申
午亥丑午
亥辰午壬
子丑寅卯
亥　　辰
戌　　巳
酉申未午</td>
<td>巳
亥
巳
辰戌亥巳
戌辰巳壬
亥子丑寅
戌　　卯
酉　　辰
申未午巳</td>
<td>寅
未
子
寅酉酉辰
酉辰辰壬
戌亥子丑
酉　　寅
申　　卯
未午巳辰</td>
</tr>
<tr>
<td>未
亥
卯
子申未卯
申辰卯壬
酉戌亥子
申　　丑
未　　寅
午巳辰卯</td>
<td>戌
丑
辰
戌未巳寅
未辰寅壬
申酉戌亥
未　　子
午　　丑
巳辰卯寅</td>
<td>申
戌
子
申午卯丑
午辰丑壬
未申酉戌
午　　亥
巳　　子
辰卯寅丑</td>
<td>丑
寅
卯
午巳丑子
巳辰子壬
午未申酉
巳　　戌
辰　　亥
卯寅丑子</td>
</tr>
</table>

癸巳日十二局

<table>
<tr>
<td>丑
戌
未
巳巳丑丑
巳巳丑癸
巳午未申
辰　　酉
卯　　戌
寅丑子亥</td>
<td>卯
寅
丑
卯辰亥子
辰巳子癸
辰巳午未
卯　　申
寅　　酉
丑子亥戌</td>
<td>丑
亥
酉
丑卯酉亥
卯巳亥癸
卯辰巳午
寅　　未
丑　　申
子亥戌酉</td>
<td>戌
未
辰
亥寅未戌
寅巳戌癸
寅卯辰巳
丑　　午
子　　未
亥戌酉申</td>
</tr>
</table>

<table>
<tr>
<td>丑
戌
未
巳巳丑丑
巳巳丑癸
巳午未申
辰　　酉
卯　　戌
寅丑子亥</td>
<td>卯
寅
丑
卯辰亥子
辰巳子癸
辰巳午未
卯　　申
寅　　酉
丑子亥戌</td>
<td>丑
亥
酉
丑卯酉亥
卯巳亥癸
卯辰巳午
寅　　未
丑　　申
子亥戌酉</td>
<td>戌
未
辰
亥寅未戌
寅巳戌癸
寅卯辰巳
丑　　午
子　　未
亥戌酉申</td>
</tr>
<tr>
<td>巳
丑
酉
酉丑巳酉
丑巳酉癸
丑寅卯辰
子　　巳
亥　　午
戌酉申未</td>
<td>卯
戌
巳
未子卯申
子巳申癸
子丑寅卯
亥　　辰
戌　　巳
酉申未午</td>
<td>巳
亥
巳
巳亥丑未
亥巳未癸
亥子丑寅
戌　　卯
酉　　辰
申未午巳</td>
<td>午
亥
辰
卯戌亥午
戌巳午癸
戌亥子丑
酉　　寅
申　　卯
未午巳辰</td>
</tr>
<tr>
<td>酉
丑
巳
丑酉酉巳
酉巳巳癸
酉戌亥子
申　　丑
未　　寅
午巳辰卯</td>
<td>申
亥
寅
亥申未辰
申巳辰癸
申酉戌亥
未　　子
午　　丑
巳辰卯寅</td>
<td>未
酉
亥
酉未巳卯
未巳卯癸
未申酉戌
午　　亥
巳　　子
辰卯寅丑</td>
<td>未
申
酉
未午卯寅
午巳寅癸
午未申酉
巳　　戌
辰　　亥
卯寅丑子</td>
</tr>
</table>

甲午日十二局

<table>
<tr>
<td>寅
巳
申
午午寅寅
午午寅甲
巳午未申
辰　　酉
卯　　戌
寅丑子亥</td>
<td>子
亥
戌
辰巳子丑
巳午丑甲
辰巳午未
卯　　申
寅　　酉
丑子亥戌</td>
<td>戌
申
午
寅辰戌子
辰午子甲
卯辰巳午
寅　　未
丑　　申
子亥戌酉</td>
<td>申
巳
寅
子卯申亥
卯午亥甲
寅卯辰巳
丑　　午
子　　未
亥戌酉申</td>
</tr>
</table>

寅 巳 申 午午寅寅 午午寅甲 巳午未申 辰　　酉 卯　　戌 寅丑子亥	子 亥 戌 辰巳子丑 巳午丑甲 辰巳午未 卯　　申 寅　　酉 丑子亥戌	戌 申 午 寅辰戌子 辰午子甲 卯辰巳午 寅　　未 丑　　申 子亥戌酉	申 巳 寅 子卯申亥 卯午亥甲 寅卯辰巳 丑　　午 子　　未 亥戌酉申
戌 午 寅 戌寅午戌 寅午戌甲 丑寅卯辰 子　　巳 亥　　午 戌酉申未	酉 辰 亥 申丑辰酉 丑午酉甲 子丑寅卯 亥　　辰 戌　　巳 酉申未午	寅 申 寅 午子寅申 子午申甲 亥子丑寅 戌　　卯 酉　　辰 申未午巳	子 巳 戌 辰亥子未 亥午未甲 戌亥子丑 酉　　寅 申　　卯 未午巳辰
寅 午 戌 寅戌戌午 戌午午甲 酉戌亥子 申　　丑 未　　寅 午巳辰卯	申 亥 寅 子酉申巳 酉午巳甲 申酉戌亥 未　　子 午　　丑 巳辰卯寅	辰 午 申 戌申午辰 申午辰甲 未申酉戌 午　　亥 巳　　子 辰卯寅丑	辰 巳 午 申未辰卯 未午卯甲 午未申酉 巳　　戌 辰　　亥 卯寅丑子

乙未日十二局

辰 未 丑 未未辰辰 未未辰乙 巳午未申 辰　　酉 卯　　戌 寅丑子亥	戌 卯 午 巳午寅卯 午未卯乙 辰巳午未 卯　　申 寅　　酉 丑子亥戌	亥 寅 巳 卯巳子寅 巳未寅乙 卯辰巳午 寅　　未 丑　　申 子亥戌酉	丑 戌 未 丑辰戌丑 辰未丑乙 寅卯辰巳 丑　　午 子　　未 亥戌酉申

<table>
<tr>
<td>辰
未
丑
未未辰辰
未未辰乙
巳午未申
辰　　酉
卯　　戌
寅丑子亥</td>
<td>戌
卯
午
巳午寅卯
午未卯乙
辰巳午未
卯　　申
寅　　酉
丑子亥戌</td>
<td>亥
寅
巳
卯巳子寅
巳未寅乙
卯辰巳午
寅　　未
丑　　申
子亥戌酉</td>
<td>丑
戌
未
丑辰戌丑
辰未丑乙
寅卯辰巳
丑　　午
子　　未
亥戌酉申</td>
</tr>
<tr>
<td>卯
亥
未
亥卯申子
卯未子乙
丑寅卯辰
子　　巳
亥　　午
戌酉申未</td>
<td>午
丑
申
酉寅午亥
寅未亥乙
子丑寅卯
亥　　辰
戌　　巳
酉申未午</td>
<td>戌
辰
戌
未丑辰戌
丑未戌乙
亥子丑寅
戌　　卯
酉　　辰
申未午巳</td>
<td>巳
戌
卯
巳子寅酉
子未酉乙
戌亥子丑
酉　　寅
申　　卯
未午巳辰</td>
</tr>
<tr>
<td>亥
卯
未
卯亥子申
亥未申乙
酉戌亥子
申　　丑
未　　寅
午巳辰卯</td>
<td>未
戌
丑
丑戌戌未
戌未未乙
申酉戌亥
未　　子
午　　丑
巳辰卯寅</td>
<td>申
戌
子
亥酉申午
酉未午乙
未申酉戌
午　　亥
巳　　子
辰卯寅丑</td>
<td>酉
戌
亥
酉申午巳
申未巳乙
午未申酉
巳　　戌
辰　　亥
卯寅丑子</td>
</tr>
</table>

丙申日十二局

<table>
<tr>
<td>巳
申
寅
申申巳巳
申申巳丙
巳午未申
辰　　酉
卯　　戌
寅丑子亥</td>
<td>卯
寅
丑
午未卯辰
未申辰丙
辰巳午未
卯　　申
寅　　酉
丑子亥戌</td>
<td>丑
亥
酉
辰午丑卯
午申卯丙
卯辰巳午
寅　　未
丑　　申
子亥戌酉</td>
<td>巳
寅
亥
寅巳亥寅
巳申寅丙
寅卯辰巳
丑　　午
子　　未
亥戌酉申</td>
</tr>
</table>

<table>
<tr>
<td>巳
申
寅
申申巳巳
申申巳丙
巳午未申
辰　　酉
卯　　戌
寅丑子亥</td>
<td>卯
寅
丑
午未卯辰
未申辰丙
辰巳午未
卯　　申
寅　　酉
丑子亥戌</td>
<td>丑
亥
酉
辰午丑卯
午申卯丙
卯辰巳午
寅　　未
丑　　申
子亥戌酉</td>
<td>巳
寅
亥
寅巳亥寅
巳申寅丙
寅卯辰巳
丑　　午
子　　未
亥戌酉申</td>
</tr>
<tr>
<td>子
申
辰
子辰酉丑
辰申丑丙
丑寅卯辰
子　　巳
亥　　午
戌酉申未</td>
<td>戌
巳
子
戌卯未子
卯申子丙
子丑寅卯
亥　　辰
戌　　巳
酉申未午</td>
<td>寅
申
寅
申寅巳亥
寅申亥丙
亥子丑寅
戌　　卯
酉　　辰
申未午巳</td>
<td>卯
申
丑
午丑卯戌
丑申戌丙
戌亥子丑
酉　　寅
申　　卯
未午巳辰</td>
</tr>
<tr>
<td>酉
丑
巳
辰子丑酉
子申酉丙
酉戌亥子
申　　丑
未　　寅
午巳辰卯</td>
<td>申
亥
寅
寅亥亥申
亥申申丙
申酉戌亥
未　　子
午　　丑
巳辰卯寅</td>
<td>子
寅
辰
子戌酉未
戌申未丙
未申酉戌
午　　亥
巳　　子
辰卯寅丑</td>
<td>酉
戌
亥
戌酉未午
酉申午丙
午未申酉
巳　　戌
辰　　亥
卯寅丑子</td>
</tr>
</table>

丁酉日十二局

<table>
<tr>
<td>酉
未
丑
酉酉未未
酉酉未丁
巳午未申
辰　　酉
卯　　戌
寅丑子亥</td>
<td>申
未
午
未申巳午
申酉午丁
辰巳午未
卯　　申
寅　　酉
丑子亥戌</td>
<td>丑
巳
巳
巳未卯巳
未酉巳丁
卯辰巳午
寅　　未
丑　　申
子亥戌酉</td>
<td>午
卯
子
卯午丑辰
午酉辰丁
寅卯辰巳
丑　　午
子　　未
亥戌酉申</td>
</tr>
</table>

<table>
<tr>
<td>酉
未
丑
酉酉未未
酉酉未丁
巳午未申
辰　　酉
卯　　戌
寅丑子亥</td>
<td>申
未
午
未申巳午
申酉午丁
辰巳午未
卯　　申
寅　　酉
丑子亥戌</td>
<td>丑
巳
巳
巳未卯巳
未酉巳丁
卯辰巳午
寅　　未
丑　　申
子亥戌酉</td>
<td>午
卯
子
卯午丑辰
午酉辰丁
寅卯辰巳
丑　　午
子　　未
亥戌酉申</td>
</tr>
<tr>
<td>巳
丑
酉
丑巳亥卯
巳酉卯丁
丑寅卯辰
子　　巳
亥　　午
戌酉申未</td>
<td>亥
午
丑
亥辰酉寅
辰酉寅丁
子丑寅卯
亥　　辰
戌　　巳
酉申未午</td>
<td>卯
酉
卯
酉卯未丑
卯酉丑丁
亥子丑寅
戌　　卯
酉　　辰
申未午巳</td>
<td>未
子
巳
未寅巳子
寅酉子丁
戌亥子丑
酉　　寅
申　　卯
未午巳辰</td>
</tr>
<tr>
<td>亥
卯
未
巳丑卯亥
丑酉亥丁
酉戌亥子
申　　丑
未　　寅
午巳辰卯</td>
<td>子
卯
午
卯子丑戌
子酉戌丁
申酉戌亥
未　　子
午　　丑
巳辰卯寅</td>
<td>酉
亥
丑
丑亥亥酉
亥酉酉丁
未申酉戌
午　　亥
巳　　子
辰卯寅丑</td>
<td>亥
子
丑
亥戌酉申
戌酉申丁
午未申酉
巳　　戌
辰　　亥
卯寅丑子</td>
</tr>
</table>

戊戌日十二局

<table>
<tr>
<td>巳
申
寅
戌戌巳巳
戌戌巳戌
巳午未申
辰　　酉
卯　　戌
寅丑子亥</td>
<td>卯
寅
丑
申酉卯辰
酉戌辰戌
辰巳午未
卯　　申
寅　　酉
丑子亥戌</td>
<td>丑
亥
酉
午申丑卯
申戌卯戌
卯辰巳午
寅　　未
丑　　申
子亥戌酉</td>
<td>寅
亥
申
辰未亥寅
未戌寅戌
寅卯辰巳
丑　　午
子　　未
亥戌酉申</td>
</tr>
</table>

<table>
<tr><td>巳
申
寅
戊戊巳巳
戊戊巳戊
巳午未申
辰　　酉
卯　　戌
寅丑子亥</td><td>卯
寅
丑
申酉卯辰
酉戌辰戊
辰巳午未
卯　　申
寅　　酉
丑子亥戌</td><td>丑
亥
酉
午申丑卯
申戌卯戊
卯辰巳午
寅　　未
丑　　申
子亥戌酉</td><td>寅
亥
申
辰未亥寅
未戌寅戊
寅卯辰巳
丑　　午
子　　未
亥戌酉申</td></tr>
<tr><td>寅
戌
午
寅午酉丑
午戌丑戊
丑寅卯辰
子　　巳
亥　　午
戌酉申未</td><td>子
未
寅
子巳未子
巳戌子戊
子丑寅卯
亥　　辰
戌　　巳
酉申未午</td><td>巳
亥
巳
戌辰巳亥
辰戌亥戊
亥子丑寅
戌　　卯
酉　　辰
申未午巳</td><td>申
丑
午
申卯卯戌
卯戌戌戊
戌亥子丑
酉　　寅
申　　卯
未午巳辰</td></tr>
<tr><td>寅
午
戌
午寅丑酉
寅戌酉戊
酉戌亥子
申　　丑
未　　寅
午巳辰卯</td><td>亥
寅
巳
辰丑亥申
丑戌申戊
申酉戌亥
未　　子
午　　丑
巳辰卯寅</td><td>子
寅
辰
寅子酉未
子戌未戊
未申酉戌
午　　亥
巳　　子
辰卯寅丑</td><td>亥
子
丑
子亥未午
亥戌午戊
午未申酉
巳　　戌
辰　　亥
卯寅丑子</td></tr>
</table>

己亥日十二局

<table>
<tr><td>亥
未
丑
亥亥未未
亥亥未己
巳午未申
辰　　酉
卯　　戌
寅丑子亥</td><td>戌
酉
申
酉戌巳午
戌亥午己
辰巳午未
卯　　申
寅　　酉
丑子亥戌</td><td>卯
丑
亥
未酉卯巳
酉亥巳己
卯辰巳午
寅　　未
丑　　申
子亥戌酉</td><td>巳
寅
亥
巳申丑辰
申亥辰己
寅卯辰巳
丑　　午
子　　未
亥戌酉申</td></tr>
</table>

<table>
<tr><td>亥
未
丑
亥亥未未
亥亥未己
巳午未申
辰　　酉
卯　　戌
寅丑子亥</td><td>戌
酉
申
酉戌巳午
戌亥午己
辰巳午未
卯　　申
寅　　酉
丑子亥戌</td><td>卯
丑
亥
未酉卯巳
酉亥巳己
卯辰巳午
寅　　未
丑　　申
子亥戌酉</td><td>巳
寅
亥
巳申丑辰
申亥辰己
寅卯辰巳
丑　　午
子　　未
亥戌酉申</td></tr>
<tr><td>未
卯
亥
卯未亥卯
未亥卯己
丑寅卯辰
子　　巳
亥　　午
戌酉申未</td><td>午
丑
申
丑午酉寅
午亥寅己
子丑寅卯
亥　　辰
戌　　巳
酉申未午</td><td>巳
亥
巳
亥巳未丑
巳亥丑己
亥子丑寅
戌　　卯
酉　　辰
申未午巳</td><td>巳
戌
卯
酉辰巳子
辰亥子己
戌亥子丑
酉　　寅
申　　卯
未午巳辰</td></tr>
<tr><td>未
亥
卯
未卯卯亥
卯亥亥己
酉戌亥子
申　　丑
未　　寅
午巳辰卯</td><td>寅
巳
申
巳寅丑戌
寅亥戌己
申酉戌亥
未　　子
午　　丑
巳辰卯寅</td><td>丑
卯
巳
卯丑亥酉
丑亥酉己
未申酉戌
午　　亥
巳　　子
辰卯寅丑</td><td>丑
寅
卯
丑子酉申
子亥申己
午未申酉
巳　　戌
辰　　亥
卯寅丑子</td></tr>
</table>

庚子日十二局

<table>
<tr><td>申
寅
巳
子子申申
子子申庚
巳午未申
辰　　酉
卯　　戌
寅丑子亥</td><td>戌
酉
申
戌亥午未
亥子未庚
辰巳午未
卯　　申
寅　　酉
丑子亥戌</td><td>午
辰
寅
申戌辰午
戌子午庚
卯辰巳午
寅　　未
丑　　申
子亥戌酉</td><td>午
卯
子
午酉寅巳
酉子巳庚
寅卯辰巳
丑　　午
子　　未
亥戌酉申</td></tr>
</table>

<table>
<tr>
<td>申
寅
巳
子子申申
子子申庚
巳午未申
辰　　酉
卯　　戌
寅丑子亥</td>
<td>戌
酉
申
戌亥午未
亥子未庚
辰巳午未
卯　　申
寅　　酉
丑子亥戌</td>
<td>午
辰
寅
申戌辰午
戌子午庚
卯辰巳午
寅　　未
丑　　申
子亥戌酉</td>
<td>午
卯
子
午酉寅巳
酉子巳庚
寅卯辰巳
丑　　午
子　　未
亥戌酉申</td>
</tr>
<tr>
<td>子
申
辰
辰申子辰
申子辰庚
丑寅卯辰
子　　巳
亥　　午
戌酉申未</td>
<td>戌
巳
子
寅未戌卯
未子卯庚
子丑寅卯
亥　　辰
戌　　巳
酉申未午</td>
<td>寅
申
寅
子午申寅
午子寅庚
亥子丑寅
戌　　卯
酉　　辰
申未午巳</td>
<td>巳
戌
卯
戌巳午丑
戌子丑庚
戌亥子丑
酉　　寅
申　　卯
未午巳辰</td>
</tr>
<tr>
<td>辰
申
子
申辰辰子
辰子子庚
酉戌亥子
申　　丑
未　　寅
午巳辰卯</td>
<td>午
酉
子
午卯寅亥
卯子亥庚
申酉戌亥
未　　子
午　　丑
巳辰卯寅</td>
<td>辰
午
申
辰寅子戌
寅子戌庚
未申酉戌
午　　亥
巳　　子
辰卯寅丑</td>
<td>寅
卯
辰
寅丑戌酉
丑子酉庚
午未申酉
巳　　戌
辰　　亥
卯寅丑子</td>
</tr>
</table>

辛丑日十二局

<table>
<tr>
<td>丑
戌
未
丑丑戌戌
丑丑戌辛
巳午未申
辰　　酉
卯　　戌
寅丑子亥</td>
<td>子
亥
戌
亥子申酉
子丑酉辛
辰巳午未
卯　　申
寅　　酉
丑子亥戌</td>
<td>亥
酉
未
酉亥午申
亥丑申辛
卯辰巳午
寅　　未
丑　　申
子亥戌酉</td>
<td>巳
未
未
未戌辰未
戌丑未辛
寅卯辰巳
丑　　午
子　　未
亥戌酉申</td>
</tr>
</table>

<table>
<tr>
<td>丑
戌
未
丑丑戌戌
丑丑戌辛
巳午未申
辰　　酉
卯　　戌
寅丑子亥</td>
<td>子
亥
戌
亥子申酉
子丑酉辛
辰巳午未
卯　　申
寅　　酉
丑子亥戌</td>
<td>亥
酉
未
酉亥午申
亥丑申辛
卯辰巳午
寅　　未
丑　　申
子亥戌酉</td>
<td>巳
未
未
未戌辰未
戌丑未辛
寅卯辰巳
丑　　午
子　　未
亥戌酉申</td>
</tr>
<tr>
<td>巳
丑
酉
巳酉寅午
酉丑午辛
丑寅卯辰
子　　巳
亥　　午
戌酉申未</td>
<td>卯
戌
巳
卯申子巳
申丑巳辛
子丑寅卯
亥　　辰
戌　　巳
酉申未午</td>
<td>亥
未
辰
丑未戌辰
未丑辰辛
亥子丑寅
戌　　卯
酉　　辰
申未午巳</td>
<td>卯
申
丑
亥午申卯
午丑卯辛
戌亥子丑
酉　　寅
申　　卯
未午巳辰</td>
</tr>
<tr>
<td>酉
丑
巳
酉巳午寅
巳丑寅辛
酉戌亥子
申　　丑
未　　寅
午巳辰卯</td>
<td>巳
丑
丑
未辰辰丑
辰丑丑辛
申酉戌亥
未　　子
午　　丑
巳辰卯寅</td>
<td>卯
巳
未
巳卯寅子
卯丑子辛
未申酉戌
午　　亥
巳　　子
辰卯寅丑</td>
<td>寅
卯
辰
卯寅子亥
寅丑亥辛
午未申酉
巳　　戌
辰　　亥
卯寅丑子</td>
</tr>
</table>

壬寅日十二局

<table>
<tr>
<td>亥
寅
巳
寅寅亥亥
寅寅亥壬
巳午未申
辰　　酉
卯　　戌
寅丑子亥</td>
<td>子
亥
戌
子丑酉戌
丑寅戌壬
辰巳午未
卯　　申
寅　　酉
丑子亥戌</td>
<td>戌
申
午
戌子未酉
子寅酉壬
卯辰巳午
寅　　未
丑　　申
子亥戌酉</td>
<td>巳
寅
亥
申亥巳申
亥寅申壬
寅卯辰巳
丑　　午
子　　未
亥戌酉申</td>
</tr>
</table>

<table>
<tr>
<td>亥
寅
巳
寅寅亥亥
寅寅亥壬
巳午未申
辰　　酉
卯　　戌
寅丑子亥</td>
<td>子
亥
戌
子丑酉戌
丑寅戌壬
辰巳午未
卯　　申
寅　　酉
丑子亥戌</td>
<td>戌
申
午
戌子未酉
子寅酉壬
卯辰巳午
寅　　未
丑　　申
子亥戌酉</td>
<td>巳
寅
亥
申亥巳申
亥寅申壬
寅卯辰巳
丑　　午
子　　未
亥戌酉申</td>
</tr>
<tr>
<td>戌
午
寅
午戌卯未
戌寅未壬
丑寅卯辰
子　　巳
亥　　午
戌酉申未</td>
<td>午
丑
申
辰酉丑午
酉寅午壬
子丑寅卯
亥　　辰
戌　　巳
酉申未午</td>
<td>寅
申
寅
寅申亥巳
申寅巳壬
亥子丑寅
戌　　卯
酉　　辰
申未午巳</td>
<td>子
巳
戌
子未酉辰
未寅辰壬
戌亥子丑
酉　　寅
申　　卯
未午巳辰</td>
</tr>
<tr>
<td>未
亥
卯
戌午未卯
午寅卯壬
酉戌亥子
申　　丑
未　　寅
午巳辰卯</td>
<td>申
亥
寅
申巳巳寅
巳寅寅壬
申酉戌亥
未　　子
午　　丑
巳辰卯寅</td>
<td>辰
午
申
午辰卯丑
辰寅丑壬
未申酉戌
午　　亥
巳　　子
辰卯寅丑</td>
<td>辰
巳
午
辰卯丑子
卯寅子壬
午未申酉
巳　　戌
辰　　亥
卯寅丑子</td>
</tr>
</table>

癸卯日十二局

<table>
<tr>
<td>丑
戌
未
卯卯丑丑
卯卯丑癸
巳午未申
辰　　酉
卯　　戌
寅丑子亥</td>
<td>丑
子
亥
丑寅亥子
寅卯子癸
辰巳午未
卯　　申
寅　　酉
丑子亥戌</td>
<td>丑
亥
酉
亥丑酉亥
丑卯亥癸
卯辰巳午
寅　　未
丑　　申
子亥戌酉</td>
<td>戌
未
辰
酉子未戌
子卯戌癸
寅卯辰巳
丑　　午
子　　未
亥戌酉申</td>
</tr>
</table>

<table>
<tr><td>丑
戌
未
卯卯丑丑
卯卯丑癸
巳午未申
辰　　酉
卯　　戌
寅丑子亥</td><td>丑
子
亥
丑寅亥子
寅卯子癸
辰巳午未
卯　　申
寅　　酉
丑子亥戌</td><td>丑
亥
酉
亥丑酉亥
丑卯亥癸
卯辰巳午
寅　　未
丑　　申
子亥戌酉</td><td>戌
未
辰
酉子未戌
子卯戌癸
寅卯辰巳
丑　　午
子　　未
亥戌酉申</td></tr>
<tr><td>未
卯
亥
未亥巳酉
亥卯酉癸
丑寅卯辰
子　　巳
亥　　午
戌酉申未</td><td>卯
戌
巳
巳戌卯申
戌卯申癸
子丑寅卯
亥　　辰
戌　　巳
酉申未午</td><td>卯
酉
卯
卯酉丑未
酉卯未癸
亥子丑寅
戌　　卯
酉　　辰
申未午巳</td><td>午
亥
辰
丑申亥午
申卯午癸
戌亥子丑
酉　　寅
申　　卯
未午巳辰</td></tr>
<tr><td>酉
丑
巳
亥未酉巳
未卯巳癸
酉戌亥子
申　　丑
未　　寅
午巳辰卯</td><td>酉
子
卯
酉午未辰
午卯辰癸
申酉戌亥
未　　子
午　　丑
巳辰卯寅</td><td>未
酉
亥
未巳巳卯
巳卯卯癸
未申酉戌
午　　亥
巳　　子
辰卯寅丑</td><td>辰
巳
午
巳辰卯寅
辰卯寅癸
午未申酉
巳　　戌
辰　　亥
卯寅丑子</td></tr>
</table>

甲辰日十二局

<table>
<tr><td>寅
巳
申
辰辰寅寅
辰辰寅甲
巳午未申
辰　　酉
卯　　戌
寅丑子亥</td><td>子
亥
戌
寅卯子丑
卯辰丑甲
辰巳午未
卯　　申
寅　　酉
丑子亥戌</td><td>戌
申
午
子寅戌子
寅辰子甲
卯辰巳午
寅　　未
丑　　申
子亥戌酉</td><td>申
巳
寅
戌丑申亥
丑辰亥甲
寅卯辰巳
丑　　午
子　　未
亥戌酉申</td></tr>
</table>

寅 巳 申 辰辰寅寅 辰辰寅甲 巳午未申 辰　　酉 卯　　戌 寅丑子亥	子 亥 戌 寅卯子丑 卯辰丑甲 辰巳午未 卯　　申 寅　　酉 丑子亥戌	戌 申 午 子寅戌子 寅辰子甲 卯辰巳午 寅　　未 丑　　申 子亥戌酉	申 巳 寅 戌丑申亥 丑辰亥甲 寅卯辰巳 丑　　午 子　　未 亥戌酉申
戌 午 寅 申子午戌 子辰戌甲 丑寅卯辰 子　　巳 亥　　午 戌酉申未	午 丑 申 午亥辰酉 亥辰酉甲 子丑寅卯 亥　　辰 戌　　巳 酉申未午	寅 申 寅 辰戌寅申 戌辰申甲 亥子丑寅 戌　　卯 酉　　辰 申未午巳	寅 未 子 寅酉子未 酉辰未甲 戌亥子丑 酉　　寅 申　　卯 未午巳辰
申 子 辰 子申戌午 申辰午甲 酉戌亥子 申　　丑 未　　寅 午巳辰卯	申 亥 寅 戌未申巳 未辰巳甲 申酉戌亥 未　　子 午　　丑 巳辰卯寅	辰 午 申 申午午辰 午辰辰甲 未申酉戌 午　　亥 巳　　子 辰卯寅丑	辰 巳 午 午巳辰卯 巳辰卯甲 午未申酉 巳　　戌 辰　　亥 卯寅丑子

乙巳日十二局

辰 巳 申 巳巳辰辰 巳巳辰乙 巳午未申 辰　　酉 卯　　戌 寅丑子亥	卯 寅 丑 卯辰寅卯 辰巳卯乙 辰巳午未 卯　　申 寅　　酉 丑子亥戌	丑 亥 酉 丑卯子寅 卯巳寅乙 卯辰巳午 寅　　未 丑　　申 子亥戌酉	丑 戌 未 亥寅戌丑 寅巳丑乙 寅卯辰巳 丑　　午 子　　未 亥戌酉申

<table>
<tr><td>辰
巳
申
巳巳辰辰
巳巳辰乙
巳午未申
辰　　酉
卯　　戌
寅丑子亥</td><td>卯
寅
丑
卯辰寅卯
辰巳卯乙
辰巳午未
卯　　申
寅　　酉
丑子亥戌</td><td>丑
亥
酉
丑卯子寅
卯巳寅乙
卯辰巳午
寅　　未
丑　　申
子亥戌酉</td><td>丑
戌
未
亥寅戌丑
寅巳丑乙
寅卯辰巳
丑　　午
子　　未
亥戌酉申</td></tr>
<tr><td>酉
巳
丑
酉丑申子
丑巳子乙
丑寅卯辰
子　　巳
亥　　午
戌酉申未</td><td>午
丑
申
未子午亥
子巳亥乙
子丑寅卯
亥　　辰
戌　　巳
酉申未午</td><td>巳
亥
巳
巳亥辰戌
亥巳戌乙
亥子丑寅
戌　　卯
酉　　辰
申未午巳</td><td>寅
未
子
卯戌寅酉
戌巳酉乙
戌亥子丑
酉　　寅
申　　卯
未午巳辰</td></tr>
<tr><td>酉
丑
巳
丑酉子申
酉巳申乙
酉戌亥子
申　　丑
未　　寅
午巳辰卯</td><td>未
戌
丑
亥申戌未
申巳未乙
申酉戌亥
未　　子
午　　丑
巳辰卯寅</td><td>申
戌
子
酉未申午
未巳午乙
未申酉戌
午　　亥
巳　　子
辰卯寅丑</td><td>未
申
酉
未午午巳
午巳巳乙
午未申酉
巳　　戌
辰　　亥
卯寅丑子</td></tr>
</table>

丙午日十二局

<table>
<tr><td>巳
申
寅
午午巳巳
午午巳丙
巳午未申
辰　　酉
卯　　戌
寅丑子亥</td><td>卯
寅
丑
辰巳卯辰
巳午辰丙
辰巳午未
卯　　申
寅　　酉
丑子亥戌</td><td>丑
亥
酉
寅辰丑卯
辰午卯丙
卯辰巳午
寅　　未
丑　　申
子亥戌酉</td><td>子
酉
午
子卯亥寅
卯午寅丙
寅卯辰巳
丑　　午
子　　未
亥戌酉申</td></tr>
</table>

巳 申 寅 午午巳巳 午午巳丙 巳午未申 辰　　酉 卯　　戌 寅丑子亥	卯 寅 丑 辰巳卯辰 巳午辰丙 辰巳午未 卯　　申 寅　　酉 丑子亥戌	丑 亥 酉 寅辰丑卯 辰午卯丙 卯辰巳午 寅　　未 丑　　申 子亥戌酉	子 酉 午 子卯亥寅 卯午寅丙 寅卯辰巳 丑　　午 子　　未 亥戌酉申
戌 午 寅 戌寅酉丑 寅午丑丙 丑寅卯辰 子　　巳 亥　　午 戌酉申未	子 未 寅 申丑未子 丑午子丙 子丑寅卯 亥　　辰 戌　　巳 酉申未午	午 子 午 午子巳亥 子午亥丙 亥子丑寅 戌　　卯 酉　　辰 申未午巳	辰 酉 寅 辰亥卯戌 亥午戌丙 戌亥子丑 酉　　寅 申　　卯 未午巳辰
酉 丑 巳 寅戌丑酉 戌午酉丙 酉戌亥子 申　　丑 未　　寅 午巳辰卯	申 亥 寅 子酉亥申 酉午申丙 申酉戌亥 未　　子 午　　丑 巳辰卯寅	申 戌 子 戌申酉未 申午未丙 未申酉戌 午　　亥 巳　　子 辰卯寅丑	申 酉 戌 申未未午 未午午丙 午未申酉 巳　　戌 辰　　亥 卯寅丑子

丁未日十二局

未 丑 戌 未未未未 未未未丁 巳午未申 辰　　酉 卯　　戌 寅丑子亥	卯 午 午 巳午巳午 午未午丁 辰巳午未 卯　　申 寅　　酉 丑子亥戌	丑 巳 巳 卯巳卯巳 巳未巳丁 卯辰巳午 寅　　未 丑　　申 子亥戌酉	亥 辰 辰 丑辰丑辰 辰未辰丁 寅卯辰巳 丑　　午 子　　未 亥戌酉申

未 丑 戌 未未未未 未未未丁 巳午未申 辰　　酉 卯　　戌 寅丑子亥	卯 午 午 巳午巳午 午未午丁 辰巳午未 卯　　申 寅　　酉 丑子亥戌	丑 巳 巳 卯巳卯巳 巳未巳丁 卯辰巳午 寅　　未 丑　　申 子亥戌酉	亥 辰 辰 丑辰丑辰 辰未辰丁 寅卯辰巳 丑　　午 子　　未 亥戌酉申
卯 亥 未 亥卯亥卯 卯未卯丁 丑寅卯辰 子　　巳 亥　　午 戌酉申未	酉 辰 亥 酉寅酉寅 寅未寅丁 子丑寅卯 亥　　辰 戌　　巳 酉申未午	巳 丑 丑 未丑未丑 丑未丑丁 亥子丑寅 戌　　卯 酉　　辰 申未午巳	巳 戌 卯 巳子巳子 子未子丁 戌亥子丑 酉　　寅 申　　卯 未午巳辰
亥 卯 未 卯亥卯亥 亥未亥丁 酉戌亥子 申　　丑 未　　寅 午巳辰卯	亥 戌 戌 丑戌丑戌 戌未戌丁 申酉戌亥 未　　子 午　　丑 巳辰卯寅	酉 亥 丑 亥酉亥酉 酉未酉丁 未申酉戌 午　　亥 巳　　子 辰卯寅丑	申 酉 戌 酉申酉申 申未申丁 午未申酉 巳　　戌 辰　　亥 卯寅丑子

戊申日十二局

巳 申 寅 申申巳巳 申申巳戊 巳午未申 辰　　酉 卯　　戌 寅丑子亥	卯 寅 丑 午未卯辰 未申辰戊 辰巳午未 卯　　申 寅　　酉 丑子亥戌	丑 亥 酉 辰午丑卯 午申卯戊 卯辰巳午 寅　　未 丑　　申 子亥戌酉	寅 亥 申 寅巳亥寅 巳申寅戊 寅卯辰巳 丑　　午 子　　未 亥戌酉申

巳 申 寅 申申巳巳 申申巳戊 巳午未申 辰　　酉 卯　　戌 寅丑子亥	卯 寅 丑 午未卯辰 未申辰戊 辰巳午未 卯　　申 寅　　酉 丑子亥戌	丑 亥 酉 辰午丑卯 午申卯戊 卯辰巳午 寅　　未 丑　　申 子亥戌酉	寅 亥 申 寅巳亥寅 巳申寅戊 寅卯辰巳 丑　　午 子　　未 亥戌酉申
子 申 辰 子辰酉丑 辰申丑戊 丑寅卯辰 子　　巳 亥　　午 戌酉申未	子 未 寅 戌卯未子 卯申子戊 子丑寅卯 亥　　辰 戌　　巳 酉申未午	寅 申 寅 申寅巳亥 寅申亥戊 亥子丑寅 戌　　卯 酉　　辰 申未午巳	卯 申 丑 午丑卯戌 丑申戌戊 戌亥子丑 酉　　寅 申　　卯 未午巳辰
辰 申 子 辰子丑酉 子申酉戊 酉戌亥子 申　　丑 未　　寅 午巳辰卯	寅 巳 申 寅亥亥申 亥申申戊 申酉戌亥 未　　子 午　　丑 巳辰卯寅	子 寅 辰 子戌酉未 戌申未戊 未申酉戌 午　　亥 巳　　子 辰卯寅丑	戌 酉 午 戌酉未午 酉申午戊 午未申酉 巳　　戌 辰　　亥 卯寅丑子

己酉日十二局

酉 未 丑 酉酉未未 酉酉未己 巳午未申 辰　　酉 卯　　戌 寅丑子亥	戌 午 申 未申巳午 申酉午己 辰巳午未 卯　　申 寅　　酉 丑子亥戌	卯 丑 亥 巳未卯巳 未酉巳己 卯辰巳午 寅　　未 丑　　申 子亥戌酉	午 卯 子 卯午丑辰 午酉辰己 寅卯辰巳 丑　　午 子　　未 亥戌酉申

<table>
<tr>
<td>酉
未
丑
酉酉未未
酉酉未己
巳午未申
辰　　酉
卯　　戌
寅丑子亥</td>
<td>戌
午
申
未申巳午
申酉午己
辰巳午未
卯　　申
寅　　酉
丑子亥戌</td>
<td>卯
丑
亥
巳未卯巳
未酉巳己
卯辰巳午
寅　　未
丑　　申
子亥戌酉</td>
<td>午
卯
子
卯午丑辰
午酉辰己
寅卯辰巳
丑　　午
子　　未
亥戌酉申</td>
</tr>
<tr>
<td>巳
丑
酉
丑巳亥卯
巳酉卯己
丑寅卯辰
子　　巳
亥　　午
戌酉申未</td>
<td>亥
午
丑
亥辰酉寅
辰酉寅己
子丑寅卯
亥　　辰
戌　　巳
酉申未午</td>
<td>卯
酉
卯
酉卯未丑
卯酉丑己
亥子丑寅
戌　　卯
酉　　辰
申未午巳</td>
<td>未
子
巳
未寅巳子
寅酉子己
戌亥子丑
酉　　寅
申　　卯
未午巳辰</td>
</tr>
<tr>
<td>亥
卯
未
巳丑卯亥
丑酉亥己
酉戌亥子
申　　丑
未　　寅
午巳辰卯</td>
<td>卯
午
酉
卯子丑戌
子酉戌己
申酉戌亥
未　　子
午　　丑
巳辰卯寅</td>
<td>丑
卯
巳
丑亥亥酉
亥酉酉己
未申酉戌
午　　亥
巳　　子
辰卯寅丑</td>
<td>亥
子
丑
亥戌酉申
戌酉申己
午未申酉
巳　　戌
辰　　亥
卯寅丑子</td>
</tr>
</table>

庚戌日十二局

<table>
<tr>
<td>申
寅
巳
戌戌申申
戌戌申庚
巳午未申
辰　　酉
卯　　戌
寅丑子亥</td>
<td>午
巳
辰
申酉午未
酉戌未庚
辰巳午未
卯　　申
寅　　酉
丑子亥戌</td>
<td>午
辰
寅
午申辰午
申戌午庚
卯辰巳午
寅　　未
丑　　申
子亥戌酉</td>
<td>巳
寅
亥
辰未寅巳
未戌巳庚
寅卯辰巳
丑　　午
子　　未
亥戌酉申</td>
</tr>
</table>

<table>
<tr>
<td>申
寅
巳
戌戌申申
戌戌申庚
巳午未申
辰　　酉
卯　　戌
寅丑子亥</td>
<td>午
巳
辰
申酉午未
酉戌未庚
辰巳午未
卯　　申
寅　　酉
丑子亥戌</td>
<td>午
辰
寅
午申辰午
申戌午庚
卯辰巳午
寅　　未
丑　　申
子亥戌酉</td>
<td>巳
寅
亥
辰未寅巳
未戌巳庚
寅卯辰巳
丑　　午
子　　未
亥戌酉申</td>
</tr>
<tr>
<td>子
申
辰
寅午子辰
午戌辰庚
丑寅卯辰
子　　巳
亥　　午
戌酉申未</td>
<td>戌
巳
子
子巳戌卯
巳戌卯庚
子丑寅卯
亥　　辰
戌　　巳
酉申未午</td>
<td>寅
申
寅
戌辰申寅
辰戌寅庚
亥子丑寅
戌　　卯
酉　　辰
申未午巳</td>
<td>申
丑
午
申卯午丑
卯戌丑庚
戌亥子丑
酉　　寅
申　　卯
未午巳辰</td>
</tr>
<tr>
<td>辰
申
子
午寅辰子
寅戌子庚
酉戌亥子
申　　丑
未　　寅
午巳辰卯</td>
<td>寅
巳
申
辰丑寅亥
丑戌亥庚
申酉戌亥
未　　子
午　　丑
巳辰卯寅</td>
<td>子
寅
辰
寅子子戌
子戌戌庚
未申酉戌
午　　亥
巳　　子
辰卯寅丑</td>
<td>亥
子
丑
子亥戌酉
亥戌酉庚
午未申酉
巳　　戌
辰　　亥
卯寅丑子</td>
</tr>
</table>

辛亥日十二局

<table>
<tr>
<td>亥
戌
未
亥亥戌戌
亥亥戌辛
巳午未申
辰　　酉
卯　　戌
寅丑子亥</td>
<td>戌
酉
申
酉戌申酉
戌亥酉辛
辰巳午未
卯　　申
寅　　酉
丑子亥戌</td>
<td>午
辰
寅
未酉午申
酉亥申辛
卯辰巳午
寅　　未
丑　　申
子亥戌酉</td>
<td>巳
寅
亥
巳申辰未
申亥未辛
寅卯辰巳
丑　　午
子　　未
亥戌酉申</td>
</tr>
</table>

亥 戌 未 亥亥戌戌 亥亥戌辛 巳午未申 辰 酉 卯 戌 寅丑子亥	戌 酉 申 酉戌申酉 戌亥酉辛 辰巳午未 卯 申 寅 酉 丑子亥戌	午 辰 寅 未酉午申 酉亥申辛 卯辰巳午 寅 未 丑 申 子亥戌酉	巳 寅 亥 巳申辰未 申亥未辛 寅卯辰巳 丑 午 子 未 亥戌酉申
未 卯 亥 卯未寅午 未亥午辛 丑寅卯辰 子 巳 亥 午 戌酉申未	午 丑 申 丑午子巳 午亥巳辛 子丑寅卯 亥 辰 戌 巳 酉申未午	巳 亥 巳 亥巳戌辰 巳亥辰辛 亥子丑寅 戌 卯 酉 辰 申未午巳	卯 申 丑 酉辰申卯 辰亥卯辛 戌亥子丑 酉 寅 申 卯 未午巳辰
未 亥 卯 未卯午寅 卯亥寅辛 酉戌亥子 申 丑 未 寅 午巳辰卯	巳 申 亥 巳寅辰丑 寅亥丑辛 申酉戌亥 未 子 午 丑 巳辰卯寅	丑 卯 巳 卯丑寅子 丑亥子辛 未申酉戌 午 亥 巳 子 辰卯寅丑	丑 寅 卯 丑子子亥 子亥亥辛 午未申酉 巳 戌 辰 亥 卯寅丑子

壬子日十二局

亥 子 卯 子子亥亥 子子亥壬 巳午未申 辰 酉 卯 戌 寅丑子亥	戌 酉 申 戌亥酉戌 亥子戌壬 辰巳午未 卯 申 寅 酉 丑子亥戌	戌 申 午 申戌未酉 戌子酉壬 卯辰巳午 寅 未 丑 申 子亥戌酉	午 卯 子 午酉巳申 酉子申壬 寅卯辰巳 丑 午 子 未 亥戌酉申

<table>
<tr>
<td>亥
子
卯
子子亥亥
子子亥壬
巳午未申
辰　　酉
卯　　戌
寅丑子亥</td>
<td>戌
酉
申
戌亥酉戌
亥子戌壬
辰巳午未
卯　　申
寅　　酉
丑子亥戌</td>
<td>戌
申
午
申戌未酉
戌子酉壬
卯辰巳午
寅　　未
丑　　申
子亥戌酉</td>
<td>午
卯
子
午酉巳申
酉子申壬
寅卯辰巳
丑　　午
子　　未
亥戌酉申</td>
</tr>
<tr>
<td>未
卯
亥
辰申卯未
申子未壬
丑寅卯辰
子　　巳
亥　　午
戌酉申未</td>
<td>午
丑
申
寅未丑午
未子午壬
子丑寅卯
亥　　辰
戌　　巳
酉申未午</td>
<td>午
子
午
子午亥巳
午子巳壬
亥子丑寅
戌　　卯
酉　　辰
申未午巳</td>
<td>巳
戌
卯
戌巳酉辰
巳子辰壬
戌亥子丑
酉　　寅
申　　卯
未午巳辰</td>
</tr>
<tr>
<td>未
亥
卯
申辰未卯
辰子卯壬
酉戌亥子
申　　丑
未　　寅
午巳辰卯</td>
<td>午
酉
子
午卯巳寅
卯子寅壬
申酉戌亥
未　　子
午　　丑
巳辰卯寅</td>
<td>辰
午
申
辰寅卯丑
寅子丑壬
未申酉戌
午　　亥
巳　　子
辰卯寅丑</td>
<td>寅
卯
辰
寅丑丑子
丑子子壬
午未申酉
巳　　戌
辰　　亥
卯寅丑子</td>
</tr>
</table>

癸丑日十二局

<table>
<tr>
<td>丑
戌
未
丑丑丑丑
丑丑丑癸
巳午未申
辰　　酉
卯　　戌
寅丑子亥</td>
<td>子
亥
戌
亥子亥子
子丑子癸
辰巳午未
卯　　申
寅　　酉
丑子亥戌</td>
<td>亥
酉
未
酉亥酉亥
亥丑亥癸
卯辰巳午
寅　　未
丑　　申
子亥戌酉</td>
<td>戌
未
辰
未戌未戌
戌丑戌癸
寅卯辰巳
丑　　午
子　　未
亥戌酉申</td>
</tr>
</table>

<table>
<tr>
<td>丑
戊
未
丑丑丑丑
丑丑丑癸
巳午未申
辰　　酉
卯　　戌
寅丑子亥</td>
<td>子
亥
戌
亥子亥子
子丑子癸
辰巳午未
卯　　申
寅　　酉
丑子亥戌</td>
<td>亥
酉
未
酉亥酉亥
亥丑亥癸
卯辰巳午
寅　　未
丑　　申
子亥戌酉</td>
<td>戌
未
辰
未戌未戌
戌丑戌癸
寅卯辰巳
丑　　午
子　　未
亥戌酉申</td>
</tr>
<tr>
<td>巳
丑
酉
巳酉巳酉
酉丑酉癸
丑寅卯辰
子　　巳
亥　　午
戌酉申未</td>
<td>卯
戌
巳
卯申卯申
申丑申癸
子丑寅卯
亥　　辰
戌　　巳
酉申未午</td>
<td>未
丑
未
丑未丑未
未丑未癸
亥子丑寅
戌　　卯
酉　　辰
申未午巳</td>
<td>午
亥
辰
亥午亥午
午丑午癸
戌亥子丑
酉　　寅
申　　卯
未午巳辰</td>
</tr>
<tr>
<td>酉
丑
巳
酉巳酉巳
巳丑巳癸
酉戌亥子
申　　丑
未　　寅
午巳辰卯</td>
<td>辰
未
戌
未辰未辰
辰丑辰癸
申酉戌亥
未　　子
午　　丑
巳辰卯寅</td>
<td>卯
巳
未
巳卯巳卯
卯丑卯癸
未申酉戌
午　　亥
巳　　子
辰卯寅丑</td>
<td>寅
卯
辰
卯寅卯寅
寅丑寅癸
午未申酉
巳　　戌
辰　　亥
卯寅丑子</td>
</tr>
</table>

甲寅日十二局

<table>
<tr>
<td>寅
巳
申
寅寅寅寅
寅寅寅甲
巳午未申
辰　　酉
卯　　戌
寅丑子亥</td>
<td>子
亥
戌
子丑子丑
丑寅丑甲
辰巳午未
卯　　申
寅　　酉
丑子亥戌</td>
<td>戌
申
午
戌子戌子
子寅子甲
卯辰巳午
寅　　未
丑　　申
子亥戌酉</td>
<td>丑
亥
亥
申亥申亥
亥寅亥甲
寅卯辰巳
丑　　午
子　　未
亥戌酉申</td>
</tr>
</table>

<table>
<tr><td>寅
巳
申
寅寅寅寅
寅寅寅甲
巳午未申
辰　　酉
卯　　戌
寅丑子亥</td><td>子
亥
戌
子丑子丑
丑寅丑甲
辰巳午未
卯　　申
寅　　酉
丑子亥戌</td><td>戌
申
午
戌子戌子
子寅子甲
卯辰巳午
寅　　未
丑　　申
子亥戌酉</td><td>丑
亥
亥
申亥申亥
亥寅亥甲
寅卯辰巳
丑　　午
子　　未
亥戌酉申</td></tr>
<tr><td>戌
午
寅
午戌午戌
戌寅戌甲
丑寅卯辰
子　　巳
亥　　午
戌酉申未</td><td>酉
辰
亥
辰酉辰酉
酉寅酉甲
子丑寅卯
亥　　辰
戌　　巳
酉申未午</td><td>寅
申
寅
寅申寅申
申寅申甲
亥子丑寅
戌　　卯
酉　　辰
申未午巳</td><td>子
巳
戌
子未子未
未寅未甲
戌亥子丑
酉　　寅
申　　卯
未午巳辰</td></tr>
<tr><td>申
午
午
戌午戌午
午寅午甲
酉戌亥子
申　　丑
未　　寅
午巳辰卯</td><td>申
亥
寅
申巳申巳
巳寅巳甲
申酉戌亥
未　　子
午　　丑
巳辰卯寅</td><td>辰
午
申
午辰午辰
辰寅辰甲
未申酉戌
午　　亥
巳　　子
辰卯寅丑</td><td>辰
巳
午
辰卯辰卯
卯寅卯甲
午未申酉
巳　　戌
辰　　亥
卯寅丑子</td></tr>
</table>

乙卯日十二局

<table>
<tr><td>辰
卯
子
卯卯辰辰
卯卯辰乙
巳午未申
辰　　酉
卯　　戌
寅丑子亥</td><td>丑
子
亥
丑寅寅卯
寅卯卯乙
辰巳午未
卯　　申
寅　　酉
丑子亥戌</td><td>丑
亥
酉
亥丑子寅
丑卯寅乙
卯辰巳午
寅　　未
丑　　申
子亥戌酉</td><td>丑
戌
未
酉子戌丑
子卯丑乙
寅卯辰巳
丑　　午
子　　未
亥戌酉申</td></tr>
</table>

辰 卯 子 卯卯辰辰 卯卯辰乙 巳午未申 辰　　酉 卯　　戌 寅丑子亥	丑 子 亥 丑寅寅卯 寅卯卯乙 辰巳午未 卯　　申 寅　　酉 丑子亥戌	丑 亥 酉 亥丑子寅 丑卯寅乙 卯辰巳午 寅　　未 丑　　申 子亥戌酉	丑 戌 未 酉子戌丑 子卯丑乙 寅卯辰巳 丑　　午 子　　未 亥戌酉申
未 卯 亥 未亥申子 亥卯子乙 丑寅卯辰 子　　巳 亥　　午 戌酉申未	戌 巳 子 巳戌午亥 戌卯亥乙 子丑寅卯 亥　　辰 戌　　巳 酉申未午	卯 酉 卯 卯酉辰戌 酉卯戌乙 亥子丑寅 戌　　卯 酉　　辰 申未午巳	寅 未 子 丑申寅酉 申卯酉乙 戌亥子丑 酉　　寅 申　　卯 未午巳辰
未 亥 卯 亥未子申 未卯申乙 酉戌亥子 申　　丑 未　　寅 午巳辰卯	酉 子 卯 酉午戌未 午卯未乙 申酉戌亥 未　　子 午　　丑 巳辰卯寅	申 戌 子 未巳申午 巳卯午乙 未申酉戌 午　　亥 巳　　子 辰卯寅丑	辰 巳 午 巳辰午巳 辰卯巳乙 午未申酉 巳　　戌 辰　　亥 卯寅丑子

丙辰日十二局

巳 申 寅 辰辰巳巳 辰辰巳丙 巳午未申 辰　　酉 卯　　戌 寅丑子亥	卯 寅 丑 寅卯卯辰 卯辰辰丙 辰巳午未 卯　　申 寅　　酉 丑子亥戌	丑 亥 酉 子寅丑卯 寅辰卯丙 卯辰巳午 寅　　未 丑　　申 子亥戌酉	亥 申 巳 戌丑亥寅 丑辰寅丙 寅卯辰巳 丑　　午 子　　未 亥戌酉申

<table>
<tr><td>巳
申
寅
辰辰巳巳
辰辰巳丙
巳午未申
辰　　酉
卯　　戌
寅丑子亥</td><td>卯
寅
丑
寅卯卯辰
卯辰辰丙
辰巳午未
卯　　申
寅　　酉
丑子亥戌</td><td>丑
亥
酉
子寅丑卯
寅辰卯丙
卯辰巳午
寅　　未
丑　　申
子亥戌酉</td><td>亥
申
巳
戌丑亥寅
丑辰寅丙
寅卯辰巳
丑　　午
子　　未
亥戌酉申</td></tr>
<tr><td>子
申
辰
申子酉丑
子辰丑丙
丑寅卯辰
子　　巳
亥　　午
戌酉申未</td><td>午
丑
申
午亥未子
亥辰子丙
子丑寅卯
亥　　辰
戌　　巳
酉申未午</td><td>巳
亥
巳
辰戌巳亥
戌辰亥丙
亥子丑寅
戌　　卯
酉　　辰
申未午巳</td><td>寅
未
子
寅酉卯戌
酉辰戌丙
戌亥子丑
酉　　寅
申　　卯
未午巳辰</td></tr>
<tr><td>酉
丑
巳
子申丑酉
申辰酉丙
酉戌亥子
申　　丑
未　　寅
午巳辰卯</td><td>申
亥
寅
戌未亥申
未辰申丙
申酉戌亥
未　　子
午　　丑
巳辰卯寅</td><td>申
戌
子
申午酉未
午辰未丙
未申酉戌
午　　亥
巳　　子
辰卯寅丑</td><td>亥
午
午
午巳未午
巳辰午丙
午未申酉
巳　　戌
辰　　亥
卯寅丑子</td></tr>
</table>

丁巳日十二局

<table>
<tr><td>巳
申
寅
巳巳未未
巳巳未丁
巳午未申
辰　　酉
卯　　戌
寅丑子亥</td><td>卯
寅
丑
卯辰巳午
辰巳午丁
辰巳午未
卯　　申
寅　　酉
丑子亥戌</td><td>丑
亥
酉
丑卯卯巳
卯巳巳丁
卯辰巳午
寅　　未
丑　　申
子亥戌酉</td><td>亥
申
巳
亥寅丑辰
寅巳辰丁
寅卯辰巳
丑　　午
子　　未
亥戌酉申</td></tr>
</table>

<table>
<tr><td>巳
申
寅
巳巳未未
巳巳未丁
巳午未申
辰　　酉
卯　　戌
寅丑子亥</td><td>卯
寅
丑
卯辰巳午
辰巳午丁
辰巳午未
卯　　申
寅　　酉
丑子亥戌</td><td>丑
亥
酉
丑卯卯巳
卯巳巳丁
卯辰巳午
寅　　未
丑　　申
子亥戌酉</td><td>亥
申
巳
亥寅丑辰
寅巳辰丁
寅卯辰巳
丑　　午
子　　未
亥戌酉申</td></tr>
<tr><td>亥
未
卯
酉丑亥卯
丑巳卯丁
丑寅卯辰
子　　巳
亥　　午
戌酉申未</td><td>酉
辰
亥
未子酉寅
子巳寅丁
子丑寅卯
亥　　辰
戌　　巳
酉申未午</td><td>巳
亥
巳
巳亥未丑
亥巳丑丁
亥子丑寅
戌　　卯
酉　　辰
申未午巳</td><td>巳
戌
卯
卯戌巳子
戌巳子丁
戌亥子丑
酉　　寅
申　　卯
未午巳辰</td></tr>
<tr><td>酉
丑
巳
丑酉卯亥
酉巳亥丁
酉戌亥子
申　　丑
未　　寅
午巳辰卯</td><td>申
亥
寅
亥申丑戌
申巳戌丁
申酉戌亥
未　　子
午　　丑
巳辰卯寅</td><td>酉
亥
丑
酉未亥酉
未巳酉丁
未申酉戌
午　　亥
巳　　子
辰卯寅丑</td><td>申
酉
戌
未午酉申
午巳申丁
午未申酉
巳　　戌
辰　　亥
卯寅丑子</td></tr>
</table>

戊午日十二局

<table>
<tr><td>巳
申
寅
午午巳巳
午午巳戊
巳午未申
辰　　酉
卯　　戌
寅丑子亥</td><td>卯
寅
丑
辰巳卯辰
巳午辰戊
辰巳午未
卯　　申
寅　　酉
丑子亥戌</td><td>丑
亥
酉
寅辰丑卯
辰午卯戊
卯辰巳午
寅　　未
丑　　申
子亥戌酉</td><td>寅
亥
申
子卯亥寅
卯午寅戊
寅卯辰巳
丑　　午
子　　未
亥戌酉申</td></tr>
</table>

<table>
<tr>
<td>巳
申
寅
午午巳巳
午午巳戌
巳午未申
辰　　酉
卯　　戌
寅丑子亥</td>
<td>卯
寅
丑
辰巳卯辰
巳午辰戌
辰巳午未
卯　　申
寅　　酉
丑子亥戌</td>
<td>丑
亥
酉
寅辰丑卯
辰午卯戌
卯辰巳午
寅　　未
丑　　申
子亥戌酉</td>
<td>寅
亥
申
子卯亥寅
卯午寅戌
寅卯辰巳
丑　　午
子　　未
亥戌酉申</td>
</tr>
<tr>
<td>戌
午
寅
戌寅酉丑
寅午丑戌
丑寅卯辰
子　　巳
亥　　午
戌酉申未</td>
<td>子
未
寅
申丑未子
丑午子戌
子丑寅卯
亥　　辰
戌　　巳
酉申未午</td>
<td>午
子
午
午子巳亥
子午亥戌
亥子丑寅
戌　　卯
酉　　辰
申未午巳</td>
<td>辰
酉
寅
辰亥卯戌
亥午戌戌
戌亥子丑
酉　　寅
申　　卯
未午巳辰</td>
</tr>
<tr>
<td>寅
午
戌
寅戌丑酉
戌午酉戌
酉戌亥子
申　　丑
未　　寅
午巳辰卯</td>
<td>酉
子
卯
子酉亥申
酉午申戌
申酉戌亥
未　　子
午　　丑
巳辰卯寅</td>
<td>申
戌
子
戌申酉未
申午未戌
未申酉戌
午　　亥
巳　　子
辰卯寅丑</td>
<td>寅
午
午
申未未午
未午午戌
午未申酉
巳　　戌
辰　　亥
卯寅丑子</td>
</tr>
</table>

己未日十二局

<table>
<tr>
<td>未
丑
戌
未未未未
未未未己
巳午未申
辰　　酉
卯　　戌
寅丑子亥</td>
<td>卯
午
午
巳午巳午
午未午己
辰巳午未
卯　　申
寅　　酉
丑子亥戌</td>
<td>丑
巳
巳
卯巳卯巳
巳未巳己
卯辰巳午
寅　　未
丑　　申
子亥戌酉</td>
<td>亥
辰
辰
丑辰丑辰
辰未辰己
寅卯辰巳
丑　　午
子　　未
亥戌酉申</td>
</tr>
</table>

<table>
<tr>
<td>未
丑
戌
未未未未
未未未己
巳午未申
辰　　酉
卯　　戌
寅丑子亥</td>
<td>卯
午
午
巳午巳午
午未午己
辰巳午未
卯　　申
寅　　酉
丑子亥戌</td>
<td>丑
巳
巳
卯巳卯巳
巳未巳己
卯辰巳午
寅　　未
丑　　申
子亥戌酉</td>
<td>亥
辰
辰
丑辰丑辰
辰未辰己
寅卯辰巳
丑　　午
子　　未
亥戌酉申</td>
</tr>
<tr>
<td>卯
亥
未
亥卯亥卯
卯未卯己
丑寅卯辰
子　　巳
亥　　午
戌酉申未</td>
<td>酉
辰
亥
酉寅酉寅
寅未寅己
子丑寅卯
亥　　辰
戌　　巳
酉申未午</td>
<td>巳
丑
丑
未丑未丑
丑未丑己
亥子丑寅
戌　　卯
酉　　辰
申未午巳</td>
<td>巳
戌
卯
巳子巳子
子未子己
戌亥子丑
酉　　寅
申　　卯
未午巳辰</td>
</tr>
<tr>
<td>亥
卯
未
卯亥卯亥
亥未亥己
酉戌亥子
申　　丑
未　　寅
午巳辰卯</td>
<td>亥
戌
戌
丑戌丑戌
戌未戌己
申酉戌亥
未　　子
午　　丑
巳辰卯寅</td>
<td>酉
酉
酉
亥酉亥酉
酉未酉己
未申酉戌
午　　亥
巳　　子
辰卯寅丑</td>
<td>未
申
申
酉申酉申
申未申己
午未申酉
巳　　戌
辰　　亥
卯寅丑子</td>
</tr>
</table>

庚申日十二局

<table>
<tr>
<td>申
寅
巳
申申申申
申申申庚
巳午未申
辰　　酉
卯　　戌
寅丑子亥</td>
<td>酉
未
未
午未午未
未申未庚
辰巳午未
卯　　申
寅　　酉
丑子亥戌</td>
<td>午
辰
寅
辰午辰午
午申午庚
卯辰巳午
寅　　未
丑　　申
子亥戌酉</td>
<td>巳
寅
亥
寅巳寅巳
巳申巳庚
寅卯辰巳
丑　　午
子　　未
亥戌酉申</td>
</tr>
</table>

<table>
<tr><td>申
寅
巳
申申申申
申申申庚
巳午未申
辰　　酉
卯　　戌
寅丑子亥</td><td>酉
未
未
午未午未
未申未庚
辰巳午未
卯　　申
寅　　酉
丑子亥戌</td><td>午
辰
寅
辰午辰午
午申午庚
卯辰巳午
寅　　未
丑　　申
子亥戌酉</td><td>巳
寅
亥
寅巳寅巳
巳申巳庚
寅卯辰巳
丑　　午
子　　未
亥戌酉申</td></tr>
<tr><td>子
申
辰
子辰子辰
辰申辰庚
丑寅卯辰
子　　巳
亥　　午
戌酉申未</td><td>戌
巳
子
戌卯戌卯
卯申卯庚
子丑寅卯
亥　　辰
戌　　巳
酉申未午</td><td>寅
申
寅
申寅申寅
寅申寅庚
亥子丑寅
戌　　卯
酉　　辰
申未午巳</td><td>卯
丑
丑
午丑午丑
丑申丑庚
戌亥子丑
酉　　寅
申　　卯
未午巳辰</td></tr>
<tr><td>辰
申
子
辰子辰子
子申子庚
酉戌亥子
申　　丑
未　　寅
午巳辰卯</td><td>丑
亥
亥
寅亥寅亥
亥申亥庚
申酉戌亥
未　　子
午　　丑
巳辰卯寅</td><td>子
寅
辰
子戌子戌
戌申戌庚
未申酉戌
午　　亥
巳　　子
辰卯寅丑</td><td>亥
酉
酉
戌酉戌酉
酉申酉庚
午未申酉
巳　　戌
辰　　亥
卯寅丑子</td></tr>
</table>

辛酉日十二局

<table>
<tr><td>酉
戌
未
酉酉戌戌
酉酉戌辛
巳午未申
辰　　酉
卯　　戌
寅丑子亥</td><td>丑
酉
酉
未申申酉
申酉酉辛
辰巳午未
卯　　申
寅　　酉
丑子亥戌</td><td>午
辰
寅
巳未午申
未酉申辛
卯辰巳午
寅　　未
丑　　申
子亥戌酉</td><td>午
卯
子
卯午辰未
午酉未辛
寅卯辰巳
丑　　午
子　　未
亥戌酉申</td></tr>
</table>

<table>
<tr>
<td>酉
戌
未
酉酉戌戌
酉酉戌辛
巳午未申
辰　　酉
卯　　戌
寅丑子亥</td>
<td>丑
酉
酉
未申申酉
申酉酉辛
辰巳午未
卯　　申
寅　　酉
丑子亥戌</td>
<td>午
辰
寅
巳未午申
未酉申辛
卯辰巳午
寅　　未
丑　　申
子亥戌酉</td>
<td>午
卯
子
卯午辰未
午酉未辛
寅卯辰巳
丑　　午
子　　未
亥戌酉申</td>
</tr>
<tr>
<td>巳
丑
酉
丑巳寅午
巳酉午辛
丑寅卯辰
子　　巳
亥　　午
戌酉申未</td>
<td>亥
午
丑
亥辰子巳
辰酉巳辛
子丑寅卯
亥　　辰
戌　　巳
酉申未午</td>
<td>卯
酉
卯
酉卯戌辰
卯酉辰辛
亥子丑寅
戌　　卯
酉　　辰
申未午巳</td>
<td>未
子
巳
未寅申卯
寅酉卯辛
戌亥子丑
酉　　寅
申　　卯
未午巳辰</td>
</tr>
<tr>
<td>寅
午
戌
巳丑午寅
丑酉寅辛
酉戌亥子
申　　丑
未　　寅
午巳辰卯</td>
<td>卯
午
酉
卯子辰丑
子酉丑辛
申酉戌亥
未　　子
午　　丑
巳辰卯寅</td>
<td>丑
卯
巳
丑亥寅子
亥酉子辛
未申酉戌
午　　亥
巳　　子
辰卯寅丑</td>
<td>亥
子
丑
亥戌子亥
戌酉亥辛
午未申酉
巳　　戌
辰　　亥
卯寅丑子</td>
</tr>
</table>

壬戌日十二局

<table>
<tr>
<td>亥
戌
未
戌戌亥亥
戌戌亥壬
巳午未申
辰　　酉
卯　　戌
寅丑子亥</td>
<td>戌
酉
申
申酉酉戌
酉戌戌壬
辰巳午未
卯　　申
寅　　酉
丑子亥戌</td>
<td>午
辰
寅
午申未酉
申戌酉壬
卯辰巳午
寅　　未
丑　　申
子亥戌酉</td>
<td>巳
寅
亥
辰未巳申
未戌申壬
寅卯辰巳
丑　　午
子　　未
亥戌酉申</td>
</tr>
</table>

<table>
<tr>
<td>亥
戌
未
戌戌亥亥
戌戌亥壬
巳午未申
辰　　酉
卯　　戌
寅丑子亥</td>
<td>戌
酉
申
申酉酉戌
酉戌戌壬
辰巳午未
卯　　申
寅　　酉
丑子亥戌</td>
<td>午
辰
寅
午申未酉
申戌酉壬
卯辰巳午
寅　　未
丑　　申
子亥戌酉</td>
<td>巳
寅
亥
辰未巳申
未戌申壬
寅卯辰巳
丑　　午
子　　未
亥戌酉申</td>
</tr>
<tr>
<td>未
卯
亥
寅午卯未
午戌未壬
丑寅卯辰
子　　巳
亥　　午
戌酉申未</td>
<td>午
丑
申
子巳丑午
巳戌午壬
子丑寅卯
亥　　辰
戌　　巳
酉申未午</td>
<td>巳
亥
巳
戌辰亥巳
辰戌巳壬
亥子丑寅
戌　　卯
酉　　辰
申未午巳</td>
<td>辰
酉
寅
申卯酉辰
卯戌辰壬
戌亥子丑
酉　　寅
申　　卯
未午巳辰</td>
</tr>
<tr>
<td>未
亥
卯
午寅未卯
寅戌卯壬
酉戌亥子
申　　丑
未　　寅
午巳辰卯</td>
<td>辰
未
戌
辰丑巳寅
丑戌寅壬
申酉戌亥
未　　子
午　　丑
巳辰卯寅</td>
<td>子
寅
辰
寅子卯丑
子戌丑壬
未申酉戌
午　　亥
巳　　子
辰卯寅丑</td>
<td>亥
子
丑
子亥丑子
亥戌子壬
午未申酉
巳　　戌
辰　　亥
卯寅丑子</td>
</tr>
</table>

癸亥日十二局

<table>
<tr>
<td>丑
戌
未
亥亥丑丑
亥亥丑癸
巳午未申
辰　　酉
卯　　戌
寅丑子亥</td>
<td>戌
酉
申
酉戌亥子
戌亥子癸
辰巳午未
卯　　申
寅　　酉
丑子亥戌</td>
<td>未
巳
卯
未酉酉亥
酉亥亥癸
卯辰巳午
寅　　未
丑　　申
子亥戌酉</td>
<td>巳
寅
亥
巳申未戌
申亥戌癸
寅卯辰巳
丑　　午
子　　未
亥戌酉申</td>
</tr>
</table>

<table>
<tr>
<td>丑
戌
未
亥亥丑丑
亥亥丑癸
巳午未申
辰　　酉
卯　　戌
寅丑子亥</td>
<td>戌
酉
申
酉戌亥子
戌亥子癸
辰巳午未
卯　　申
寅　　酉
丑子亥戌</td>
<td>未
巳
卯
未酉酉亥
酉亥亥癸
卯辰巳午
寅　　未
丑　　申
子亥戌酉</td>
<td>巳
寅
亥
巳申未戌
申亥戌癸
寅卯辰巳
丑　　午
子　　未
亥戌酉申</td>
</tr>
<tr>
<td>未
卯
亥
卯未巳酉
未亥酉癸
丑寅卯辰
子　　巳
亥　　午
戌酉申未</td>
<td>卯
戌
巳
丑午卯申
午亥申癸
子丑寅卯
亥　　辰
戌　　巳
酉申未午</td>
<td>巳
亥
巳
亥巳丑未
巳亥未癸
亥子丑寅
戌　　卯
酉　　辰
申未午巳</td>
<td>午
亥
辰
酉辰亥午
辰亥午癸
戌亥子丑
酉　　寅
申　　卯
未午巳辰</td>
</tr>
<tr>
<td>酉
丑
巳
未卯酉巳
卯亥巳癸
酉戌亥子
申　　丑
未　　寅
午巳辰卯</td>
<td>辰
未
戌
巳寅未辰
寅亥辰癸
申酉戌亥
未　　子
午　　丑
巳辰卯寅</td>
<td>丑
卯
巳
卯丑巳卯
丑亥卯癸
未申酉戌
午　　亥
巳　　子
辰卯寅丑</td>
<td>丑
寅
卯
丑子卯寅
子亥寅癸
午未申酉
巳　　戌
辰　　亥
卯寅丑子</td>
</tr>
</table>

六壬经纬卷之三

格局

乾坤

取一上克下，一下克上为初传，曰乾坤。凡占人占事，上克下以尊动卑论；下克上以卑动尊论。视所乘何神、所属何煞、所临何煞定其吉凶。

知一

二、三上克下，二、三下克上，取将与干阴阳相比为初传，曰知一。凡占人占事，以两端择一论。视所乘何神、所属何煞、所临何煞定其吉凶。

涉害

二、三、四上克下，二、三、四下克上，将与干阴阳俱比俱不比，先取寅、申、巳、亥位上为初传；无寅、申、巳、亥所乘，次取子、午、卯、酉位上为初传；俱是寅、申、巳、亥所乘、俱是子、午、卯、酉所乘，阳日干取干两课属日中先见之时为初传，阴日干取支两课属日中先见之时为初传，曰涉害。凡占人占事，以见机论。视所乘何神、所属何煞、所临何煞定其吉凶。

遥　取

四课上下无克，取二三四课克干，干克二三四课为初传，曰遥取。凡占人占事，将克干，以官与夫遥远论；干克将，以财与妻遥远论。二将克干、干克二将，亦以两端择一论。视所乘何神、所属何煞、所临何煞定其吉凶。

昴　星

四课上下无克，二三四课不克干，干不克二三四课。阳日干取酉上将，阴日干取酉下将为初传，曰昴星。凡占人占事，以锋刃、惊险论　。视所乘何神、所属何煞、所临何煞定其吉凶。

别　择

支加干、干加支，上下无克，二三四课不克干，干不克二三四课。戊辰、戊午日取丑上将为初传；丙辰日取戌上将为初传；辛丑日取巳为初传；辛未日取亥为初传；辛酉日取丑为初传，曰别择。凡占人占事以另谋、别取论。视所乘何神、所属何煞、所临何煞定其吉凶。

断　金

甲寅、庚申、丁未、己未、癸丑日，支干相同，曰断金。凡占人占事，以尔我同心论。视所乘何神、所属何煞、所临何煞定其吉凶。

伏　吟

传课诸将各临本位，曰伏吟。凡占人占事，皆以俯伏勿动论。视所乘何神、所属何煞定其吉凶。

返　吟

传课诸将各临冲位，曰返吟。凡占人占事，皆以击动反复论。视所乘何神、所属何煞、所临何煞定其吉凶。

归　福

支加干生干，曰归福。凡占人占事，以就我、助我论。视所乘何神、所属何煞、所临何煞定其吉凶。

俯　就

干加支受生，曰俯就。凡占人占事，以就彼助我论。视所乘何神、所属何煞、所临何煞定其吉凶。

脱　我

支加干受生，曰脱我。凡占人占事，以就我脱我论。视所乘何神、所属何煞、所临何煞定其吉凶。

历　虚

干加支生支，曰历虚。凡占人占事，以就彼脱我论。视所乘何神、所属何煞、所临何煞定其吉凶。

欺　我

支加干克干，曰欺我。凡占人占事，以就我欺我论。视所乘何神、所属何煞、所临何煞定其吉凶。

取　辱

干加支受克，曰取辱。凡占人占事，以就彼欺我论。视所乘何神、所属何煞、所临何煞定其吉凶。

招　夫

支加干受克，曰招夫。凡占人占事，以妻财就我论。视所乘何神、所属何煞、所临何煞定其吉凶。

赘　婿

干加支克支，曰赘婿。凡占人占事，以我就妻财论。视所乘何神、所属何煞、所临何煞定其吉凶。

壮　基

支加干比干，曰壮基。凡占人占事，以就我培我论。视所乘何神、所属何煞、所临何煞定其吉凶。

培　本

干加支比支，曰培本。凡占人占事，以就彼培彼论。视所乘何神、所属何煞、所临何煞定其吉凶。

归　合

支加干合干，曰归合。凡占人占事，以就我和好论。视所乘何神、所属何煞、所临何煞定其吉凶。

求　合

干加支合支，曰求合。凡占人占事，以就彼和好论。视所乘何神、所属何煞、所临何煞定其吉凶。

连　茹

三传亥子丑、子丑寅、丑寅卯、寅卯辰、卯辰巳、辰巳午、巳午未、午未申、未申酉、申酉戌、酉戌亥、戌亥子，曰进连茹。亥戌酉、戌酉申、酉申未、申未午、未午巳、午巳辰、巳辰卯、辰卯寅、卯寅丑、寅丑子、丑子亥、子亥戌，曰退连茹。凡占人占事，进茹以牵连引进论，退茹以牵连引退论。视三将所乘何神、所属何煞、所临何煞定其吉凶。若进茹末空，反以退论；退茹末空，反以进论；二者初空以不进不退论。

进茹：亥子丑曰龙潜，阳光在下，空怀宝以迷邦；子丑寅曰含春，和气积中，勿炫玉而求售；丑寅卯曰将泰，有虚名而未蒙实惠；寅卯辰曰正和，展经略而果沐恩光；卯辰巳曰离渐，利用宾于王家；辰巳午曰升阶，亲观光于上国；巳午未曰迎阳，名实相须；午未申曰励明，威权独盛；未申酉曰回春，若午夜残灯；申酉戌曰流金，似霜桥走马；酉戌亥曰革故从新，小人进而君子退；戌亥子曰隐明就暗，私事吉而公事凶。

退茹：亥戌酉曰回阴，心怀暗昧之私；戌酉申曰返驾，主行肃杀之道；酉申未曰出狱，出丑离群，疏者亲而亲者疏；申未午曰临阴，行险侥幸，安者危而危者安；未午巳曰渐晞，脱凡俗而渐入高明；午巳辰曰登庸，舍井蛙而旋登月阙；巳辰卯曰正己，人物咸亨；辰卯寅曰返照，行藏攸利；卯寅丑曰联芳，须知否极泰来；寅丑子曰游魂，坐看事成立败；丑子亥曰入墓，有收藏之态，仕进无心；子亥戌曰重阴，安嘉遁之贞，宁甘没齿。三将或空一二，勿以此名实论。

间　断

三传亥丑卯、子寅辰、丑卯巳、寅辰午、卯巳未、辰午申、巳未申、午申戌、未酉亥、申戌子、酉亥丑、戌子寅，曰进间断。亥酉未、戌申午、酉未巳、申午辰、未巳卯、午辰寅、巳卯丑、辰寅子、卯丑亥、寅子戌、丑亥酉、子戌申，曰退间断。

凡占人占事，进间以前进隔断论，退间以退后隔断论。视三将所乘何神、所属何煞、所临何煞定其吉凶。更视所隔神将，验间隔之情：

进间，亥丑卯曰溟蒙，而事多暗昧；子寅辰曰向三阳，渐望光明；丑卯巳曰出户，春雷震蛰；寅辰午曰出三天，金鲤跃波；卯巳未曰迎阳，鸾凤鸣高冈；辰午申曰登三天，蛟龙得云雨；巳未酉曰变盈，秋场登稼；午申戌曰出三天，鹤鸣在阴；未酉亥曰入扃，心劳日拙；申戌子曰涉三渊，当隐山林；酉亥丑曰凝阴，忧不可解；戌子寅曰入三渊，屈不能伸。

退间，亥酉未曰时遁，无出潜之意；戌申午曰悖戾，有追悔之心；酉未巳曰励明，出入从其所便；申午辰曰凝阳，动止罔戾于心；未巳卯曰回明，利有攸往；午辰寅曰顾祖，喜气和平；巳卯丑曰转悖，当吉凶二者之间；辰寅子曰涉疑，入祸福双关之道；卯丑亥曰断涧，义利分明；寅子戌曰冥阳，善人是宝；丑亥酉曰极阴，月隐西山；子戌申曰偃蹇，马驰栈道。三将或空一二，勿以此名实论。

悬　胎

三传亥寅巳、寅巳申、巳申寅、申寅亥，曰顺悬胎；亥申巳、申巳寅、巳寅亥、寅亥申，曰逆悬胎。凡占人占事，以隐匿怀胎、继先传后论。视三将所乘何神、所属何煞、所临何煞定其吉凶。

顺悬胎：春曰悬胎，生意已萌于中；夏曰励阳，机关略见于外；秋曰四壮，驱驰不息；冬曰全福，行止亨通。

逆悬胎：春曰亢毓，始勤终怠之形；夏曰洪钧，中正权衡之象；秋曰含义，无中生有；冬曰待庆，暗事将明。

三将或空一二，勿以此名实论。

关 隔

三传子卯午、卯午酉、午酉子、酉子卯，曰顺关隔；子酉午、酉午卯、午卯子、卯子酉，曰逆关隔。凡占人占事，以门户破败论。视三将所乘何神、所属何煞、所临何煞定其吉凶。

顺关隔：春曰关隔，羝羊触藩；夏曰观澜，游鱼吞饵；秋曰四平，日逢望弦晦朔，三光不仁；冬曰匿阳，时遇卯酉辰戌，四门俱闭。逆关隔：春曰陷井，如鸟投笼；夏曰正烦，若牛受刃；秋曰失友，散离复合；冬曰出渐，阴极阳生。

三将或空一二，勿以此名实论。

稼 穑

三传丑辰未、辰未戌、未戌丑、戌丑辰，曰顺稼穑；丑戌未、戌未辰、未辰丑、辰丑戌，曰逆稼穑。凡占人占事，以田园植物论。详稼穑属何煞，视三将所乘何神、所属何煞、所临何煞定其吉凶。

顺稼穑：春曰稼穑，生长当时；夏曰游子，漂流不定；秋曰地角，举一隅而忘天下；冬曰五墓，舍朝市而守丘墟。

逆稼穑：春曰越库，散财不以道；夏曰转魁，委用不得人；秋曰杀墓，势将兴起；冬曰伏阴，机渐收藏。

三将或空一二，勿以此名实论。

金 局

三传巳酉丑、酉丑巳、丑巳酉，曰顺三合金局；巳丑酉、丑酉巳、酉巳丑，曰逆三合金局。凡占人占事，以锋刃杀气、金姓、金物、金事、三人三事谋合论。详金局属何煞，视三将所乘何神、所属何煞、所临何煞定其吉凶。

顺局：巳酉丑曰从革，革故鼎新；酉丑巳曰献刃，远近俱伤；丑巳酉曰藏金，因事而韬。

逆局：巳丑酉曰反射，怀杀酬恩；丑酉巳曰法罡，须防肃杀；酉巳丑曰操会，既得莫失。

三将或空一二，勿以此名与合局实论。

木 局

三传亥卯未、卯未亥、未亥卯，曰顺三合木局；亥未卯、未卯亥、卯亥未，曰逆三合木局。凡占人占事，以枝叶发生、木姓、木物、木事、三人三事谋合论。详木局属何煞，视三将所乘何神、所属何煞、所临何煞定其吉凶。

顺局：亥卯未曰曲直，举直错枉；卯未亥曰合纵，彼我怀忿；未亥卯曰从吉，待时而动。

逆局：亥未卯曰转输，颠蹶自反；未亥卯曰正阳，遵发生意；卯亥未曰先春，未萌先动。

三将或空一二，勿以此名与合局实论。

水 局

三传申子辰、子辰申、辰申子，曰顺三合水局；申辰子、辰子申、子申辰，曰逆三合水局。凡占人占事，以渊流不息、水姓、水物、水事、三人三事谋合论。详水局属何煞，视三将所乘何神、所属何煞、所临何煞定其吉凶。

顺局：申子辰曰润下，和顺为义；子辰申曰出奇，改过自新；辰申子曰呈斗，玩其天象。逆局：申辰子曰间斗，怀中聚秀；辰子申曰循顺，毋怀躐等；子申辰曰仰玄，宜甘守困。

三将或空一二，勿以此名与合局实论。

火　局

三传寅午戌、午戌寅、戌寅午，曰顺三合火局；寅戌午、戌午寅、午寅戌，曰逆三合火局。凡占人占事，以虚炎上达、火姓、火物、火事、三人三事谋合论。详火局属何煞，视三将所乘何神、所属何煞、所临何煞定其吉凶。

顺局：寅午戌曰炎上，发达为名；午戌寅曰间魁，舍宾从庭；戌寅午曰顶墓，信问堪舆。逆局：寅戌午曰华明，晴光天表；戌午寅曰就燥，行合中庸；午寅戌曰正义，朱夏显形。

三将或空一二，勿以此名与合局实论。

印　绶

初传生干，三传合局生干，干支合局生干，支上生支、干上生干，干上生支、支上生干，支生干，支合局生干，干合局生干，初生中、中生末、末生干，末生中、中生初、初生干，皆曰印绶。凡占人占事，初传生干起于扶助，或因父母，或伤男女。三传合局生干，三人三事助我，或伤男女。三传干支合局生干，众人众事助我，或伤男女。支上生支、干上生干，彼我各自有助。干上生支、支上生干，彼我交互相助。支生干，彼助我。支合局生干，彼众助我。干合局生干，己众助我。初生中、中生末、末生干，末生中、中生初、初生干，连连引进助我。皆视所乘何神、所属何煞、所临何煞定其吉凶。

伤　官

初传受干生，三传合局受干生，三传干支合局受干生，支上受支生、干上受干生，干上受支生、支上受干生，支受干生，支合局受干生，干合局受干生，干生初、初生中、中生末，干生末、末生中、中生初，皆曰伤官。凡占人占事，初传受干生，起于脱耗，或因男女，或伤夫职。三传合局受干生，三人三事脱我，或伤夫职。三传干支合局受干生，众人众事脱我，或伤夫职。支上受支生，干上受干生，彼我各自有脱。干上受支生，支上受干生，彼我交互相脱。支受干生彼脱我。支合局受干生，彼众脱我。干合局受干生，己众脱我。干生初、初生中、中生末，干生末、末生中、中生初，连连引进脱我。皆视所乘何神、所属何煞、所临何煞定其吉凶。

官讼

初传克干，三传合局克干，三传干支合局克干，支上克支、干上克干，干上克支、支上克干，支克干，支合局克干，干合局克干，初克中、中克末、末克干，末克中、中克初、初克干，皆曰官讼。凡占人占事，初传克干起于官讼，或因夫职，或伤昆弟。三传合局克干，三人、三事伤我，或伤昆弟。三传干支合局克干，众人、众事伤我，或伤昆弟。支上克支、干上克干，彼我各自有伤。干上克支、支上克干，彼我交互相伤。支克干，彼伤我。支合局克干，彼众伤我。干合局克干，己众伤我。初克中、中克末、末克干，末克中、中克初、初克干，连连引进伤我。皆视所乘何神、所属何煞、所临何煞定其吉凶。

妻财

初传受干克，三传合局受干克，三传干支合局受干克，支上受支克、干上受干克，干上受干克、支上受干克，支受干克，支合局受干克，干合局受干克，干克初、初克中、中克末，干克末、末克中，中克初，皆曰妻财。凡占人占事，初传受干克起于劳力，或因妻财，或伤父母。三传合局受干克，三人三事劳我，或伤父母。三传干支合局受干克，众人众事劳我，或伤父母。支上受支克、干上受干克，彼我各自有财。干上受支克、支上受干克，彼我交互取财。支受干克，彼劳我。支合局受干克，彼众劳我。干合局受干克，己众劳我。干克初、初克中、中克末，干克末、末克中、中克初，连连引进得财。皆视所乘何神、所属何煞、所临何煞定其吉凶。

劫 财

初传比干，三传合局比干，三传干支合局比干，支上比支、干上比干，干上比支、支上比干，支比干，支合局比干，干合局比干，皆曰劫财。凡占人占事，初传比干起于夺财，或因昆弟，或伤妻财。三传合局比干，三人三事夺财，或伤妻妾。三传干支合局比干，众人众事夺财，或伤妻妾。支上比支、干上比干，彼我各自夺财。干上比支、支上比干，彼我交互夺财。支合局比干，彼众夺财。干合局比干，己众夺财。皆视所乘何神、所属何煞、所临何煞定其吉凶。

遐 龄

长生煞乘青龙为初传曰遐龄。凡占人占事，以悠远年高论。详所属何煞、所临何煞定其吉凶。

洁 己

沐浴煞乘玄武为初传曰洁已。凡占人占事，以去污洁身论。详所属何煞、所临何煞定其吉凶。

凶 服

冠带煞乘白虎为初传曰凶服。凡占人占事，以齐衰孝服论。详所属何煞、所临何煞定其吉凶。

衣 禄

临官煞乘太常为初传曰衣禄。凡占人占事，以出仕食禄论。详所属何煞、所临何煞定其吉凶。

崇　位

帝旺煞乘贵人为初传曰崇位。凡占人占事，以近帝极贵论。详所属何煞、所临何煞定其吉凶。

荒　淫

衰煞乘天后为初传曰荒淫。凡占人占事，以淫色伤身论。详所属何煞、所临何煞定其吉凶。

久　患

病煞乘勾陈为初传曰久患。凡占人占事，以疾病缠绵论。详所属何煞、所临何煞定其吉凶。

暗　死

死煞乘太阴为初传曰暗死。凡占人占事，以死亡不明论。详所属何煞、所临何煞定其吉凶。

禁　系

墓煞乘天空为初传曰禁系。凡占人占事，以困守囚禁论。详所属何煞、所临何煞定其吉凶。

决　绝

绝煞乘朱雀为初传曰决绝。凡占人占事，以议说断决论。详所属何煞、所临何煞定其吉凶。

孕　儿

胎煞乘六合为初传曰孕儿。凡占人占事，以隐匿怀胎论。详所属何煞、所临何煞定其吉凶。

异　产

养煞乘螣蛇为初传曰异产。凡占人占事，以生产异怪论。详所属何煞、所临何煞定其吉凶。

刑　伤

初刑干，干支相刑，干支上相刑，支上刑支、干上刑干，干上刑支、支上刑干，初刑中、中刑末，末刑中、中刑初，皆曰刑伤。凡占人占事，初传刑干，起于刑伤。干支相刑，彼我相伤。干支上相刑，亦彼我相伤。支上刑支、干上刑干，彼我各有刑伤。干上刑支、支上刑干，彼我交互相伤。初刑中、中刑末，末刑中、中刑初，始终相伤。皆视所乘何神、所属何煞、所临何煞定其吉凶。

摇　动

初传冲干，干支相冲，干支上相冲，支上冲支、干上冲干，干上冲支、支上冲干，初冲中、中冲末，末冲中、中冲初，皆曰摇动。凡占人占事，初传冲干，起于摇动。干支相冲，彼我勿合。干支上相冲，亦彼我勿合。支上冲支、干上冲干，彼我各自勿宁。干上冲支、支上冲干，彼我交互勿合。初冲中、中冲末，末冲中、中冲初，始终勿合。皆视所乘何神、所属何煞、所临何煞定其吉凶。

破　损

初传破干，干支相破，干支上相破，支上破支、干上破干，干上破支、支上破干，初破中、中破末，末破中、中破初，皆曰破损。凡占人占事，初传破干，起于破损。干支相破，彼我相损。干支上相破，亦彼我相损。支上破支、干上破干，彼我各自有损。干上破支、支上破干，彼我交互相损。初破中、中破末，末破中、中破初，始终相损。皆视所乘何神、所属何煞、所临何煞定其吉凶。

仇　害

初传害干，干支相害，干支上相害，支上害支、干上害干，干上害支、支上害干，初害中、中害末，末害中、中害初，皆曰仇害。凡占人占事，初传害干，起于仇害。干支相害，彼我相害。干支上相害，亦彼我相害。支上害支、干上害干，彼我各自有害。干上害支、支上害干，彼我交互相害。初害中、中害末，末害中、中害初，始终相害。皆视所乘何神、所属何煞、所临何煞定其吉凶。

和　合

初传合干，干支相合，干支上相合，支上合支、干上合干，干上合支、支上合干，初合中、中合末，末合中、中合初，三传三合，支三合，干三合，皆曰和合。凡占人占事，初传合干，起于和合。干支相合，彼我相合。干支上相合，亦彼我相合。支上合支、干上合干，彼我各自有合。干上合支、支上合干，彼我交互相合。初合中、中合末，末合中、中合初，始终相合。三传三合，三人三事相合。支三合彼众相合。干三合己众相合。皆视所乘何神、所属何煞、所临何煞定其吉凶。

前　程

马煞为初传曰前程。凡占人占事，以前往论。视所乘何神、所属何煞、所临何煞定其吉凶。

天　恩

太岁煞为初传，乘贵人、六合、青龙、太常、朱雀、天后，生合　日干曰天恩。凡占人占事，起于至尊至吉，或君恩论。视所属何煞、所临何煞定其吉凶。

天　祸

太岁煞为初传，乘螣蛇、白虎、太阴、勾陈、玄武、天空、刑冲破害日干曰天祸。凡占人占事，起于至大至凶，或君辱论。视所属何煞、所临何煞定其吉凶。

及　时

春木、夏火、秋金、冬水、季土为初传，干支上乘此，三传合此局，三传干支合此局，皆曰及时。凡占人占事，初传属此，事起当时。干支上乘此，人事当时。三传合此局，三人三合当时。三传干支合此局，众人众事当时。皆视所乘何神、所属何煞、所临何煞定其吉凶。

失　时

春金土、夏金水、秋火木、冬火土、季水木为初传，干支上乘此，三传合此局，三传干支合此局，皆曰失时。凡占人占事，初传属此，事起不时。干支上乘此，人事不时。三传合此局，三人三事不时。三传干支合此局，众人众事不时。皆视所乘何神、所属何煞、所临何煞定其吉凶。

既往

春水、夏木、秋土、冬金、季火为初传，干支上乘此，三传合此局，三传干支合此局，皆曰既往。凡占人占事，初传属此，事起过时。干支上乘此，人事过时。三传合此局，三人三事过时。三传干支合此局，众人众事过时。皆视所乘何神、所属何煞、所临何煞定其吉凶。

将来

春火、夏土、秋水、冬木、季金为初传，干支上乘此，三传合此局，三传干支合此局，皆曰既往。凡占人占事，初传属此，事起将来。干支上乘此，人事将来。三传合此局，三人三事将来。三传干支合此局，众人众事将来。皆视所乘何神、所属何煞、所临何煞定其吉凶。

时泰

月将月建为初传，乘贵人、六合、青龙、太常、朱雀、天后，生合日干，曰时泰。凡占人占事，以时亨运泰论。视所属何煞、所临何煞定其吉凶。

时否

月将月建为初传，乘螣蛇、白虎、勾陈、玄武、太阴、天空，刑冲破害日干，曰时否。凡占人占事，以时乖运蹇论。视所属何煞、所临何煞定其吉凶。

孤　哀

初传属印煞空，三传合局属印煞空，三传干支合局属印煞空，皆曰孤哀。凡占人占事，初传属印煞空，起于勿助，或丧父丧母。三传合局属印煞空，三人三事勿助，或丧父丧母。三传干支合局属印煞空，众人众事勿助，或丧父丧母。皆视所乘何神、所属何煞、所临何煞定其吉凶。

螟　蛉

初传属盗煞空，三传合局属盗煞空，三传干支合局属盗煞空，皆曰螟蛉。凡占人占事，初传属盗煞空，起于勿脱，或丧男丧女。三传合局属盗煞空，三人三事勿脱，或丧男丧女。三传干支合局属盗煞空，众人众事勿脱，或丧男丧女。皆视所乘何神、所属何煞、所临何煞定其吉凶。

鳏　居

初传属财煞空，三传合局属财煞空，三传干支合局属财煞空，皆曰鳏居。凡占人占事，初传属财煞空，起于失财，或丧妻丧妾。三传合局属财煞空，三人三事损财，或丧妻丧妾。三传干支合局属财煞空，众人众事损财，或丧妻丧妾。皆视所乘何神、所属何煞、所临何煞定其吉凶。

孀　居

初传属鬼煞空，三传合局属鬼煞空，三传干支合局属鬼煞空，皆曰孀居。凡占人占事，初传属鬼煞空，起于勿伤，或丧夫失职。三传合局属鬼煞空，三人三事勿伤，或丧夫失职。三传干支合局属鬼煞空，众人众事勿伤，或丧夫失职。皆视所乘何神、所属何煞、所临何煞定其吉凶。

失　群

初传属劫煞空，三传合局属劫煞空，三传干支合局属劫煞空，皆曰失群。凡占人占事，初传属劫煞空，起于勿劫，或丧兄丧弟。三传合局属劫煞空，三人三事勿劫，或丧兄丧弟。三传干支合局属劫煞空，众人众事勿劫，或丧兄丧弟。皆视所乘何神、所属何煞、所临何煞定其吉凶。

干　贵

初传乘贵人曰干贵。凡占人占事，起于干贵谒贵论。视所属何煞、所临何煞定其吉凶。贵人临子曰解纷，必嘱事童仆。临丑曰升堂，可投书公府。临寅曰凭几，当谒于家。临卯曰登车，宜讼于路。临辰、戌曰怀怒，上忧下辱。临巳、午曰受贡，君喜臣欢。临未曰列席，酒筵相待。临申曰移途，求贵为荣。临酉曰入私室，不遑宁处。临亥曰登天门，坦然安居。贵人空勿实论。

恐　惧

初传乘螣蛇曰恐惧。凡占人占事，起于惊恐、怪异论。视所属何煞、所临何煞定其吉凶。螣蛇临子曰掩目，无患无忧。临丑曰蟠龟，祸消福起。临寅曰生角，临酉曰露齿，祸福两途。临巳曰乘雾，临午曰飞空，灾祥不辨。临未曰入林，锋不可砍。临亥曰坠水，从心无患。临卯曰当门，临申曰衔剑，总是成灾。临戌曰入冢，临辰曰象龙，并为解难。螣蛇空勿实论。

文　书

初传乘朱雀曰文书。凡占人占事，起于文书、信息论。视所属何煞、所临何煞定其吉凶。朱雀临子曰损羽，自伤难进。临丑曰掩目，动静皆昌。临寅、卯曰安巢，迟滞沉溺。临辰、戌曰投网，乖错遗忘。临申曰厉嘴，临午曰衔符，怪异、经官、语讼。临未曰临坟，临亥曰入水，悲哀且在鸡窗。临酉曰夜噪，因官灾起。临巳曰书翔，有音信至。朱雀空勿实论。

交合

初传乘六合曰交合。凡占人占事，起于交涉、和合论。视所属何煞、所临何煞定其吉凶。六合临亥曰待命，和同。临巳曰不谐，惊悖。临子曰反目，无礼事端。临酉曰私窟，不明囚地。临寅曰乘轩，临申曰结发，从媒妁成欢。临辰曰违理，临戌曰忘羞，因妄冒加罪。临午曰升堂，临卯曰入室，并为已就之占。临未曰纳采，临丑曰妆严，总是欲成之例。六合空勿实论。

争讼

初传乘勾陈曰争讼。凡占人占事，起于争讼、牵连论。视所属何煞、所临何煞定其吉凶。勾陈临子曰投机，临丑曰受越，暗遭辱害。临寅曰遭囚，宜上书。临巳曰捧印，有封拜。临卯曰临门，家不和。临酉曰披刃，身遭责。临辰曰升堂，有狱吏勾连。临午曰反目，因他人逆戾。临未曰入驿，临戌曰下狱，往来、词讼、稽留。临申曰趋户，临亥曰褰裳，反复、勾连、改革。勾陈空勿实论。

喜庆

初传乘青龙曰喜庆。凡占人占事，起于一应喜庆论。视所属何煞、所临何煞定其吉凶。青龙临未曰伏陆，临丑曰蟠泥，所谋未遂。临戌曰登魁，小人争财。临辰曰飞天，君子欲动。临寅曰乘云，临卯曰驱雷，利以经营。临申曰伤鳞，临酉曰摧角，宜乎安静。临午曰烧身，临巳曰掩目，财有不测忧。临子曰入海，临亥曰游江，动有非常之庆。青龙空勿实论。

朝天

初传乘天空曰朝天。凡占人占事，起于虚诈、对奏论。视所属何煞、所临何煞定其吉凶。天空临子曰伏室，患生妇女。临戌曰居家，事起奴婢。临丑曰侍侧，诈尊长言。临未曰趋进，骗货财利。临寅曰犯牢，公私口舌。临酉曰出户，奴婢逃亡。临卯曰在卯，欺凌必至。临辰曰入辰，暴客来伤。临巳曰受辱，临亥曰诬词，奸人谋害。临午曰识字，临申曰鼓舌，情伪难分。天空空勿实论。

灾丧

初传乘白虎曰灾丧。凡占人占事，起于一应灾丧论。视所属何煞、所临何煞定其吉凶。临亥、子曰溺水，音书不至。临巳、午曰焚身，祸害反昌。临卯、酉曰临门，伤折人口。临丑、未曰在野，损坏牛羊。临寅曰登山，掌生杀柄。临戌曰落阱，脱桎梏殃。临申曰衔牒，无凶可持喜信。临辰曰咥人，有害不见休祥。白虎空勿实论。

宴会

初传乘太常曰宴会。凡占人占事，起于衣冠、筵会论。视所属何煞、所临何煞定其吉凶。临子曰遭枷，必值决罚。临寅曰侧目，须忧谗佞。临卯曰遗冠，财物被伤。临戌曰逆命，尊卑起讼。临申曰衔杯，临丑曰受爵，必转职迁官。临巳曰铸印，临未曰捧觞，应征聘喜庆。临午曰乘轩，有改拜之封。临辰曰佩印，有用迁之命。临亥曰征召，虽喜而虑下憎。临酉曰券书，虽顺而防后竞。太常空勿实论。

逃 脱

初传乘玄武曰逃脱。凡占人占事，起于逃贼、失脱论。视所属何煞、所临何煞定其吉凶。玄武临子曰撒发，有畏捕之心。临丑曰升堂，有求干之意。临寅曰爰寅，入林难寻。临辰曰恶辰，失路自制。临卯曰窥户，家有盗贼。临巳曰反顾，虚获惊悖。临亥曰伏藏，隐深邃之乡。临未曰不成，败酒食之地。临午曰截路，临酉曰拔剑，怀恶攻之反伤。临申曰折足，临戌曰遭囚，贼失势擒之而可得。玄武空勿实论。

暗 昧

初传乘太阴曰暗昧。凡占人占事，起于婢妾、暗昧论。视所属何煞、所临何煞定其吉凶。太阴临子曰垂帘，妾妇相侮。临丑曰入内，尊贵相蒙。临戌曰被察，当忧怪异。临辰曰造庭，宜备乖争。临寅曰洗足，临午曰脱巾，财物文书暗动。临亥曰裸形，临巳曰伏枕，贼盗、口舌、忧惊。临酉曰闭户，临未曰观书，雅称士人之致。临卯曰微行，临申曰执政，偏宜君子之贞。太阴空勿实论。

干 妇

初传乘天后曰干妇。凡占人占事，起于妇人、女子论。视所属何煞、所临何煞定其吉凶。天后临子曰守闺，临亥曰治事，动止多宜。临酉曰倚户，临卯曰临门，奸淫未足。临戌曰褰帷，临午曰伏枕，叹息呻吟。临巳曰裸体，临辰曰毁妆，悲哭羞辱。临寅曰理发，临申曰修容，优游闲暇。临丑曰偷窥，临未曰沐浴，悚惧惊惶。天后空勿实论。

斫　轮

三传卯戌巳曰斫轮。凡占人占事，以受印乘轩或造舟车论。视所乘何神、所属何煞、所临何煞定其吉凶。三将或空一二勿以成器论。

铸　印

三传巳戌卯曰铸印。凡占人占事，以受印乘轩或干铸造论。视所乘何神、所属何煞、所临何煞定其吉凶。三将或空一二勿以成器论。

轩　盖

三传午卯子曰轩盖。凡占人占事，以张盖乘轩论。视所乘何神、所属何煞、所临何煞定其吉凶。三将或空一二勿实论。

斩　关

辰戌临干支曰斩关。凡占人占事，以难安必动论。视所乘何神、所属何煞、所临何煞定其吉凶。

六　阴

传课全见丑、卯、巳、未、酉、亥六将，不见子、寅、辰、午、申、戌一将，曰六阴。凡占人占事，以私干私谋论。亦以阴极阳生论。视所乘何神、所属何煞、所临何煞定其吉凶。六将或空一二勿实论。

六　阳

传课全见子、寅、辰、午、申、戌六将，不见丑、卯、巳、未、酉、亥一将，曰六阳。凡占人占事，以公干公谋论。亦以阳极阴生论。视所乘何神、所属何煞、所临何煞定其吉凶。六将或空一二勿实论。

回　环

三传三将同四课三将曰回环。凡占人占事，以去而复返论。视所乘何神、所属何煞、所临何煞定其吉凶。三将或空一二勿实论。

一　体

三传酉、酉、酉曰一体。凡占人占事，以子息重重、脱耗连连，始终一体论。视所乘何神、所属何煞、所临何煞定其吉凶。

斩　首

初传空曰斩首。凡占人占事，以无始论。视所乘何神、所属何煞、所临何煞定其吉凶。

断　桥

中传空曰断桥。凡占人占事，以无中论。视所乘何神、所属何煞、所临何煞定其吉凶。

刖　足

末传空曰刖足。凡占人占事，以无终论。视所乘何神、所属何煞、所临何煞定其吉凶。

始　终

初传属旬首，末传属旬尾，曰始终。凡占人占事，以有始有终论。视所乘何神、所属何煞、所临何煞定其吉凶。

六壬经纬卷之四

神煞

印

印：甲、乙日亥、子，丙、丁日寅、卯，戊、己日巳、午，庚、辛日辰、戌、丑、未，壬、癸日申、酉。若问事之人干支、三传、占时、本命等处见者，以扶助论。视印将所乘何神、所临何煞定其吉凶。

盗

盗：甲、乙日巳、午，丙、丁日辰、戌、丑、未，戊、己日申、酉，庚、辛日亥、子，壬、癸日寅、卯。若问事之人干支、三传、占时、本命等处见者，以脱耗论。视盗将所乘何神、所临何煞定其吉凶。

鬼

鬼：甲、乙日申、酉，丙、丁日亥、子，戊、己日寅、卯，庚、辛日巳、午，壬、癸日辰、戌、丑、未。若问事之人干支、三传、占时、本命等处见者，以官讼论。视鬼将所乘何神、所临何煞定其吉凶。

财

财：甲、乙日辰、戌、丑、未，丙、丁日申、酉，戊、己日亥、子，庚、辛日寅、卯，壬、癸日巳、午。若问事之人干支、三传、占时、本命等处见者，以财利论。视财将所乘何神、所临何煞定其吉凶。

劫

劫：甲、乙日寅、卯，丙、丁日巳、午，戊、己日辰、戌、丑、未，庚、辛日申、酉，壬、癸日亥、子。若问事之人干支、三传、占时、本命等处见者，以伤财论。视劫将所乘何神、所临何煞定其吉凶。

长　生

长生：甲日亥，乙日午，丙、戊日寅，丁、己日酉，庚日巳，辛日子，壬日申，癸日卯。若问事之人干支、三传、占时、本命等处见者，以悠远论。视长生将所乘何神、所临何煞定其吉凶。

沐　浴

沐浴：甲日子，乙日巳，丙、戊日卯，丁、己日申，庚日午，辛日亥，壬日酉，癸日寅。若问事之人干支、三传、占时、本命等处见者，以洁身论。视沐浴将所乘何神、所临何煞定其吉凶。

冠　带

冠带：甲、癸日丑，乙、丙、戊日辰，丁、己、庚日未，辛、壬日戌。若问事之人干支、三传、占时、本命等处见者，以冠服论。视冠带将所乘何神、所临何煞定其吉凶。

临 官

临官：甲日寅，乙日卯，丙、戊日巳，丁、己日午，庚日申，辛日酉，壬日亥，癸日子。若问事之人干支、三传、占时、本命等处见者，以仕禄论。视临官将所乘何神、所临何煞定其吉凶。

帝 旺

帝旺：甲日卯，乙日寅，丙、戊日午，丁、己日巳，庚日酉，辛日申，壬日子，癸日亥。若问事之人干支、三传、占时、本命等处见者，以极显论。视帝旺将所乘何神、所临何煞定其吉凶。

衰

衰：甲、丁、己日辰，乙、壬日丑，丙、戊、辛日未，庚、癸日戌。若问事之人干支、三传、占时、本命等处见者，以朽迈论。视衰将所乘何神、所临何煞定其吉凶。

病

病：甲日巳，乙日子，丙、戊日申，丁、己日卯，庚日亥，辛日午，壬日寅，癸日酉。若问事之人干支、三传、占时、本命等处见者，以疾病论。视病将所乘何神、所临何煞定其吉凶。

死

死：甲日午，乙日亥，丙、戊日酉，丁、己日寅，庚日子，辛日巳，壬日卯，癸日申。若问事之人干支、三传、占时、本命等处见者，以丧亡论。视死将所乘何神、所临何煞定其吉凶。

墓

墓：甲、癸日未，乙、丙、戊日戌，丁、己、庚日丑，辛、壬日辰。若问事之人干支、三传、占时、本命等处见者，以困守论。视墓将所乘何神、所临何煞定其吉凶。

绝

绝：甲日申，乙日酉，丙、戊日亥，丁、己日子，庚日寅，辛日卯，壬日巳，癸日午。若问事之人干支、三传、占时、本命等处见者，以断绝论。视绝将所乘何神、所临何煞定其吉凶。

胎

胎：甲日酉，乙日申，丙、戊日子，丁、己日亥，庚日卯，辛日寅，壬日午，癸日巳。若问事之人干支、三传、占时、本命等处见者，以匿身论。视胎将所乘何神、所临何煞定其吉凶。

养

养；甲、丁、己日戌，乙、壬日未，丙、戊、辛日丑，庚、癸日辰。若问事之人干支、三传、占时、本命等处见者，以现体论。视养将所乘何神、所临何煞定其吉凶。

刑

刑：寅刑巳，巳刑申，申刑寅；丑刑戌，戌刑未，未刑丑；子刑卯，卯刑子；辰刑辰，午刑午，酉刑酉，亥刑亥。若问事之人干支、三传、占时、本命等处见者，刑干伤我、伤人，刑支伤彼、伤事。视刑将所乘何神、所临何煞定其吉凶。

冲

冲：子午相冲，丑未相冲，寅申相冲，卯酉相冲，辰戌相冲，巳亥相冲。若问事之人干支、三传、占时、本命等处见者，冲干动我、动人，冲支动彼、动事。视冲将所乘何神、所临何煞定其吉凶。

破

破：子酉相破，午卯相破，丑辰相破，戌未相破，亥寅相破，申巳相破。若问事之人干支、三传、占时、本命等处见者，破干，损我、损人；破支，损彼、损事。视破将所乘何神、所临何煞定其吉凶。

害

害：子未相害，丑午相害，寅巳相害，申亥相害，卯辰相害，酉戌相害。若问事之人干支、三传、占时、本命等处见者，害干，害我、害人；害支，害彼、害事。视害将所乘何神、所临何煞定其吉凶。

合

合：子丑相合，午未相合，卯戌相合，酉辰相合，寅亥相合，巳申相合。若问事之人干支、三传、占时、本命等处见者，合干，合我、合人；合支，合彼、合事。视合将所乘何神、所临何煞定其吉凶。

马

马：亥卯未日巳，寅午戌日申，巳酉丑日亥，申子辰日寅。若问事之人干支、三传、占时、本命等处见者，以行程论。视马将所乘何神、所临何煞定其吉凶。

太 岁

太岁，本岁之年支也。若问事之人干支、三传、占时、本命等处见者，以干涉天庭，或事经一岁论。视太岁将所乘何神、所临何煞定其吉凶。

旺

旺：春寅卯、夏巳午、秋申酉、冬亥子、季月辰戌丑未。若问事之人干支、三传、占时、本命等处见者，以当时论。视旺相将所乘何神、所临何煞定其吉凶。

相

相：春巳午、夏辰戌丑未、秋亥子、冬寅卯、季月申酉。若问事之人干支、三传、占时、本命等处见者，以未来论。视相将所乘何神、所临何煞定其吉凶。

死

死：春辰戌丑未、夏申酉、秋寅卯、冬巳午、季月亥子。若问事之人干支、三传、占时、本命等处见者，以失时论。视死将所乘何神、所临何煞定其吉凶。

囚

囚：春申酉、夏亥子、秋巳午、冬辰戌丑未、季月寅卯。若问事之人干支、三传、占时、本命等处见者，亦以失时论。视囚将所乘何神、所临何煞定其吉凶。

休

休：春亥子、夏寅卯、秋辰戌丑未、冬申酉、季月巳午。若问事之人干支、三传、占时、本命等处见者，以已往论。视休将所乘何神、所临何煞定其吉凶。

月建

月建：正月寅、二月卯、三月辰、四月巳、五月午、六月未、七月申、八月酉、九月戌、十月亥、十一月子、十二月丑。若问事之人干支、三传、占时、本命等处见者，以干涉当道或事经一月论。视月建将所乘何神、所临何煞定其吉凶。

月将

月将：正月亥、二月戌、三月酉、四月申、五月未、六月午、七月巳、八月辰、九月卯、十月寅、十一月丑、十二月子。若问事之人干支、三传、占时、本命等处见者，以干涉主宰或事经一月论。视月将将所乘何神、所临何煞定其吉凶。

旬　空

旬空：甲子旬中戌亥空，甲戌旬中申酉空，甲申旬中午未空，甲午旬中辰巳空，甲辰旬中寅卯空，甲寅旬中子丑空。谓之逢空。六旬逢空位上所乘之将谓之临空。若问事之人干支、三传、占时、本命等处见者，以不实论。视旬空将所乘何神、所临何煞定其吉凶。

贵　人

贵人：阴阳五行生克与丑将同。若问事之人干支、三传、占时、本命等处见者，以干贵论。视贵人所乘何煞、所临何煞定其吉凶。

螣　蛇

螣蛇：阴阳五行生克与巳将同。若问事之人干支、三传、占时、本命等处见者，以异怪论。视螣蛇所乘何煞、所临何煞定其吉凶。

朱　雀

朱雀：阴阳五行生克与午将同。若问事之人干支、三传、占时、本命等处见者，以信息论。视朱雀所乘何煞、所临何煞定其吉凶。

六　合

六合：阴阳五行生克与卯将同。若问事之人干支、三传、占时、本命等处见者，以交合论。视六合所乘何煞、所临何煞定其吉凶。

勾　陈

勾陈：阴阳五行生克与辰将同。若问事之人干支、三传、占时、本命等处见者，以争讼论。视勾陈所乘何煞、所临何煞定其吉凶。

青　龙

青龙：阴阳五行生克与寅将同。若问事之人干支、三传、占时、本命、等处见者，以喜庆论。视青龙所乘何煞、所临何煞定其吉凶。

天　空

天空：阴阳五行生克与戌将同。若问事之人干支、三传、占时、本命等处见者，以虚诈论。视天空所乘何煞、所临何煞定其吉凶。

白　虎

白虎：阴阳五行生克与申将同。若问事之人干支、三传、占时、本命等处见者，以灾丧论。视白虎所乘何煞、所临何煞定其吉凶。

太　常

太常：阴阳五行生克与未将同。若问事之人干支、三传、占时、本命等处见者，以衣食论。视太常所乘何煞、所临何煞定其吉凶。

玄　武

玄武：阴阳五行生克与亥将同。若问事之人干支、三传、占时、本命等处见者，以脱耗论。视玄武所乘何煞、所临何煞定其吉凶。

太　阴

太阴：阴阳五行生克与酉将同。若问事之人干支、三传、占时、本命等处见者，以暗昧论。视太阴所乘何煞、所临何煞定其吉凶。

天　后

天后：阴阳五行生克与子将同。若问事之人干支、三传、占时、本命等处见者，以妇女论。视天后所乘何煞、所临何煞定其吉凶。

六壬经纬卷之五

类　相

天　文

亥属天，月将属日，月建属月，辰属星。

寅、卯属东方木星，巳、午属南方火星，申、酉属西方金星，亥、子属北方水星，辰、戌、丑、未属中央土星。

辰属角、亢宿，卯属氐、房、心宿，寅属箕、尾宿，丑属斗、牛宿，子属女、虚、危宿，亥属室、壁，戌属奎、娄宿，酉为胃、昴、毕宿，申属觜、参宿，未属井、鬼宿，午属柳、星、张宿，巳属翼、轸宿。

巳与白虎属风，寅与青龙属云，卯与六合属雷，午与朱雀属电，辰与勾陈属雾、露，巳与螣蛇属虹、霓，亥、子、壬、癸与玄武、天后属雨泽，亥、子、申、酉乘白虎、太阴属雪、雹。凡占天文者参此。

地　理

申属地，寅属山，亥、子属水，辰、戌、丑、未属四方田亩；卯属正东方，亦属氐、房、心所照处，与林木、舟、车地；午属正南方，亦属柳、星、张所照处，与市道、旌旗地；酉属正西方，亦属胃、昴、毕所照处，与岗城、街、巷地；子属正北方，亦属女、虚、危所照处，与湖、海、塘、池地；辰属东南方，亦属角、亢所照处，与田、墓、山、岭地；

巳属东南方，亦属翼、轸所照处，与炉、冶、窑、灶地；未属西南方，亦属井、鬼所照处，与村、茔、井、泉地；申属西南方，亦属觜、参所照处，与驿、铺、石径地；丑属东北方，亦属斗、牛所照处，与园、圃、田、坟地；寅属东北方，亦属箕、尾所照处，与山林、桥梁地；戌属西北方，亦属奎、娄所照处，与田垄、营丘地；亥属西北方，亦属室、壁所照处，与江、河、港、涧地。凡占地理者参此。

宫　室

子属后宫、后殿、内房、内堂；丑属圣殿、神祠、官署、宦第；寅属客馆、山房、草庐、茅舍；卯属行室、雷庙、船行、木厂；辰属龙庙、星宫、天牢、帅府；巳属弓店、炉店、炕房、厨房；午属大堂、马厩、命馆、书斋；未属酒肆、茶房、典槽、仓库；申属碾磨、碓房、递铺、馆驿；酉属金银、珠玉、铜锡、钱铺；戌属佛殿、禅堂、营房、牢狱；亥属道院、仙宫、戏园、楼阁。

贵人官宦宅，螣蛇火怪宅，朱雀是非宅，六合和合宅，勾陈争讼宅，青龙喜庆宅，白虎灾丧宅，太常安乐宅，玄武耗费宅，太阴暗昧宅，天后淫泆宅。凡占宫室者参此。

人　物

子属丫环、妇女，丑属牧、筑、耕夫，寅属隐樵、书吏，卯属船户、车夫，辰属渔翁、禁子，巳属炉灶、窑工，午属马夫、蚕妇，未属机匠、裁缝，申属铺兵、驿卒，酉属妾、婢、娼、妓，戌属军丁、奴仆，亥属道士、优伶。

贵人属王侯、绅士，螣蛇属异怪、小人，朱雀属医、卜、星、相，六合属朋稚、牙媒，勾陈属将军、捕快，青龙属木客、茶商，天空属尼姑、和尚，白虎属病者、屠夫，太常属业衣、业食，玄武属盗贼、逃人，太阴属老妪、嫔嬬，天后属后姬、少女。

印煞属父母，盗煞属男女，鬼煞属官、属夫，财煞属妻、属妾，劫煞属弟兄、属姊妹。凡占人物者参此。

姓 氏

子属危、燕、齐、任，与上下傍水字、子字、女字、雨字姓。

丑属杨、吴、钭、纪，与上下傍土字、田字、丑字、已字、牛字、吉字、王字姓。

寅属云、燕、胥、曹，与上下傍木字、力字、山字、宝盖、竹头姓。

卯属房、东、骆、宋，与上下傍木字、卯字、心字、耳字、车字、门字、户字、云头、草头姓。

辰属郑、寿、陈、罗，与上下傍土字、田字、山字、勾字、辰字、鱼字、龙字、角字、亢字姓。

巳属翼、冶、荆、楚，与上下傍火字、虫字、弓字、丁字姓。

午属朱、柳、周、张，与上下傍火字、午字、丙字、言字、口字、马字、羽字、鸟字、离字、赤字姓。

未属秦、常、雍、井，与上下傍土字、田字、未字、吉字、已字、鬼字、衣字、食字姓。

申属申、傅、益、沈，与上下傍金字、石字、白字、庚头、虎头、走之姓。

酉属冀、毕、从、赵，与上下傍金字、乌字、门字、户字、西字、辛字、玉字、石字姓。

戌属空、印、徐、鲁，与上下傍土字、田字、戈字、犬字、仆字、娄字姓。

亥属明、江、武、邓，与上下傍水字、雨字、鱼字姓。

贵人贵重姓，螣蛇异怪姓，朱雀羽毛姓，六合连合姓，勾陈干戈姓，青龙鳞甲姓，白虎凶恶姓，太常衣食姓，玄武不正姓，太阴暗昧姓，天后女字姓。凡占姓氏者参此。

脏 腑

午属心，酉属肺，卯属肝，寅属胆，申属大肠，子属膀胱，巳属三焦亦属小肠，亥属阴亦属肾，辰戌属脾，丑未属胃。凡占脏腑者参此。

饮 食

寅、卯属春季所生，或草、木所长，与青色物。

巳、午属夏季所生，或蒸、烧、炒、炙，与赤色物。

申、酉属秋季所生，或碾、磨所出，与白色物。

亥、子属冬季所生，或水中所出，与黑色物。

辰、戌、丑、未属四季所生，或田、园所长，与黄色物。

贵人珍重食，螣蛇异怪食，朱雀羽毛食，六合连合食，勾陈牵连食，青龙鳞甲食，天空不实食，白虎凶恶食，太常酒谷食，玄武不正食，太阴糊涂食，天后女制食。凡占饮食者参此。

器 用

寅属桌、椅、凳、杌，卯属橱、柜、舟、车，寅、卯又属一应木器与青色物。

巳属炉、扇、弓、弩，午属书、画、旌、旗，巳、午又属一应火器与赤色物。

申属干戈、碓、磨，酉属珠、玉、金、银，申、酉又属一应金器与白色物。

亥属符、图、伞、笠，子属胭、粉、簪、环，亥、子又属一应水器与黑色物。

辰属戥、秤、尺、网，戌属盔、甲、印、绶，丑属斛、冠、带，未属盘、盏、布、帛，辰、戌、丑、未又属一应土器与黄色物。

贵人珍重物，螣蛇异怪物，朱雀羽毛物，六合连合物，勾陈吊挂物，青龙喜庆物，天空空虚物，白虎凶丧物，太常衣食物，玄武戏弄物，太阴不明物，天后女制物。凡占器用者参此。

数目

亥、子一，巳、午二，寅、卯三，申、酉四，辰、戌、丑、未五，谓之五行。

子、午九，丑、未八，寅、申七，卯、酉六，辰、戌五，巳、亥四，谓之先天。

旺相多，休囚少。凡占数目者参此。

颜色

寅、卯青，巳、午赤，申、酉白，亥、子黑，辰、戌、丑、未黄。

旺相鲜明，休囚淡旧。凡占颜色者参此。

飞潜动植

子属鼠，亦属燕、蝠类；丑属牛，亦属獬、象类；寅属虎，亦属彪豹、狸猫类；卯属兔，亦属狐、骆、驴、骡类；辰属龙，亦属蛟、鼍、鱼、鳖类；巳属蛇，亦属蟒、蚓、蝉、虫类；午属马，亦属鹿、獐、蚕、雀类；未属羊，亦属雁、犴类；申属猴，亦属狮、猿、猱类；酉属鸡，亦属雉、乌、鹑、鸭类；戌属犬，亦属狼、獾类；亥属猪，亦属貐、熊类。

寅与卯并属树、竹、花、草。贵人贵重物，螣蛇异怪物，朱雀飞鸣物，六合成双物，勾陈争斗物，青龙鳞甲物，天空虚诞物，白虎凶恶物，太常饮啄物，玄武不正物，太阴不明物，天后闺藏物。凡占飞潜动植者参此。

六壬经纬卷六

断　占

晴　雨

问晴问雨

以干为天，干上所乘之神将应天。

以支为地，支上所乘之神将应地。

以三传为初、中、末，三传所现之神将为初、中、末，应晴、应雨。

以格局为纲领，三传、四课所现之格局纲领，应晴、应雨。

问　晴

以天空为晴，天空与所乘之将应晴，所临之将应晴期。

以巳、午为晴，巳、午与所乘之神应晴，所临之将应晴期。

以旬中丙、丁为晴，丙、丁与所乘之神将应晴，所临之将应晴期。

以螣蛇、朱雀为晴，螣蛇、朱雀与所乘之将应晴，所临之将应晴期。

问　雨

以青龙为雨，青龙与所乘之将应雨，所临之将应雨时、雨方。

以亥、子为雨，亥、子与所乘之神应雨，所临之将应雨时。

以旬中壬、癸为雨，壬、癸与所乘之神将应雨，所临之将应雨时。

以玄武、天后为雨，玄武、天后与所乘之将应雨，所临之将应雨时。

问晴问雨，视干支、三传、占时所现神将，并应视神将，一一详其所属何煞，并较所临何煞，其干支等处所现神将，仍与干支等处所现神将相较，更较其所现之格局，方可定其晴雨焉。

耕　种

问耕问种

以干为农，干上所乘之神将应农。

以支为田，支上所乘之神将应田。

以三传为初、中、末，三传所现之神将初、中、末，应耕、应种。

以格局为纲领，三传、四课所现之格局纲领，应耕、应种。

问　耕

以卯为正东田地，卯上所乘之神将应正东田地。

以午为正南田地，午上所乘之神将应正南田地。

以酉为正西田地，酉上所乘之神将应正西田地。

以子为正北田地，子上所乘之神将应正北田地。

以辰、巳为东南田地，辰、巳上所乘之神将应东南田地。

以未、申为西南田地，未、申上所乘之神将应西南田地。

以丑、寅为东北田地，丑、寅上所乘之神将应东北田地。

以戌、亥为西北田地，戌、亥上所乘之神将应西北田地。

问　种

以寅、卯为青种，寅、卯与所乘之神应青种，所临之将应栽植方。

以巳、午为赤种，巳、午与所乘之神应赤种，所临之将应栽植方。

以申、酉为白种，申、酉与所乘之神应白种，所临之将应栽植方。

以亥、子为黑种，亥、子与所乘之神应黑种，所临之将应栽植方。

以辰、戌、丑、未为黄种，辰、戌、丑、未与所乘之神应黄种，所临之将应栽植方。

问耕问种，视干支、三传、占时所现神将，并应视神将，一一详其所属何煞，并较所临何煞，其干支等处所现神将，仍与干支等处所现神将相较，更较其所现之格局，方可定其耕种焉。

坟　丁

问坟问丁

以干为人，干上所乘之神将应人。

以支为坟，支上所乘之神将应坟。

以三传为初、中、末，三传所现之神将初、中、末，应坟、应丁。

以格局为纲领，三传、四课所现之格局纲领，应坟、应丁。

问　坟

以青龙为左砂，青龙与所乘之神应左砂。

以白虎为右砂，白虎与所乘之神应右砂。

以朱雀为案山，朱雀与所乘之神应案山。

以玄武为后山，玄武与所乘之神应后山。

问　丁

以印煞为父母，印煞与所乘之神应父母。

以盗煞应男女，盗煞与所乘之神应男女。

以鬼煞为官为夫，鬼煞与所乘之神应官应夫。

以财煞为妻财，财煞与所乘之神应妻财。

以劫煞为兄弟，劫煞与所乘之神应兄弟。

问坟问丁，视干支、三传、占时所现神将，并应视神将，一一详其所属何煞，并较所临何煞，其干支等处所现神将，仍与干支等处所现神将相较，更较其所现之格局，方可定其坟丁焉。

宅　第

问宅问第

以干为人，干上所乘之神将应人。

以支为宅，支上所乘之神将应宅。

以三传为初、中、末，三传所现之神将初、中、末，应宅应第。

以格局为纲领，三传、四课所现之格局纲领，应宅、应第。

问 宅

以午为厅堂，午上所乘之神将应厅堂。

以子为内室，子上所乘之神将应内室。

以卯为前门，卯上所乘之神将应前门。

以酉为后户，酉上所乘之神将应后户。

以未为井，未与所乘之神应井，所临之将应井泉方。

以巳为灶，巳与所乘之神应灶，所临之将应设灶方。

问第与问宅同

问宅问第，视干支、三传、占时所现神将，并应视神将，一一详其所属何煞，并较所临何煞，其干支等处所现神将，仍与干支等处所现神将相较，更较其所现之格局，方可定其宅第焉。

身 命

问身问命

以干为人，干上所乘之神将应人。

以支为业，支上所乘之神将应业。

以三传为初、中、末，三传所现之神将初、中、末，应身、应命。

以格局为纲领，三传、四课所现之格局纲领，应身、应命。

问 身

以长生煞为寿，长生煞与所乘之神应寿。

以财煞为财帛，财煞与所乘之神应财帛，所临之将应取财方、发财日。

以临官煞为禄，临官煞与所乘之神应禄，所临之将应食禄方、食禄日。

以病煞为病，病煞与所乘之神应病，所临之将应病日。

以死煞为死，死煞与所乘之神应死，所临之将应死日。

问　命

以印煞为父母，印煞与所乘之神应父母。

以盗煞为男女，盗煞与所乘之神应男女，所临之将应得男女日。

以鬼煞为官为夫，鬼煞与所乘之神应官应夫，所临之将应出仕日、出嫁日。

以财煞为妻妾，财煞与所乘之神应妻妾，所临之将应娶妻妾日。

以劫煞为弟兄，劫煞与所乘之神应弟兄。

问身问命，视干支、三传、占时、本命所现神将，并应视神将，一一详其所属何煞，并较所临何煞，其干支等处所现神将，仍与干支等处所现神将相较，更较其所现之格局，方可定其身命焉。

婚　姻

以干为己，干上所乘之神将应己。

以支为彼，支上所乘之神将应彼。

以三传为初、中、末，三传所现之神将初、中、末，应婚、应姻。

以格局为纲领，三传、四课所现之格局纲领，应婚、应姻。

问　婚

以天后为女，天后与所乘之将应女。

以财煞为妻，财煞所乘之神应妻，所临之将应归娶日。

以青龙为婚喜，青龙与所乘之将应婚喜。

以六合为媒人，六合与所乘之将应媒人，所临之将应成期。

以朱雀为年庚，朱雀与所乘之将应年庚，所临之将应得庚日。

以太常为聘礼，太常与所乘之将应聘礼，所临之将应聘期。

问　姻

以六合为男，六合与所乘之将应男。

以鬼煞为夫，鬼煞所乘之神应夫，所临之将应出嫁日。

以青龙为姻喜，青龙与所乘之将应姻喜。

以六合为媒人，六合与所乘之将应媒人，所临之将应成期。

以朱雀为年庚，朱雀与所乘之将应年庚，所临之将应发庚日。

以太常为聘礼，太常与所乘之将应聘礼，所临之将应聘期。

问婚问姻，视干支、三传、占时、本命所现神将，并应视神将，一一详其所属何煞，并较所临何煞，其干支等处所现神将，仍与干支等处所现神将相较，更较其所现之格局，方可定其婚姻焉。

孕　产

问孕问产

以干为妇，干上所乘之神将应妇。

以支为孕，支上所乘之神将应孕。

以三传为初、中、末，三传所现之神将初、中、末，应孕、应产。

以格局为纲领，三传、四课所现之格局纲领，应孕、应产。

问　孕

以青龙为孕喜，青龙与所乘之将应孕喜。

以六合为子息，六合与所乘之将应子息。

以盗煞为孕，盗煞与所乘之神应孕，所临之将应怀孕日、生子期。

以胎煞为胎，胎煞与所乘之神应胎，所临之将应男女。

问　产

以青龙为产喜，青龙与所乘之将应产喜。

以盗煞为产，盗煞与所乘之神应产，所临之将应产期。

以养煞为产，养煞与所乘之神应产，所临之将应产期。

以天空为产，天空与所乘之将应产，所临之将应产期。

以孕妇本命为孕妇，本命与上乘下临之神将应孕妇。

问孕问产，视干支、三传、占时、本命所现神将，并应视神将，一一详其所属何煞，并较所临何煞，其干支等处所现神将，仍与干支等处所现神将相较，更较其所现之格局，方可定其孕产焉。

考　选

问考问选

以干为人，干上所乘之神将应人。

以支为题、为职，支上所乘之神将应题、应职。

以三传为初、中、末，三传所现之神将初、中、末，应考、应选。

以格局为纲领，三传、四课所现之格局纲领，应考、应选。

问　考

小试

以朱雀为文字，为入泮，为次第，为榜案，朱雀与所乘之将应文字、入泮、次第、榜案，所临之将应考试、出案、入泮期。

以青龙为泮喜，青龙与所乘之将应泮喜。

以冠带煞为入泮，冠带煞与所乘之神应入泮，所临之将应入泮期。

以马煞为前程，马煞与所乘之神应前程。

以鬼煞为府县，鬼煞与所乘之神应府县。

以月建为文宗，月建与所乘之神应文宗。

岁试科试

以朱雀为文字，为等第，为榜案，朱雀与所乘之将应文字、等第、榜案，所临之将应考试日、出案期。

以青龙为泮喜，青龙与所乘之神应泮喜。

以冠带煞为衣巾，冠带煞与所乘之神应衣巾。

以马煞为前程，马煞与所乘之神应前程。

以临官煞为廪，临官煞与所乘之神应廪，所临之将应廪膳期。

以月建为文宗，月建与所乘之神应文宗。

乡　试

以朱雀为文字，为名次，为乡榜，朱雀与所乘之将应文字、名次、乡榜，所临之将应放榜期。

以青龙为中式，青龙与所乘之将应中式、应名次，所临之将应中式期。

以冠带煞为冠带，冠带煞与所乘之神应冠带。

以马煞为前程，马煞与所乘之神应前程。

以临官煞为宴，临官煞与所乘之神应宴。

以月建为主考，月建与所乘之神应主考。

会 试

以朱雀为文字，为名次，为会榜，朱雀与所乘之将应文字、名次、会榜，所临之将应放榜期。

以青龙为中式，青龙与所乘之将应中式、应名次，所临之将应中式期。

以冠带煞为冠带，冠带煞与所乘之神应冠带。

以马煞为前程，马煞与所乘之神应前程。

以临官煞为宴，临官煞与所乘之神应宴。

以月将为总裁，月将与所乘之神应总裁。

殿 试

以朱雀为试策，为名次，为御榜，朱雀与所乘之将应试策、名次、御榜，所临之将应殿试期、放榜日。

以青龙为中式，青龙与所乘之将应中式、应名次。

以冠带煞为冠带，冠带煞与所乘之神应冠带。

以马煞为前程，马煞与所乘之神应前程。

以临官煞为宴，临官煞与所乘之神应宴。

以太岁为君相，太岁与所乘之神应君相。

武 试

以巳为弓，巳将与所乘之神应弓。

以午为马，午将与所乘之神应马。

以酉为刀、石，酉将与所乘之神应刀、石。

以申为箭，申将与所乘之神应箭，所临之将应射期。

其余应视神将，五考与文同。

问　选

初任

以鬼煞为官，鬼煞与所乘之神应官，所临之将应选官日、到任期。

以冠带煞为冠带，冠带煞与所乘之神应冠带。

以青龙为选喜，青龙与所乘之神应选喜。

以寅为吏部，寅将与所乘之神应吏部。

以太岁为陛见，太岁与所乘之神应陛见。

以朱雀为文凭，朱雀与所乘之将应文凭，所临之将应发文日、领凭期。

以马煞为前程，马煞与所乘之神应前程，所临之将应行期、至期、里数。

以戌为印，戌将与所乘之神应印，所临之将应受印期。

以临官煞为俸，临官煞与所乘之神应俸，所临之将应食禄方、食禄日。

升　迁

以鬼煞为官，鬼煞与所乘之神应官，所临之将应升期。

以马煞为前程，马煞与所乘之神应前程，所临之将应行期、至期、里数。

以青龙为升迁，青龙与所乘之将应升迁。

以冠带煞为冠带，冠带煞与所乘之神应冠带。

以月将为上司，月将与所乘之神应上司。

以寅为吏部，寅将与所乘之神应吏部。

以太岁为陛见，太岁与所乘之神应陛见。

以朱雀为文凭，朱雀与所乘之将应文凭，所临之将应发文日、领凭期。

以戌为印，戌将与所乘之神应印，所临之将应受印期。

以临官煞为俸，临官煞与所乘之神应俸，所临之将应食禄方、食禄日。

武　选

以申为兵部，申将与所乘之神应兵部。

以巳为弓，巳将与所乘之神应弓。

以午为马，午将与所乘之神应马。

以申为箭，申将与所乘之神应箭，所临之将应射期。

其余应视神将，选升与文同。

问考问选，视干支、三传、占时、本命所现神将，并应视神将一一详其所属何煞，并较所临何煞，其干支等处所现神将仍与干支等处所现神将相较，更较其所现之格局，方可定其考选焉。

商　贾

问商问贾

以干为人，干上所乘之神将应人。

以支为业，支上所乘之神将应业。

以三传为初、中、末，三传所现之神将初、中、末，应商、应贾。

以格局为纲领，三传、四课所现之格局纲领，应商、应贾。

问　商

以财煞为资本，财煞与所乘之神应资本，所临之将应卖货方、得财期。

以类相为货，类相与所乘之神将应货，所临之将应买货方、得货期。

以印煞为利，印煞与所乘之神应利，所临之将应得利期。

以马煞为行程，马煞与所乘之神应行程，所临之将应行期、至期、里数。

以六合为经纪，六合与所乘之将应经纪，所临之将应经纪方。

以卯为驴、骡、舟、车，卯与所乘之神应驴、骡、舟、车，所临之将应载至期。

问　贾

以财煞为资本，财煞与所乘之神应资本。

以类相为货，类相与所乘之神将应货，所临之将应买货方、得货期。

以印煞为利，印煞与所乘之神应利，所临之将应得利期。

问商问贾，视干支、三传、占时、本命所现神将，并应视神将一一详其所属何煞，并较所临何煞，其干支等处所现神将仍与干支等处所现神将相较，更较其所现之格局，方可定其商贾焉。

否　泰

问否问泰

以干为人，干上所乘之神将应人。

以支为事，支上所乘之神将应事。

以三传为初、中、末，三传所现之神将初、中、末，应否、应泰。

以格局为纲领，三传、四课所现之格局纲领，应否、应泰。

问一岁

以太岁为一岁，太岁上所乘之神将应一岁。

问一月

以月建为一月，月建上所乘之神将应一月。

问一日

以支为一日，支上所乘之神将应一日。

问否问泰，视干支、三传、占时、本命所现神将，并应视神将一一详其所属何煞，并较所临何煞，其干支等处所现神将仍与干支等处所现神将相较，更较其所现之格局，方可定其否泰焉。

病　医

问病问医

以干为人，干上所乘之神将应人。

以支为病，支上所乘之神将应病。

以三传为初、中、末，三传所现之神将初、中、末，应病、应医。

以格局为纲领，三传、四课所现之格局纲领，应病、应医。

问　病

以白虎为病患，白虎与所乘之将应病患。

以病煞为病，病煞与所乘之神应病，所临之将应经络。

以病人本命为病人，本命与上乘下临之神将应病人。

以类相为病人，类相与所乘之神将应病人。

以死煞、绝煞为死，死煞、绝煞与所乘之神应死，所临之将应死期。

以长生煞为寿，长生煞与所乘之神应寿。

以临官煞为禄，临官煞与所乘之神应禄，所临之将应食期。

以马煞为行动，马煞与所乘之神应行动，所临之将应行期。

问　医

以长生煞为医生、为药草，长生煞与所乘之神应医生、药草，所临之将应医室方、病退期。

问病问医，视干支、三传、占时、本命所现神将，并应视神将一一详其所属何煞，并较所临何煞，其干支等处所现神将仍与干支等处所现神将相较，更较其所现之格局，方可定其病医焉。

讼　罪

问讼问罪

以干为己，干上所乘之神将应己。

以支为彼，支上所乘之神将应彼。

以三传为初、中、末，三传所现之神将初、中、末，应讼、应罪。

以格局为纲领，三传、四课所现之格局纲领，应讼、应罪。

问　讼

以类相为讼人，类相与所乘之神将应讼人。

以类相为讼事，类相与所乘之神将应讼事。

以朱雀为呈状、为拘票，朱雀与所乘之将应呈状、拘票，所临之将应呈状日、差票期。

以六合为中证，六合与所乘之将应中证。

以鬼煞为官，鬼煞与所乘之神应官，所临之将应讯期。

以寅为书吏，寅将与所乘之神书吏。

以勾陈为拘差，勾陈与所乘之将应拘差，所临之将应拘期。

以绝煞为息讼，绝煞与所乘之神应息讼，所临之将应息期。

问　罪

以刑煞为刑，刑煞与所乘之神应刑，所临之将应刑日、刑方。

问讼问罪，视干支、三传、占时、本命所现神将，并应视神将一一详其所属何煞，并较所临何煞，其干支等处所现神将仍与干支等处所现神将相较，更较其所现之格局，方可定其讼罪焉。

逃　捕

问逃问捕

以干为己，干上所乘之神将应己。

以支为彼，支上所乘之神将应彼。

以三传为初、中、末，三传所现之神将初、中、末，应逃、应捕。

以格局为纲领，三传、四课所现之格局纲领，应逃、应捕。

问　逃

以逃人本命为逃人，本命与上乘下临之神将应逃人，所临之将应逃方。

以类相为逃人，类相与所乘之神将应逃人，所临之将应逃方。

以马煞为程途，马煞与所乘之神应程途，所临之将应程期、至期、里数。

问　捕

以朱雀为呈词，为拘票，为信息，朱雀与所乘之将应呈词、拘票、信息，所临之将应呈词、拘票、信息期。

以鬼煞为官，鬼煞与所乘之神应官，所临之将应讯期。

以寅为书吏，寅将与所乘之神应书吏。

以勾陈为捕人，勾陈与所乘之将应捕人，所临之将应捕期。

问逃问捕，视干支、三传、占时、本命所现神将，并应视神将一一详其所属何煞，并较所临何煞，其干支等处所现神将仍与干支等处所现神将相较，更较其所现之格局，方可定其逃捕焉。

六壬经纬卷终

臨川　紀大奎向辰　輯著
孫　紀壁東　校字

六壬類聚

定州　楊照藜素園　校刊

目　录

六壬类聚卷一

甲课寅，乙课辰，丙、戊课在巳，丁、己课在未，庚课申，辛课戌，壬课亥，癸课丑。

月将中气过宫：正月亥，二月戌，三月酉，四月申，五月未，六月午，七月巳，八月辰，九月卯，十月寅，十一月丑，十二月子（冬至大寒雨水春分之类，每月第二节气为中气）。

月将加时，子加子、丑加丑之类，顺写天盘。

先看地盘，本日干课上得何辰为第一课；再看第二课上得何辰为二课；又看本日支神上得何辰为第三课；再看第三课上得何辰为第四课。如甲子日，先看甲课寅上为一课，寅上之上为二课，又看日支子上为三课，子上之上为四课是也。四课既定，即取发用之辰为初传，有下克、上克、遥克、昴星、别责、八专、反吟、伏吟八样。

下克者，下辰克上辰也。四课中，有下克上者，即以此上辰为初传；以初传地盘上之辰为中传；以中传地盘上之辰为末传。

土克水，水克火，火克金，金克木，木克土。

甲、乙木，丙、丁火，戊、己土，庚、辛金，壬、癸水；

亥、子水，寅、卯木，巳、午火，申、酉金，辰、戌、丑、未土。

上克者，上辰克下辰也。四课中，若无下克上，即以上克下者为初传；亦以初传之上为中传；中传之上为末传。

若四课中，有两三个下克上，有两三个上克下，则取日干阴阳相比和者，为初传。如甲、丙、戊、庚、壬阳干，取子、寅、辰、午、申、戌六阳相克者，为用；乙、丁、己、辛、癸阴干，取丑、卯、巳、未、酉、亥六阴相克者，为用；名曰“比和”。

若四课中，又有两三个相比和，则以寅、申、巳、亥四孟神之上，为用；无四孟，则取子、午、卯、酉四仲神上，为用。若有两三个孟神、两三个仲神、季神，则阳日取干上一课、二课为用；阴日取支上三课、四课为用；若都在干上或都在支上，则干上取第二课，支上取第四课，叠克者为用。此类名曰“涉害”。以相克害、有干涉之深浅，取害深者发用也。

遥克者，他遥克我，我遥克他也。四课中，若无下克上，又无上克下，则取二课、三课、四课内，有克干者为用，名“嚆矢”，谓他遥克我；若无二、三、四课克干，则取干克二、三、四课者为用，名“弹射”，谓我遥克他；亦以用神之上，为中传；中传之上，为末传。

若有两个遥克者，亦取比用、涉害之法，与下克、上克之法同。

昴星者，四课中，若无上克、下克、遥克，则阳日取地盘酉上之辰为用；阴日取天盘酉下之辰为用。酉宫，有昴宿，肃杀之气，故阳从酉仰视，阴从酉俯视也。阳日取支上辰为中传，干上辰为末传；阴日取干上辰为中传，支上辰为末传，亦俯仰之意。歌曰：四课无克无遥克，酉上酉下昴星格，支干两传互中终，阴俯顺兮阳仰逆。

别责者，四课中，有一课相重复，只算三课。如第二课与支上同，或第四课与干上同。皆弃之不用，名为“不备”。只看三课中，有克则用克，若无下克、上克、遥克，却不用“昴星”。若阳日，则取干合之课上辰为用，如甲与己合，乙与庚合，丙与辛合，丁与壬合，戊与癸合。若：甲日，则取己课未之上辰为用，己日则取甲课寅之上辰为用，余可例推。若阴日，则取日支三合之前一位为用。如：亥卯未三合，亥日取卯，卯日取未，未日取亥。又如：巳酉丑三合，巳日取酉，酉日取丑，丑日取巳是也。中、末两传，皆取干上之辰。此用神所以名“别责”者，凡三课，必是支加干，或干加支。支加干，则二课同支；干加支，则四课同干；支加干，是人就我；干加支，是我就人。彼此相就和好，无克，则看别处与我人相合者，有无害机，以此为用，故名“别责”也。歌曰：三课无克无遥克，阳日干合之课得，阴日支前三合神，干上中终名别责。又歌曰：克不克，阴阳有变格；备不备，干抛第四位。变格者，即别取之意；干抛四位者，凡干加支，则第四课与干上同，若干上不相克，则第四课虽相克，亦抛弃之，不取为用也。

八专者，干支同课，只算两课。如：甲寅日，干支同寅；庚申日，干支同申；癸丑日，干支同丑；丁未、己未日，干支同未。此四者，干支同心、专一，故名“八专”。若两课内，有下克、上克，仍用克。若无上下克，不取遥克，阳日则取第一课顺数第三辰为用，如：子则顺数子、丑、寅，以寅发用；阴日取第二课逆数第三辰为用，如：子则逆数子、亥、戌，以戌发用。盖八专一名“芜淫”，如夫妇之有私，恐前后或有暗为害者，故顺逆取用也。中、末两传，亦皆取干上之辰，与“别责”之中、末同。歌曰：八专若无上下克，一课顺三二课逆，中末并干同别责。

反吟者，子午相加、丑未相加、寅申相加、卯酉相加、辰戌相加、巳亥相加，乃六冲之课，上下相冲，主事有反复，故名“反吟”。若有克，仍用克；若无上下克，则取日支之孟神发用。如：丑日取亥，未日取巳，巳亥相加，有天门、地户开辟之意。此只有丁丑、己丑、辛丑、丁未、己未、辛未六日，或又名之为“井栏射”，概以为凶课者，亦非也。以支上为中传，干上为末传。歌曰：反吟若无上下克，日支孟神为准的，支上再传干上三，或者名为井栏射。

伏吟者，子加子、丑加丑、寅加寅之类，伏于本位不动，故名“伏吟”。此课五阳干及丁、己、辛三阴干，俱无上下克，亦不取遥克，阳日则取干上为初传，阴日则取支上为初传，以初传之刑为中传，中传之刑为末传。如：子刑卯、卯刑子、寅刑巳、巳刑申、申刑寅、丑刑戌、戌刑未、未刑丑是也。若初传无刑，如辰、午、酉、亥四支，名为自刑，则阳日互取支上为中传，阴日互取干上为中传，仍皆以中传所刑为末传。若中传又无刑，则以中传相冲者为末传。此八干无克之用法。惟有乙、癸两干有克，乙课辰加乙，辰受干克为初传，癸课丑加癸，丑克干为初传。癸课丑，以丑、戌、未三刑为三传；乙课辰，乃自刑，亦互取支上为中传，中传所刑为末传，中传若自刑，则亦以相冲者为末传。歌曰：伏吟遥克例应删，阴课支兮阳课干，初若自刑交互取，中若自刑冲位安，惟有乙癸干相克，中传亦干支上看。

贵人十二神：贵人　螣蛇　朱雀　六合　勾陈　青龙　天空　白虎　太常　元武　太阴　天后

起贵人法：甲戊庚牛羊、乙己鼠猴乡、丙丁猪鸡位、壬癸蛇兔藏、六辛逢马虎、颠倒贵人方。如：甲日则以羊为日贵，牛为夜贵；戊、庚日，则以牛为日贵，羊为夜贵；皆互相颠倒用之。卯时后用日贵，酉时后用夜贵。贵人既定，又分十二神顺逆布法：如贵人在地盘亥、子、丑、寅、卯、辰六位，则从“贵人”顺布十二辰；如贵人在地盘巳、午、未、申、酉、戌六位，则从“贵人”逆布十二神。

子属鼠　丑属牛　寅属虎　卯属兔　辰属龙　巳属蛇　午属马　未属羊　申属猴　酉属鸡　戌属犬　亥属猪（辰、戌二位，贵人不到，故无龙、犬）

先天贵神图

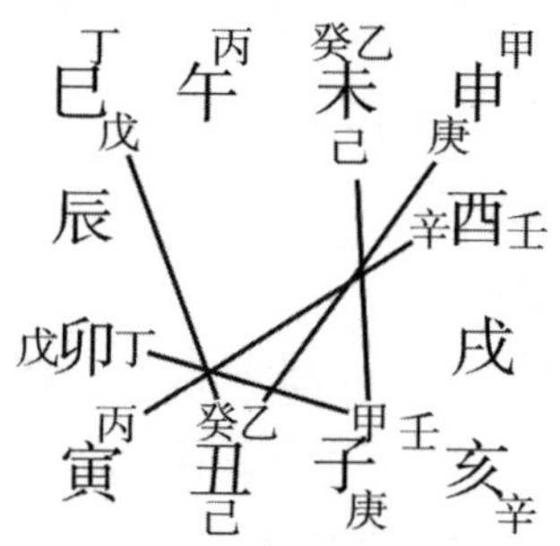

此贵神，昼顺行，夜逆行，不坐辰、戌牢狱之地。各取喜其合处，不喜其刑害之方。如昼贵甲从子起，为诸干之首，且贵人之前，不敢有对冲坐者，故午上无寄干。癸无所处，特寄未宫。今内干系昼，外干系夜，互相取合。今画其昼贵，夜贵仿此，其说甚有理而近不用。

日禄：甲禄寅　乙禄卯　丙、戊禄在巳　丁、巳禄在午　庚禄申　辛禄酉　壬禄亥　癸禄子

日马：申、子、辰马在寅　寅、午、戌马在申　亥、卯、未马在巳　巳、酉、丑马在亥

三合局：申、子、辰水局　寅、午、戌火局　亥、卯、未木局　巳、酉、丑金局

旬空：甲子旬中空戌、亥　甲寅旬中空子、丑　甲辰旬中空寅、卯　甲午旬中空辰、巳　甲申旬中空午、未　甲戌旬中空申、酉

坐空：十二辰，在地盘旬空上者，为陷，亦名“坐空”。

命宫：看地盘，子命在子，丑命在丑……以地盘本命上之神，论休咎。

行年：一岁地盘寅上起，二岁卯上，三岁辰上……以次顺行，十二年一周。

将名：亥登明　戌河魁　酉从魁　申传送　未小吉　午胜光　巳太乙　辰天罡　卯太冲　寅功曹　丑大吉　子神后

十干阴阳：甲、丙、戊、庚、壬阳　乙、丁、己、辛、癸阴

十二支阴阳：子、寅、辰、午、申、戌阳　丑、卯、巳、未、酉、亥阴

十干合神：　甲、己中正合　乙、庚仁义合　丙、辛威制合　丁、壬淫佚合　戊、癸无情合

十二支合神：子、丑合　寅、亥合　卯、戌合　辰、酉合　午、未合　巳、申合

十二支冲神：子、午冲　丑、未冲　寅、申冲　卯、酉冲　辰、戌冲　巳、亥冲

十二支破神：午、卯破　辰、丑破　酉、子破　戌、未破　亥、寅破　申、巳破

十二支害神：酉、戌害　申、亥害　未、子害　午、丑害　巳、寅害　辰、卯害

十干刑神：甲刑申　乙刑酉　丙刑亥　丁刑子　戊刑寅　己刑卯　庚刑巳　辛刑午　壬刑戌　癸刑辰

十二支刑神：子刑卯　卯刑子　寅刑巳　巳刑申　申刑寅　丑刑戌　戌刑未　未刑丑　辰、午、酉、亥自刑

十干长生：甲日亥　乙日午　丙、戊[①]日寅　丁、己日酉　庚日巳　辛日子　壬日申　癸日卯

十二支长生：子、辰、戌日申　亥、丑、未日卯　寅日亥　卯日午　巳日酉　午日寅　申日巳　酉日子

十干墓神：甲、癸——未　辛、壬——辰　丁、庚、己——丑　丙、戊、乙——戌

十二支墓神：子、辰、酉、戌日辰　寅、丑、未、亥日未　午、卯日

① 校者注：原文“戌”，据文意径改。

戌　申、巳日丑

羊刃：甲日卯　乙日辰　丙、戊日午　丁、己日未　庚日酉　辛日戌　壬日子　癸日丑

官鬼：甲、乙日见庚、辛、申、酉　丙、丁日见壬、癸、亥、子　戊、己日见甲、乙、寅、卯　庚、辛日见丙、丁、巳、午　壬、癸日见戊、己、辰、戌、丑、未

干支数：甲、己、子、午（九）　乙、庚、丑、未（八）　丙、辛、寅、申（七）　丁、壬、卯、酉（六）　戊、癸、辰、戌（五）　巳、亥（四）　上、下相因，若上见子，为九；下见巳，为四；上、下相因，三十六数。余仿此。旺、相倍增，休本数，死、囚[①]减半。

五行旺相例：春：木旺、火相、土死、金囚、水休　夏：火旺、土相、金死、水囚、木休　秋：金旺、水相、木死、火囚、土休　冬：水旺、木相、火死、土囚、金休　四季：土旺、金相、水死、木囚、火休

太岁神煞

	子丑寅卯辰巳午未申酉戌亥
将军	酉酉子子子卯卯卯午午午酉
岁刑	卯戌巳子辰申午丑寅酉未亥
岁破	午未申酉戌亥子丑寅卯辰巳
岁煞	未辰丑戌未辰丑戌未辰丑戌
大耗	午未申酉戌亥子丑寅卯辰巳
小耗	巳午未申酉戌亥子丑寅卯辰
丧门	寅卯辰巳午未申酉戌亥子丑
吊客	戌亥子丑寅卯辰巳午未申酉
岁墓	未申酉戌亥子丑寅卯辰巳午
岁德	即岁君，阴年从阳，如己年见甲之类……
岁合	即甲年见己……

① 校者注：原文“因”。

年、月三煞　未辰丑戌未辰丑戌未辰丑戌

金神　酉巳丑酉巳丑酉巳丑酉巳丑

岁宅　巳午未申酉戌亥子丑寅卯辰

病符　亥子丑寅卯辰巳午未申酉戌

岁虎　酉戌亥子丑寅卯辰巳午未申

日干神煞

	㊙甲	乙	丙	丁	戊	巳	庚	辛	壬	癸
福星	子	丑	子	子	未	未	丑	丑	巳	巳
日德	寅	申	巳	亥	巳	寅	申	巳	亥	巳
日禄	寅	卯	巳	午	巳	午	申	酉	亥	子
日医	卯	亥	丑	未	巳	卯	亥	丑	未	巳
直符	巳	辰	卯	寅	丑	午	未	申	酉	戌
仪神	午	巳	辰	卯	寅	丑	未	申	酉	戌
游都	丑	子	寅	巳	申	丑	子	寅	巳	申
天盗	子	亥	卯	申	巳	子	亥	卯	申	巳
天贼	辰	午	申	亥	寅	辰	午	申	亥	寅
稼穑	丑	丑	辰	辰	未	未	戌	戌	戌	戌
羊刃	卯	辰	午	未	午	未	酉	戌	子	丑
天罗	卯	巳	午	申	午	申	酉	亥	子	寅
天解	亥	申	未	丑	酉	亥	申	未	丑	酉
三奇		乙丙丁			甲戊庚			辛壬癸		

六壬类聚卷一

日支神煞

	子	丑	寅	卯	辰	巳	午	未	申	酉	戌	亥
支德	巳	午	未	申	酉	戌	亥	子	丑	寅	卯	辰
支马	寅	亥	申	巳	寅	亥	申	巳	寅	亥	申	巳
支刑	卯	戌	巳	子	辰	申	午	丑	寅	酉	未	亥
支破	酉	辰	亥	午	丑	申	卯	戌	巳	子	未	寅
支冲	午	未	申	酉	戌	亥	子	丑	寅	卯	辰	巳
支害	未	午	巳	辰	卯	寅	丑	子	亥	戌	酉	申
时煞	巳	寅	亥	申	巳	寅	亥	申	巳	寅	亥	申
支仪	午	巳	辰	卯	寅	丑	未	申	酉	戌	亥	子
金神	巳	丑	酉	巳	丑	酉	巳	丑	酉	巳	丑	酉

收魂　凡墓神为元武，皆是。

马倒　驿马前一位。

劫煞灾煞岁煞知，天煞月煞地煞齐，亡神将星扳鞍是，驿马六厄华盖驰。

十二月建神煞

正月

- 子：生气　天地医　外解　雨煞　灾煞　天狱　吊客
- 丑：天师　游神　天煞　月煞　忧神　天丘　天牢　天机　天车　勾陈　寡宿　血支　血忌　火神　迷惑　关神
- 寅：皇书　战雄　天耳　风煞　天厕　往亡　奸神　吏神
- 卯：游煞　小煞　日煞　贼神　盗神　天盗　咸池　悬索　勾陈　大[2]
- 辰：天巫　天医　时煞　雌虎　浴盆　上丧　市曹　地狱　月符　豹尾　天目
- 巳：月德　籥神　成神　戏神　喝散　游祸　死神鬼　朱雀　阴煞　时盗　亡神　孤神　螣蛇　雷煞　天目　大祸
- 午：天马　死气　谩语　绳索　火鬼
- 未：天德　天赦　食神　岁煞　天空　哭神　日鬼　丘墓　丧魂　下丧　枯骨　狱神　邪神
- 申：天解　解神　内解　驿马　风伯　月破　伏殃　煞神　白虎　奸淫　天猴　风煞　飞祸　战雌　天吞
- 酉：天鸡[1]　信煞　破碎　金神　天鬼　四废　门神　丧车　天刑　绞神
- 戌：皇恩　天喜　天书　飞廉　大煞　地狱　受死　月厌　神嚎　火怪　天火　黄幡　昏迷　刑亡
- 亥：天诏　圣心　游魂　病煞　墓门　阳煞　元武　劫煞　女煞　长绳　飞横　血腥　灭门

二月

- 子：天诏　日煞　游魂　病煞　天机　元武　咸池　悬索　飞横　大　血腥　大祸
- 丑：皇恩　生气　游神　地医　风煞　时煞　忧神　三丘　吊客　天车　寡宿　火神　豹尾　关神
- 寅：皇书　天师　天耳　战雄　月德　天牢　勾陈　阳煞　亡神　奸神　血支　吏神
- 卯：天医　天狱　天盗　贼神　绳索
- 辰：游煞　岁煞　游祸　受死　浴盆　丧魂　下丧　地狱　阴煞　日符　绞神　天目
- 巳：驿马　圣心　籥神　戏神　天巫　外解　喝散　往亡　飞廉　破碎　金神　小煞　雌虎　时盗　天厕　天猴　孤辰
- 午：天鬼　月鬼　火鬼　死神　灭门　朱雀　盗神　邪神　螣蛇　雷煞
- 未：风伯　死气　哭神　五墓　上丧　谩语　血忌　火怪　风煞
- 申：天德　天马　天鸡　成神　解神　内解　煞神　枯骨　墓门　劫煞　女灾　飞祸　战雌
- 酉：雨煞　月破　大煞　灾煞　四废　伏殃　月厌　白虎　门神　丧车　天刑　天火　昏迷
- 戌：天喜　天解　天赦　信神　信煞　会神　天煞　天空　天狱　勾陈　长绳　黄幡　月煞　迷惑
- 亥：天书　神嚎　市曹　奸淫　刑亡　天吞

---

① 校者注：原文为"天鸡"，实为"天鸠"，为保持原貌，沿用"天鸡"，但请阅读时留意。

② 校者注：原文缺字，据他本校为"大时"，下同。

三月	子	丑	寅	卯	辰	巳	午	未	申	酉	戌	亥
	天书	天诏	皇书	天师	皇恩	籥神	天医	天鸡	往亡	解神	天喜	天德
	天解	天赦	驿马	天鬼	浴盆	戏神	天巫	天煞	大煞	内解	天马	月德
	圣心	管神	生气	天牢	地狱	游煞	风伯	月煞	死气	日煞	月破	成神
	风煞	游神	信神	天盗	月符	喝散	雨煞	小煞	煞神	四废	时煞	信煞
	神嚎	天空	地医	贼神	火怪	月鬼	飞廉	死神	月厌	门神	伏殃	受死
	市曹	游魂	会神	游祸	黄幡	墓门	灾煞	哭神	谩语	丧车	白虎	天机
	刑亡	忧神	外解	阴煞	天目	阳煞	雌虎	五墓	天厕	枯骨	上丧	亡神
		病煞	战雄	血支		劫煞	天狱	朱雀	天火	天刑	豹尾	绞神
		三丘	天耳	勾陈		时盗	风煞	螣蛇	昏迷	盗神		
		下丧	吊客			女灾	火鬼	绳索	飞祸	咸池		
		破碎	奸淫			邪神		迷惑	战雌	悬索		
		金神	奸神			孤神		大祸		长绳		
		岁煞	天猴			勾陈		雷煞		大		
		丧魂	血忌									
		狱神	吏神									
		元武	天吞									
		寡宿										
		天车										
		火神 飞横										

四月

子	丑	寅	卯	辰	巳	午	未	申	酉	戌	亥
天马	天喜	天诏	生气	天师	三丘	圣心	皇恩	籥神	天医	天德	驿马
游神	天书	天解	地医	管神	战雄	游煞	天巫	外解	解神	岁煞	会神
戏神	信神	成神	灾煞	天赦	天耳	天鸡	飞廉	喝散	内解	哭神	风煞
信煞	神嚎	游魂	吊客	天煞	风伯	日煞	大煞	月德	破碎	五墓	往亡
天鬼	市曹	游祸	时盗	三丘	受死	地狱	时煞	死神	金神	丧魂	月破
四废	上丧	病煞	雨煞	月鬼	风煞	天盗	日厌	朱雀	小煞	下丧	煞神
忧神	女灾	墓门		天空	奸淫	贼神	雌虎	阳煞	死气	枯骨	伏殃
门神	火怪	阴煞		天牢	吏神	咸池	浴盆	亡神	天狱	天机	白虎
丧车	黄幡	元武		狱神	天吞	悬索	月符	雷煞		谩语	天厕
天刑	刑亡	劫煞		勾神		绞神	天火	螣蛇	绳索		天猴
盗神		飞横		邪神		大	豹尾	孤辰	火鬼		奸神
火神		飞祸		寡宿			昏迷	血忌			战雌
勾神		血腥		天车			天目	长绳			
		大祸		血支				灭门			
				月煞							
				迷惑							

五月	子	丑	寅	卯	辰	巳	午	未	申	酉	戌	亥
	游神	天喜	天书	天诏	管神	皇书	大煞	天赦	龠神	会神	解神	天德
	戏神	圣心	天马	皇恩	生气	月德	月厌	游煞	驿马	死神	内解	信神
	天医	信煞	天厕	往亡	天解	天师	地狱	岁煞	天巫	天鬼	风煞	小煞
	外解	月煞	飞祸	日煞	地医	天鸡	天盗	天空	天医	天机	死气	煞神
	雨煞	天煞	神嚎	游魂	风伯	成神	贼神	下丧	喝神	朱雀	哭神	枯骨
	月破	阴煞		病煞	时煞	战雄	天火	丧魂	飞廉	雷煞	五墓	墓门
	灾煞	游祸		月鬼	三丘	天耳	绳索	浴盆	雌虎	螣蛇	谩语	阳煞
	四废	绞神		时盗	吊客	破碎	昏迷	月符	市曹	火鬼	火怪	劫煞
	伏殃	迷惑		盗神	上丧	金神		勾陈	奸淫	大祸	黄幡	女灾
	忧神			血腥	天车	天牢		长绳	天猴			奸神
	受死			元武	寡宿	亡神		天目	孤辰			战雌
	白虎			咸池	豹尾	勾神		狱神	刑亡			
	门神			邪神	风煞	血支			天吞			
	丧车			血忌		吏神						
	天狱			悬索								
	天刑			飞横								
	火神			灭门								
				大								

六月	子	丑	寅	卯	辰	巳	午	未	申	酉	戌	亥
	会神	天喜	信煞	天书	天诏	皇书	天师	圣心	簷神	皇恩	内解	煞神
	游神	时煞	天德	天医	天马	地医	天解	浴盆	成神	天巫	天煞	死气
	戏神	金神	月德	风伯	天鸡	生气	往亡	上丧	喝散	风煞	天空	谩语
	日煞	破碎	月鬼	神嚎	信神	驿马	受死	火怪	游煞	雨煞	死神	奸淫
	四废	月破	阳煞	天狱	岁煞	外解	天鬼	月符	墓门	地医	哭神	奸神
	游祸	小煞	亡神	时盗	游魂	战雄	天牢	黄幡	天机	飞廉	五墓	战雌
	忧神	伏殃	邪神	风煞	病煞	天耳	地狱	天目	劫煞	灾煞	螣蛇	天吞
	门神	白虎	勾陈	悬索	三丘	天煞	贼神		女灾	雌虎	雷煞	
	丧车	豹尾	飞祸		丧魂	月厌	盗神		孤辰	市曹	月煞	
	枯骨				下丧	吊客	天盗		绞神	狱神	迷惑	
	天刑				元武	天厕	勾陈			朱雀	灭门	
	阴煞				寡宿	天火	血支			血忌		
	火神				天车	天猴	长绳			刑亡		
	咸池				飞横	昏迷				火鬼		
	悬索				关神	吏神						
	大				血腥							
					大祸							

七月	子	丑	寅	卯	辰	巳	午	未	申	酉	戌	亥
	皇恩	天德	圣心	天鸡	天书	天诏	天马	天师	皇书	往亡	天巫	籥神
	死气	天赦	驿马	信煞	天喜	信神	天医	关神	天解	游煞	天医	成神
	谩语	会神	外解	天鬼	飞廉	游魂	地医	天煞	战雄	破碎	时煞	游神
	火鬼	岁煞	风伯	四废	大煞	病煞	生气	月煞	天耳	金神	游祸	解神
		天空	月破	门神	神嚎	墓门	雨煞	三丘	风煞	日煞	雌虎	内解
		哭神	伏殃	丧车	月厌	阳煞	灾煞	天牢	天厕	天盗	忧神	喝散
		受死	煞神	绞神	血忌	元武	吊客	勾陈	奸神	时盗	浴盆	月德
		月鬼	白虎	小煞	火怪	劫煞	天狱	天机	吏神	盗神	上丧	死神
		五墓	奸淫		天火	女灾	天刑	寡宿		戏神	市曹	朱雀
		丧魂	天猴		黄幡	长绳		天车		贼神	地狱	阴煞
		下丧	风煞		刑亡	飞横		血支		咸池	月符	亡神
		枯骨	战雌		昏迷	飞祸		绳索		悬索	火神	孤辰
		狱神	天吞			血腥		迷惑		勾陈	豹尾	螣蛇
		邪神				灭门				大	天目	雷煞
												大祸

八月	子	丑	寅	卯	辰	巳	午	未	申	酉	戌	亥
	往亡	风伯	成神	雨煞	天喜	天书	皇恩	信神	皇书	戏神	游煞	驿马
	天鬼	死气	天德	月破	天赦	破碎	天诏	生气	月德	天医	天解	籥神
	死神	哭神	天鸡	大煞	信煞	金神	会神	地医	圣心	天狱	岁煞	游神
	月鬼	五墓	煞神	灾煞	天煞	小煞	日煞	风煞	天马	天盗	忧神	天巫
	朱雀	上丧	枯骨	四废	天空	神嚎	游魂	管神	天师	时盗	浴盆	解神
	盗神	谩语	墓门	伏殃	狱神	市曹	病煞	时煞	天耳	贼神	丧魂	内解
	邪神	火怪	劫煞	月厌	勾神	奸淫	天刑	受死	外解	绳索	下丧	喝散
	螣蛇	风煞	女灾	白虎	长绳	刑亡	天机	三丘	战雄		地狱	飞廉
	雷煞	黄幡	战雌	门神	迷惑	飞祸	元武	吊客	天牢		阳煞	游祸
	火鬼			丧车	月煞	天吞	咸池	寡宿	勾陈		月符	雌虎
	灭门			天火			悬索	天车	阳煞		血忌	天厕
				昏迷			飞横	豹尾	亡神		火神	孤辰
							血腥		奸神		绞神	天猴
							大祸		血支		天目	
							大		吏神			

九月	子	丑	寅	卯	辰	巳	午	未	申	酉	戌	亥
	天医	天鸡	大煞[1]	圣心	天喜	天德	天书	天诏	皇书	天师	天马	皇恩
	天巫	金神	死气	日煞	往亡	月德	解神	天赦	驿马	戏神	忧神	籥神
	天解	破碎	月厌	四废	月破	成神	内解	管神	生气	天鬼	地狱	游神
	外解	天煞	月鬼	门神	时煞	信神	风煞	小煞	地医	游祸	浴盆	游煞
	风伯	月煞	煞神	丧车	伏殃	会神	神嚎	岁煞	战雄	天牢	月符	喝散
	雨煞	死神	谩语	枯骨	白虎	信煞	市曹	天空	天耳	勾陈	火怪	月鬼
	飞廉	哭神	天厕	盗神	上丧	天机	天刑	三丘	吊客	天盗	火神	墓门
	灾煞	五墓	天火	咸池	豹尾	亡神	绳索	游魂	奸淫	阴煞	黄幡	阳煞
	雌虎	朱雀	昏迷	悬索		血忌	刑亡	病煞	奸神	时盗	天目	劫煞
	天狱	螣蛇	战雌	长绳		绞神		血腥	天猴	贼神		女灾
	风煞	雷煞		大		飞祸		丧魂	吏神	血支		邪神
	火鬼	迷惑						下丧	天吞			孤辰
		大祸						狱神				勾神
								元武				
								寡宿				
								天车				
								飞横				
								灭门				

① 校者注：有作“天煞”论者，姑存之。

十月	子	丑	寅	卯	辰	巳	午	未	申	酉	戌	亥
	天马	天巫	皇恩	会神	天德	驿马	信煞	天书	天诏	圣心	天师	皇书
	天鸡	天医	籥神	天医	戏神	外解	解神	天喜	成神	生气	天赦	天耳
	游煞	飞廉	天解	死气	哭神	风煞	内解	信神	游魂	地医	游神	战雌
	日煞	大煞	月德	天狱	岁煞	月破	天鬼	往亡	游祸	破碎	管神	风伯
	地狱	时煞	鸣散	天刑	五墓	伏殃	四废	神嚎	病煞	金神	天煞	忧神
	天盗	月厌	死神	谩语	下丧	煞神	门神	上丧	受死	小煞	天空	奸淫
	时盗	雌虎	朱雀	绳索	枯骨	白虎	丧车	市曹	墓门	灾煞	月鬼	血忌
	贼神	浴盆	阳煞	火鬼	丧魂	天厕	盗神	火怪	女灾	吊客	三丘	火神
	咸池	月符	亡神	奸神	天机	奸神	勾神	黄幡	劫煞	雨煞	天牢	飞祸
	悬索	天火	孤辰			天猴		刑亡①	阴煞		狱神	吏神
	绞神	豹尾	螣蛇			战雌			元武		勾陈	天吞
	大	天目	雷煞						飞横		邪神	
		昏迷	长绳						血腥		寡宿	
									大祸		天车	
											血支	
											月煞	
											迷惑	

① 校者注：原文“刑天”，今据文义改之。

十一月

子	丑	寅	卯	辰	巳	午	未	申	酉	戌	亥
大煞	天赦	天马	天鬼	圣心	天德	天医	天喜	天书	天诏	生气	皇书
月厌	游煞	天巫	死神	戏神	皇恩	雨煞	信煞	会神	日煞	地医	成神
地狱	岁煞	驿马	受死	天解	破碎	灾煞	解神	信神	月鬼	游神	天师
天盗	天空	籥神	天刑	风煞	金神	月破	内解	神嚎	病煞	风伯	天鸡
时盗	下丧	外解	天机	死气	煞神	四废	天煞	天厕	游魂	风煞	月德
贼神	浴盆	喝散	朱雀	哭神	枯骨	伏殃	月煞		盗神	关神	天耳
□神[1]	狱神	飞廉	雷煞	五墓	墓门	白虎	游祸		元武	往亡	战雄
昏迷	丧魂	雌虎	螣蛇	谩语	阳煞	门神	阴灾		咸池	时煞	小煞
	月符	市曹	火鬼	火怪	劫煞	丧车	绳索		邪神	三丘	忧神
	勾神	奸淫	大祸	黄幡	女灾	天狱	绞神		悬索	吊客	天牢
	长绳	天猴			奸神	血忌	迷惑		飞横	上丧	吏神
	天目	孤辰							血腥	天车	勾陈
		刑亡							灭门	寡宿	亡神
		天吞							大	豹尾	血支
											火神
											飞祸

① 原文缺字，据他本校为“天神”。

十二月	子	丑	寅	卯	辰	巳	午	未	申	酉	戌	亥
	天师	往亡	籥神	天巫	天马	煞神	天解	天喜	皇恩	天书	天诏	皇书
	月鬼	破碎	成神	天医	天赦	死气	日煞	内解	天德	天医	圣心	地医
	天牢	金神	游煞	风煞	会神	谩语	四废	解神	月德	风伯	信神	生气
	地狱	小煞	喝散	雨煞	戏神	奸淫	游祸	日破	信神	神嚎	游神	驿马
	勾陈	浴盆	墓门	飞廉	雷煞	奸神	门神	时煞	外解	受死	天鸡	战雄
	天盗	上丧	天机	灾煞	天煞	战雌	丧车	伏殃	月鬼	天狱	天车	天耳
	时盗	火怪	女灾	雌虎	月煞	天吞	枯骨	白虎	阳煞	绳索	岁煞	天猴
	贼神	月符	劫煞	市曹	天空		阴煞	豹尾	亡神		病煞	忧神
	盗神	黄幡	孤神	天刑	死神		咸池		邪神		游魂	吏神
	血支	天目	绞神	刑亡	哭神		悬索		勾神		丧魂	大煞
	血忌			火鬼	五墓		大				寡宿	月厌
	长绳				浴神						下丧	火神
					朱雀						飞横	飞祸
					螣蛇						元武	昏迷
					迷惑						血腥	天火
					灭门						关神	天厕
											大祸	吊客

二十八宿分野

角、亢　（河南）开封府　归德府

角、亢、氐　（河南）汝宁府

房、心　（江南）徐州

尾　（北直）永平府　保安州　延庆州　万全都司

尾、箕　（北直）顺天府　保定府　河闲[①]府（山东）辽东都司

斗　（江南）应天府　卢州府　凤阳府　淮安府　扬州府

① 校者注："通间"。

		徽州府　宁国府　池州府　太平府　苏州府
		松江府　常州府　镇江府　安庆府　滁州
		和州　广德州
	（江西）	南昌府　南康府　饶州府　广信府　建昌府
		抚州府　临江府　瑞州府　袁州府　吉安府
		赣州府　南安府　（浙江）杭州府　嘉兴府
		处州府
斗、牛	（浙江）	湖州府
	（西江）	九江府
斗、牛、女	（浙江）	温州府
牛、女	（浙江）	绍兴府　宁波府　金华府　衢州府　严州府
		台州府　（福建）福州府　泉州府　延平府
		汀州府　兴化府　邵武府　漳州府
	（广东）	广州府　南雄府　韶州府　肇庆府　高州府
		雷州府　琼州府
	（广西）	梧州府
	（广东）	潮州府（惟此府独守牵牛分野，不列牛、女分中）
女	（广东）	惠州府
	（福建）	建宁府
虚、危	（山东）	青州府
危	（山东）	济南府　登州府　莱州府
危、室	（山东）	东昌府
室、壁	（北直）	大名府
	（河南）	彰德府　卫辉府　怀庆府
奎、娄	（山东）	兖州府
胃		
昴	（北直）	顺德府　广平府
昴、毕	（北直）	真定府
	（山西）	大同府
觜、参	（山西）	平阳府　泽州

（四川）松潘指挥司　叠溪军民千户所

参　（山西）汾州府

（四川）东川军民府

参、井　（山西）太原府　潞州府　辽州

（四川）顺庆府

（贵州）思州府　思南府　镇远府　石阡府
贵州宣慰司

井、鬼　（陕西）西安府　凤翔府　平凉府　巩昌府　临洮府
庆阳府　延安府　宁夏卫

（四川）成都府　保宁府　叙州府　重庆府　潼川州
眉州　嘉定州　泸州　雅州　乌蒙军民府
乌撒军民府　芒部军民府　播州宣慰司
永宁宣抚司　天全六番招讨司　黎州安抚司
四川行

（贵州）普安州　永宁州　镇宁州　安顺府

（云南）云南府　大理府　临安府　楚雄府　澄江府
武定军民府　丽江军民府

鬼　（四川）马湖府

柳　（河南）河南府

星　（贵州）铜仁府

张　（河南）南阳府

翼　（湖广）施州卫

翼、轸　（湖广）武昌府　汉阳府　襄阳府　德安府　黄州府
荆州府　岳州府　长沙府　衡州府　常德府
辰州府　永州府　沔阳州　安陆州　保靖州
郴州　永顺宣慰司

（广西）柳州府　桂林府　庆远府　平乐府　浔州府
南宁府　太平府　田州府　思明府　镇安府
泗城州　利州　奉议州　向武州　都康州
思陵州　龙州　江州　思恩军民府

上林长官司　安陆长官司

（广东）廉州府

轸　（湖广）保庆府　靖州

井、鬼、翼、轸　（陕西）汉中府

姓氏类

㉂为点水，为耳，为女（羽、子、予、又）字，为衣（一、衤、示）字。

㉃为田、土，为土傍、土脚。

㉄为木（良、艮），为宀（冖）头，为佳（盖艮为重土也）。

㉅为艸（竹、禾）头，为木（车、门、户、雨、兆）傍、木脚，为丝，为阝傍（不分左右），为乙。

㉆为山（角），为土，为龙，为厂（广），为𠂇，为尸（厶）。

㉇为大，为双、女（巽、为甫、乡、灬），为己字。

㉈为火（心、门），为张（长），为周，为马，为者（日、月）字。

㉉为井，为田，为羊，为鬼，为杨。

㉊为金（庚、也、寸），为人（弗、力、矛、白、虍、弓），为亻，为走，为辶，为刀，为刂，为身。

㉋为金（鸟、乌、贝、负、口、月、勿、皿、西、谷），为口，为彳。

㉌为犬，为戈，与酉俱主为鬼（以天魁、从魁俱有鬼也）。

㉍为水（壬、儿），为古，为双鱼、豕、登公。

赵　申加酉，乘大常。　角，天水。

钱　申加戌，乘河魁。　徵，彭城。

孙　子加卯。　宫，乐安。

李　寅、卯加子。　徵，陇西。

周　午加小吉，单午亦可。　角，汝南。

吴　酉加亥、丑，亦吴地。　羽，延陵。

郑　酉加卯。　徵，荥阳。

王　子加丑。　商，太原。

冯　子、亥加午。　宫，始平。

陈　卯加卯。　徵，颍川。

褚　子加午，乘太常。　羽，河南。

卫　□□□[①]　商，河东。

蒋　卯加子，月将。　宫，乐安。

沈　子加子，子[②]为坎、穴。　商，吴兴。

韩　□□□　商，高[③]阳。

杨　未宫分野，以未取之。　商，弘农。

杨　宜取寅加午，得太阴为是。

朱　午加寅，单午亦可。　角，浦国。

秦　申加亥，申：坤，亥：乾，"泰"也。　徵，天水。

尤　辰加卯。　徵，吴兴。

许　酉加午。　羽，高阳。

何　申加酉，乘太常；申加未，乘雀，亦是。　商，高阳。

吕　酉加酉。　羽，河南。

施　申临传送。　徵，吴兴。

张　申加午，单午亦可。　羽，清河。

孔　子加卯。　角，鲁国。

曹　寅加午。　角，谯国。

严　卯木乘雀。　宫，天水。

华　卯木临旺处。　角，武陵。

金　从魁乘旺气。　角，彭城。

---

① 校者注：原文缺字，以此代之，下同。

② 校者注：原文"于"，其义不通。

③ 校者注：《百家姓考略》作"南阳"。

魏　卯乘天后，临戌，或加酉，加未。　角，巨鹿。

陶　卯乘勾陈。　徵，荥阳。

姜　未加子。　角，天水。

戚　戊加小吉。　商，东海。

谢　酉加申。　商，陈留。

邹　太冲加卯，得六合。　商，范阳。

喻　□□□　羽，江夏。

柏　寅、卯加酉。　商，邑召。

水　单子。　宫，吴兴。

窦　寅加仲，乘空。　徵，扶风。

章　单未，申加申。　商，河间。

云　卯加丑。　羽，琅琊。

苏　六合乘太冲，临亥。　羽，武功。

潘　子加丑。　羽，荥阳。

葛　六合加午，乘句[1]陈。　商，颠[2]丘。

奚　子乘六合，临大吉。　商，谯国。

范　卯乘子，加巳。　宫，高平。

彭　酉乘元，加仲。　宫，陇西。

郎　寅加卯。　商，中山。

鲁　亥加午。　羽，扶风。

韦　丑加酉。　羽，京兆。

昌　午加午。　商，汝南。

马　胜光乘生气。　羽，扶风。

苗　六合加丑，卯加丑亦可。　宫，东阳。

凤　雀临酉，乘生气。　宫，平阳。

花　六合乘申，加酉。　宫，东邱。

方　传送临驿马。　商，河南。

---

① 校者注：通“勾”，下同。

② 校者注：《百家姓考略》作“顿丘”。

俞　□□□　角，河间。

任　申加亥。　宫，乐安。

袁　申乘破，或未加子。　羽，汝南。

柳　寅加卯。　商，东海。

鄷　功曹加卯。　宫，京兆。

鲍　亥乘句，加巳。　宫，上党。

史　□□□　徵，京兆。

唐　申加酉。　徵，晋昌。

费　申加酉。　羽，江夏。

廉　雀乘胜光，临午。　角，河南。

岑　天罡加酉。　宫，南阳。

薛　六合临从魁，加戌。　商，天水。

雷　太冲逢冲，卯加丑。　角，冯羽。

贺　酉加酉，或申加酉　。　商，广平。

倪　申加亥。　宫，千乘。

汤　子加午，乘太阴。　商，中山。

滕　螣蛇加子，酉乘蛇，加亥亦可。　徵，南阳。

殷　□□□　宫，汝南。

罗　或巳、或亥乘六合，加寅。　徵，豫章。

毕　丑加土，乘阴。　徵，河间。

郝　朱雀乘卯，或午加卯。　徵，太原。

邬　酉乘六合。　商，颍川。

安　寅加子。　商，武威。

常　从魁临未。　商，平原。

乐　太冲乘白虎，临寅。　角，南阳。

于　子逢破。　羽，河南。

时　胜光加土，临申。　徵，陇西。

傅　申加太冲，临旺气。　宫，清河。

皮　□□□　徵，天水。

卞　亥加午，破。　羽，齐阳。

齐　用亥。　徵，汝南。

康　申加亥、子。　商，京兆。

伍　申加戌。　羽，安定。

余　太阴乘空。　羽，下邳。

元　□□□　商，河南。

卜　□□□　羽，河西。

顾　酉加寅，乘贵①。

孟　子加丑、酉。

平　六乘午。

黄　六合加申。

和　六合加酉。

穆　卯得虎，临巳。

萧　卯。

尹　丑临空。

姚　子加六合。

邵　虎乘从魁，加卯。

湛　亥加子。

汪　子乘神后，加丑。

祁　子加卯，乘常。

毛　子乘生气。

禹

狄　戌加巳、午。

米　太常临未，卯加未，乘青。

贝　以从魁取之。

明　午乘太阴，或午加未，卯酉相加。

臧　戌加酉。

计　从魁临旬尾。

伏　申加戌、辰。

---

① 原文此后皆缺五音项。

成　戌加丁，戌乘句。

戴　戌加丑。

谈　酉乘胜光，得朱雀。

宋　寅得青龙，或寅得六合。

茅　卯加申。

庞　青龙乘辰，或辰加辰。

熊　以亥取之，谓亥有“能”也，亥加巳。

纪　六合乘巳，或卯加巳。

舒　六合乘子。

屈　辰加辰。

项　辰乘贵。

祝　寅乘常。

董　六合乘卯。

梁　子加寅，得六合，以卯为寅之羊刃。

杜　寅加丑。

阮　卯。

蓝　卯加酉。

闵　卯得青龙，或得朱雀。

席　辰乘常。

季　卯加子。

麻　勾陈加功曹。

强　申加酉，得蛇。

贾　酉加酉。

路　申乘驿马。

娄　戌加戌。

危　辰加巳，得虎。

江　亥、子。

童　青龙临丑。

颜　申乘贵。

郭　子加卯。

梅　寅乘太阴。

盛　戌加酉。

林　寅得青龙，或寅加寅，卯加卯。

刁　丑破、刑，又取“刃”意。

钟　太阴临卯，或酉加卯。

徐　从魁乘金，临败。

丘　丑乘旺气。

骆　午得青龙，临酉，值生气。

高　寅乘旺气。

夏　巳加午、未。

蔡　太冲加登明。

田　丑加丑。

樊　寅、卯加阴。

胡　亥乘太阴。

凌　子加丑，乘雀。

霍　卯加寅，卯为“雷”，寅为“佳”。

虞　酉乘虎，加亥。

万　卯加申。

支　旬首加子。

柯　青龙临未，加酉。

昝

管　六合乘寅，加酉。

卢　白虎乘丑，加酉。

莫　六合加墓。

经

房　太冲乘卯。

裘　太常乘子。

缪　卯加巳。

干　子加旬尾。

解　辰加未。

应　罡乘寅，加午。
宗　寅临小吉。
丁　朱乘旺气。
宣　寅加午。
贲　卯加酉。
邓　亥加卯。
郁　子作太阴，加卯。
单
杭　寅加辰。
洪　亥、子同位。
包　勾陈临巳。
诸　酉加午。
左　辰作空亡。
石　辰加酉。
崔　辰加寅。
吉　丑、未相加。
钮　从魁加丑。
龚　辰加巳。
程　六合乘酉，加丑。
嵇　六合作青龙，加辰。
邢　小吉临卯。
滑　亥加子。
裴　坤乘小吉，或申加子。
陆　六合加丑，逢空。
荣　亥加寅。
翁　亥加子，乘衰气。
荀　六合加旬首。
羊　未得生气。
于　坤加败金。
惠　太冲临午。

甄　申、酉加戌。

麴　酉加戌。

家　寅加亥。

封　寅加申，败木。

芮　六合临丙。

羿　子加六合。

储　虎乘酉，加午。

靳　以纯金之义取。

汲

邴　巳加卯。

糜

松　寅加乾。

井　未加未。

段

富　寅乘从魁，加丑。

巫　以天空取之。

乌　以酉取之。

焦　寅加巳。

巴　酉加乙。

弓　经巳取之，或单申。

牧　丑加朱雀。

隗　六合乘未。

山　以天罡取之。

谷　经申、酉取之。

车　太冲取卯。

侯　以申取申。

宓　寅、午逢破。

蓬　以子取之，或卯。

全　申加乾。

郗　坤加卯。

班

仰　以震取。

秋　卯加午。

仲　申临土。

伊　申加丑，临空。

宫　寅乘酉。

宁

仇　申加乾。

栾　寅、卯乘酉。

暴　巳加子。

甘　以子取，象“耳”字。

针　金临旬尾。

历　句陈乘卯，加寅。

戎　戌临旬尾。

祖　子加丑。

武　以太常乘生、旺取之。

符　六合乘申，临败木。

刘　六合乘酉，加申。

景　以午取之。

詹　子加酉，虎乘辰，加酉。

束　寅加酉，逢破。

龙　以辰取之。

叶　以卯取之，或六合乘卯，加寅。

幸　卯加午。

司　句陈、太常乘子，加酉。

韶

郜

黎　卯乘句陈，加子。

蓟　六合乘亥，加申。

薄　六合乘子，加太冲。

印　卯乘朱雀。
宿　寅加申。
白　以金取之。
怀
蒲　六合临子，加巳。
郈　太冲临酉。
从　酉加酉。
鄂　太阴临巳，加卯。
索　寅加卯。
咸　戌加酉。
籍
赖
卓　申带空亡。
蔺　六合临卯，加寅。
屠　辰加午。
蒙　六合临寅，加亥。
池　亥、子加坤。
乔　亥乘太阴，加酉。
阴　以酉取之。
鬱
胥
能
苍　六合加乾。
双　旺寅乘朱雀。
闻　卯、酉加子。
莘　卯加戌。
党　太常临酉，加乙。
翟　子加寅。
谭　旺、相临蛇。
贡　天空临酉。

劳　旺火临寅。

逢　申临会神，或朱乘申。

姬　天后临子。

申　以申取之。

扶

堵　小吉临午，或丑加午。

冉

宰　寅加戌。

鄘　旺午加卯。

雍

却　酉加卯。

璩

桑　逢寅叠木。

桂　青龙临寅。

濮　亥加天空。

牛　丑加丑。

寿　以子言之。

通

边　申作白虎，逢空。

扈　六合临酉，加巳。

燕　以寅取之。

冀　以子取之。

郏　同申加卯。

浦　亥临巽。

尚　太常临酉，坐空。

农　功曹临辰。

温　神后临午，加酉。

别　从魁乘虎，加申。

庄　六合临旺土。

晏　胜光加子。

柴　寅临死气。

瞿　旺午加寅。

阎　卯加坎。

充

慕　六合乘午，加子。

连　卯加申。

茹　六合乘子，加酉。

刁　子加午。

宦　寅乘太常。

艾　卯乘六合，临旺地。

鱼　以亥取之。

容　寅加酉。

向　以金取之。

古　旬尾得酉，加亥。

易　午乘太阴。

慎　午乘朱雀。

戈　或逢破，或乘玄武。

廖　以巳取之。

庾　天罡加申。

终　卯加亥；或卯乘朱，加子。

暨　艮带死气，加午。

居　辰加亥。

衡　太冲临亥。

步　以艮取之。

都　午加卯。

耿　子加巳、午。

满　子乘六合，加卯。

弘　巳加辰。

匡

国　酉加戌，带合。

文　以朱雀取之。
寇　以辰、戌取之。
广　辰加寅。
禄
阙
东　以卯取之。
欧
殳　以乾取之，象天故也。
沃　神后加亥。
利
蔚
越
夔
隆　卯加亥。
师　以午取之。
巩
库　辰临太冲。
聂　天后乘子，加子。
晁　午加卯。
勾　以辰取之。
敖　以戌取之，以戌为“獓”。
融
冷　亥水临金。
訾　子加酉。
辛　以戌取之。
阚　卯加子，乘朱。
那　以卯加刃取之。
简　六合乘卯，加午。
饶
空　以天空取之。

曾

母　以坤取之。

沙

乜　以乙取之。

养　未加寅。

鞠　以秋金取之。

须　子加酉。

丰　天罡加丑。

巢　申加寅、卯。

关　卯、酉相加，乘六合。

蒯　卯乘太阴，得旺气，加申。

相　寅加午。

查　寅、卯乘胜光，加坎。

后　酉加卯，乘朱。

荆　以巳取之。

红　卯乘天空，或以巳、午临丙、丁取之。

游　亥、子加申。

竺　卯加火。

权　六合加寅，乘旺酉。

逯

盖　六合乘休气，加酉。

益

桓

公　以亥取之。

以上姓氏，专责发用上，以五行衰、旺分明之，不必兼取日辰上神。

吉凶神煞喜忌歌节用煞，气用将

神煞切要细推详，如逢月德最相宜。

解神偏解凶灾祸，皇书天诏可施驰。

福星求望终须吉，天印官禄喜相随。
天喜天赦忧危散，月合逢之大主奇。
圣心营事皆和合，生气三合并奇仪。
课传年命内中见，吉存凶散定无疑！
游戏二神并二马，居人将出行人回。
复有道路将军煞，俱主程途占去来。
信煞天鸠音信至，探听还将耳目[①]猜。
太冲加临闻事实，会[②]主婚姻成不乖。
岁煞吉凶皆主速，吏神官府内中裁。
产煞生产稼穑熟，直符各以类分开。
知此寡宿并孤神，忧吉无成不用嗔。
管籥二神操纵别，谩语四废事非真。
三医共分天地日，见此三神病脱身。
金神大小煞临宫，凶将并来祸更重。
月厌月破传皆忌，男女魁罡总是凶。
急盗天煞多言速，死气死神事不通。
大小耗神财物忌，更兼诸事不成功。
伏殃灾祸应难免，枯骨凶神疾病隆。
浴盆死气丧车神，占病加来必主凶。
天符祷祝最为真，三坵五墓兼丧魄；
吊客白虎尽遭迍。更有杀神惟主疾，
更忧加季一般陈。上下丧门孝服事，
墓门坟塚动将新。哭神若见主哭泣，
女灾应是病阴人。天狱地狱畏幽囚，
天刑官府有羁留。句陈斗讼皆须忌，
天机口舌并阴谋，阴阳二杀同前看。

① 校者注：即天耳、天目。
② 校者注：即“会神”。

天罡上下岂相投？盗神三样看分明[①]。
五盗天贼有警危，游都克日须防备。
天盗亡神走失情，天坑天猴及天车；
道途多自损舟舆。台土往亡并地杀[②]，
出行莫急可舒徐。血支血忌血光嗔，
奸神奸私女非真。游魂天鬼怪异事，
地火火怪火光因。飞廉警骇非常意，
若卜行人必返轮。雷电风雨天文煞，
月符直[③]课以阴论。灭门[④]望门[⑤]主忧疑。

课　目

元首一上克其下，天地得位品物亨。
重审一下贼乎上，以臣诤君详审行。
知一上下二相克，择比而用允执中。
涉害俱比俱不此，度难归家深浅逢。
遥克神日互相克，蒿矢弹射势为轻。
昴宿四课无克遥，阴伏掩日阳转蓬。
别责无克三课备，刚三柔六九为宗。
八专二课俱无克，日阳辰阴顺逆从。
伏吟天地俱不动，乙癸有克法不同。
返吟有克往来取，井栏丑未丁己辛。
三光用神与日辰，时旺将吉万事通。
三阳日辰与用旺，日辰贵前贵顺登（四顺）。

---

① 原注：三盗，谓四时盗也。春巳，夏卯，秋酉，冬子。六甲旬盗在辰前一辰，日盗则载在直图。

② 原注：台土杀，即伏吟也；地杀，劫杀前五神是也。

③ 校者注：通“值”。

④ 原注：阴月前三位，阳月后三辰。

⑤ 原注：妄想奸淫，劫杀对冲是也。

三奇子戌寻大吉，申午辰寅子亥承。
六仪六甲旬头废，日仪午逆未顺宫。
时太发用岁月方，龙合财德最为强（天恩）。
龙得太岁与月将，天乙发用致福祥。
官爵岁月与年命，驿马魁常发用香。
富贵天乙乘旺气，日辰年命相生良。
轩盖三传午卯子，正七两月正相当。
铸印发用戌加巳，戌印巳炉绶太常。
斫轮太冲申上传，卯轮庚斧乙庚欢。
引从三传引干支，又有贵引千年言。
亨通三传遁生日，天生地生有两般。
繁昌夫妻年为用，德合旺相卦应咸（德孕、旺孕）。
荣华贵旺禄马发，干支年命吉将传。
德庆天德与月德，干支二德用为先。
合欢日上遁干合，吉将三六合用兼。
和美专言四课事，各合互合皆为欢。
斩关魁罡日辰用，重土塞门斩关行。
闭日旬尾如旬首，又有武阴逆四从（刑德）。
游子季用又乘丁，再遇天马走西东。
三交四仲来加仲，三传皆仲阴合逢。
乱首支加干克干，干加支上被克同。
赘婿支临干被克，干加支上克支通。
冲破日辰冲为用，更兼岁月破神并。
淫泆[①]后合乘卯酉，狡童泆女此中情。
芜淫三课有克取，交车克下男女争。
解离日辰互克上，年命互克亦同称。
孤寡四季之前后，如春巳孤丑寡星。
地盘为孤天盘寡，阳孤阴寡三般呈。

① 校者注：原文“佚”。

度厄三课上下克，上下相克长幼惊。

无禄四上来临下，以尊制卑臣子凶。

绝嗣四下贼乎上，小人无礼肆纵横。

迍福八迍兼五福，吉凶参驳此为名。

侵害日辰六害兼，年命发用最凶残（凌犯）。

刑伤干支三刑用，又兼本命与行年。

二烦[1]日月加四仲，斗击丑未此为言。

天祸四立绝神用，昨日之干加今干。

天狱墓作死囚用，天罡日本之宫躔[2]。

天寇分至前一日，月加离辰发用先。

天网时用俱克日，物孕有损病缠绵（罗网）。

魄化死囚带白虎，干支年用凶祸连（丧魄，飞魄，丧门）。

三阴贵逆日辰后，死囚元虎时克年（四前？逆?）。

龙战卯酉日兼用，年立卯酉事迍邅。

死奇月躔天罡用，再遇鬼墓事熬煎（死绝）。

灾厄丧吊游魂用，丘莫岁虎伏殃边。

殃咎三传克日因，神将克战乘墓真（伏殃）。

九丑子午与卯酉，配合乙戊己[3]辛壬。

鬼墓日辰鬼作墓，鬼克墓覆祸宅身（鬼呼、五坟、丧门、四煞）。

励德日辰看前后，天乙立在二八门。

盘珠岁月与日时，传课俱全此为云（即天心格、回环格）。

全局三合之课是，水火木金土中存。

元胎三传皆四孟，元中有胎名义深。

连珠连茹兼进退，间[4]传顺逆此中论（间传、撞支、撞干）。

六纯十杂兼物类，三课之说最纷纭（新故、拘捡、始终）。

---

① 校者注：原文“频”。

② 校者注：原文“缠”。

③ 校者注：原文“巳”。

④ 校者注：原文“闲”。

六壬类聚卷二

论四课

第一课，为日之阳神；第二课，为日之阴神；第三课，为辰之阳神；第四课，为辰之阴神。阳神以占出见[①]，阴神以占伏藏。总以两阳为主，而阴次之。四课全者，事正、顺而易；四课不全者，事不正、逆而难。

论日辰

日上神生日干者，百事吉。逢昼将，则人助；逢夜将，则神助。但最忌空亡，及三传空脱，则所得不偿所费。

日上神克日干者，诸般不利。逢昼将，则人害我；逢夜将，则神殃身。日干旺相犹可，休囚乃甚。

日生上神，虚费百出。

日克上神，凡事抑塞。

日上神生支辰、辰上神生日干、或日辰各受上神生者，两家顺利各有生意。

日上神克支辰、辰上神克日干、或日辰俱受上神克者，两有相伤，各俱不利。

日上神脱支辰、辰上神脱日干，主我脱他，他亦脱我，或日辰各受上神脱者，彼此防脱，乘武尤甚。

日上见辰旺、辰上见日旺、或日辰各见旺神，不利动谋，只利坐谋、坐用。

① 校者注：通“现”。

日上见禄马，主荣名迁动。

日上见辰马、辰上见日禄，君子迁官，常人身动宅迁，凡占受屈。

日辰上见德神，利于进发，乘吉将尤佳。

日辰上见六合、或见互合，主交易成就，然不利解散之事。

日辰上皆乘墓，如处云雾、昏暗中，人、宅俱不亨通。日鬼之墓，加于干上，主凶祸，凶将尤甚。如：甲、乙，丑；丙、丁，辰；戊、己，未；庚、辛，戌；壬、癸，辰。盖日鬼明见者，知其刑害，自可治之；鬼藏墓中，暗昧不明，倚草附木，借姓假名，卒不可治，讼病大忌！如课传年命中，有破墓子孙之神，庶可解凶。

日辰坐于墓上，与日辰上乘墓者不同也。盖坐墓者，是本身情愿甘受暗昧，家宅亦肯借与他人，被人作践也。

日辰上见刑、见害，宾主不投，各怀嫉妒、侵害。

日辰上逢败气，主身宅俱衰败。

日辰上值绝神，只宜结绝旧事，余占不利。

日辰上逢死神、死气，凡事宜休息，不利动作。

日辰上值空亡，虚声无实。

日上课不足，自身不足，心意焦悴，行止不定。

辰上课不足，家宅不宁，仍主阴小灾殃。

日辰上逢魁罡，凡占不自由，或逢六合发用，主隐身、避难、欺诈、私门。若乘蛇虎临日辰，或为用，定有折伤之厄。

日辰上见卯酉，为阻隔。

日临辰，被克，自取卑幼之凌犯；辰临日，而克日，卑幼上门凌犯。

日临辰而受生，以尊从卑，初虽难阻后终逸乐。

辰临日而生日，凡事不待我之求人，人自上门顺从，不劳余力。

日临辰而生辰，是人往生宅，凡事人来求我，犹曰：不得已而与之；此则情愿上门，屈枉就人，财耗人疲，虚费无得。

辰临日而脱日，主虚耗遗失之象。

日临辰而克辰，事多费力，却得其财。

辰临日而受克，尊长得财，不利卑幼。

日临辰、辰临日，俱比和，若乘吉将，凡占俱吉。

论三传

传者，传课之隐微，发课之几[①]蘖也。故课为体，传为用。传吉课凶，事终吉；传凶课吉，事少成，纵成亦无终始。

凡事之始末，系于三传。以初、中、末为次第。假令初鬼、中印、末财，便是先阻、中助、末得也。若初凶末吉，初虽艰难，终则有成。初吉末凶，初虽好，终不济。初末凶而中吉，事虽中合而无益。

初传，为发端门。乃心之所主，事之所向。须要神将比和，上下相生，为吉。若逢德禄，举事称心，事危有救。

中传，为移易门。乃事体中间[②]一段。初凶中吉，则移凶为吉。初吉中凶，则移吉为凶。母传子则顺，子传母则逆。鬼，主事坏；墓，主事止；害，为折腰，事多阻隔；破，主中辍无成；逢空，断桥折腰，主事体不成。

末传，为归计门。乃事之结果。发用在初，决事在末，最为紧切。若初传受下克贼，而末传能制其克贼，终可反凶为吉。末克初，为终来克始，远行万里，入水不溺，入火不烧，病苏灾止。若加破害，则有阻，吉凶皆不成。逢空亡，则事无结果。

初传为日之长生，末传为日之墓库，则有始无终。初传为日之墓库，末传为日之长生，则先难后易。

初传凶，中、末吉能解之。初、中凶，而末吉能解之。三传行年吉能解之。若三传行年俱凶不能解也。

三传神将，若将克神，为外战，忧轻，虽凶可解；神克将，为内战，忧重，虽吉有咎。

三传皆空，占事，了无一实。如两传空，一传实，却见天空，亦系三传空之象。如初、中空，以末传为主；中、末空，以初传为主。

三传自干上发用，传归支上者，名“朝支格”，主我去求人干事；自支上发用，传归干上者，名“朝日格”，主人来托我干事。朝日格，若神

① 校者注：通“机”。

② 校者注：原文“閒”。

吉传吉，则事易成合，不求自至；若神凶传凶，则祸起不测。谚云：闭门屋里坐，祸从天上来。占病、产、忧、讼、行人，皆忌之。如：丙寅日，干上午，三传辰巳午；壬寅日，干上戌，三传子亥戌是也。朝支格，俯就于人，不得自由。如：甲午日，干上辰，三传辰午申，甲木传于死地，行人不来，病者死。丁亥日，干上酉，三传酉亥丑，财被贵人引入绝地，不利与贵人交易，反主有厄。庚寅日，干上午，三传午辰寅，此乃支助日鬼，反害尊长。

三传不离干支，求物得，谋事遂，行人回，贼不出乡，逃不脱。

三传不离四课，号曰“如珠走盘”，谋事成，吉则吉，凶则凶，忌占病、讼、忧、产。如：辛亥日，干上酉，三传戌酉申；戊子日，干上子，三传子未寅。外庚申、甲申、庚寅、甲寅、癸酉、癸未反吟同。

三传离日远，凡事难成，惟占避难及讼灾可退。

三传日辰互换，三合递相牵连，占事翻来覆去，不易了当。外有三传三合为日干全脱、全生、全鬼、全兄弟者，俱视天将吉凶及五行制化何如。假如全鬼为凶兆，若年命日辰四处有子孙爻，则制鬼矣，故脱气要见父母，全生不可见财。

三传与日辰上下皆合紧，则不得妄动，要寻日月冲破，方可动也。然又要看三传吉凶何如，若吉则宜合不宜冲破，若凶而遇冲破，则凶散矣，却不以凶论。

三传生日百事吉，占讼轻，虽无理之讼亦不至于大凶。

三传克日者至凶，惟被冲则凶破。如癸亥日，辰加癸，三传辰未戌，初蛇、中句、末虎，是戌冲辰，虎冲蛇，以凶制凶。若行年更在戌上，则凶可散，或行年在辰，则戌一辰二，冲不能破，而辰为癸之墓，便主全凶。

三传入盗气，只宜退散，宜防失物。更加于蛇、虎、空亡之乡，主托人不得力，官事反复。

三传递生干，或递克干，吉凶详课体中。内有干克初，初克中，中克末者，求财大获，此法最验。

三传日辰全逢下贼上者，全无和气。讼必刑，病必死。占事必家法不正，自惹其害，或丑事出于堂上，以致争竞。

三传有被日辰夹定，居中者，若乘凶将，凶不可逃；乘吉将，吉乃可从。惟宜成合诸事。若占病、讼、忧、产、行人，皆不利。外有透出支干外者，只先紧后慢。更看所夹如何，若是夹财，则利求财，不利病讼；夹官，利于求官，亦不利病讼；夹脱气，利忧病，不利求财，利占孕，不利占产；夹生气，利占用事，不利占产；夹兄弟，百事不利；夹空亡，事多虚诈，枉用其心，卒无实效。如乙丑日，干上巳，三传寅卯辰；甲午日，干上卯，三传辰巳午是也。

三传有被日辰夹定，而日辰上乘空亡，谓之“遇夹不夹”，始困终亨，有名无实，过后失时，失于机密，反成差错，虽凶不至深危，有吉不成大喜。

三传有虽在日辰中间[①]，而前欠一位或后欠一位，谓之“夹定虚一格”，主有小节不完。更看所虚如何。若是日财，则因财不足，不能成事；若是官鬼，则因官事外生；若是同类，则因手足、兄弟不足，或朋友不足；若是子孙，则因卑下不足；若是父母，则长上不足，或文字不圆。更看天将之吉凶决之。假如丁卯日，干上申，三传辰巳午，欠一“未”字，“未”乃今日之脱气，为日之子孙爻，夜将朱雀，主卑下口舌文字不足，昼将句陈，主子孙旧事牵连未了。若年命填实，不在此限。

三传有透出日辰之外，名“透关格”，乃当时不时，过后失时。凡事主失时，或心力不逮，致使已成之事被人破坏。如甲子日，子加丑，三传子亥戌是也。看所透者，是鬼爻，反吉成凶，主破财；若是退茹透出者，因退之慢而有所不及；进茹透出者，因进之过反成不及；若是干透出支，不利外事，主有回还意，先动后静；支透出干，不利内事，惟宜外动。

论发用[②]

用在日上两课，主外事。用在辰上两课，主内事。

用在第一第二课，兼天乙顺行，在贵人前，不问吉凶，主事速。

用在第三第四课，兼天乙逆行，在贵人后，不问吉凶，主事迟。

用在第四课，名“蓦逢课”，凡事主于蓦然或蓦成也。

---

① 校者注：原文“閒”。

② 原注：即初传也，最为关切，故特详之。凡遇克日者为用，鲜有吉也。

用逢上克下，主卑小之灾，事从外来，利男子，利先起。

用逢下贼上，主尊长之灾，事由内起，利女子，利后应。

用逢上克下，而天盘又克天官（天官即天将也），谓之“内战”，忧重。凡事将成合被人搅扰，不足。

用逢下贼上，而天官又克用爻，名“逼迫杀”，主身不自由，受人驱策，被人抑伏，若用为日财，受此夹克，财不由己而费。

用之天官入庙，而月将居中，克天官地盘，谓之“隔将隔断”，难合。

用作日财，主求财；用作日鬼，主事发不利；用作日之脱气，主子孙卑幼事；用作日之同类，主兄弟、朋友事；用作日印，宜求望。

用长生，凡谋大遂。用长生临墓，旧事再发。

用败死，事必毁坏。

用墓，事缓。占病，死；占物，在；占人，归；占旧凶事，止而不发。

用绝，事了。人来，信至。

用刑冲，破坏。凡事阻隔，虽得亦主倾覆。

用空亡，忧喜皆不成，谋事出旬，托人多诈，做事不实。

用克日，宜忧身，或长上官讼；克辰，家宅不宁；克时，心动惊忧；克末传，有头无尾，先易后难。

用克命，如系财临本命，只利求财。

用克行年，求事难遂。

用乘天驿二马，主动。如克日辰，防损手足，并忌乘马、登舟。

用逢月厌，作事不成。

用逢丧吊，事干有服之人。

用入庙，乐喜事愈喜，虽凶将，若在本家，凶事亦不为灾。

用逢旺相气，主吉；休，主疾病；囚，主官刑；死，主丧祸。其大概也，宜看其生我比和，则旺相为宜；克我盗我，则休囚不忌。

论占时

占时者，乃人之神机，符合自然，激发祸福之源，推测吉凶之首。故三传非时不发，月将非时不加，时与用俱不可伤。如甲乙日，金时；戊己日，木时；庚辛日，火时；壬癸日，土时；丙丁日，水时。皆时克日也。若用又助之，谋事皆凶。所谓：天网四张，万物尽伤矣。故地下正时为先锋门；天上正时为直事门。凡占一课便须于正时著意推详。如：金日，得寅卯时，为日财，先锋门便是为求财事；而正时所乘天盘将，白虎为道路，则直事门便是往来出入求财也。再看发用旺相为新财，休囚为旧财。又如：时为日马，定主出入；若马为日财，主因财出入；发用乘休气，主紧速、疾病；若时为日马带鬼，或紧速官事，往来衙门；时为日德、日禄、日贵、日官、日鬼、日兄弟、子孙，或为日之刑、冲、破、害、墓、绝，各随其事而决之。

论太岁

太岁，乃五行之标，岁功之本，上主天庭之事。作贵人，不必入传，皆为救助。公讼主得贵人力，惟不救病。如入传而为日鬼者，凶甚。月建次之。故太岁在传，主一年凶吉之事。如：今年子，或传亥子丑，定是隔年旧事；或戌亥子，是二三年前事。若月建在传，则二三月事。行年上见太岁，即尽今年一年事。

初见太岁，中、末月建或日辰，谓之，移远就近，以缓为速。

太岁生我最吉，合我次吉，我生亦吉。或贵人扶我，发用为我。故太岁克我虽凶，若有救神尚可免也。惟我克太岁主凶甚，小事反为大事。故日干年命上神最不宜克犯太岁，凶祸甚大。

太岁乘天乙相生，吉庆非常，惟君子可以当之，加官进禄；常人反凶。若太岁克日，名“太岁下堂”，君子常人俱主灾孝。

太岁临辰上克辰，家长不安。岁破加于月破作吉将，犹可；作凶将，必凶。岁破月破加于日辰，破财耗失。

论月将

月将，太阳也。幽明之司，动静之机，祸福之柄。若入传，为福不浅。月建运天道而左旋，月将禀天道而右转。是以左为天关，右为地轴。

占病见之为救神，他占为天心临日，主动。乘天乙发用，为龙德，当有天恩之喜。

论年命

命为身之应，所占与日干同也。大要不得与岁月日上神相伤，宜全与日及类神相生德合。

年为用之助。大要不得与日、与用相伤。克日为不及，克用事不成。故年命上见财，问财必吉，逢鬼主讼病，逢父母、兄弟、子孙，俱依法推详。

年命上神，与太岁相刑，常人主官府忧疑等事。若逢太岁乘天乙，君子有天庭文书恩泽之喜，或主横发得官。

年命上见月将，大能除一切凶祸。

年命上逢辰戌，作凶将，凡事不利。

年命上见二马，主迁官奉诏。若见破、句为用，主疑惑，无定向。

年命上见天喜，又乘吉将，百事俱吉。

年命上见月厌作死气，主有冤家人鬼相逼；见血忌，车马惊恐。

年命上见凶将，乘传送，主疾病服药；乘登明，主水死。

贵人临年命，非常喜庆；若贵人克年命，主有官事。螣蛇临年命，有非常疑滞；白虎，主斗狠。克年命者灾，乘死气，不出一月之病，不过四十九日即死。乘金煞者，尤凶。乘生气，克年命，有传尸痨瘵之疾。丧门、吊客、病符在年命者，凶。

论来情

凡占来情，须详正时与发用。正时与日生、克、刑、冲、破、害、比、合，以定所占之事；以发用之旺、相、休、死定事之吉凶，并事之过去、未来、现在也。时为日冲，主占动摇或被人相犯事。

时与日同，主占出入迟滞或外人暗损财帛事。

时与日生，迭为恩泽。时生日，主占得人之惠；日生时，主占我惠于人。

时为日马，若临日上，主占远行、动移事。若临辰上，主占家宅动移事。

时为日禄，主占干求禄位，或动用进身事。

时为日德，主占蒙赏赐事。

时为日贵，主占干谒贵人事，或占与贵人干事之兆。

时为日空，主占求谋不成或占赚财失脱事。

时为日劫杀，主占急速事或占贼盗劫掠事。

时为日刑，亦主占急速事或占刑克官忧等事。

时为日害，主占损害自己，灾祸不测事。

时为日鬼，主占鬼贼相犯或占灾病失脱事。

时为日墓，主占被人蒙昧或占争夺田土坟墓等事。逢旺相为田土，逢休囚死为坟墓。

时为日破，主占破财、走失、破败等事。

以上诸项，再以发用之旺、相、休、囚、死详其过去、未来、现在，以决吉凶，而来意可得矣。

若同时有众人来占，则各以来方上神决之。如东方来者，以卯上神；西方来者，决以酉上神之类……如来方不真，则以坐位上神决之。如坐位不正，则以其人本命上神决之。

时与日合，主占和合事，或占出外求财和合，或占远行，或占外有喜信等事。

论应期

大都事端之吉凶起处，专看发用；而吉之成、合与凶之究竟、散、期皆决于末传。如春占，发用见寅、卯，主事在即近；见巳、午，主事在方来。

用起太岁，则吉凶应在岁内。用起月建，应在月内。用起日干，应在即日。用起日支，亦应在即日。用起旬首，应在一旬。若非旬首，即当从本日支，次第推之。如：丑日，用起于寅，则应在第二日。用起于卯，则应在第三日。递而推之可也。

二十四气，每一气管十五日。占日，若得交气之日支发用，则应在本气日内。如：初二日丙子立春，初六日庚辰占课，以巳加庚发用，将得勾陈，主争田宅、斗讼，在十六日庚寅以前应之。又：一气分三候，共七十二候，每候五日，以立春为始，如发用在每候之头一日，则应在本候五日之内。如发用在立春、立夏、立秋、立冬之日，则应在一季之内。如用起正时，则应在本时（此系事无吉凶，乃平常之占，而取其应期也）。

一法，以用神之上下为月期，以占日爱恶之神为日期，吉课以占日生我者为爱神，凶课以占日克我者为恶神。如吉课：戊己日占，以卯加辰为用，则月期在二月，以二月建卯故也。不在二月当在三月，以卯加辰故也。其日期宜在丙丁之日，以丙丁能生戊己。此即以占日之爱神为日期也。又如凶课：甲乙日占，以巳加申为用，则月期在四月，以四月建巳故也。若四月不应，当在七月，以巳加申故也。其日期则在庚辛之日，以庚辛能克甲乙。此即以占日之恶神为日期也（此系事之吉凶未见，而先定其应期也）。

末传为结局之期。占凶事，以末传之冲处为散期；占吉事，以末传之合处为成期。然又当看旺、相、休、囚之气而变通之（此系事之吉凶已见，而定其结局之应期也）。

又一法，以用起阳神，取其绝日为验；用起阴神，取其墓日为验（此系凡占结绝事情，皆用此法以取应期也）。三合课，各以墓为期。如三合少一字，则以少一字为期。如：寅午戌课，中有寅午无戌，又见天空，直候至戌月戌日方可成就。又如间[①]传课，名“折腰三合”，待中传对冲之神为克应之日。谓之“虚一待用”。若看远期，当于太岁上之天神详之。如：正月占课，以巳加太岁之上，则事在四月，为未来；以亥加太岁之上，则事在去年十月，为过去（此占过去、未来之事也）。

论类神

占课有三要：一用神，二类神，三日上神，俱宜详看。而类神更为事类最要。如求官、病、讼，责官鬼、龙、常、白虎；求名，责文书及龙、

① 校者注：原文“間”。

雀；求财，责财星及青龙；求婚，责天后；谒见，责贵人；求雨，责青龙；求晴，责天空；文字，责朱雀；衣服、饮食，责太常；田土，责句陈；道路，责白虎……如此等类。要入课传之内，旺相不空，与日辰德、合、相生，求谋方得有济。若入课传而刑克日辰年命，更乘旺相，立见倾败，谋亦无成。如无气而为日鬼，亦凶。或不入课传，谓之：类在闲地。若又值无气，或作空亡，乃曰：无类难成。凡有所求皆宜退吉。故类神入局者，主事速；不入局，而有气者，主事远；无气者，主事缓。凡类神得在课传年命者，俱作入局论。即不入局，亦当以所占之事类决之。如：占失脱，虽玄武不入局，但求玄武所居之地，看其生、克、刑、合、喜、畏，以决其方所、色目，自无不验。

凡类神，用阳，宜看其大象；用阴，当察其隐微。阳者，类神所乘之神也；阴者，类神传出之神也。如：类神乘申加午，则午上所乘之申为阳，以申上所乘之戌为阴。故捕盗以玄武为类神，然必求玄武所传出之阴神，而盗之捕捉乃见。又如：访人，必求日德之阴神，而彼人之短长乃识；求妻，必看天后之阴神，而此女之情性乃知；求财，必看青龙之阴神，而财之得失乃验。

论主事

主事神者，三传之中一阳二阴，则阳主事，次传果决；一阴二阳，则阴主事，末传果决；三传俱阳，则日上神主事，次传果决；三传俱阴，则辰上神主事，末传果决。俱宜详其神杀之衰旺而言之。

论遁干

课传皆支神出见[①]，而遁干之为吉凶伏藏。最宜兼看。然遁法有二：有旬遁，有五子元遁。

甲为数之始，冠万物以为尊。占者，多主革故鼎新，重谋别用。

① 校者注：通“现”。

乙为日精，丙为月精，乙丙所至，妖邪伏匿，凶恶潜藏。故婚姻得之而成，家宅得之而宁，盗贼得之而倾。大抵利明不利暗，利正不利邪。

丁为玉女，为星精。能变化，能飞腾，能通灵。故逃亡得之而远遁，盗贼得之而潜身，婚姻得之而奸淫、密成，病讼得之而幽暗难伸。大抵利暗不利明。又云：丁主动，乘蛇马则行，乘虎常则服忧，乘阴后则女人走，乘天空则奴婢逃，乘玄武则贼遁，乘朱雀则信来，乘句陈则远兵动，乘青龙则万里腾，乘六合则子孙远行。

戊为阴伏、隐遁之象，最利逃亡、远行。

己为六阴之首而宜静。

庚辛主肃杀之气，亦不宜动，动则必见死伤。惟占盗财、渔猎则必获。

壬者，天一生水，为五行之始，位乎乾为八卦之始。故易以乾为首，课以壬为名。此万物之祖，动之根也。占者观其动机，而萌芽见矣。

癸数之终，效天地以为静，可以隐遁，可以伏藏。

论指斗

斗即天罡也。凡课传皆视天罡所指，罡在日辰之前，其为灾已过。在日辰之后，其为灾将至。加日辰之上，其为灾正发。加孟，为二亲；加仲，为己身、为兄弟；加季，为妻妾奴婢、为财物。凡占来意，多用此法。

凡类占，除重类神之外，俱另有一法——视天罡所指为吉凶。

天罡加子为天关，加午为地关，加卯为天格，加酉为地格。凡遇天关格，必因天时所阻，或遇寒暑雨雪而阻，遇地关格，必因道路所阻，或逢津渡江河而阻。更以刑害、天官之消息言之。

论旬丁

凡课传逢丁神，必主有动。惟庚辛日为凶动，壬癸日为财动。凶动主官司句[①]连，或因亲戚在外逃亡，动而别往他方。若支上逢丁更带火鬼，主宅有火灾，其余干逢丁乘虎，主凶动尤急。庚午、辛未日，卯是丁，必因妻财凶动。庚辰、辛巳日，丑是丁，必因田、墓凶动。逢旺、相为田，逢囚、死为墓。庚寅、辛卯日，亥是丁，必因子息凶动。庚子、辛丑日，酉是丁，必因己身、或因兄弟凶动。庚日主兄弟，辛日主己身及禄动。庚戌、辛亥日，未是丁，必因父母、尊长凶动。庚申、辛酉日，巳是丁，必因官鬼凶动。庚日主鬼，辛日主官。财动者或有妻妾之喜或为远方封寄财物之象。壬申、癸酉日，卯是丁，必因子息财动。壬午、癸未日，丑是丁，必因官鬼财动。壬辰、癸巳日，亥是丁，必因己身及兄弟财动。壬寅、癸卯日，酉是丁，必因父母、长上财动。壬子、癸丑日，未是丁，必因官鬼财动。壬戌、癸亥日，巳是丁，必因妻妾财动。又如癸丑日，日上未乘丁，为发用，其财却不可妄取，盖三传皆日鬼，如刀上蜜也。

论旬空

凡天盘作空，是转动则实，乃游行空。吉凶事常主七八分。凡地盘作空，乃落地空。吉凶事常主十分。凡吉将吉神生益我者，皆不宜空。凶将凶神贼害我者，皆喜其空。惟太岁月建月将行年本命皆不论空。惟占时值空，主事不成。又日干不论地盘空，而天盘仍以空论。如：甲子旬中，壬申日，壬课在亥，而地盘亥上不作空论，惟天盘之亥为日禄仍以空论也。

论显晦

类神入课传，为显，入年命次之。课传年命俱不入，为晦。各随所宜，详其吉凶。有宜显不宜晦者，如问官，责官星；问财，责财神等是也。有宜晦不宜显者，如问病，责虎、鬼；问讼，责朱雀等是也。

---

① 校者注：通“勾”。

论虚实

旬空主虚，旬首主实。火神临日辰发用主虚，水神临日辰发用主半虚半实，惟金木土神临日辰发用主全实。

论向背

向背以地盘而言也。吉神得地为向，不得地为背。大端天上神所临之地，不宜陷空、不宜入墓、不宜受克制刑冲破害。惟得党得照，方为有情，方为向我。然其中有正有变。如生我者为恩主，我生者为救神，克我者为鬼贼，我克者为财星，此其正也。惟变而通之，则有见生不生不如无生者。如：木日水为生，若水居旺金之上，水自恋生，不来生我；水居旺土之上，水自受制，不能生我，纵日辰行年上见之，亦不能生我；若水临空亡，其凶反甚。占父母上人之病，主不救；占干求官长，亦主徒然。有见克不克不如从贼者。如：木日金为鬼，若金居旺土之上，金自恋生不来克我；金居旺火之上，金自受克不能克我；金若陷空，亦不能克我。有见财不财枉费心怀者。如：木日土为财，若土居申酉之上，为财入鬼乡，不可取也，且居申酉脱气之上，反有所费。土若居空，亦主不吉。有见救不救灾须受者。如：木日见金，得火为救。若火立旺水之上，火自受克不能救我。火立旺木之上，亦自恋生不能为救，反能为灾。若立空亡，无能制鬼，亦不为救。如不见鬼，而有救神，反能为盗也，亦不为吉。有见盗不盗本根无耗者。如：木日见火，立水上，火已受克；若坐空亡，火自无力，皆不能为盗反为吉也。此等凶中有吉，吉中有凶，占宜详究。

凡传课见父母忧子孙；见兄弟忧妻财；见子孙忧官禄；见妻财忧父母。理固然也。不知财虽入传，或三传纯财，而日辰年命上无父母爻，未可便言父母有灾。惟日辰年命上先有父母爻，而后传财，方可言父母上人有灾，或求财有防生计，或有妻妾悖逆翁姑。若日上乘官鬼能生父母盗其财爻，而父母反无咎矣。又如传见父母，而日辰年命上见兄弟，则子孙无忧。又如传见子孙，而财临日辰，则子孙受泄，惟主迁官应试，占讼有罪，问病难苏。又如传见官鬼，而父母临干，则己身及兄弟无忧。又如传见兄弟，而子孙临干，则子孙受生，兄弟受泄，而妻反无恙，则益丰盈矣。

论进退

传进为进，传退为退，进空宜[1]退，退空宜进。又观三传，吉则宜进，凶则宜退。

论存亡

占人得生旺为存，死墓为亡。若问人，不知存亡，专视白虎，克辰上神则亡，不克则存。若占久出之人，行年临孟则存，临仲则病，临季则亡矣。

论男女

纯阳主男，纯阴主女。一阳二阴主男，一阴二阳主女。阳神临阳位主男，阴神临阴位主女。贵螣雀句龙虎为阳将，后阴合空常玄为阴将。

论老少

看发用所临之地，临孟为少，临仲为壮，临季为老。又看其有气为少，无气为老。

论新故

旺相加日辰上主新，休囚加日辰上主故。日上旺相，辰上休囚主新故

① 校者注：原文“官”。

相半。

一法：日上见（天罡）主新，见大吉主故。

一法：刚日用阳主新，用阴主故；柔日用阴主新，用阳主故。

一法：如甲日占，则甲木生亥墓未，以亥加甲为生，主新；未加甲为墓，主故。此以本干之生墓论新故，乃刚日之占法也。又如乙日，则乙德在庚，庚金生巳墓丑，以巳加干主新；丑加干主故。此以干德之生墓论新故，乃柔日之占法也。

论贵贱

旺气为贵，衰气为贱。天乙为贵，螣蛇为贱。太岁至尊并月建为官长，皆旺气也，然得地为贵，败绝空亡为贱。贵人坐印为有禄是贵，败绝空亡是贱。坐印：如甲子日，以乙丑为贵，丑加申见壬申，壬为甲之印，故为坐印，乃有禄之人也。又如甲子日，以辛未为贵，未加辰见戊辰为坐印，然戊能生辛克日是有禄之人来害我也。又如庚寅日，见丙戌，丙为庚之杀，乃贵也，戌临亥，为火绝于亥，是贫穷人来害我也。

论亲疏

与日辰三六合者为亲人，不合者为疏。

生日干者，为父母。如：甲乙日，以子为父，亥为母，壬癸为外翁姑，午为子，巳为女，丙丁为外孙，寅为伯，为兄，卯为叔，为弟，甲为姊，乙为妹，辰戌丑未为妻妾。

日干所克者，为正妻。如甲乙见土，丙丁见金，戊己见水，庚辛见木，壬癸见火是也。以日干之墓神为妾。如甲乙见未，丙丁见戌，庚辛见丑，戊己壬癸日见辰是也。

妻前一位为媒人。如己为甲妻，则己前庚与申为媒。乙为庚妻，则乙前丙与巳为媒。辛为丙妻，则辛前壬与亥为媒。丁为壬妻，则丁前戊与巳[①]为媒。癸为戊妻，则癸前甲与寅为媒。

日干所克之干神为奴婢。如甲乙日戊己，丙丁日庚辛之类。总之，干[②]属外，支属内。故外翁姑、外甥皆以干言也。

媒辰之所合者为亲家。如申为媒，则卯为亲家，乙庚合也。巳为媒，则戌为亲家，丙辛合也。亥为媒，则未为亲家，丁壬合也。寅为媒，则未为亲家，甲己合也。

子日见亥，寅日见卯，日辰同气者为本家人，子见丑，丑见寅之类为邻人。

论左右

支左为左，支右为右。如日支以子为宅，则丑为左，亥为右，以午为对邻。看其与日干或与日上神比和生合者，为顺；刑克者，主不睦。

假如左右上神自克其下，或作空亡，则其邻衰替；若乘火鬼克战，则其邻必有火灾；若乘白虎死气，必主死丧；乘朱雀，必主口舌；乘玄武，必主盗失；乘勾索死气，白蛇相克，必主吊死之类。

论高下

有气为高，无气为低。如辰为陵墓有气为高坂是也。日上发用为高，辰上发用为低。如占失物，值日上发用，则物藏高处；值辰上发用，则物藏低处。

论十二天官天地盘纳音生克

两火一金，金被销烁。二水一火，火乃灭光。如：贵人是乙丑金，下临乙亥火，火欲克金，有水为救，虽有克不为忧。若是辛未土，下临癸酉

① 校者注：疑为“申”之误。
② 校者注：原文缺字，校补为“干”字。

金，金土相生，此吉兆也。又如：壬寅金，下临甲辰火，火乃克金，若得丙午水为救神，则灾消殃散矣。十二天官以此推之。

次客筹例（换日不换将）

阴神前五合　阳日后三官

如甲子日十客来占课例

初客（即以本课断之）

次客（即以甲日用辛为官，从子逆数至酉得辛酉，即以辛酉日断之，乃阳日后三官之谓）

二客（辛以丙为合，从酉顺数至寅，用丙寅日断，即阴神前五合之谓）

三客（丙后三官为鬼[①]，取癸亥日断）

四客（癸前五合为戊，取戊辰日断）

五客（戊后三官为乙，取乙丑日断）

六客（乙前五合为庚，取庚午日断）

七客（庚后三官为丁，取丁卯日断）

八客（丁前五合为壬，取壬申日断）

九客（壬后三官为己，取己巳日断）

十客（己前五合为甲，取甲戌日断）

年命不同，则一课可断数人事。若逢年命同者，方用此换日之法。

---

① 校者注：疑为“癸”之误。

十二月将加地盘十二宫总图式（附表1-12）

亥加申

乘龙为楼台，加申，阳日为足。

云卷过空　沟道

亥加未

阴日为足，亥卯未日为头，玄临日为头。

白虹贯日　从X①

登

亥加午

主心疼。亥卯未日溺死，子日亦然。乘龙合，为水。乘合，为不合。

明

浮云蔽月　太庙

亥加巳

乘空，巳日占，主厕畔有遗亡埋此处，逃亡在此，井灶祟。巳为管籥。乘空，土坑。临巳为厕。乘合为不合，为面。巳加亥亦是面。

捕司

亥加酉

乘玄，逃亡，盗贼，为醉人，为麦。

青云有路　寺塔

亥加戌

牢狱，僧，贼，为厕。

塞马嘶风　水潭

亥，水神也。雨水后则躔娵訾之次，为正月将，玄武之家。壬寄于上，木③生于下。宫为双鱼。宿，危十三度过亥。危有十五度，室十度，壁九度，奎初度。分野：卫、并州。虚危：济南、登州、莱州；危室：东昌；室壁：大名、彰德、卫辉、怀庆。音角，味咸，数四。地，为江湖、大川、冲梁、渡口、禁卫、近君之所、楼阁、仓廪、敦台、困厕、狱厩。又为天柱、天门。神，真武。宅，厕祟及溺水鬼。事，征召、皇恩、功德、贡献、阴私、奸谋、盗溺、亡夫、哭泣、死丧。人，尚书、卿、运使、大夫、玄士、上客、盗贼、小儿、乞丐、娼妇、幼子、将军、醉人。天，雨师，又鬼神、天马、天耳。身，头目、阴囊④、膀胱、肾脏。形，身材短小、额大鼻高、眼斜、青、丑、坏头。病，脾病、X瘟、泻痢、疝。生物：猪、熊、貐。用物：水器、灯台（加卯，乃为灯台）、匙钥、槽杵、床、帐幕、笔墨、文章、图画、幞头、杖笠、伞覆、圆环。土物，莲藕、芡菱、梅花、葫芦。食物，盐、酱醋、鱼、酢、麦、大小豆。姓，杨朱鲁卫干房季（寅卯加）壬（丑未加）邓范（六合加）冯（寅乘巳午加亥）。凡水旁字样。亥加年命上，为泻；巳酉丑日，为亡⑤失。五音山向，以亥为天柱，乘常，主廪禄。盖太常为谷粟之神之家，未与亥三合。乘玄，主盗贼，入室故也。乘白，主伤人。亥是木之父母，虎作木鬼故也。乘合，为小儿，木到亥上方生。乘蛇，主哀哭。太乙，丧车杀。与蛇同。若丙日占之更的。乘句，主狱。若甲壬癸三日，有战，主吏嗔；戊庚二日与神和不妨。乘空，主猪秽。乘后，主溺死。乘朱，主管籥。盖四孟位为籥神所居之地。占讼，得放之象。甲乙日为母，庚辛日为子。用变，甲乙日作空临亥，为哭泣；乘白临刑克之地为小儿灾患；作太阴必奸邪；作后玄为奸神。

亥加辰

乘龙，居近庙；雀合，小儿哭泣；朱，科场获②题目为哭。

船行风横　卦铺

亥加卯

为失舟楫。乘合亦是。朱，主信息至，为灯台。乙，为稍子。

过渡无舟　寺院

花谢再生，合加亥卯为用，看天盘。

亥加亥

乘白，刑克日，小儿灾；句，水道不通，疾痢便塞；龙，入水求财；朱，公讼得放；乙登天门，作三事，定得贵人征召；朱XX临亥，为云雾露；玄，为乞丐，鬼神。

亥加子

乘白，披⑥麻孝服；阴，主阴私；常，朋友，宴会；玄，逃亡，盗贼，贼从楼上垂绳而下，或跨屋逾垣而来，壬癸日是水贼，丙丁日是陆贼。又主妇女逃亡。

春冰遇水　深院

亥加丑

为阁。养猪栏。主丘墟。为肠泻。

官员宅

亥加寅

居近楼台。乘龙常，近寺观；句白，近神庙之街；龙为宫殿；作乙，亦是；不作乙，为楼；乘玄，盗，临天马，为马；合，为阁。

六神藏没　溪边　古木

---

① 校者注：原文字迹模糊，无法辨认者，以“X”代之，下同，不赘。　② 校者注：原文字迹模糊。　③ 校者注：原文“水”。

④ 校者注：原文字迹模糊。　⑤ 校者注：原文“乙”。　⑥ 校者注：原文字迹模糊。据文意校补。

戌加申

为军人。作句，临申酉，为石，为妇人、僧尼，为兵士，申戌相加。

习画

戌加酉

酉日占，小人遗亡。乘合，十月内仆走。乘后，丙日占，为君子、长者。乘玄，主盗贼杀人。酉戌相加，为奴婢事。若乘空阴，尤的。作句，临申酉，为石。

邻

戌加戌

为犬为奴。问行，勿出大路。乘龙，为都官。凡言官位，火主部辖之权。六丙日，后临戌，乃是官星，利君子之占，故长者，利见大人。戌为溪岸、田塍，坵墟，为阴雪。

吏舍

戌加亥

戌日占，主父有病。又为军人。乘蛇，为豺狼犬怪，土日占，主怪事。春占，为胎姻之喜。

塞马嘶风　吏宅

戌加未

乘朱，主犬吠人。为寡妇。主进财。

河

路未亨通　仓库

戌加午

为马。乘常，主印绶。乘合，其人居处必在巷陌危险处，或图巷陌事。作蛇，加巳午为窑冶。

魁

学舍　庙

戌，土神也。春分后，躔降娄之次。为二月将，古之狱吏神也。天空之象。辛寄其上，火墓其下。宫，白羊。宿，奎二度过戌。奎十七度，娄十度，胃初度至三度止。分野：鲁、徐州。奎娄，兖州；胃，顺德、广平。音，羽。味，甘。数，五。地，为高山、垒土、石灰、堆粪之所、近门处、城垣、台阁、武库、营寨、坟墓、牢狱、茶坊、虚堂、仆室、方巢。神，为地户、土皇、计都、兵神、厌神、作玄白为兵死鬼。事，为阴私、狱讼、聚众、欺凌、杀伤、咒诅、虚诈、印绶及奴婢逃亡。若逢发用，旧事重新之象。又主虚耗。人，为都官，主司狱吏、僧道、军屠、猎户、仆从、巡军、囚奴、舅翁、妹、贫丐（作玄）、强盗（作虎克辰）。身，为命门、踝足腿臂发。加年命，足病。形，身长脸丑、头尖身太、胡须。疾，为金疮、齿肿、渴吐、炎热。生物，为犬獒豺狼。用物，为印绶、作雀为朝服、火炉、砖瓦、石臼、锹锄枪铲锁匙、数珠、鞋履、枷杻。谷，为稻谷、葫芦、田丝。姓，魏王鲁徐娄倪。凡土旁、足偏、犬旁、戈旁。与酉俱主鬼。病，胸膈胀闷、下痢、吐泻。X邵X周成郑阳日用戌。河魁主印，常主绶，戌作常乃曰印绶。朱为文书，雀火墓戌。凡言讼，主其吏也。戌凶神，白凶将。若壬癸日占，天乙逆治，戌作虎克日，名垒土煞，病者必死。句为土神，戌为集众，二神将并，主攒集会众之事。玄奴，阴婢。二将临戌名阴空同位，主奴婢非逃即盗。蛇临戌，主犬豺狼之怪。春占，有三等：辰戌丑未日，为天狗煞；戌日，为月厌煞；甲乙寅卯日，为天喜。三者须各详之。又：戊己辰戌丑未日，遇戌蛇，多主怪事。若甲乙寅卯日，戌乘吉将，多主婚姻、生产、喜吉之事。用变：寅日寅传，乘白朱，为官讼、勾呼之事。若乘句，为官吏、逻卒之事。作白临鬼，为犬怪登屋。作白发用，为墓。作句，随类之事。作空玄，主亡奴。作贵见句，随类有争。作玄临刑，为枷钮。加四季，为众。为监司（加月建），为都辖（加太岁），为官长（作朱加日辰），为兵士（戌加申）。

戌加子

乘空，主分娩。

豺狼遇猫　军房

戌加丑

乘玄，小肠疾。家有兽头，见死亡。六畜，不损必失。

军灶

戌加巳

为军人。乘白，克日，主死丧。遇壬癸日，尤的。作蛇，加巳午为窑冶。巳亥日，戌加巳，主灶厕相连。

X食

戌加辰

乘空，主奴不良，逃而且盗。加辰值辰日，主争讼叠起。作句临辰，为狱。

紫燕离巢　教场

戌加卯

占行人，主信至。乘合，十月内仆走。乘朱，刑日，主犬吠人。作玄，临卯，为枷杻。加卯受制，为妻妾。乘合，为德合。

彩凤飞云　军营

戌加寅

为吏，为军人。乘句，主攒丁会众事。乘合，奸丑、不明、奴婢逃走。作玄，为神。

犬房

酉加申

申日占，主道路信息事。五六月占必是小麦事。乘后为九江。加日辰、三传，主有赦。加岁月尤的。乘雀主刀损，杖决十五。作合临寅申为妮宠。

有望无危　吏房

酉加未

乘后、阴主妇人事。乘常妇女望恩泽事。作常为乐妓。

从

飞[1]雁衔芦　酒店

酉加午

主鸡啄人。乘空，奴折腰，为宠婢登堂。乘合，为必主淫乱。

魁

少凤生雏　铜铁店

酉加巳

乘空，奴折腰。乘龙，居近庙。乘蛇，旦作鸟怪，暮作鸡怪。为海。

凤栖梧桐　厨门

酉加酉[5]

乘贵，旺相则赏赐，囚死则嗔责。占讼，则发枷杻。雀加酉主解散。甲日，青[6]龙值事，克句，而句之子乃酉，反来克甲，故为解散。戊庚日合而无战，亦主散。壬癸日，被句克，却得句之子酉金相生，谓之无恩解散。巳酉相加为配。

太阴会白虎名舟楫川济　小巷

酉加戌

乘空，奴婢欺诈、求谋。又小人间隔。乘白，主犬上屋。戊庚日刀伤足。加戌，为霜，主鸦鸣。

密云不雨　浴室

酉加亥

乘阴，主家有患眼人。又为玉。

青云有路　酒楼

酉，金神也。谷雨后，日躔大梁之次。为三月将。古之巫女也。正禄不受所寄。乃日入之门，太阴之象。为水母、阴雨。宫：金牛。宿：胃四度过酉。胃十五度，昴十度，毕初度至六度。分野：赵、冀州。胃，顺德、广平；昴毕，真定、大同。音：角。味：辛。数：六。地：为水泽、远边、街巷、碑碣、门户、石柱之所、钟楼、鸡栏、庙内、私门、尼舍、婢仓、囷、银店、后门、酒房、酒肆、妓馆。神：为五道神。祟：为婢贵。事：为官禄、赏赐解发、婢妾阴私、声叫书信。人：为陈官、领兵吏、阴贵人、亲客、娼妓、尼姑、婢女、金玉匠、卖酒人、少女、卜筮、中丞、姨女（天空休衰）、外妾、婢妾（作阴加日辰，主妾为妻）、小奴（作空）、妮[2]（作合加申）、边兵（作白加孟）、孝服（作白，主甲乙日孝服至）。身：为口、耳窍、皮毛、小肠、精血、目、爪骨、唇舌、肺、阴户。形：方、面白、性刚。疾：为积、带下、精伤骨劳、瘵、目疾（作蛇朱）、赤眼（丙丁加之）、为刀伤（加年刑命）。生物：为鸡、鸭、鸽、鸠、鹑、鸟。用物：为金、银、钗、钏、钱、珠、铜、铁、刀、剑、瓶、罐、玉石、印信、镜、铝镰、水银、巾、X、皮革、毡条、刀鞘、锁、剪刀、针、钟。食物：酒浆、X、小麦面、醋、X、菜食、姜蒜。姓：赵、金、乐、石、刘（卯加酉）、关[3]（卯酉加合）、郑（贵人加之）、程吕（俱太阳加之）、梁、余、曹、尹、范（从革卦）、周（加巳）、姜（加辰）。凡金旁、口耳旁、双立人旁、鬼旁。

巳午加酉为雪。虎临从魁，旺相为金玉，囚死为刀。若龙发用，金木相克，事有始终。六辛日，太阴主事，旺相为金玉，囚死为刀，及屠戮事。丙丁日，阴加酉，乃钱也。如甲戊庚三日，螣蛇乘太阴不能为钱也。甲日，春古，太阴囚，主奴妾有私事；戊日，则太阴相气，金土相生，两阴相会，主婚姻事；庚日，太阴旺气，主金帛事。空为奴，魁为婢。二者相邻，故通言奴婢。私通者，六合主之。合是私门，表里阴私也。

用变：居白虎下，防屋宇有损。其家有患口疮或恶疾。又作日鬼，并蛇虎带煞，有破镜作祟。作白，临旺，为赏赐。作寅，临休衰，为媵婢。加奸门，为阴私。临旺相，为少女。作阴，加三合，为钱。酉加空亡，眼目有疾。作龙合，目斜。酉作朱，主喧聒。克[4]甲乙日，主争斗。

酉加辰

乘朱，主家兴多嘴之物。白，所临处，屋室有损。主人患口疮。

畜场

酉加卯

乘句，占病必死。加卯酉且乘空带火煞被人泼粪。加卯为麦。作常加卯未上，乐妓。主鸦鸣。

榻房

酉加寅

作常，临寅为铜铅。作合，临寅申为妮宠。作句，加寅卯上为麦，宜结绝旧事。

猛虎陷阱　竹木

酉加子

乘常，壬癸日主麦苗秀。甲日克木，未熟先损。戊日主坚刚多实而粒小。作阴为玉。加子为霖雨，为江，为老婢，为水边，为孀妇。

覆水难收　僧[7]房

酉加丑

乘阴，主财物事。丑日、加丑，主钱物事。乘阴尤的。为老婢。

花园

① 校者注：原文字迹模糊。　② 校者注：原文“尼”。　③ 校者注：原文“闵”。　④ 校者注：疑为衍文。

⑤ 校者注：原文“戌”。　⑥ 校者注：原文“清”。　⑦ 校者注：原文不明。

申加申

乘龙蛇，子孙惊恐。乘单申作白，猎人。加午，戊己日，大麦。乙，单加申，主田园、赋税。合，单加申，主交易、市贾。壬癸日，女人交易，或是媒礼之事。丙丁日，男子交易，牙侩与宫置买卖事。

燕子高飞（白虎单乘申为用）　通衢

申加未

传

箭射羊角　酒店

申加午

乘白，道路伤死。作常，临巳午为布、为上客。

送

野猿投火　银店

申加巳

主占人有头疮。乘凶神咽喉肿，主灶上有破磁①器。作常为布。

韫玉待贾　妓馆

申，金神也。小满后日躔实沉之次。为四月将。占之，行人也。庚寄于上，水生于下。白虎之象也。宫：阴阳。宿：毕七度过申。毕十七度，觜乙度，参九度，井初度至八度。分野：晋、益州。毕，真定、大同；觜参，平凉、泽州；参，汾州、东州军民府：参井，太原、潞州、成都、顺庆、贵州宣慰司。音：宫；味：辛；数：七。地：为城池、陵寝、水边、道路、深远之处祠庙、棚幕、仙庵、磨坊、神堂、驿铺、过道、湖池、城市、冈场、灵柩。神：为佛老、金神、天医。天文：为天钱星，又为天鬼、水母（作虎）、为雪。祟：为尸伤路死鬼。人事：为刀兵、集众、怨仇、死丧、疾病、劫盗、逃亡、远近、射猎、馈送、行人、迁改、往返、赋税、信息、丧事。人：为廷尉、元帅、提刑、贵人（加三合之首）、为公人、博士、军屠、医巫、僧道、铺兵、银铁匠、凶手、面工、歌童、孝子、征夫（若加子午，又主军逃亡）、兄子、舅公。身：肺、大肠经、右肩、鼻、乳、筋骨血、胡须。形：短小、粗矮。病：肺疾、痰咳、迷闷、血痢。生物：猿、猴、狮、猱。用物：兵刃、刀箭、锁、磬、金银、珠玉、铜铁、滑磁石、蘸②砚、纸帛、绵絮、羽毛、经文、书、像、钗簪、熨斗。土物：姜蒜。食物：为药。五谷：大麦。姓：袁、郭、申、晋、侯、韩、邓、金、戴（临卯）、周（临巳）、吴（临午，亦周临本位）、姜（临酉）。逢金水口刘，凡金旁、之遶、玉、金、立人、走脚、又为刂弓、又为蚌蛤、收麦、鸶③。白加申，主刀兵。其义有五：甲日青主事，则虎因财而致伤，并死煞尤甚，谓金木相克，流血之祸也；戊日句主事，金土相生，无战雄并恶煞，不凶；庚日即白主事，将德值日，虽动刀兵，不伤，且利见大人，诛讨不义也；壬日后主事，奸淫见伤；癸日玄主事，盗贼有伤，俱不凶。中乘常，医及僧。巳日句临申，主冤仇、争斗。道路之说有五：甲戊庚日，申作龙，甲日主财帛出其道路，或远信财物；戊日，主奴婢、公文出其道路；庚日，主疾病、丧孝出其道路；壬日，卦得申子辰或八专带奸神为用，主妇人淫乱败露出其道路；癸日，切忌出行，主道路有遗忘。阴加申，旺相为麦，因死为守城。蛇主丧，甲④日官贵、财富之丧，或因官致病死之丧；庚日则不病、尪羸之丧；丙丁日官使之丧，或炉冶之家之丧。用变：加日干，主家有缺唇之人，或有尖嘴家具。作句，为兵。作合，为医。作白，为道路、为出行。作玄，临寅卯为石。作龙、空，加孟为僧；旺为金，衰为铜铁；戊己日为子孙，壬癸日为迁移，亦主刀釜。申作阴，加日辰魁罡，为军人。申加巳午日、加干用，主孤儿。申作阴，加日辰，为银器。申作白，为刀釜。作龙会合日辰上，为药。申加壬癸日，主淫；加日辰上主忧。

申⑤加酉

乘白，夏月占，主收麦，冬月占，主痨。乘合阴空武，主有逃亡走失。乘常临酉为刀剑为上客。

事有宜期　神庙

申加辰

乘常，为巫医，亦主食物。

白猿出山　刀铺

申加戌

乘朱，音书。乘白作合临戌为远来⑥，为仇人。

云卷过空　帅司

申加卯

乘句，家有脚气人。乘玄空合，主逃亡。单合，为户。三月占病，必死。乘生气，怪病，在床，未瘥。己日占，争田园之仇。乙日占，婚姻道路之仇。乘合阴空武，主有逃亡走失。作白，为客，为僧人，为改门。卯加申，亦同。为艺术。

山猿跳涧　新船

申加亥

加辰戌巳亥，主出行被劫。又主产伤为仇人。克日主水厄。作玄，主失脱。

贵遇方举　贵人宅

申加子

乘白，克日主咒诅事，争财有伤。乘虎，衔牒，无凶而有信至，为上客。作玄，主失脱。水生于申旺于子，后，加之，主湖池。甲日为池，戊日为湖。丙丁日不为湖池，名曰日被云遮，主作事暗昧。

巷陌

申加丑

主石在水中作怪。乘乙，为贵介。乘白，有鬼怪。壬日占，主父坟有白蚁蛀。乘龙，子孙财损。

丝纶已布　金珠铺

申加寅

为富豪。乘龙常贵，为官户。乘蛇白，有怪石，或作日鬼尤的。乘空望信，仆回返。作白，临寅卯为客。

岩松冒雪　官库

① 校者注：通“瓷”。　② 校者注：原文字迹模糊。　③ 校者注：原文字迹模糊。又似“鸢”。
④ 校者注：原文“申”。　⑤ 校者注：原文“甲”。　⑥ 校者注：原文不明。

未加申

加申酉，西南方[1]有井泉。

文书千里　果角

未加酉

乘常，酒食。加日干，人送酒来。乘朱发用，飞鸟作怪。为继母，为老人。

花发新年　法堂

未加戌

乘后白，主妇人病。乘未远信至，归本家则信临门。

房中复吉　店　孤子

未加亥

乘句作日鬼，家有器物作怪。乘常，主婚姻事，亥日尤的。作蛇朱，临亥为蝗虫，为继父。乘阴，主小儿婚姻。

新月初圆　天井

未加未

乘乙，加日，主酒食，乘常亦是。未乘常合加日辰上，为乐人。未乘乙加日辰上，庙神。未作生气加日，主信。未作龙，佛；合，僧。未，空亡，日辰，为庙基。作后，亥日为井祟。作句，是鬼爻。又连真武，井田器作祸。

小

垣篱

未，土神。夏至后日躔鹑首之次。五月将。古之药师也。丁寄于上，木墓于下。太常之象。宫：巨蟹。宿：井九度过未。井三十一度，鬼四度，柳初度至三度。分野：秦，雍州。井，凤翔、汉中、平阳、巩昌、庆阳、延安、宁夏、文县守慰。鬼，云南大理、临安、楚雄、徽安、侯宁、叙州、重庆、嘉定、雅州、泸州、眉州、泯州、洮州、曲靖。柳，河南。音：徵。味：甘。数：八。地：冢墓、井泉、桑拓、园圃、野外、瓦砾之所、XX、神堂、庭院、墙垣、酒食、茶坊、井舍、酒肆、赛场、羊栈。神：为天酒星、天耳（加巳午）、风伯、土神、天乙、家亲。祟：为新亡亲儿，为旱熯、蝗虫。人事：礼乐、婚筵、酒宴、歌乐、祀祷、医药、离别（年上见离神）。人：为诸侯、武将、乐官、继父母、姑嫂、姊妹、媒妁、寡妇、故旧、亲族、道人、医生、巫卜、戏子、白头翁、裁缝、帽匠。身：大肠、胃、腕、脊。形：陷额、高颧、面丑瘦、须黄、头尖。疾：带下、积瘕、气隔、腹胀、呃逆。生物：羊、XX、鸠、蝗、蜅、鸦、黄头、犴、鸭、鸡。用物：布、印绶、衣服、盏盘、酒器、斗、秤、香炉、妆奁、茶酒、乐器、幡竿、米囤、圆黄碎、苗帘、桑木、橘林、樽、麻、海鲜、丝绳、绢、缎、帛、钓具、套具。食物：果子、药饵、羊肝、酒食、蛤、海蟹、祭肉、筵席、面。姓：朱、陈、高、羊、章、杜、井、魏、柳、杨。凡羊、土旁，井、田并鬼字之类。

临太阴，主姑姨妹之事。龙，主婚姻、礼仪之事。常，谷粟之神。壬癸日并土，以土克水，故酣而为酒。丙丁日，亥作乙，为天猪煞。亥与常三合，主猪羊事。未为天羊煞，乙加未，玄居亥，为三合，主祠祷神祇。白头者，孝服也。蛇为丧车煞，魄煞，三者并临，主孝服。句，主争。谓土将临旺乡，值壬癸日占，必有争也。朱，主公讼、文书。后，水生木，墓于未乡，主婆母。空，主井泉，带凶煞，主井怪，崩坏。四月占，空，又为天耳煞。凡捕捉人，遇此必得实信。木日占病，白临之为坟墓煞。六乙日占，白临之又为风师，主大风。作贵加于日辰，主有酒食相召。

用变：作龙常，加日干，主有人送酒食至。加日辰或发用，为磁器。加句是鬼爻。又亥上，主人家必有田契文书作祟。乙日作龙，有酒食筵会事。作玄阴，主妇人是非。作龙常，为酒食。甲乙，为角姓坟地。

今日阳比，兄阴比弟。丙丁，亥加未，为醉人。寅加未，为塌养，又为精神。龙比日，为请召。

未加子

乘龙，主酒食筵会。加日，主出门必醉而归。未加子上，五子日为酱，为鬼神。

春冰遇水　妇室

未加午

乘白，主吐泻。占出行逢之主留滞。乘后主进田财。为天耳。

吉

春冰遇水　贵人聚会

未加丑

乘空，主井泉事。加凶煞，主井怪、坍塌，乘常，主食物事。为老人。

羝羊触藩　棋局

未加巳

为天耳。未巳相加为麻，为大风，巳未相加主井灶相连。

枯木生花　酒店茶坊

未加辰

占访人，饮食不出。乘龙，主近居酒肆，为园。乘空，古屋台，为公婆。

庄院

未加卯

乘空加寅卯，主缸甕破碎。乘蛇白空，主门户损坏。主人有脚气。作龙后，临寅卯，为麻，为林。

天马出群　溪亭

未加寅

乘朱，有孕。乘白，谓之坟墓煞。寅日乘蛇白主妇人癫狂。见鬼或家中有鬼声。乘阴后，主妇人经脉事，寅日尤的。作龙后，为麻。

羊遇虎狼　屠户

① 校者注：他本作“主’。

午加申

乘朱，申日主马啮人。乘后，同血支，主妇女月经病。乘常，为厨。乘朱，为咒诅。乘句，为兵。午加申酉或庚辛日上，为妻。

良马生驹　深宅

午加酉

乘合，为牙侩。壬癸日，媒妁议亲。乘句，为兵。乘常，为厨、为婢。酉加午，同。午加申酉或庚辛日上，为妻。

兔眠千园　染房

午加戌

乘常，孝服。白，人病未癒。辛日占病，难癒。乘句，武官之象或乡老耆官。乘朱空，在戌日占，必居巷内。为半路。

XX庭中　宅院

午加亥

主寒热。壬日主目病。乘白，主马病。又主火灾。乘玄，主心疼。乘龙，主文官之象。加亥，胎孕。为受绝。为豆。午加亥，为结绝旧事。

入水不溺　后堂

午加未

未日占，乘龙，主酒食之喜。乘蛇克日，主休妻，阴人离散，否则，妇有妊。为豆。

胜

满堂金玉　递①铺

午加午

乘句、白，及血支，主血光损伤。午上加阴为妾。后加午，宫女。作后合与血支，主妇人月经病。

光

会

午加巳

乘后为妇，甲日主少而长，美而仁。戊日黄而浊。壬癸日美而淫。盖壬主好色而惧夫。癸则淫滥。庚日瘦而有礼，多病。

蚕房　明堂

午，火神也。大暑后，日躔鹑火之次。六月将。正禄无寄。朱雀之象。古之御马人也。为电母、晴天、日王、良星、霞（为上小下大）。宫：狮子。宿：柳四度过午。柳十二度，星六度，张初度至十四度。分野：周，三河。柳星，河南；张，南阳。音：商。味：苦。数：九。地：宫室、巷陌、过道、丘陵、千里之路、厅堂、屋宇、城门、窑灶、马厩、鸟巢、道路、田宅、厨（乘常加申酉）。神：宗社、狱府、岳庙、香火。祟：为野死鬼。人事：诅咒、血光、口舌、词讼、信息、宅②、兵贼、火烛、文明、染色、惊恐、疑惑（见申）、文书、胎孕、性急、精神、不实。人：天官、大夫、使君、亭长、善人、官人、蚕姑、娼妓、妇人、骑者、僧巫、师娘、胡人、土工、室女。身：魂魄、精神、心目。形：矮小、希发、面红长、头尖、多言。疾：燥渴、唇焦、舌黑、目患、吐泻、心热。生物：蚕丝、绵、马、鹿、獐、白舌禽、鸦、雀。用物：橱柜、蒸笼、旌旗、甲胄、书画、文字、绵纸、契卷、衣架、绯衣、彩色、铠铫、熨斗、火烛、轻尔上尖物。食物：热食、谷、苦菜、小赤豆。姓：周、冯、贾、马、许、华、罗、施、包、李、萧、张、朱、柳（六合加）、狄（句加，亥午日）、陈（己日马丁临）、冯（蛇乘午加亥亦是）、本位朱。凡火字及者字。

雀主信诚，谓火性主礼，雀主书也。阴，婢妾之象，上加乙主善人。六辛日，胜光为鬼。若作天乙，变凶为吉。蛇主惊恐，六庚日最紧，他日则缓矣。乘龙，文官之象。故曰使君。白，主街，巷陌。又主兵刃持用。故主街巷持兵器也。

用：变乘吉将，加日干，必有名誉。见空，主虚养。作白、蛇，克日辰，为誓愿，咒诅牵连作病。甲乙日，为儿。

午加日辰，年上为屋。午乘合、常为衣服。午、申日尤的。庚辛加午，主痨病。午乘蛇，加日辰，小儿发惊。午，夏主患眼。卯酉同。午见魁罡加午，并主信至。午作蛇、朱，丙丁上，冬夏逢之，主烧衣服。

午加辰

为马。化龙吉。为老妇。为半路。

俊鹰逐兔　文字铺

午加卯

如逢发用，主远信、客至。又为车马、道路。乘玄，左目将军。又名天眼开照，贼不可逃，必败。乘二马，主远客信至。乘常，为豆。午加卯，卯主宅。为目疾。

龙蝉入屋　书铺

午加子

为寒热病。克日主痨症。乘白，主马病。乘龙，主妻妾怀孕。乘空，为风尘女子。主小肠患病，因乘朱故也。

孤雁逐群　讼房

午加丑

乘龙朱，必富贵宅，必吉庆。丑日尤的。乘玄，主失脱。乘贵，逆治主过去，顺治主未来。

野马渡涧　驿舍　蚕室

午加寅

乘合，妇有孕。乘阴，主损孕。乘蛇，火焚其家。丑日占，主近邻有火灾。乘朱，为文书。午加寅，寅主宅。又为栋柱。

蛟螭兔穴　花园

① 校者注：原文不明。　② 校者注：疑为衍文。

巳加申

主锁损、口舌病。乘阴，谋事和合遂心。乘朱，吉利。乘合、后，主人来占孕。为兑。

枯竹摇风　女观　磨墙

巳加酉

酉日占，主铜钱。乘白，从革卦，主损坏门户。又女积血疾。乘阴，作三传，主得财。加酉克日辰，主有眼疾。乘蛇，为非祸。为关籥。巳酉相加为徒配。为鑁。

龙蛇入腹　银铺

巳加戌

乘句，为管籥神，主囚者有出狱之象。又乘巳为捧印官，必转迁。乘白，为悲哀。巳加戌戌，为囚禁之人。为窑。

明月晴空　印信　图书

巳加亥

作死气，家有自缢鬼为祟。乘空，加亥子为水虫、釜灶破。乘合、后，主人来占孕。乘句，为泥。

白浪⑤翻江　闪电春雷　瓦子

巳加未

乘朱加干，建窑灶事。乘朱，主被妇人骂。未日占尤的。巳未相加，主井灶相连。

太

贵人喜会　浴堂

巳加午

乘蛇，辛日占，得非横之灾。六月占，尸怪连祸灾。又为吊客煞，不宜占病。乘朱，主来意是占灶。乘生气，主蛇上屋。

乙

野火烧茅　市井

巳，火神也。处暑后，日躔鹑尾之次。七月将。丙戊寄其上，金生其下。螣蛇之象。古之锻人也。宫：双女。宿：张十五度过巳。张十七度，翼二十度，轸初度至九度。分野：楚、荆州。张，南阳；翼轸，桂林、柳州、庆原、平乐、浔州、南宁、武昌、汉阳、襄阳、德安、黄州、荆州、岳州、长沙、衡州、辰州、沔阳、安睦、夔州。音：角。味：苦。数：四。地：风门、地户、炉冶店、学堂、道院、旅舍、廊庑、铺店、厨灶、窑冶之所。天：风、火、虹、霓、太乙星、冬至后巳为雪。神：雷公。家宅灶君①。人事：为革故鼎新、赏赐、取索、死丧、火光、管籥、卖物、毁骂、轻狂、惊怪、非横、疑虑、私语、宽大、解散。人：为后妃、宾朋、干客、窑匠、炉冶、庖人、车骑人、穿甲匠、少女、开店人、乞丐、妇人、神仙、吊客、画工、木匠。身：为咽喉、唇齿、脐、三焦、经脉、胸膈、心、胞、胳、斑点。形：胖、红黄、有力气。疾：为癫狂、寒热之灾。生物：蛇、蚁、飞虫、飞鸟、蚓、鲇鱼、蝎、蛣、蜂、蝶、蟋蟀、孔雀。用物：弓弩、珠玉、金、铁、丧车、砖瓦、磁器、乐器、锅釜、臼、甑、筐、鼎、管籥、文字、皂白、布帛、丝绵、符牒、盒子、扇面、麦面、曲、床、印、炭、角器、描画之物或缠绕之物、近火之器。食物：花果、炙燔、苦味、谷②、小豆。稍、石、荆、何、毛、舒、方、陆、水、余、樊、陈、田、张、朱、郝（加合）、楚、杞（寅加）、耿（子加）、龚（辰加）、严（加卯）。凡大又双女又巳字③。

总论，巳见辰，为进住吉辰；居巳为退伏，不吉。武，是小人，又加太乙破败煞，谋用无成。龙，主宾姑。朱，主骂詈。甲日，因财口舌；戊日，因官、文书、及争田地口舌；庚日，为忧最深，惟无凶。白，为丧车煞。又主弓弩、屈曲之物。乙临，主赏赐。阴常，俱主炉灶。丙丁日，常临巳，炉灶最的。句临，谓之管籥，囚禁可放。辛酉日占，得蛇，有非横之灾。六月月厌在巳，灾定主见怪，灾祸连绵。又占病则为吊客。

用变：申巳相交，又临凶神，为锁损或人病口齿。作合，临空，为井灶。巳亥日，戌加巳，主灶厕相连。巳乘白，在日辰上，主外服。月厌加巳，梦蛇。作太阴，口疮。

巳加子

乘常，主泄血病。乘白，为丧车煞，不宜占病。乘句，为泥。为嫁女。

萱④草生庭　土宅

巳加丑

乘常，加日，兼职之官。乘阴，主有神愿之事。为土坑。

老人　折足

巳加巳

乘蛇，处处有宅，两个灶。乘乙，可干谒官贵。乘句，泥土。乘玄，贼人。乘合、后，主人来占孕。作蛇，临本位为犬。乘阴，主娼妇。巳旺克日，为蛇。克日，主骂詈。乘合，为蝉鸣。蛇临巳为水虫。

公厨

巳加辰

主丧葬，辰日为的。乘朱，主公讼刑狱事。作蛇加辰，主双胎。为窑。主逢丧服、哭泣之事。

饭店

巳加卯

为木屐，弓弩。乘白、句，加卯酉，从革卦，或见管籥神，主锁损门户。乘蛇，有怪梦。乘阴，主炉灶事，丙丁日占的。为关钥。乘句，为兵人。又为豆。

野云出洞　仓店

巳加寅

乘玄，课用，破财无成。乘合、后，主人来占孕。

瑞鹿怀胎　戊己日城炉冶尼寺

---

① 校者注：原文“皂”。　② 校者注：原文模糊。　③ 校者注：原文“宇”。　④ 校者注：原文字迹模糊。　⑤ 校者注：原文字迹模糊。

辰加申
发用，主尊卑不睦。乘朱，主官吏书信。乘句，主望军人远信。乘阴，为后。又为二千石。乘句，为贼兵。作阴，为石。
旺城

辰加未
乘合，主迁任。作空，主妇人小儿相讼哭泣。乘蛇，小儿夜啼。
龙投枯井　狱道　天

辰加午
乘白，昨夜不归。主孝服。是占坟墓事已。亦复为恶人。克日辰，主杀人。为阻节（加日辰）。
官舍　林居　罡

辰加巳
壬日，主妇人缠害。癸日，主贼徒绊害。乘蛇白，神愿动，罗网缠绕。作玄，加巳，为井①。为老人。克日辰，主杀人。
烧鱼

辰加酉
乘龙，春夏主龙，秋冬主鱼。旦④为龙，暮为鱼。又主其人腿上刺龙。乘白，为甲。
官宅

辰，土神也。秋分后，日躔寿星之次。八月将。乙寄其上，水、土墓其下。句陈之象。古之狱师也。宫：天秤。宿：轸十度过辰。轸十七度，角十三度，亢九度，氐初度。分野：轸，桂林、柳州、庆原、平乐、浔州、南宁、武昌、汉阳、襄阳、德安、黄州、荆州、岳州、长沙、衡州、辰州、沔阳、安陆、夔州。角亢，开封。亢氐，汝宁府。为郑、兖州。音：宫。味：甘。数：五。天：为天哭星、狱神、右天目、天罗X②。地：山岗、陵岭、坵墓、土堆、陂池、水泉、坑坎、砖瓦、麦地之处、廊厦、庙舍、花园、墙栏、沟浍、寺观、海水（后加亥）、井（玄加巳）、山陂（天空）、茶坊、营寨之所。神：太岁、土神。祟：勾愿神、冤仇鬼。人事：为杀伐、死丧、刀刃、盗贼、欺诈、斗争、捕捉、伏匿、凶祸、怪异、疾病、妊娠、词讼、又为赦书、官事（雀勾克日，加壬癸日）、顽恶、坚硬、杀斗（发用克日）、悲哭（白加）、惊（日辰上）、虑（作初末传）、娠（后）、自缢（蛇虎克日）、宰杀。人：二千石、虞官、守令、将帅、祇侯、长女、妇人、牙侩、盐③客、僧人、凶徒、丑妇、孝服、勾仆、渔人、屠（白加死地又加金）、监司（加月建）。身：皮毛、头项、左臂、腰、膊、小肠、手甲、死尸、为偏盲能视。形：勾、短、粗、丑、面带方、耳大、黄白色。疾：为冷伤、虚损、头痛、血症、胸膈。生物：鱼、龙、蛟、XX、蚁、水族、花卉、黄草。用物：甲胄、罗网、械杻、钱物、磁器、甕、灰盆、破衣、碾、碓、砖瓦、石栏、鱼X、文引、胶漆、坚硬。食物：荤腥、胡椒、杏仁。土物：海味、生菜、谷米、麦。姓：陈、龙、马、郑、高、郭、乔、丘、岳、田、庞（加勾）、周（加酉）、翟（加寅）、倪（加亥）、王、夏（加酉）、龚。凡山、土、龙、厂字之类。用变：作后，妇人行年上，更值空亡，主堕胎。作蛇、白，克日辰，愿动。牧得旧神佛像。临日辰，为结绝狱讼事。白加死地，为屠。辰加日辰上，井。子午上，为阻节。加日辰上，又主大惊。辰作初末传，主多虑。辰加壬癸日，主司。加月建上为城门。又辰为文绣。

辰加辰
乘合，为相逢。乘白，为屠杀之人。乘蛇、虎。克日，主自缢鬼。朱临，为欺诈。蛇临，为网罟。乘白，为恶人。句，主争斗。后，主陂池。阴，主虞官。合，主宰杀。作空，主妇人小儿相讼哭泣。乘蛇，小儿夜啼。
破船

辰加戌
乘白，凶祸起，恶疾缠身。又为恶人，戌日的。不论将，但加戌，主讼狱拖延。乘空，奴不淳朴。足有缚。作空，主妇人小儿哭泣。乘蛇，小儿夜啼。
屠户

辰加卯
主家宅灾滞事。卯日的。发用，主妻病。乘朱，走失人口。临日辰或入传的。乘白，人患病。乘蛇，有腰疔。乘后，加六害，女人久病。加四季，女人小儿悲泣。乘朱，主是非口舌。手有缚龙。
龙龟出水　梯道

辰加亥
发用，主盗贼遗亡。亥日占，出一口，进一口。乘玄，加亥子，其家神堂安在后边。或近水旁。若昴星卦，其家有伏尸当五行宅神安祟。乘后，为海水。乘常，为布。乘白，为恶。为鱼食。为水族。为哭。
丑妇照镜　高堂

辰加子
乘玄，主神堂近水边。加玄，同发用，主真盗贼。乘后，阴人偏疾右臂。媳殴姑。乘常，为布。为水族。为阻节（加日辰）。
春雷行雨　寝室

辰加丑
乘玄，发用或临日辰，乘玄，主走失人口。军。在北斗位上，为右目大将主贼难捉。加支发用冲日，主盗物。为山坡。乘空⑥，主妇人小儿相讼哭泣。乘蛇，小儿夜啼。
鲸鱼出涧　泥垣

辰加寅
发用，申日占，尊卑不睦。又名魁填鬼户。
猿猴守石　山坡⑤

---

① 校者注：原文模糊。　② 校者注：原文不明。疑似为“枵”。　③ 校者注：原文模糊。
④ 校者注：原文“且”。　⑤ 校者注：原文“陂”。　⑥ 校者注：原文“走至”。据文意校补。

卯加申

主有车子或履损。申加卯同。乘空，主朽木。乘龙，主园林。宅不宅主。单子，木履破损。作合，为术士。为艺术。宜结绝旧事。为玄、阴，主有逃遁。

枯木抽芳　观门

卯加未

乘常，医士善人相亲。乘龙，居近神庙。曾阴人许口愿未还。乘空、白，患脚气疾。乘常，主有师巫善人相亲。乘后，为米。午卯相加，乘朱、合、空，为骡马事。

太

鸡栖于埘　古园　木

卯加午

乘朱、合，主驴马事。乘合，为舟。加季，停沙石。乘蛇，为驴。作白，为桥梁，为目疾。

冲

风光易遇　朝君

卯加巳

乘朱，主雷电。乘蛇，为驴。朱加，为卯。

桂影新枝　食店

卯加酉

乘句、空，为沙门。甲日，僧多、不实、不洁。丙丁日，多闻讲道。乘武、空，主有逃遁事。作后，为心有淫妇。

白浪翻江　闭门　竹户

卯，木神也。霜降后，日躔大火之次。九月将。正禄无寄。六合之象。古之乐师也。为雷神，为天心、地耳、雷电、雨师。宫：天蝎。宿：氐二度过卯。氐十七度，房五度，尾初二度。分野：宋、豫州。氐，汝宁；房、心，徐州；尾，永平、保安府、万全都司。音：角。味：酸。数：六。地：为边方、市井、水陆、池泽、桥梁、门户、棚、竹木处、屋宇、窗牖、前门、轩子、槛、米店、桥亭。神：五道、司令、雷部。祟：绝祀鬼。人事：远行、盘算、婚孕、奸淫、伤人、盗贼、离散、剥毁、圭、伏匿、出入、门户不宁、信息。人：公主、大夫、沙门、术士、神仙、丈人、长子、兄弟、母姑、贼人、男女、童稚、艺术、大夫、秀才、木匠、梢工。身：左肋、手、目、血、肝、大肠、乐声[①]、形：颧骨高大。疾：胃损、腹胀、眼手之患。生物：羝羊、驴、骡、兔、貉、狐。用物：船、车、棺椁、梯椅、衣架、床屏、箱笼、竹幡竿、竹笠、荐、笙簧、鼓笛、祭器、草木、香奁、杓梳、鞍X、管籥、木器[②]、枕、笔、柴炭、乱丝、盖、轮、坊牌、棒竹、藩篱、麻线、竹凳、砚、琴瑟。食物：茶、果。谷：晚禾、栗[③]子、粟。苗木：竹、木、树、花草、木丛、乐树。姓：朱、房、鲁、杨、张、卢、高、刘、雷、宋、柳（加寅）、茆（六合加）、季、李（俱加亥子）、钟、蔺、祝、叶、乐、樊、林（加寅）、祝（加辰本位）、关、简（后临本位）、孔（加子）、郝（加巳午）。凡丝子、千军、木傍、草头、为阝、为木脚之类。孙、童。用变：作龙、临旺，为车、船。作蛇，临空亡，为声。

加乙，木为兄弟，木加亦同。乘合，为罗X[④]。壬癸，船。加同类，为竹木。

卯加辰

乘合，战船、具修。乘朱，文书、口舌事。乘白，出行车破舟翻。乘蛇，主水路。白，主陆路。为户。为桥梁。

腐鼠卧辙　回航

卯加戌

乘玄、空，主有逃亡事。

鹤唳于天　又同鸡栖于埘　狱

卯加卯

乘乙，主术士。乘朱临本位，为口舌。乘空，为相隶。作蛇，为雷。作合，阴，为晦。作白，为霹电。作龙，雪雾。作空，为晴。作白，为匠人。加丑未日上为舟车。龙，为林木。玄，主江河。朱，主雷电。又龙，主雨。阴，主兄弟。作龙，竹棒。日辰上，私约。常加，为舟车。乘龙，主居近神庙。又主阴人口愿未还。乘玄，主车子入门。若加日辰，主木履损。乘蛇、白，不可远出，主车覆舟翻。

重载浅水　新门　船门

卯加亥

为楷子、炉、沙门、术士。

大海得鳌　楞堂

卯加子

乘玄，主三河车子入门。加日辰，主木履损坏。为雨。又作后，为水车。主疫病。

过虎不猎　小舟

卯加丑

乘后，为米。春夏为雷雨。卯加丑，先雷后雨。

岭峰枯木　土库门

卯加寅

乘后，加日辰、三传，有赦。若乘岁月尤的。乘朱，见官，失理，宜退避。作合，为术士，为林木。

莺立春苑　寺门　路门

① 校者注：原文模糊。 ② 校者注：原文“水”。 ③ 校者注：原文“历”。 ④ 校者注：又似为“缠绕”。

寅加申

乘蛇、白，为恶神庙。常、合、龙，为寺观。朱，同。乘后，主远信、文书、登途。又为僧。作朱，为吏。作白，为风。

岩松冒雪　大街

寅加酉

乘蛇，门上贴符。加日辰，加有兽锁。乘白，旦为虎豹，夕为猫狸。乘阴，主其家门前有旧竹桥。为宛转。

燧人钻火　申亦同　木匠

寅加戌

乘常，主书籍。乘白，为犬。作朱，为吏。为林峦。为旧籍。

龙战于野　陈药

寅加亥

乘玄，亥日占，主屋角挂葫芦。亥日尤的。为迷路。

权贵

寅加未

乘后，妻有喜。龙常，附空亡，妇有鬼病。乘龙，家砍神树作栋，不安。又主道士。乘后，为医。作龙、合，近寺观。作后加为文臣。

功

闲花结果　酒店

寅，木神也。小雪后，日躔析木之次。十月将。甲寄于上，火生于下。青龙之象。古之使命也。在天，为三台星，为风，作龙为云雾，作合主晦，作常主晴。宫：人马。宿：尾三度过寅。尾十八度，箕九度，斗初度至三度。分野：燕，幽州。尾，箕，顺天、保定、河间、辽东都司。音：徵。味：酸。数：七。地：风门、山林、树木、过道、桥梁、栋宇、庙寺、学舍、花园、菜圃、社稷、公衙。神：五岳、名山、社稷、家堂、三圣祠。祟：为狐狸、山鬼。人事：为谒见、征召、喜庆、文书、信息、酒食、筵会、财帛、动谋、官事、文章。人：丞相、税吏、从事儒道、贤客、公吏、家长、夫壻、道士、宾客、媒妁、老翁、秀才、督邮、僧人、丹客、胡子。身：筋、胆、腰、督脉、左腿、指甲、命门、须发、口眼。形：长瘦有胡，头长面青。疾：为风、惊悸、胸肋、气塞、头目疼。生物：虎、猫、狸、蚕茧。用物：官诰、书籍、桌椅、几、席、凳、屏风、马鞭、鞍竹、箱、杓柄、香、蜡、板梓、杂毛色物、斑纹①之物、玻璃、印信、纸、棺椁、锦绣、碗、筋匙、碟、火盆、香炉、神像、宝剑、画棒、火炬、四角、斑点利物。食物：猪肚、酒食果X②、茄、葫芦。又为神树。姓：韩、苏、曾、乔、林（寅卯相加）、霍（子加寅）、杜（戌加）、程、朱（阴加）、凡木傍、重土、佳、宁、朱、木脚之类。用变：加日辰为虎兽圆帐。乘神作日鬼，为拾得猫而招祸。

寅加子

乘白，猫捕鼠，称奇。克日，主猫作怪。乘玄，为X色。为宛转。为鬼神。

否极泰来　XX

寅加午

乘蛇，为五色。为栋柱。为宛转。

曹

X车千载　神庙

寅加丑

为旧籍。为桥。

车得新轮　重山

寅加巳

主厨灶。药X。乘朱，官事、口舌。乘合，壬癸日为丛林，丙丁日为柴薪。乘玄、空，为炼丹。又为僧人。为舟。为迷路。为大风。

猛虎入城　丙丁X

寅加辰

乘朱，主红、火烛之物，为林峦。

花落遇雨　船

寅加卯

乘蛇，家有巫师出入。门上贴符。与酉同。乘蛇、白，屋折梁坏。蛇、空，旦则狐怪，夜则猫怪。乘朱，门贴文字。作朱，主征召。为文章。为棒杖。为宛转。

莺立春花　甲乙楼门　戊己城门

寅加寅

作合，为来人。为信。作龙、合，为秀才。作白，为疯子。作朱，为文书。申子辰日发用或值日上，主远出。龙，为道士。常，为书籍。玄，杂色斑纹③。朱，主炬之物。又主信诚。乙，主征召。句，主吏。

层楼

① 校者注：原文“班文”。　② 校者注：似为“蓏（瓜）”字。　③ 校者注：原文“班文”。

丑加申

乘白，加支，田宅交加，僧道干连。作常，为天街。为僧舍。为和尚。

事用在谋　道院

丑加未

乘白，主风。龙、后，主雨。未日的。空，为鳌。作蛇，为雨师。为不完之物。主云生将得。蛇、白，主多风。

大

羝羊触藩　禁院

丑加午

乘朱，午日，主子孙田宅讼。乘句，因田宅斗伤。乘龙、常，为占宅舍。乘玄，是食物。乘龙，壬癸日，为桥。辛日，为梁。

吉

野马渡涧　公厅

丑加巳

乘句，灶宜修。为土坑。

背阴向明　正窗

丑加酉

乘乙，为过戏，武职。乘常，主田宅。作常，为天街。为X。为店。为瘤子。

丝纶已布　X室

丑，土神也。冬至后，日躔星纪之次。十一月将。癸寄于上，金墓其下。贵人之象。为古之策牛人也。在天：为牵牛星、为天耳、为风伯、为雨师、为天衢（作常加申酉）、雷雨（丑加卯）。宫：磨蝎。宿：斗四度过丑。斗二十二度，牛六度，女初度、一度。分野：吴、扬州。斗，南见①、庐州、凤阳、淮安、扬州、徽、宁、济、太、苏、松、常、镇、安庆、滁州、和州、广德、南康、南昌、饶州、广信、建昌、抚州、临江、瑞州、袁州、平②安、赣州、南安、杭州、嘉兴、处州等府：斗、牛，九江；牛，湖州；牛、女，严州、金华、衢州、绍兴、台州、雷州、温州、泉州、福州、延平、汀州、兴化、漳州、广州、韶州、南雄、高州、琼州、梧州等府。音：徵。味：甘。数：八。地：为田宅、坵墓、坑坎、桥梁、井泉、桑园、聚水之处、室阁、仓库、宫殿、官府、社坛、僧舍。神：真武、宅神、地祇。事：征召、报仇、爵禄、德贤、福德、吉庆、救助、筵会、明白、财帛、奏表（雀加寅）、冤仇、咒诅。人：为故旧、座主、将军、贵官、贤人、父母、尊长、牧童、僧尼、为人君、土主、宰执、矮子（作空）、瘸③子（加卯酉）、佃户、秃头人、大肚人。身：脾X、肚腹、小肠、左足、肌肉。形：秃头、病目、圆面有斑点。疾：为吐道④、痰饮、寒热、XX、脾腹、头痈、肠泻（丑亥相加）。用⑤物：车轮、碓碾、升、斗斛、秤、瓶、针、碗、冠带、巾帽、首饰、锁钥、缸甕、犀角、珍珠、紫皂、枯、荐带。土物：为宝货。食物：酒食、糖果、X油。姓赵、吴、黄、徐、田、梵、唐、刘、牛、卢、石、孙、丘、岳、冀（加寅）、齐、井（加卯）、纪（加巳）、王（丑未加亥子）、富、戴（俱六合加丑）、汪（亥加）。凡田字、土头、土脚之类。六丙日，朱为荐贤。壬癸日，刚，主官事口舌。六辛乙日，俱丑青龙，辛金乙木斫削，丑癸水、龙木，木在水上，故属桥梁。

总论：丑未为田宅、财帛、晏喜。作龙、白，克日，主伤酒食。作乙，加旺相，为珍珠。加太岁，为宰执。日辰上，为长者。丑日，为农。庚辛日、墓卯日，桥。六丑，为牛。合会常，为甜物。句陈，刑并，为牛斗。或得贵人刑克日，主家内尊长求医。

丑加辰

乘合，主车。乘朱，主口舌。乘蛇，为鲸鲵归涧，遇雷神方能变化。

车驾无輗　花园

丑加戌

主足疾。乘空，仆作祸。乘句，主牛斗。为土地，巳日的。

鸣鹤在阴　林居

丑加卯

主东门杜塞。外有棺木。乘白，女腹疼。为缸。为车。卯日的。为店。春夏，为雷雨。丑加卯，先雨后雷。作X⑥，为将军。为瘤子。

陆地行舟　甲⑦乙日外园　戊己日外舟

丑加亥

乘蛇、白，发用于一、三课，主男有肾疾。发用于二、四课，主女有血疾乘阴，僧之未酬。作龙，为桥。见土，为田。为肠泻。丑加亥，夜常，主求望必涉水过桥。

矢射双雕　加合乙　桥

丑加子

乘后，妇病。加支必主夜梦鬼。作龙，为桥。见土，为田。作蛇，为雨师。为龙。空亡、日辰上，为田野。

墓火炎天　又鹊噪高枝　大宅　粉墙

丑加丑

加干支，主桥梁。乘常，主干桥。乘乙、龙、合，主园池[张越注：原文字迹模糊]、食伤成病。乘白，带刑煞，主尊长病。乘朱，得人举荐。作龙，为药饵。作玄，为食物。作合，为僧舍。作乙，为礼[张越注：原文字迹模糊]店。作阴，主地祇冤。带煞者是也。作乙，为征召。作合为车。空、蛇，主鳌，且主牛蛇之怪。常，主田宅事。白，为风伯。后，为雨师。乘空，为矮子。见后，妇病。大吉作太常，传句，主田宅事。

墓火炎天　又重载浅水　古庙

丑加寅

作乙，为宝殿。作朱，为表章。

古木或寺

---

① 校者注：原文字迹模糊。似为“京”。《六壬大全》作“南直隶”。　② 校者注：疑为“吉”。　③ 校者注：原文“缺”。
④ 校者注：原文字迹模糊。　⑤ 校者注：原文“生”。　⑥ 校者注：原文阙如。　⑦ 校者注：原文“申”。

子加申
乘后，有僧出入。乘朱、白⑤，僧逃远。申日尤的。作乙、合，为僧。为道。作空，为邪师。

大石藏冰　墙垣

子加酉
乘乙，贵人通妇妾、口舌。又为家长病。乘后、阴，酉日有尼僧出入。乘乙，或家长病。为阴天。

夜行失道　女庙

子加戌
乘阴，妇人私诱约。戌日尤的。为瓮。

夜行失道　娼家妇人　库

子加亥
乘阴，妇人私约。不明事起。作空，为小儿灾。作乙、合，为僧。作空，为胀。作武，为糖。

凿石见玉　贵宅

子加未
乘蛇，祸祟旧裳③（子未相加）。为老娘。加丑④亦是。

神

春冰遇水　药馆

子，水神也。大寒后，日躔玄枵之次。十二月将。正禄无寄。天后之象。古之淫妇也。在天：为华盖星。为河祟。丙丁日乘辰上主阴天（加酉）、大雨（子日，玄、龙）、雪（冬至后，加巳、午）。宫：宝瓶。宿：女二度过子。女十度，虚九度，危初度至十二度。分野：齐、青州。女，建宁、惠州。虚、危，济南、登州、莱州。音：商。味：咸。数：九。地：江海、水边、沟洫、池沼、厨灶、宅舍、房屋、果X、连X、花盆、沙石、道路（加寅申）。神：真武、水官、淫祠。祟：道路、鬼、客亡。人事：为奸邪、暗昧、思X、盗贼、淫泆、逃亡、恩泽、卜祷、胎产、悲泣、遗亡、土工、心巧、女经。人：后妃、妇女、秀才、父母、中男、后妻、姊妹、渔父、染匠、稍工、屠户、乳母、媒妁、乐工、艺术、师巫、行人、淫女、驼子、溺死。疾：虚寒、疝气、泻痢。身：膀胱、肾、耳、小腹、水道、骨节。形：身材短小、黑色、掀唇。生物：鼠、蝠、燕、水族。用物：水桶、木匙、盂盆、瓶盏、缸瓮、文墨、衣服、绳索、笼匣、珠玉、图画、梯、棋、布帛、丝棉、首饰、石灰、木炭、浴盆、小裁刀、水物。食物：鱼鲊。谷：黑豆、大豆、稻。姓：孙、齐、谢、耿、聂、沐、漆、汪、任（丑未加）、姜（未加）、孔（合加）、陈（加卯）、傅（申加）、冯（加午）。凡点水傍、耳、女、衣傍之类。

用变：作空，克日，人患疴疾。作后、武，克日，为XX兽虫。作朱、常，克日，为染衣祟。作白，克日，为衣被鼠啮。加日辰，为翁婆。作白，克日，为血症。加日辰，为盏、瓮、瓶。子加日，作后，为小女。五子日，加日辰，为公婆。为房。白加年上，为哭神。加丙丁日辰上，为河祟。加日辰上，作合，为布。加子日，作玄、龙，主大雨⑥。

子加子
作合，为媒妁。巳加子，为孀妇。酉加子上，为嫁妇。作常，为娼妇。作阴，为婢妾。作句，为驼子。作常，为妯娌。作空，为幼女。寅、未加子，为鬼神。作后，主彩女。作合，主奸淫。丙丁日，男诱女；壬癸日，女诱男。龙主遗亡。武主盗贼。壬癸日，贼由水路，中必劳众；丙丁日，陆路，势凶。乙、常，供鬼神。空，主悲泣。蛇⑨临，谓浴盆煞。壬癸日，白为浴盆，小儿凶甚。白，主行人。

重载浅水　房户

子加午
乘龙，妻怀孕，或家内有人怀孕。作后，为幼女，或作空。又：子为小口，并白，灾；受土克，死亡。冬至后，为雪。

后

浮云蔽日　大路　龙②

子加丑
为牛、女会。发用，主和会人来。

鹊噪高枝　从户⑧

子加巳
乘蛇，白，主血症。为悲声。空亡，遗失。冬至后，为雪。宜结绝旧事。

萱草生庭　厨①

子加辰
乘蛇，妇人哭泣。作白，为军妇。为瓮。为女患，亦为水沉（为发用）。为路入天网，动中有阻。

敲冰取鱼　丝帛

子加卯
作后，为丝、帛、布。作空，为邪师。作乙、合，为信。为奸邪。

过虎不猎　渔猎

子加寅
乘阴，妇抱孕。作后，为孕，又为丝。作奸神，为奸私。为道路。作后，为丝、布、帛。

户将⑦

① 校者注：原文模糊。 ② 校者注：原文模糊。 ③ 校者注：原文模糊。 ④ 校者注：原文“土”。 ⑤ 校者注：原文模糊。又似“否”。
⑥ 校者注：原文破损。据他本校补。 ⑦ 校者注：原文模糊。 ⑧ 校者注：原文模糊。 ⑨ 校者注：原文“它”。

十二贵神加地盘十二宫总图式（附表13-24）

巳	午	未	申
加巳，花木、丝麻。贵人喜悦，主忧惊不决之事。 乘巳 受生，君悦臣喜。趋朝。主赏赐。又主进望、诏命、荐接、廷擢之喜。又云：官讼、远行。	加午，绯紫衣服。贵人开颜，主动用文书，官中进步。 ㊟人 乘午 受生，君悦臣喜。乘轩，主迁官、进望、诏命、荐之喜。辛日，为贵鬼，化凶为吉。名善人。	加未，贵物、铝、铁、酒卤。出得羊、酒。宝愿。主筵会、酒食、庆贺之事。 ㊟贵 乘未 列席酒食之美。饮食。主祈福神庙。主筵会、喜庆。	加申，刑，黑牛、猴之似。道路：多灾。又主损财，清宪，传送主言之象。 乘申 移途：有干求之荣。主佛像事。为贵僧。谋望：如意。
加辰，土石黄物。贵人不喜。主见官。 乘辰 合禄，为公门役吏。乘马，为奔走公人。	诗曰：天乙神中是贵人，利于干谒庆财因。君子拜官迁禄秩，小人争讼入公庭。旺相相生尊者召，死囚刑克忌官嗔。病名寒热头目痛，祟非凡鬼宗庙神。旺，主征召。相，主田宅之喜。休，主悲哀、外丧。囚，主枷锁。死，为坟墓。乘空亡，主远函失信失，文字虚诈无成。乘刑害，主佛像损坏不安。若与月厌并，主有鬼怪，火烛惊人。若加克害，主贵人之怒。若与太岁、月将并，主皇恩大赦。与生合并，主至贵临。日辰，主迁官。乘子加酉，尊长不安。乘丑加寅，登对。加亥子，得珍珠。乘寅卯加亥，主征召。加四孟，主家有孕妇。乘死气，主人口进一出一。乘丧吊，主孝服内成亲。若归本家，主忧极还喜，殊异之恩，贵人之力。 传变：传蛇①、朱，有吁嗟，成文字。传合，贤子孙遘新宅。传句，公事阻隔。传龙，居官富贵。传空，刑害不吉。传白、玄，选官有威。传阴、后，暗喜承恩。 类神：为官禄、文章、首饰、珍宝、谷麻、鳖、蟹、牛。变异为水木之精，鳞角之物。色：黄白。数：八。 太岁作贵人，不必入传，皆得贵人力，唯不救病。贵人顺治，生日干者，吉。贵人逆治，克日干者，凶。贵人得地则吉，失地则贱。贵乘旺气发用，及临年命日辰上，曰富贵卦。 一日两贵，一贵当权，其一为帘幂贵人，科试占得，与日相生，必得高第。凡谋事，遇两贵，宜于嘱托。		加酉，黄白土象。迁进：暗昧。家宅：迁移，不宁。主暗受私贿。 乘酉 入室，不遑宁处。主关隔不通。又口舌疾病。旺相主赏赐，休死囚，主贵人嗔。又主讼加水X②。
加卯，竹木、空物器。斗讼临门。主家宅迁移不宁。受制，不和。 乘卯 登车，路诉有朴。荷项，主官求退，不利于进。又为追魂使者，主病凶。为术士。官事得理。出行得益。			加戌，丹蜡黄物。贵人颜怒。主印绶。 乘戌
加寅，瓦器。官司、内讼。乘丑加寅，为宫殿。主恣。 乘寅 案几，庭谒无虞。访人，必见。干上，必称。	加丑，黄物、泥土。献策、升堂。又云本家不治事，宜守旧。主田园、寅投③见贵之事。升堂，宜投书于公府。 乘丑 主贵人接引之喜。矮子。旺相，珍珠。主上人干求上人。利见贵求财。	加子，笔墨、文书。此类俱以加日辰论。主小儿、奴婢之忧。为得势。乘丑加子，为桥。主昏浊不明。解息，必嘱事于童仆。 乘子 沐浴，主女人病。鬼神事，遗亡。主上人干求，下人自用。	加亥，锡、磁、瓦、碟之类。喜庆、贼败。名贵登天门，利于进取。乘丑加亥，为桥。主财帛事。 乘亥 还绛宫，坦然安居。名操笏。主官位。主征召之喜。

① 校者注：原文“它”。 ② 校者注：似为“録”。 ③ 校者注：原文模糊。

加申 主官司、口舌。亦主道路。又主人死、阴私、奴婢逃亡、暗昧、争挠之事。

乘申 衔剑，总是成灾。主道路。伤人、口舌。

加未，文物。进利、酒食、埋没不明、坟田有争。

騰

乘未 入林，举步可防。主饮食。主井泉惊怪。主口舌官讼。为丧车煞。白头孝服。

加午，衣帛。主鞍马招③婿。血光怪。乘丑加午，雨师。主动用、惊忧、文书破损。

蛇

乘午 乘雾，休④祥不辨，皆主进望。主自身有病。庚日，必主惊怪。

加巳，丝蚕。望信、文书有关①、产怪。壬癸日，临巳，为财帛、官事起。

乘巳 飞空，休②祥不辨，皆主进望。入庙，主家中惊怪。辛酉日，有非横之灾。六月占，见怪病。为吊客。

加酉，灰酒。口舌阴谋、人死、阴私、奴婢逃亡、暗昧、争挠之事。

乘酉 露牙，进用非讼，祸福两途。主釜鸣。必主阴人灾疾、口舌怪异。

加戌，泥潭。纳财之喜、埋没不明、坟田有争。

乘戌 入塚，并云释难。眠睡。主坟墓。又主忧散。犬狼作怪。四土日，天狗。戊日，为月厌。甲寅、乙卯日，为天喜，主婚产。

诗曰：前一騰蛇车骑尉，火神惊恐怪非安。君子居官忧位失，小人争斗病灾缠。旺相相生灾未发，死囚刑克祸连绵。病者四肢头目痛，水木神来作祟冤。若乘空，主逃失。加申，是财物事。加午、酉，妇人事。若乘墓神，死亡、惊恐。乘休气克日，将有疾病。若克日而占自身，主受恶人毒物所伤。占家宅，主神物、怪梦。若与天狱并，主讼事。与月厌并，主怪梦排人。乘子加辰，主妇人哭泣事。加巳，主妇人有孕。乘空亡加干，占物，有五色。乘午加寅，怪异、惊恐。乘巳午加申酉，主家书至⑤。乘申酉，阴人挠口舌。乘亥子，小口灾。类神：为文华、金火、毒物。变异：为金火之精。于人：为惊狂，妇人，或作荧惑小人。于祟：水木土⑥神，或不葬客鬼。于病：为头目、四肢、痈肿，见血。于五谷：为豆黍。于兽：为蛇、蛟。于味：甘美食物。于色：红、赤。于数：四。蛇，主文字、虚誉⑦、公信、小财、水火之交，其戾主火烛、惊恐、怪梦、火光、釜鸣、官司、口舌、血光事，应在丙、丁、巳、午日。若旺相相生比和，则吉；休囚则转灾；空亡减半；披刑带煞，灾病立至。

若附旺相神，更相生者，主胎产及婚姻之喜，以其为阴私、血光之神也。在君子主威权之象，以其为将厉车骑威武也。若附血忌，带刑煞，占胎必堕，当产即生。

若附旺相神而有气，占怪，必生气之物；附死囚气，为死物，或有声无形。

占梦与怪，先看騰蛇及阴神，而日辰、三传次之。

凡蛇附火神居火乡，及值时下见火，决主火烛、惊恐，不然有口舌、公事。

占求财，蛇附财星，旺相相生，必因贱货而得财，反此者，主惊恐。凡蛇临日辰，占货，必得下贱之物。

爱阴、虎、龙、玄、后，畏戌。

传变：传乙，官事喜。传朱，公讼、疮疾。传合，子孙忧退。传句，斗损、XX。传龙，先忧后喜。传空，奴仆灾祸。传白，孝服相干。传常，居丧麻服。传玄，逃窃须防。传阴、后，孕妇堕胎。旺为炉灶冶，相为文信，休为官灾、疾病，因为惊怪，死为丧祸。

加辰，砖石。忧惊、凶怪。火光怪。埋没不明、坟田有争。

乘辰 乘龙，主释难。自蟠，主血光，可远不可近。化凶为吉。主产妇、公事。为罗网。壬日，为妇人。癸日，为贼伴。

加卯，斫削。吏怒、文书、音信、为车马、天喜，主产事及受财帛。主小儿惊风。

乘卯 当门，总是成灾。立云门，主车马。主伤人口，门户不和。又云血光。为水。

加亥，朽栏。凶祸、妇人产事。

乘亥 掩目，去难消灾。又⑩主争斗，不能伤人。发用主婢逃走，或失财物。主丧哀之事。又主遗亡之事。

加子，龙形。（此射覆之占也。）女子患病。乘丑加子，为雨师。妇人产事。坠水，从心无患。

乘子 主阴私。乃火绝之乡，凶灾不成。又主惊疑、怪梦。为浴盆煞。

加丑，穷。女人官府。主宅怪。埋没不明、坟墓田土有争。

乘丑 盘龟，祸淫福善。入穴，主田宅。自藏之象，忧事自散。怪异、蛇怪。

加寅，曲屈。进利、升高、为文字。乘X⑧加X，水陆并行。

乘寅 生角，进用非讼，祸福两途。主文书⑨。旺则乘龙而得时，利于进用；衰则失时，反为蜴蜥，以大为小。伤财、口舌。

---

① 校者注：原文模糊。 ② 校者注：原文"林"。 ③ 校者注：原文"召"。 ④ 校者注：原文"林"。 ⑤ 校者注：原文模糊。 ⑥ 校者注：原文"上"。 ⑦ 校者注：原文"文言"。 ⑧ 校者注：原文阙。下同。 ⑨ 校者注：原文模糊。似"件"。 ⑩ 校者注：原文"人"。

<table>
<tr>
<td>加巳，药石。文书损，远人回。文书动用，凡事吉。见财交入传，必主有文约私契。
乘巳
昼翔，音书至。主议论、争竞。主文字有成。甲日，因财争。戊日，因官、文书或池田争。庚日则忧深。壬癸日，不凶。主书信、行遣可至。</td>
<td>加午，衣物。官事争挠，文书动用。凡事若见财交入传，必主有文约私契。
雀
乘午
衔符，怪异、经官语讼。主争斗。主婚姻。</td>
<td>加未，文器。婚不和。为信息。
朱
乘未
临坟，悲哀且在鸡窗。主婚姻。主啄食，求财吉。公讼、文书。主寝食不宁。</td>
<td>加申，铜钱。惊恐。主釜鸣。主官中口舌，伤财不利。
乘申
厉嘴，怪异、经官语讼。主信息、道路、往来。为田猎。</td>
</tr>
<tr>
<td>加辰，绳物。斗讼、失措。为信息。乘寅加辰，吏。
乘辰
投网，乖错遗亡。敛翅，主狱讼、冤仇、口舌。为欺诈。</td>
<td colspan="2" rowspan="2">诗曰：前二朱雀号羽林，灾殃霹雳火星辰。大人文卷忧考察，庶士妻财兢苦辛。旺气扶持情解释，衰空克制事逡巡。病伤心腹还发呕，瘥日宜看子午辰。乘空亡，主信息不通。为虚恐。乘天喜，为呈祥。乘太岁加申酉寅，主差遣、文字。乘二马，主迁动。乘妻财，主婚姻、财物。乘天诏，主恩赦。乘日鬼，加刑害，主囚系。与月厌并，主飞火怪。乘丑加子，主田地争斗。加空亡，主奏表、文字。乘卯加寅，主文字求退。乘朱，加卯酉，白酒、政忧。乘戌加寅，主旧经卷，或死人文字。加未，狗啮。乘戌加亥，文字不喜。爱虎、阴，畏后、空，不立亥、子、戌。类神：为羽毛、文章。于人：与蛇略同。于祟：咒咀、灶神。于病：在心腹、上窍或见血、呕吐、阴肿。于五谷：为水谷。于兽：为飞禽、獐、马之类。变异：为火气烧灼之属。于色：赤、黑。于数：九。
得地则吉，主文章、印信、敕命、服色、王庭之事；失地则凶，主火烛、焚煌、口舌、生病、公讼、文事、财物、损失马畜、灾伤等事。若旺相，披刑带煞，为害必深，反此则浅。
凡占公事，逆理；刑贼日干，官必嗔责；反此无害。
占科名，与投献文策，不入传，亦须寻讨，其最爱为岁、月建与月将并，或与岁、月、日辰相合，带禄、附马、并德，加临生旺之地，文策必中；如被刑克及落空亡、无气、加临死绝，其文必不合格。若卦体、三传并吉，不以此断。
朱，为羽虫之长，文书、信息、口舌、刑戮之神。其为印信亦分大小，或天戒，或朝廷公文，或行人私信。尝夏[1]月见山蛇戏路，占得丑[2]雀附天喜临门户发用，主合朝廷文字，否则天惊[3]也。当晚骤然风雨，几旬而止。盖丑为太岁，为风伯、雨师，附天喜临门户，果应天戒。又旬中有御榜至。凡将惊动，仿此断。
朱雀开口，主斗喧。其起例：正巳、二辰、三午、四未、五卯、六寅、七申、八酉、九丑、十子、十一戌、十二亥。
旺，霹雳。相，文书、信息、火光。休，疾丧。囚，争讼。死，衣服。
传变：传乙，空中文字喜。传蛇，惊火血育之灾。传合，修宅、宜新、和合。传句，有刑伤，忌争斗。传龙，文书财帛至。传空，虚信小人挑唆。又主光影惊怪。传白，众斗、凶走、殴詈。又主血光惊恐。传常，有外家财帛等物。传武，鬼贼文书失、小口啼、汤火灾。传阴，暗昧、淫泆、酒食、财帛、喜事来。传后，冶客财物。</td>
<td>加酉，铜钱。咒诅、官司。主官中口舌，伤财不利。
乘酉
夜噪，官灾起。主奴婢闲非。主疾病。主鸡鸣。又主讼、文书。克日，方进；会句，解散。主官讼、呵叱。</td>
</tr>
<tr>
<td>加卯，果木。主信不到。文书，旺相。动用，间[4]隔。乘寅加卯，文章。
乘卯
安巢。同寅。坐林，主是非、怨抑。为婢。</td>
<td>加戌，鸟巢、骨角之器。闹讼、连错。武官争斗。为信息。乘寅加戌，吏。
乘戌
与乘辰相同。主音信。主有口舌、狱讼。</td>
</tr>
<tr>
<td>加寅，羽毛。女病、封官。文书，旺相、动用，间[5]隔。乘王加寅，表奏。
乘寅
安巢，迟滞沉溺。主远信至。又主文书不动。为信息。</td>
<td>加丑，灰尘。官府交移。主老人口舌。为音信。掩目，用静得[6]昌。
乘丑
主口舌。因田土事起。六丙日，为肾。六壬癸日，词讼。</td>
<td>加子，文物。损失、出行。文书受制，与临空亡同。损翼，自伤、灾难。
乘子
主奸信。又主有官信。日燕暮蝠，主难进。</td>
<td>加亥，书册难成。文书受制，与临空亡同。
乘亥
入水，悲哀且在鸡窗。主争小口。主文X难。宜守静，不宜文策投献。主失财。为管籥。守旧。</td>
</tr>
</table>

① 校者注：原文“下”。 ② 校者注：原文“田”。 ③ 校者注：原文“京”。 ④ 校者注：原文“闲”。
⑤ 校者注：原文“闲”。 ⑥ 校者注：原文阙。据他本校补。

加申，陶铸器。喜气祥风。主，动越关津。亲人阻隔。远人小儿气疾之灾。乘子加申，为僧。为医、媒人。主市贾、交易、道路。

乘申　结发，从媒妁成欢，皆主婚姻庆美。主争讼。才离病损。

加未，腐烂物。服乐。坟宅。田园有损，米物有伤。主宾朋会酒之事。

六

乘未　纳采，婚姻欲成。主婚姻。

加午，木磁器。贵人喜悦。人喜事。文书动用成就，及文书往来之喜。

合

乘午　升堂，婚姻已就。主美人。主半遂。十月占，门户小口不利。丙丁日，为伢。壬癸日，为媒人通语。

加巳，竹简类。嫁娶、阴吏。又为炉火、门户惊忧破损。

乘巳　不谐、惊悸。主女人私合。主信息见贵。蝉鸣，婚姻惊恐。

加酉，刀尺。财损、阴私。暗昧、损财，及财物不明。

乘酉　私窜，不明之因。主男子喜。又主淫奔。跣足，主不进。

加戌，硬物。交易、官讼。破损坟茔，田宅不宁。

乘戌　亡羞（同辰）。主妇人逃。为德合。

诗曰：前三六合大夫位，和会婚姻吉兆扶。君子升迁增俸禄，小人饮食更欢娱。相生谋产多吉庆，受制穿窬用暗图。问疾阴阳心腹痛，丈人司命祭当苏。若乘空亡，主门户损坏①。眷属子孙异离。出外谋望虚名。乘旺相临吉地，子孙禄位之喜。乘三六合，主见贵喜吉。乘天罡，与坵墓并棺椁②，主病凶③。乘子午，交易事成。乘寅加丑未，主干事在寺观。乘卯加午，六畜事动。加申，车马出入。加酉，信音至。乘巳加空亡，井灶不安。乘未加巳，阴喜不成。乘戌加辰，子孙哭泣。乘生气加日辰，君子加官，庶人得财。乘浴盆煞，主病亡。归本位，兄弟谋诈，妇女相通。

最爱龙、常，畏后、阴、白、空，不立四仲。

类神：为竹木、金石所伤之属。

变异：食盐、羽毛。于人：为工巧、为儿子，或术士，或仕宦，又为隐逸之士。于祟：丈人、身命。于疾：阴阳不调，心腹虚。于五谷：盐粟。于兽：兔之类。于味：可食之物。色：光彩。数：六。

六合，主婚姻、喜庆、信息、求望、交易、胎产、媒妁、牙保、阴私、财物、交契、木植④、船车之象。其戾，主阴刑不明、先喜后忧、小人女子之过、伤失六畜之象。又云：六合，主门户、道路、更改、变迁。凡六合乘旺相气、相生，顺理，而入用，传者，的。主婚姻或胎产之喜，阴私财物。若死囚刑克，则主财物口舌，阴人烦挠。

六合乘酉戌，多主奴婢逃亡。占盗切忌六合入卦，必私门逃亡，难获。

狡童泆女，占婚，主人多不正，所为奸弊，兼妨有失。

六合附金，谓之内战，主阴私、口舌，皆在妇人，兄弟。若附土，谓之外战，主事在外发，谋起议不安，宜暗求私祷。

六合不合，阴私相怀，酉、卯、子、午也。

传变：传乙，子孙谋贵。传蛇，小儿鬼祟。传朱，眷属囚系。传常，商贾外感病疽，乞养。传武，知贼消息。子孙奸淫。传阴，后，主色欲、淫痨。

旺，为婚姻。相，为船、车。休，为怪异。囚，为禁系。死，为奸盗。

加辰，土瓦器。词讼、坟地。破损坟茔，田宅不宁。

乘辰　违礼，因妄冒而加罪，皆主婚姻讼事。主为事不成。为宰杀。

加卯，果木。后妇、旅客、门户更迁、及占术士、沙门之类。

乘卯　入室，婚姻已就。主法术喜。小口灾。

加亥，四足、绵纸类。私通不明。主私门不正，偷盗财物。

乘亥　待命、和平。主妇人私乱。为幼子。

加子，贮水火。阴人无礼斗争。得局和美，反目无礼之事。

乘子　探⑤易，主音信。宜慎灾病。为荡妇。为奸邪。

加丑，阳破挑挖之器。婚姻梳妆。田园有损，米物有伤。主宾朋会酒之事。

乘丑　丽妆，婚姻欲成。卧疾。主田宅不安。牛车、鳖。

加寅，刀尺、果食、羽毛。迁官移居。财物动用。买卖成就。

乘寅　乘辂，从媒妁成欢，皆主婚姻庆美。

乘寅　主文字喜。主出求吉。丙丁日，为柴。壬癸日，为丛林。为信息。

① 校者注：原文“衰”。 ② 校者注：原文模糊。 ③ 校者注：他本作“囚”。 ④ 校者注：原文“值”。 ⑤ 校者注：原文模糊。

加申，铁器伤。官司、后喜。争竞、关梁。损失财物。

乘申 趋戸，反复句连改革。主道路滞。主神怒。己日，主争斗。乙日，主争财或争婚。戊日，因奴婢，官文书①至。

加未，粟帛丝绵。出入酒家。主吉。争竞田土，破伤财物。

句

乘未 入驿，往来词讼留连。主争婚。主酒食。主说事。主斗讼。

加午，印象文物。被人连累。血光、疾病。争竞重重。文书反复，口舌不利。

陈

乘午 反目，必因他人连累。主妇人争讼。

加巳，衣服、旧器。迁官。赘婿。争竞重重。文书反复，口舌不利。

乘巳 捧印，有改迁。主勾连。主出兵事。为管籥。占囚，有出之象。宜迁改。

加酉，磁铁器。刑罚、私情。争竞、关梁。损失财物。

乘酉 被刃，身遭刑责。病足。主武场事。主足病，难进。远行不通。

加戌，衣物。破财，牢狱。主二人因财争斗。争竞田土，破伤财物。

乘戌 下狱，往来词讼留连。佩剑，主逢恶人。主墙垣。戊日，为众④攒集事。

加亥，香味。腰伤痛死。因财鬼物侵害。

乘亥 褰裳，反复句连改革。小口病。主求财吉。为狱吏。

诗曰：句陈前四大将军，兵灾刑斗讼留连。君子掩逃擒盗贼，小人争妇竞田园。旺相相生犹合理，死囚刑克必迟延。病因肿臃寒热苦，祟在丘陵及土垣。若乘空亡，主忧挠，事散。出远方来。乘旺相，相生，旧事新起，战斗胜，捕亡获，讼得理。乘旺相克日，官吏拘追。休囚克日，狱吏勾追。若又值从革卦，主铜铁物为怪，即视中传，寻方向可掘得。乘子孙，忧事可解。乘财，所求稽留。乘鬼，冤冢为祟。若克玄武所乘之神，盗贼败获。乘丑加午，主争田宅。乘寅加未，事在泮庙。乘寅无气，主文背理曲。若卯酉，口舌交加。乘亥加子，主值②出泥水。

类神：于人：为丑妇，或军卒，或贫薄小人。于祟：冤死之鬼，及门户土垣鬼。于病：心腹寒热，肿臃见血。于五谷：为木实。于兽：鱼、龙、水虫之属。变异：为瓦石、金铁。若破损，为勾连，罗网之类。色：青黑。数：五。

句陈拔剑，主病患相伤。正月起巳，逆行十二位。若与辰戌丑未交会，祸患连深；辰戌大凶，丑未口舌。又若逢披刑带煞，灾祸即临。

句陈主兵戈、官讼、公事、印信、虎符、留连③、皮革，或争田土、宅舍、财帛。占望信息、财帛、出行，俱主留滞。其戾主病，蹇厄牵挂，财物损失，庶人得之如此，若官员见之乃为印绶，盛则吉，衰则凶。

凡占讼，先以句陈为主。如来克日，理难伸雪；日克句陈，讼得理伸。又忌句之阴神附蛇、虎、雀，带煞克日者，最凶。句阴若作贵人，生日上，得贵助为吉。亦要之行年上神不落空亡。

凡捕大贼，以句之所乘神，克制武之所乘神，主必获。又以句所立之地，克制武所立之地，亦主贼败，或自首发。如：武立申酉，而句立巳午是也。

占晴雨，最喜句陈入传临日辰，克制玄武，必主天晴。

占争战，亦以句制武，准上断之。

占宅墓，句乘旺气加墓宅上者，主安久不移；若休囚刑克，当主公事。

爱玄、空，畏龙、后，不立四孟。

传变：传乙，贵托干事。传蛇，刑伤、失名。传朱，口舌、官灾。传合，兴修，眷属有争。传龙，谋望未遂，疾病痨瘵。传空，女，主产厄，男，主争斗。传白，挠忧，徒配。传常，修整财业。传玄，争溺，孕堕，投军，退业。传阴，孕有咎，人暗谋。传后，妇人逃失。

旺，为擒捕。相，为印信、关防。休，为禁系。囚，为宰杀。死，为争斗。

加辰，捕器。屠宰。狱吏。争竞田土，破伤财物。

乘辰 升堂，当有狱吏追呼。成水局，主刑狱。战斗。

加卯，梁柱之余。灾病。宅凶。受制，不利。乘丑加卯，将军。

乘卯 临门，家必不宁。主入狱。主斗打。主迁居，不利小口。沙门。

加子，衣花。毒药。后妇。因财鬼物侵害。沉机。被辱，暗遭毒害。

乘子 临官，主恶人纵意。主自病。主下。

加丑，花绫。耻辱两疑。争竞田土，破伤财物。

乘丑 受钺，主凌辱。人化。主田宅交加口舌。主酒食。

加寅，瓦石、木根。进书。官司。受制，不利。

乘寅 遭囚，宜上书。受制，主争讼。宜投文。

① 校者注：原文模糊。 ② 校者注：疑为"垣"之误。 ③ 校者注：原文无，据文意校补。 ④ 校者注：原文模糊。

加申，腰带物。财损、阴灾。求财反伤财，及折足。

乘申
摧角，宜乎安静，动则多凶。主失财物。主飞腾。申为道路，或主财帛出其道路，或占远信、财帛之事。

加酉，刀伤。私暗、不明。求财反伤财，及折足。

乘酉
伏陆，允宜退守。主远行雨阻。旺相，为金玉。丙丁日，为钱。

加戌，刀割伤。小人、牢狱、暗损、盗失、财物不明之象。

乘戌
登魁，小人争财。主印绶。出入多劳，凶。

加亥，瓜果之属。雨。乘龙双美。乃名出木入水。凡百财中有喜。动用俱吉。

乘亥
游江，因动有非常之庆。主迁、居官。主舟车、财帛之喜。又主婚姻。为楼台。

加未，烂木、条物。失物、马病。买卖、求财，俱吉。

青

乘未
在陆，又曰无鳞，宜乎安静，动则多凶。主婚姻。子午乘龙，妻妾怀妊，否，必家有孕妇。婚姻礼仪之事。青合未，僧。

加午，盛食物。无毛，忧官吏。若妻有孕，动摇即无虞①。文书迁动、改移之象。

龙

乘午
焚身，缘财有不测之忧。主拜官。辛日，为贵鬼，化凶为吉。名善人。

诗曰：前五青龙丞相位，酒食钱财婚礼宜。君子奏官迁职远，小人财物讼②乡耆。旺相相生媒妁吉，死因刑克是私通。病者热沉心肠疾，祟关司命且堪医。若乘空亡，主喜不遂，事散难成。乘丘墓煞，主忧人死亡。乘鬼，主财帛难得。乘死气，主受死。乘二马，主出行。乘天喜，官禄荣迁。乘月将，主相圣贤。乘子加申酉，主婚姻。乘寅，求官禄事，必得。加未，主寺观事。乘卯加亥子，主舟船事。乘辰戌，主讼财。乘午加丑未，主尊长财物。乘未加丑，主酒食、婚姻。乘申酉、绝气，主财禄不喜。乘亥子，主官爵文字、人财贺喜。若归本位，婚姻之庆、X宾之喜。

青龙乘孟寅、仲酉、季戌，名开眼，主消灾。类神：于人：为贵官族、僧道、高人；于祟：司命；于病：头目、心痛、四肢、寒热、臃肿；于五谷：草木之精，可食之物；于兽：龙、虎、豹、狸、猫之属；变异：文章、羽毛、钱物、脯玺之类；又为棺椁、枷棒之类。色：黄赤。数：七。

青龙主文字、财帛、舟车、林木、衣服、书契、官府、升迁、僧道、高人、婚姻、喜庆、媒妁、胎产、宴会、果药之属。其戾主哭泣、疾病、公讼、失财、走畜、陷溺、舟车。凡占公事，虽以青龙为喜神，若披刑杀入卦，贼日干，却主凶，以其为杀神也。

凡新妇入门时，忌天后乘神克青龙，主克夫。

求财以青龙为主，要乘旺相气，临旺相乡，与日辰相生，或作三合、六合者，吉。亦须入日辰、三传，否则亦为闲地，求财难矣。占婚姻、胎产同此。

又龙生命，有财。克命，退财。

占盗贼，忌龙入传，以龙为万里之翼也。

占行人，亦主转往他方。

占病，龙入传，必因酒食，或因会亲、情洽、喜好得病。

占文官则视青龙，武试则视太常，与日和合者，吉。反此者，凶。太岁作龙、常，必主迁转。

凡龙与杀并，加日辰者，主喜庆中有斗争杀身。

畏阴、虎，爱后、合，不立申酉。

传变：得儒生得官。传蛇、白，忧病。传朱，文字、财帛之喜。传合，门户、子孙之喜。传句，迟留、难产。传玄、空，鬼贼伤残。传常，被③服、酒食。传阴、后。暗财之恩。旺，为财帛。相，为文信。休，宅庄、钱产。囚，为棒棍。死，棺椁。

加子，蝉形。贵人大喜。乃名出木入水。凡百财中有喜。动用俱吉。

乘子
入海，因动有非常之庆。主官禄。主舟车、财帛之喜。又主婚姻。子乘龙，合，女占，必受皇恩。子午乘龙，妻妾怀妊，否则，家藏孕妇。

加丑，铁器。夏得暴④风雨。买卖、求财，俱吉。

乘丑
蟠泥，所谋未称。主田宅。辛日，主斧斤。癸日，龙。主得而复失。

加巳，双合物。财利有失。文书迁动、改移之象。

乘巳
飞天，君子欲动。主饮食。求事必成。利进谒。主詈骂。

加辰，瓦器、曲水。鲜物。暗损、盗去财物不明之象。

乘辰
掩目，缘财有不测之忧。春夏，龙；秋冬，鱼。

加卯，木器、果食。凡百财中有喜。动用俱吉。

乘卯
驱雷，宜于营运，进利。主财货重重。多主求亲。为术士、雨、园林。

加寅，矫揉。商贾钱。乃名出木入水。凡百财中有喜。动用俱吉。

乘寅
乘云，宜于营运，进利。主文字。主征召，子孙欣庆。多主求亲。为秀才。道士。

① 校者注：原文字迹模糊。 ② 校者注：他本作“送”。 ③ 校者注：原文模糊。 ④ 校者注：原文字迹模糊。

加申，角物。妇人、娼妮。僧妄言。主语。

乘申 鼓舌，实难分其真伪。主僧道妻女。炉冶、碓磨、孝服事。

加酉，磁器。阴情暗动。主语。

乘酉 巧说，值奸人谋计。出户，主奴婢不实、走失、奸淫。小奴。又主奴婢私通。

加戌，土泥物。奸奴诈婢。虚诈不实、孤克贫寡。凡事忧滞、损失财物。

乘戌 居安③，事因于奴婢。临吏，主盗贼妄说。小事可成、重奴。健奴、军吏。

加亥，泥污、水物。说诬、产病。因财成事，但主不定。乘子加亥，眼也，奸门也。

乘亥 诬词，值奸人谋计。濡冠，奸诈事，主小利、遗失。秽厕。

天

加未 欺诈、媒人。主虚诈。

乘未 趋进，起货财之利。小事可成。主欺赚得财。又主宿疾。井泉之事。

诗曰：后六天空司直官，奸谋诡诈事多端。君子迁官防谗诳，俗辈孤单被欺①瞒。比助相扶奴婢喜，刑伤不睦是非搀。疾关气胀疼胸胁，井灶为殃岂得安？若乘空亡，逃亡。又损失器物、仆、马。为飞言不实。加孟，主遗失。加仲，主虚信。加季，主心病。若值岁破、月破，并在土上，墙崩土陷。在火上，主火烛。占怪，有声无形。占寻人，近窑灶、山岩、树林、倒屋之处。若甲乙日，乘亥加巳，主藏。若乘丑加戌，婢贼走失。若乘戌加丑，奴婢欺诈。

天空见泪，哀声聒耳。六甲旬中居壬癸地，见壬癸也。类神：于人：为丑妇、贫人。于祟：为井灶及绝嗣鬼。于病：胁腹中气并下痢。于五谷②。于兽：狼狗之属。⑤又为印绶、金铁、空虚之物。变异：为虚臭恶色之物。色：黄。数：五。爱玄、后，畏龙、合、阴、雀，不立四孟。天空，主奴婢、公吏、市井、小人、财帛、言约、私契。其戾，主奴婢口舌、脱空、不实、虚伪、巧诈、是非、毁败之事。以其为空亡、寂灭之神也，即空亡之类。若在辰、戌、丑、未四宫，谓之天空闭，亦可以成小事，不可以成大事。其或顺理而旺气相生，主财帛喜，与奴婢小人同心。更带财星及天喜者，必因小人而获财也。否则因僧道获财，或因虚诈有功。

《花瓶记》云：『天空安居，有言不虚』。有夏占铸钟，值天空附火发用，旺相相生，钟成，只有小衅。

占病讼，最爱天空发用，及入末传，主讼解、病散。若求财物，又大忌之。一说，加临日干旺相，主作营运行商。

占婚，天空发用及临日辰者，必家有寡妇之人。否则，更徙祖业。

占奴戌、婢酉，皆以天空为主。要天空之乘神与干支生合无克贼，则吉。否则，必主逃走。更值魁罡，主，仆不良。

占行动，主道路、卑贱相损。

占廷试、对奏，亦吉。以天空乃奏书之神也。

托人谋事，须防虚诈。

占宅墓，若宅墓上见水神，或门户上见天空并者，④必主水道、垣墙壅塞，泥淤不便。宅墓者，宫音宅未，墓辰；商音宅酉，墓丑；角音宅卯，墓未；徵音宅午，墓戌；羽音宅子，墓辰。惟季将其音相连。如天空为戊戌土，乃徵及商羽音也。太常为己未土，贵人为己丑土，俱商及角音也。句陈为戊辰土，乃宫羽徵音也。占得季将，必主大小墓相连也。

传变：传乙，仕宦虚惊。传蛇，怪奴婢走。传朱，文书多梦鬼邪。传合，宜新宅、奴送物。传句，争斗、仆灾。传龙，虚惊、苟合。传白，奴诈主、好欺同。传常，废业、兄弟不和。传玄，奴婢子孙退。传阴，暗妇作主、奴婢作亲。传后，逃亡、鬼怪。旺，为印绶。相，为妇人谋婚媾事。休，主奸邪伤妇。囚，主奴婢逃窜。本位，为戊戌土神。

加子，砖石。妇伤儿。说妇人事。主田财成事，但主不定。

乘子 伏室，患生于妇女。溺水。主女分娩事。主小人⑥蹇塞。悲泣。乘子加木，道士。

空

加午，废物。虚诈、文书不实。

乘午 识字，实难分其真伪。土工之事。

加丑，土铁物。居丧、欺诈。主虚诈。

乘丑 侍侧，诈尊长之言。主田宅、诈伪。小事可成。矮子。雨师。虚诞怪。

加巳，生气、有脚物。仓库、赘婿。投绝，若发用，主血痢之疾。虚诈、文书不实。

乘巳 受辱，自别其是非。摇唇，主炉火事。水虫杀。

加辰，砖瓦。凶顽、压损。虚诈不实、孤克贫寡。凡事忧滞、损失财物。

乘辰 凶恶，有暴客以欺侵。亲戚，主孝子事。小事可成。

加卯，木石。急风、闭塞。主妄言。主盗失财物。

乘卯 受制，有暴客以欺侵。主妻妾事。沙门，木日，僧不洁、少实。火日，多高谈道德。主伤财。

加寅，没底物。口舌、走失。主公私口舌。主盗失财物。

乘寅 被制，自别其是非。主虚诈家中文字。主刑狱、争讼。

---

① 校者注：原文"哄"。 ② 校者注：原文阙如。 ③ 校者注：他本作"家"。 ④ 校者注：原文似为"牢"。

⑤ 校者注：原文无，据他本校补。 ⑥ 校者注：原文无，据他本校补。

加申，斧、钳、鐶。信到两诺。动用关隔耗。白，乘、加申，为破风。

乘申
衔牒，无凶，可待喜信。主疾病疼痛。主道路信至。主争讼。为猎人。主刀兵。会青龙，主争财而伤。并死气，尤甚。庚日，是病人、死丧、孝服出其道路。金木相克，主流血之象。会句陈，乃不为灾，以其不内战也。行人，书信立至。

加酉，锹、铳。展爪伤人。动用关隔破耗。

乘酉
临门，折伤人口。当路，主不可出行。主争讼。旺，为金玉；囚，为刀刃。

加戌，兽吻、钮印。走失、僧孝。破财、死丧、坟茔、骨殖。

乘戌
落阱，脱桎梏之殃。闭口③，主疾病在老幼。为真印、或病。克日，为垒土煞。

加亥，刑伤、毛虫之类。雨泽、私情。主动用吉。乘寅加亥，临长生，为道人。

乘亥
溺水，音书不至。主儿病。主有孕妇。主伤人。

白

加未，烧铸器。出入僧道。破财、丧死、坟墓、骨殖。

乘未
在野，损失牛羊。主为鹰。主进用有权，滞中得速。主墓。亦风门也。六己日，占天，必大风。

虎

加午，药石。先凶后吉。乘魁罡加巳午主孝服，或干孝服事。血光、破耗、损失之事。

乘午
焚身，灾祸反昌。主病失。街巷、阡陌，兵刃、持用之物。

诗曰：后五白虎廷尉宰，孝服疾病狱囚萦。君子失官流血恐，小人伤杀致身倾。旺相相生惟损失，死囚刑克虑沉溟。病者目头痈疽苦，祟犯伤魂祭乃宁。若乘天空，主凶减半，出行不前，财薄失势。乘马附金水，主文字事。乘亥子，主水行。乘寅卯未，主庙。乘卯加卯，主东。乘寅加戌，主病淹延。加死地，主后。乘巳加戌，主悲忧。乘午加酉，主道路。阴神有吉神，忧事反吉。阴神有凶神，吉事反凶。乘戌加子，主孝服。加寅，官事句呼。加卯，宜远行。类神：于人：为病人、孝子。于祟：兵死、客鬼。于病：痈疽，头目、见血、忧惊。于五谷：麦、麻。于兽：猿、猴，虎之属。又为金、铜、铁之器。变异：为剑伤形。色：白①。数：七。

白虎，主道路、信息、兵戈、动众、威权、财帛、犬马、金银、宝物。其戾，主孝服、哭泣、死丧、疾病、怪异、凶恶、杀伐、灾害、口舌、狱禁、斗闹、暗昧、血光、冤仇、惊恐、刑戮之事。披刑带杀，灾祸立至。

若旺相相生及顺理者，亦作财物断之。或因闹处得财。

占施大功，作大事，最要白虎入课发用，其功立成。盖虎乃威权之将也。

占官爵，亦要白虎，乃为威权。若带煞更美。所谓『不刑则不发也』。

占病，切忌白虎贼日、兼虎带刑煞贼日、斗魁作虎克日克行年、虎阴克日辰行年身命，皆凶。最爱虎空、附德神者，吉。有白虎落空亡、或有德神与日相生，不损人。②惟凶煞重，亦不能救。

占公事，忌蛇、虎克日干，以二将皆血光之神也。

占墓宅，看白虎临何方，断其方有岩石、神庙之象。

占行人，以虎为准：初传立至，中传在途，末传失约未来。虎带丧吊加支，主家丧服，或外服入宅。传中见虎，须干有服人。

占天时，主大风。

白虎仰视，凶恶之甚。治四孟是也。

虎遭擒，免灾。太歳类合治寅午戌是也。

传变：传乙，远行、官事。传蛇，暴病、灾亡。传朱，谋议、争挑。传合，小口频伤。传句，腰脚跌伤。传龙，财妇俱败。传空，仆头逃亡。传常，产难、风痛。传玄，军贼、忧遭水厄横灾。传阴，暗里争财、妻有血灾。传后，三代寡妇。旺，利涉道路。相，奸盗。休，为医。囚，为丧车、碓、磨、房屋。死，为伤。

加子，瓦器。清渠。音信。主动用吉。

乘子
溺水，音书不至。渡江。主妇人猝病。妇人半④病。壬癸日，为浴盆煞，小儿凶。

加丑，刀尺。周年、百日。破财、死丧、坟茔、骨殖。

乘丑
在野，损失牛羊。直视，六畜死损。有求望。为风伯。

加巳，金帛、刀钱。血光、离祖。乘魁罡加巳午主孝服，或干孝服事。血光、破耗、损失之事。

乘巳
焚身，灾祸反昌。断瓦，主悲怨。为丧。主弓弩、曲物。丧车煞。

加辰，铜、银、铁。剑客。凶贼。破财、死丧、坟茔、骨殖。

乘辰
咥人，有害，不见休祥。夜行，哭泣。主官灾。屠恶人。主争田坟。

加卯，裁割器。孝车伤人。主损失财物，动用不利。

乘卯
临门，折伤人口。伏穴。主官司呼唤。又主老幼疾病。为畜。为陆。

加寅，刃器。损军校。主损失财物，动用不利。

乘寅
登山，掌生杀之柄。出林。主死人事。兵战伤。又云，蛇虎临寅梁折屋坏。主生财，人口有伤。为猫。为疯子。

---

① 校者注：原文无。今予校补。 ② 校者注：原文"雎"。 ③ 校者注：他本作"目"。 ④ 校者注：疑为"胖"。

加申，钱物。超进迁居。争竞损失。

乘申 衔杯，必进职而迁官。主女人美德。

加酉，毛羽。娼女、道姑。争竞损失。

乘酉 券书，始虽顺而提防后竞。为师姑。主阴人之喜，亦防后争。为小麦。

加戌，破衣。君臣谋陷。争斗田园。

乘戌 逆命，尊卑讼起。主为印绶。

加亥，绳带。受宣妃后。远动作商。

乘亥 聘诏，上虽善必虑下争。为贡元。上人喜。

加未，服物。筵赏、后妇。田园、禾苗俱吉。

太

乘未 捧觞，或征召与喜庆。为巫婆。主有资财之喜。是米粟之神。并水，为酒。

诗曰：后四官为太常卿，田园财帛彩鲜明。君子迁官荣爵贵，小人媒嫂酒逢迎。旺相相生婚吉庆，死囚刑克失财惊。病者四肢头腹疾，祟缘新鬼可求亲。乘空亡，主财帛失散，外家有灾。乘天喜、天魁，主印信、文字。乘驿马，官禄荣庆。乘未加水，为风；加火，为食。乘空亡官鬼，主文字事。加酉，为四方竹器。乘午加申，主厨舍事。乘申，章服，巫医至。乘子午，事物必新奇。乘丑，为僧衣。乘空亡，为儒道衣。乘阳将，为妻之父；阴将，为妻之母。

爱贵、合、后，畏蛇、空。类神：于人：为贵人、贫①妇。于祟：司命。又为新化鬼②。于病：四肢、头腹不宁。于五穀：为麻。于兽：为雁羊之属。变异：为金石、文华、耳目、毛发之类。味：可食。形：圆。色：黄。数：八。

太常，主文章、印信、衣裳③、服饰、信息、交关、酒食、宴乐、绢帛、田地、五谷之属。其戾，主违失公私文字、窃盗衣裳、哭泣、不美、公私牢系。

占官，最喜此将，终始见太常，二马、印绶之卦，所求遂意。如传见河魁、太常，主两重印绶。盖河魁为印，太常为绶也。占得太常发用，更临日辰、门户者，为印绶星动。君子遇之，决主印绶文字喜。旺相相生，迁官转职，即庶人亦主媒妁、婚姻。休囚刑克，则财帛不安，货物不足。

太常被剥，百事消烁。春辰、夏酉、秋卯、冬巳，是也。

传变：传乙，官人迁职，庶人财喜。传蛇，血鬼为祟，痈疽，暗风。传朱，诏书，喜至兄弟，远房之戚。传六，兴修，起役，孌妇空忧。传句，难产。传龙，姻亲喜，妻妾受封。传空，吐血，男痢。传白，病风，外服。传玄，堕胎，失财，伤妻。传阴，暗喜，营为，女经，陶冶。传后，媒聘，进财，妇哭子。

旺，为田宅、财帛④。相，为婚姻，祈祝。休，为妄想⑤。囚，为旋风、井泉。死，为雁。

加子，花衣。枷杻、毒药。远动作商。

乘子 遭枷，必值决罚。捧印。为贞妇。主因酒食与人决罚。为鬼神。

加午，文书。帝王恩命。远动俱吉。

常

乘午 乘轩，有改拜之恩。主美人衣。田宅。得贵人力。

加丑，旧药。损财、迁官。田园、禾苗俱吉。

乘丑 受爵，必进职而迁官。主老人衣裳。主有资财之喜。旧事。常丑金天街。

加巳，花妆、故破。君臣双喜。远动俱吉。

乘巳 铸印，或征召与喜庆。为术士。丙丁日，主炉灶冶之事。

加辰，土石。主奸邪、改职。争斗田园。

乘辰 佩印，有再迁之命。主田猎衣。二千石。

加卯，文书。伤财、疾病。财物有伤。

乘卯 遗冠，财物有失。主女冠事。三合。

加寅，僧道物。欺诈、出外。财物买卖、远动之辱。

乘寅 侧目，须遭谗佞。为道士。为书籍。

① 校者注：疑为“贞”之误。 ② 校者注：原文“仇”。 ③ 校者注：原文“常”。 ④ 校者注：原文“印”。 ⑤ 校者注：原文“妄相妄”。

加申
亲宾、远信。损力、损财。

乘申
折足，主失势而立获。有气主失金银，无气主失铜铁。主贼见①形。又主害人。癸巳②，忌出行，主路亡。以玄故也。

加未
酒食不利。盗贼自败。

玄

乘未
不诚，盗败于酒食之地。朝天，主为众亲。男儿宜干贵。又主转职。主妖讹事。

加午
贼刃、刑伤。搬递财物、机谋狡猾、道路不明之事。

武

乘午
截路，怀拒捕而反伤。主失。主为菩萨。贼不宜攻，与酉同。又主转职。主遗失。临干，为天目将军。又云：天眼开。盗贼多败，故曰遗失。

加巳
小儿婚钱。搬递财物、机谋狡猾、道路不明之事。

乘巳
反顾，主怪异虚惊。进身之象。有人举荐。以小人加巳破之上，主破财、不成，故名解散。

加酉
走失、损财。佩剑、不利。

乘酉
拔剑，怀拒捕而反伤。主奴婢逃亡。贼不宜攻。主水边。六辛日，为濡涸也。

加戌
牢狱、僧贼。盗贼难获。

乘戌
遭囚，主失势而立获。主四足怪。又云：奴婢逃亡。为奴。

诗曰：后三玄武后将军，盗物奸邪狱讼陈。君子奴逃车马失，小人淫乱妇离群。旺相相生财畜吉，死囚刑克丧灾连。病者泄遗兼腹胀，祟殃河伯溺潭神。若乘空亡，主遗亡及谋远行难回。若加六害，为带剑，贼伤人。加土上，为折足，贼败。若乘辰加丑，主门户、走户。乘午加丑，主阴小失财。乘寅卯，为棺椁，占病凶。乘卯加亥，主狱讼、枷禁。乘子加劫煞并寅卯，主劫杀。乘辰加日鬼，主兽XX、小便不通。乘辰加戌申，主贼兵。乘子及华盖，主逃亡。乘日鬼作死气，占病，有祟。类神：于人：为盗贼、小人。于祟：为妖物、厕秽、不正及水死鬼。于病：为肾和膀胱、水疾、遗精。于物：为虚空、流转、勾连、鳞角、自水中所出。色：黑③。数：四。玄武，主聪明多智、文章巧技、求望财物、干谒贵人。其戾，主失脱、盗贼、小人、女、阴私、不明、走失、疾病、鬼魅、梦想、离④别等事。

武，主鬼肤，其为事多浮泛难成。武在江湖则主风云，在道路则主雨水。

武与财星并，主财多聚散或失，稽滞，少成多败。如其旺相相生，则主交易财物，或作牙⑤侩断之。

凡占盗贼，须责玄武之三传。先以玄武为本传，次看玄武之阴为第二传，谓之盗神。而盗神有所生，为藏物潜居之处。又须看盗神之阴，为第三传。此三处神将相生，上得吉将，其贼难获。若三传神将相克，上有凶将，当主败露。又看人之年上神与日克制玄武者，亦获。

凡卦，忌武临日辰、或日辰作武、逆理、克日辰者，俱防盗贼、失脱，亦不宜与小人交易，恐有脱赚。不然其宅有阴人承门户，不利也。如顺理、旺相相生，不在此限。

占走失人物，玄武附德，更临日辰，逃归、必获。玄武临门户，更直昴星者，必主失脱。官家当主牢狱、走失。若值刑害，罪人自犯。

玄武横截、盗贼、兵伤，顺行亥子是也（未明）。又云：武茋风伯、雨师二神，必有盗贼。

爱龙、蛇、雀，畏空、句，不立魁罡。

传变：传乙，主退贼。传蛇，逃失、多怪。传朱，鬼贼、失文书。传合，遗亡、失官。传句，投军、刑害。传龙，孕妇伤子、财物暗失。传空，奴婢欺逃。传白，逃凶、水厄。传常，凶灾。传阴，匿财暗失。传后，婢女奸私。

旺，主走失。相，主偷攘。死，主溺水。休囚，主伤害奸讹。

加辰
盗贼难获。主自散。

乘辰
失路，盗贼自败。主神怒。失小儿。主官事。又云：奴婢逃亡。又名：月神，贼得有神助，难捕。又为：右目将军，在北斗，掌妖邪、盗贼。

加卯
阴乱、走失。主盗逃走损失。

乘卯
窥户，主家有盗贼。主失舟船骥畜。兄弟。

加亥
阴病、迁居。乘亥、子、申，加卯酉，为阳绝。

乘亥
伏藏，贼隐于深邃之乡。主水神。为盗贼。

加子
阴私、盗贼。机密、庄严不语，病者亦然。

乘子
散发，有捕盗之心。过海。主妇人逃亡。出行失物。

加丑
相欺损财。盗贼自败。

乘丑
升堂，有干求之意。丘墟。主失牛畜。干求、失物。

加寅
盗贼、铁锁。主盗逃走损失。

乘寅
入林，盗贼难获。主文书、猫畜杂色。

---

① 校者注：通“现”。 ② 校者注：疑为“日”之讹误。 ③ 校者注：原文“白”。 ④ 校者注：原文无，据他本校补。 ⑤ 校者注：原文“伢”。

加申，女器、羽麦。君臣失礼。动用关隔、阴人隐匿、暗昧、失财、不足。

乘申
执政，偏宜君子之贞。主远信。旺，为麦。囚，为城。宜德行正。

加未，黄物。阴人酒食。争竞田园、克战破损。

太

乘未
看书，雅称文人之矩。主婚姻。主欺诈，破失。又主婚事。姑姨妹事。主信。宜文德政事。

加午，白色铁器。书信奸情。血光、口舌、破财。

阴

乘午
脱巾，财物文书暗动。主，妇争斗及病，其忧喜决于占时。为妾、为妃。为婢妾之象。

加巳，刀尺、巫衣。二女口舌。血光、口舌、破财。

乘巳
倚枕，口舌盗贼忧惊。主私事发露。主阴人口舌。娼妇。

加酉，金羽物。尼姑。阴私、暗昧。

乘酉
闭户，雅称文人之矩。主婢自归。主奴婢疾病，出入防忧。甲日，奴婢私事。戊日，婚姻。庚日，金帛，宜静。为淫娼。

加戌，虫类。束[4]抑说诬。异姓、孤客克奴婢、损失、不明之事。

乘戌
被察，当忧谮妒。绣窗，主有文印。主乖争。又为狱，故讼。奴婢奸盗。

诗曰：后二太阴内使丞，阴私蔽匿事相仍。君子罪名将出入，小人赃奸致忧惊。乘旺相生婚礼娶，逢衰刑克祀神征。病者足疾腰伤损，有祟须祈灶有灵。若乘空、合，主忧少妇、女子暗中财物事。乘太岁，主天庭文字。若乘旺相，主锡金帛。休囚，主暗昧。空亡、破碎，为锁破或病眼。乘天德，为私恩。乘鬼加日辰，小人欺诈。乘子加寅，为孕妇过月。乘卯加子，主妇人淫泆。乘酉加巳丑，主钱帛事。类神：于人：与天后同。或云贱妾。于祟：女祥，及灶，与绝嗣鬼。于病：心、腹、腰、脚损。于五穀：为小麦。于兽：鸠、雉、飞鸟之属。又为金铁、刀针。变异：为野外、水中物。色：黄白。数：六。太阴，主妇人、女子、财帛、金银、钱物、阴私、喜庆、婚姻。其戾，为阴私损失、谋事迟滞未成、远信未至、病疾未痊。旺相相生，主阴人财喜，或为胎产；死囚刑克，阴小病患，及阴私舌口，婢弊不正之事。

占公讼，太阴入卦，与日相生者，宜首罪。

占罪，太阴入卦刑克日者，有神佛愿。

占盗贼，切忌太阴入卦或临日辰，主难获。乃天地之私门也。徐氏云：『太阴六合来加日，冥福佐之登远程。』

占墓宅，太阴入卦，以所临之方断其有佛寺，及奇美好物名。

占婚，见太阴并酉、亥、未发用，加日辰，其女必不正，或神佛阻，妇人间[2]阻。加日本克日，曰：主淫乱。

丙午日见之，有财。

太阴居申酉为拔剑，主阴害。

爱龙、常、后，畏雀、蛇、空，不立卯、午、子。

传变：传乙，老妇恩私。传蛇，遗匿疑猜。传朱，争竞财物。传合，暗中有惠。传常，贼伏暗来。传玄，奴婢遗失。传后，二女争淫。

旺，为金玉、钱帛。相，为妇女媒娉。休，为妇女奸邪。囚死，为奴仆。

加辰，钗钏、花朵。勾连、暗昧。

乘辰
遭屯，宜备乖争[1]。整冠，主伏藏。又云：堕胎，损妇。为虞官、左右从官。

加卯，似毛羽[3]。损失、外亲。阴私、暗昧。

乘卯
微行，偏宜君子之贞。沐浴。主纵意。

加亥，刀锥。淫婢私通。私递财物、小人私语、不足、遮瘾之神。凡事不明。

乘亥
裸体，口舌、盗贼、忧惊。主奸女。阴有盗贼。又孕病。为阴私。

加子，面食、香味。阴人诈诱。私递财物、小人私语、不足、遮瘾之神。凡事不明。

乘子
垂帘，妾妇相侮。主奸私、婢妾。蔽匿、欺诈。

加丑，女衣。淫失尊卑。争竞田园、克战破损。

乘丑
守局，尊卑相蒙。主子女病。占婚，当主贵人为事。又主僧愿。为地祇。蒙长上。

加寅，刀斧伤物。暗中阴财。动用关隔、阴人隐匿、暗昧、失财、不足。

乘寅
洗足，财物文书暗动。主淫泆[5]。

---

① 校者注：原文"此系乘卯微行偏宜君子之贞"与"乘卯"错版。今予校正，并去掉"此系乘卯"四字。 ② 校者注：原文"闲"。
③ 校者注：原文模糊。他本作"钱刑"。 ④ 校者注：原文模糊。他本作"冤"。 ⑤ 校者注：原文"佚"。

加申，形如鼠。梳头、失礼。主血气损伤之事。乘子加，为邪师。乘寅加为僧。

乘申
修容，优遊闲暇。主婚妇走。一云：主奸私。主细长妇人。妇人淫乱。

加酉，白衣。通奸私情。暗昧、淫妊、奸乱。

乘酉
临门，奸淫不足。主下贱之妇。主家事不宁。主九江。

加戌，黄浊物。内室不和。破财、孤寡、暗昧、淫妊、奸乱。

乘戌
④褰帏，主叹息而呻吟。主女嗔。主失物、讼事。丙日，为⑤夫星，利君子，故曰长者。

加亥，出水酸物。小喜、疾病。盗贼、阴私、走失之事。

乘亥
治事，动止多宜。主少年、妇淫、并阴人病。占讼必⑦狱。主溺死。

加未
淫乱、走失。酒食、筵会、田园、尊贵人之喜。又主事遇恩赦、文书。乘子加，为邪师。乘寅加，为医。

乘未
沐浴，悚惧惊慌。主婚姻。主妇忧。又云：阴后在小吉，主妇人婚，男进田宅、婆母。

天

加午，伤破物。病眼者。主产厄、血光、灾病。

乘午
伏枕，主叹①息而呻吟。主淫泆。为水胎，故伏枕。主孕病。为宫女。甲日，妇小而长，仁而有貌。戊日，女黄而肥。庚日，女瘦而有礼。壬癸日，淫荡而有色。壬淫夫癸乱。

后

诗曰：天后位居宫彩嫔，惟须禁锢莫因循。君子迁官宾客会，小人陈礼议婚姻。旺相维持妻妾产，休囚伤害暗私淫。病成痢疾腰肢患，祟犯河官溺死神。若乘空亡，主妇人出嫁、出行病亡。乘破碎，婚姻反复。乘亥，女人产厄。乘墓，女子哭泣。乘六阳用太岁，主贵人文字。乘六阴，主阴人文字。乘天诏，主天子诏命。乘天喜，求事有成。乘生气，主孕育。乘支，更值子孙，家有孕妇。乘天罡，更加女人行年，主未足月损胎。乘子并浴盆煞，占病凶。乘丑加支发用，主夜梦鬼交。乘寅，文字因循。加刑，远信。乘卯，女人奸逃。乘辰巳，见鱼欲买。加卯酉，其鱼定有入门。乘辰，主妇人奶疾、有肾上疾，不然，主媳殴姑。乘巳，主病。加卯酉，害眼。加乘干，无气，女人愁怨。乘未加戌，女人为盗与损胎。乘太岁加女人行年上，主恩赦。若归本家，主求望。并阴、乙，主事成。

爱龙、常、贵、合，畏勾、空土神，不立四季。

类神：于人：贵流妇女。于祟：水神、溺鬼。病：阴阳不调、大小便不利，臟腑之疾。于五谷：稻、豆。于兽：鼠、蝠。又为女用物。变异：为金石、草木之属。色：洁白。数：九。天后，主宫庭、阴私、喜庆、妇人、财物、婚姻、胎产与赏赦、庆贺、恩泽。其戾，主帏簿不修、阴私不明、欺诈不实、口舌走失。

凡占，后乘太岁加日、临门户，主恩赦之兆立至。如值三阳、三光，尤准。占公事，最宜见之。如不临门户，但入课传者，主迟漫。

天后所乘之神，切忌下贼上，必主小人凌辱之象。弱女不宜为下所制也。

占婚，宜后与日相生，及三六合者，成。反此不成。天后克日干，女贪，男不肯；日干克天后，男贪，女不肯。若卦传大吉，先阻后成。天后乘神，可定女子性情、容貌。天后乘马，命见解神，主阴人离别。天后阴神作玄，暗昧不明；天后阴神作白虎，主妻病凶。罡为后，加妇之行年上，主堕胎。

天后阴申阳酉，主淫乱（未明）。一曰，天后多因占女人，忽逢土旺主灾损。若临午未并壬癸，万事十谋无一真者。

传变：传乙，恩命之喜。传蛇，怪梦、失财之戚。传朱，阴人口舌、仕官封妻。传合，谋亲、奸盗。传句，财产、劳灾。传龙，酒色、邪淫。传空，空惊②犬③怪、风水、声色。传白，外服、内妊。传常，连取数妻。传玄，堕胎、逃盗。传阴，不明之事，妻母之丧。

旺，为婚姻。相，为衣帛。休囚，为淫盗。死，为奸讹忧溺。

加子，青果、衣服之物。利进、祸乱。动用房屋喜美。

乘子
守闺，动止多宜。主淫⑥泆妇。主贵人、婚礼、远信、盗贼。阴喜。

加丑，瓦器。私通不明。酒食、筵会、田园、尊贵人之喜。又主事遇恩赦、文书。

乘丑
偷窥，悚惧惊慌。老丑妇。阴私、谋虑、忧惧不宁。

加巳，故人物。损财失礼。主产厄事。血光。

乘巳
裸体，乃悲忧而羞辱。主妇妊。

加辰，污浊。产血、阴谋。破财、孤寡。

乘辰
毁妆，乃悲忧而羞辱。主妇病。主遗失衣物、官讼。又云：魁罡作后，家有恶疾阴人。又主婚产。为陂池。

加卯，泥土物。婚姻私情。暗合婚姻之情。动用财乡。乘子加，为丝。又为邪师。

乘卯
倚户，奸淫不足。主女冠。主家事不宁。妇淫。

加寅，香木味。迁官得财。暗合婚姻之情。动用财乡。乘子加寅卯，为丝。加卯、申、未，为邪师。

乘寅
理发，优遊闲暇。主美女。一云：文书不决。主旗从。

① 校者注：原文“大”。 ② 校者注：原文“京”。 ③ 校者注：原文“大”。 ④ 校者注：原文“蹇”。
⑤ 校者注：原文“天”。 ⑥ 校者注：原文“佚”。 ⑦ 校者注：原文“讼”。

六壬类聚卷三

天文门

子为华盖星，为云。

丑为牵牛星，为雨师。

寅为三台星，为龙神。

卯为雷。

辰为哭星，为水库。

巳为风门，为电，冬至后为雪。

午为霞，为电。

未为酒星，为风伯。

申为钱星，为水母。

酉为文星，为虹，为兑泽。

戌为斗罡星，为天河。

亥为雨，为霹雳，为水神。

占天时，问雨以水神为主（亥、子），兼看龙、元、阴、后。

问晴，以火神为主（巳、午），兼看蛇、雀，亦看勾陈。若入传临日辰制元武，决晴。

凡课体，炎上主晴；润下主雨；曲直主风；稼穑主阴；从革旺主雨，衰亦阴晦。若遇空亡则反是。

三传，午戌传寅，则晴；寅午传戌，则不晴；子辰传申，则雨；子申传辰，则不雨。三传火上水下，主晴；水上火下，主雨；三传火土，主大晴；金水主大雨。巳、亥为天门、地户相通，主阴；水神空，主晴；火神空，主雨。日克传，主晴；传克日，主雨。巳、午乘蛇、雀，主晴；亥、子乘元武、阴，主雨。纯阳主晴；纯阴主雨。亥、子坐巳、午、未、申，为水运乎上，主雨；若坐亥、子、丑、寅，无雨。水神克日，主雨；日克水神，主晴。

视巳、午所临之辰（地盘），而知其何日晴；视亥、子所临之辰，而知其何日雨。

青龙乘金，为云雾。勾陈加水，必有雨。冬主大雪，夏主大雷。蛇乘金、水主闪电，在亥、子则化龙、雀，临巳、午为归巢，主旱风。武在亥、子为居穴，主霖雨。白虎加寅、卯为出林，主风。

一法：视天罡所指，指阳则晴；阴则雨。

晴雨占，视干支上、三传中，得水神有气，主雨；得火神旺相，为晴；木神为风；土神阴晦；金神微雨（或阴雾[①]），有气久雨。

又：课得阳不备，为雨；阴不备，主晴；润下，主雨；炎上，主晴；从革，多阴，旺亦为雨；曲直，主风；昴星，霜、雪、风、雹。

伏吟，占雨不雨，占晴不晴。

反吟，晴则雨，雨则晴。

式中青龙主雨，升天大雨（一说：旺相大雨，休囚小雨），加临午、未、申、酉是也。临亥、子为游乐江湖，临寅为入庙，临巳为退伏，皆不能变化致雨。白虎主风，旺、相、出林主大风，加寅、卯是也。丑、未亦然。又巳为风门，未为风伯，并白虎为用，或入传有气，亦主大风；并勾陈为旱风。朱雀、螣蛇为晴明，若螣蛇入亥、子及入辰化龙，反主雨。元武为雨师，丑亦为雨师，巳又为虹、霓，卯为雷震，六合亦为雷，螣蛇为电掣，白虎为霹雳，传课中遇之，必有其应。惟值空亡则不然。

又：以初传为云起之方，末传为晴期。

云起，雨否？视干支上，见亥、子、卯，有雨；见未、申，少雨多风；见火土神，晴；金神，为阴或微雨。

又：视用神，以五行旺衰决之。

占晴，以巳、午上，见蛇、雀、天空，即晴（如午乘朱雀加丑，即应丑日时晴）。

凡久雨，以月将加日建，天上丙丁，下为晴期。若久旱、久阴，取四

① 校者注：原文缺字。

二分之后，甲、己、丁、壬为期，万不失一。

若见金神、土神，为蛇、虎临日辰者，必有大风。

月中有雨，将加月朔，视子下为大雨，卯下为小雨，旬中癸下临亥神，为雨日。

久晴占雨，见白虎加亥、子上，有雨；龙克干，有雨；壬、癸二日，见土龙，定有雨；在壬戌、癸亥日，纳音水日，有雨；寅、亥相合，有雨；虎临亥、子大风雨。

又：干支上见青龙、白虎、六合所乘之神，有气主大风雨。若龙、虎与雷并亦有大风雨。

又：以将加云起时，若见水神则大风雨；火神无雨；木神多风；金神多阴雾；土神亦大[①]雨。

又云：巢居知风，穴居知雨。朱雀居巳、午为入巢，主风；元武归亥、子为入穴，主雨。

又：久雨占晴，看巳、午、蛇、雀、天空并临之地，为晴。

风起吉凶，暴风忽起，正时视干上，见贵人，主长吏有罪，或贵人出外；勾陈，主兵起；天空，人民疾疫；元武，盗贼；螣蛇，忧惊；朱雀，口舌、火烛；白虎，死丧；龙、合，礼贤、宴会；太常，衣帛、酒食；太阴，奸私；天后，妇女疾病。风来之方亦然，以风止时为应期。

旋风人户，正时视干上，见贵人，主官位喜庆；勾、虎，主兵革；螣[②]、朱，主火烛、惊恐，或官事、口舌；天空、天后，主尪羸、疾病；阴、元，主奸私、盗贼；龙、合，主喜庆、礼仪；太常，僧、医、妇女。又以生合为吉，冲克为凶。

雷初发声，正时视鸣方，上见龙、合、贵人，主岁中大吉，盗息民安；蛇、元，惊恐、盗贼。以吉将、生合为吉，凶将、克战为凶。

又：视鸣方上见寅、卯，主丰稔；巳、午，土亢旱；亥、子，主渰[③]涝；申、酉，主兵戈；辰、戌、丑、未，主疾疫。以鸣方为灾变之期，以

① 校者注：他本作“无”字。

② 校者注：原文作“腾”。

③ 校者注：今作“淹”。

鸣方上神为罹灾之地。

昼日星落，正时视落星之方，上见吉将相生，主有使臣入此方；凶将相克，必主兵来。欲知何处使来，何方兵至，当视上神。如：落巳地，巳上见子，乘吉将，主齐分使至；凶将，则齐分兵起。欲知年月之期，视干上及终传。如：干上见卯，应二月；终传见申，应七月。

又云：从西向东，从北向南为使；从东向西，从南向北为兵。

占年景，百物今年何贵贱？欲推物者看方面。木为木竹及车船，火为罗帛并丝绢，水土鱼盐菜与油，金为五谷无差舛。

若欲试之依法求，大吉用加正月朔，所藏之物头上藏，此法推之无不验。从魁所临之方贵，太乙之方必主贱。贵增一倍及有余，贱只减常应得见。

田禾，以日为农，以支为田，以支上神将占其吉凶。

财旺为丰年，子空为损耗，父发用为徒劳，兄发用曰收薄。

水鬼旺相为淹腐，火鬼临生为焦枯，土鬼克类水旱不调，金鬼伤类蝗虫交集，木鬼主风谷粒被吹。

日辰上下相生比和者，主大丰。

日伤辰上者，主耕耘不力。

支上神伤日者，主有天灾耗失。

三传财神旺相，高低皆宜。

发用在日上二课，宜早种；在辰上二课宜晚种。

又看课、传、日、辰，察其何田为今年之所宜。如伏吟宜近，返吟宜远。辰上神是卯、辰、巳、午、未、申，宜高田，酉、戌、亥、子、丑、寅，宜低田。又看所乘之神吉凶，如高田吉，则宜高田。如高田凶，则又宜低田矣。不可胶执也。

木是稻禾，金是麦黍并，红豆火为之，丑未土兮麻大小，菜葱乌豆水应知。

又：寅为早禾，卯为晚禾，类神要入传，即不入传，要旺相。

乘吉将，与日相生比和则吉，最忌空亡刑克。

占畜牧，六畜口看支上之神，旺相则吉，休囚则凶。

又：看类神所临何神（午马、未牛[①]之类）。

又：看类神所临何何处。旺相则吉，否则难养。

所乘之神生日者，易养；克日者，不可养。

魁罡加类神，白虎乘之，必有病。如：子、巳、寅、酉加于[②]辰上，畜病必死（子为屠户，寅为铺师，巳为灶，酉为刀锯）。

占蚕桑，以午为蚕，未为叶，寅为茧子，卯为丝缕，申为绵帛，辰、巳为筐箔。要干支相生，财神旺相，临家长年命上者，全收。否则看其缺欠处，以断分类。

四课遇官必遭伤损，亥戌必然黄死，遇丑则眠化，遇酉则自僵，遇子则鼠窃。

未作妻财，叶必腾贵。未加朱雀，叶必争竞。

午为蚕命，宜于寅、卯、巳方安之，只要日辰发用，神将与天上午、地上午相生，十全收成也。受克则蚕病。

蚕桑，干为蚕，支为蚕妇，未为桑，寅为茧，巳为筐，卯为丝，辰为箔，申为绵。俱旺相相生大吉，最忌元、阴、后、虎、雀、蛇加临、相克。三传与蚕命相生，更得吉将大吉。若三传及干上，见酉、戌、亥、子、丑，皆不利。酉主殭，戌主黄，亥主死，丑主眠，子为鼠。

田禾，干为农，支为田亩，支上神为禾类。太岁上见何谷神，旺相相生则大熟，休囚相克则不熟。支上神生干，有收成；克干，虽茂无收。干克支上神，农人耕耘惰。日生三传，耗损无成；三传生日，大有利益。五谷神生旺入传，收获加倍。若不入传，即入而有刑克，俱不收。日干与三传生比者最利。

谷神：金，二麦；木，禾苗瓜果；水，稻黑豆菜；火，黍稷赤豆；土，麻黄豆；太常、小吉，棉花。

占养六畜，以日干为主人，以天盘类神所临地盘支为物命。若类神临生旺之方，或本日长生，则吉；囚死者，无益。类神所临之辰生干，益主；克干不利。干克类，难养；干生物命，虽养无益。

---

① 校者注：疑为“羊”之误。

② 校者注：原文“子”。

其走失与奴婢同断。

地理门

子为江湖，又为房。

丑为山田，为坟墓，为宫殿，为桥梁，为庭院，为壁。

寅、卯为山林。又寅为过路，为寺观。卯为门。

辰为冈领，为衙、庭院，为井泉、坟墓，为墙垣，为积壤。

巳为窑灶。

午为市，为大路，为堂，为茶坊、酒肆。

未为平田，为井，为园。

申为围场，为道路，为过道，为神祠、鬼屋。

酉为城，又为户。

戌为营，又为浴堂，为州城、牢狱。

亥为水边，为水沟，为厕。

丑加亥，为桥。

未加亥，为井。

亥加寅，为楼台。

申加寅，为怪石。

未加申、酉，为井泉。

寅、卯相加，为山林。旺相，林中必有果品。被金克，为破伐林木。囚死，为枯木、朽株。得天空，林下有粪秽。

亥、子相加，为溪。旺相，为流水，见土克则水少。

卯为门，有气为大门，无气为小门，刑冲破害为破门。

又：五[①]合，为三人，亦为参差不齐。寅午戌，为三峰、岩石、穴窦中；亥卯未，园林、田野，亦为东冈；申子辰，三溪、三塘；巳酉丑，三坑、三峰、三陇。

余类推。

---

① 校者注：疑为“三”之误。

占地动，自西向东为缓，灾浅；自东向西为逆，灾深。大动有声，忧在上；小动无声，灾在庶民。将加正时，视干上神与来方上神，若起太岁或贵人，大忌见青龙、六合，主州郡刺史替易；见元武、勾陈、白虎并金神，主兵戈起。又：视干上见寅，主燕分有灾之类……

山崩，以支上神为山。若乘吉将，灾祸尤轻，与干相生，不为太害；若乘凶将，克害日干，大忌，克害支辰，次忌，或民庶多迍。又：视所乘天将，得蛇、雀，火烛、忧惊；勾、虎，兵争、血光；阴、元，阴私、盗贼。更以三传、吉凶神将分断。

井溢，井泉忽尔湧溢，正时视干上神，见吉将主加官、进禄、孕生贵子，常人亦主暴贵身荣。

又：未为井宿，干为主人。未上神与干上神生合，又乘吉将，必主非常喜庆；如克害，又乘凶将，主灾咎。

树枯，干支年命上，见元武凶将克贼，营中主有贼；公庭主大凶。若乘吉将相生，必主天庭宠锡[①]，威望遐方。常庶之家，视干支上及家长年命上，吉将无害，凶神

大凶。

人事门

子为妇女，为阴邪小人，为媒人，为盗贼、渔父、屠儿。

丑为将军，为贤人，为尼僧。

寅为公吏，为道士，为婿，为少男。

卯为术士，为沙门，为长子。

辰为恶人，为狱人，为二千石。

巳为朋友、长女、吊客，为孕妇，为窑冶匠。

午为善人，为亭长，为下人，为妇人、蚕姑。

未为媒婆，为师巫，为寡妇，为酒人，为野人，为姑、姨、舅、妹。

申为商人，为僧，为医，为铺兵，为行路人，为猎户，为巫，为铜

① 校者注：通“赐”。

铁匠。

酉为婢、妾，为酒人、子妇，为少女。

戌为奴仆，为军人，为贱人，为狱人，为长者，为统辖人之人。

亥为乞丐，为盗贼，为醉人，为夫人，为幼人。

岁中吉凶，以太岁加本命，见寅、申临行年者，主得官益禄，必获财物；见辰、戌者，必有官非、疾病（按[①]此似当以干支、课传并看，否则十二年便同一律矣）。

又曰：以寅加行年，视本命上，见巳、亥，口舌、牢狱；见未、酉，刀兵、血伤；见辰、戌，死、病；见子，嫁娶、疾病；见寅，征召；见卯，斗讼、破伤；见午，远行；见申，主往来之事。

又云：男以功曹，女以传送。

图谋（干为我，支为人），正时视类神，入传、旺、相、有气、不犯空亡、上下相生，更与干支作合，所谋必成；若入传为日鬼，及冲、克、空亡，皆难成。得成神入传尤妙。

若欲散事，须见脱气、退神、空亡及日月岁破。

谋望，专以类神为主，如求财要青龙财神入课传。

如类神见于课传，干支上神比和而乘吉神者，发用所乘之贵神与日相合而不落空亡者，又三传俱进连茹而不空亡者，占年命上神与所谋之类神相合而不见刑冲、不见空亡者，贵登天门、罡塞鬼户（如甲日，丑加亥为贵登天门；辰加寅为罡塞鬼户）、贵人覆日者，三传俱吉，俱可谋望也。若类神不见课传，日上神与支上神刑冲破害而不相合；发用与日干刑冲破害而天官复乘恶神；日上神与发用神俱值空亡，发用空亡又乘天空，三传空陷；干支坐墓或干支互墓与墓神覆日、墓神发用而不见刑冲；日辰年命上所乘之神凶而发用复凶者，皆不可谋望也。

类神旺相者，速；休囚者，迟。劫煞发用者，速；驿马发用者，迟。类神临卯、酉者，速；临辰、戌者，迟。六阳宜公；六阴宜私。丁马并见，宜动；干支乘旺，宜静。干传支，我求人；支传干，人求我。传贵顺则事顺；逆则事逆。去辱，喜空；求荣，喜实。

---

① 校者注：原文缺字，据他本校补。

委托，以日为我，以辰为人。又看所托之人系何类神（如：文视青龙，武视太常，奴视戌，婢视酉之类），如辰上神生日或与日比和者，发用日德合又乘吉神者，干支虽凶三传却吉者，辰上神与类神不遇空亡与刑冲破害者，太岁月将作贵人发用者，年命上神或为日贵或作福德而与发用相比和者，发用乘青龙太常而不克日者，皆可以占委托也。

若发用关格复乘恶神者，干支虽合三传独凶者，辰上神克日或遇空亡与刑冲破害者，岁破月破并见三传而类神复为岁破月破者，勾空武作类神而日上与发用并乘者，太阴蛇雀作类神而乘发用来克日者，三传初克末者，皆不可占托委也。

先刑后合，先难而后易；先合后刑，先易而后难。三传递生干者，事虽大而必成；三传递克干者，事虽小而必败。

太岁月将发用，宜干大事。

类神旺，可图现在；相，可图将来；休，可图过去。

罡在孟，尊长之事难图；在仲，等辈之事难图；在季，卑幼之事难图。

索债，干为财，支为债主，时下为负债人。时吉者，索得；若囚死受制，不得。时克干支，负债人无心还。干吉支伤，捨不得。干支俱吉而为时克，但美言而已，终不可得。

财物附买卖（凡求财，遇禄见课传者，大利；年命干支遇暗财者，最吉。如甲乙日以戊己为财之类），日干所克者，为财；青龙为财神（六合同）。三传皆财，财多反无财，以财化鬼故也。

三传无财而子孙成局，反有财，以子能生财也。

支来生日，易；克日，难。

财为发用，易；末传，难。

财临干，易；临支，难。

日上、辰上比和，将吉，易；日上、辰上背驰，难。

先难后易者，初来克日而中末被日克，求之宜缓；先易后难者，初为日克而中末克日，取之宜早。

欲知求财之方，则视青龙所乘之神。

财绝逢生，必得厚利。

财神临命，所求必成。

墓神作财，是因财而引身入墓也。

财归财库，其财聚而不散（如金财以丑为库，水财以辰为库[①]）。

空手求财，须鬼入传及马动财旺则吉。

龙在寅，为入庙，伏而不动；龙在未，为入墓，俱无财。

占买卖，以日为巳，以辰为他人，俱以发用为物，以子孙为财源，买货时则为货物，卖货时则为主顾。

日辰俱吉，物贵宜卖。

日辰俱伤，物贱宜买。

日旺传死墓，宜速卖。

发用无气，中末相生，宜积货有利。

求财，要本日财星及财神（青龙、六合）入传，或临日辰及旺相者，必得。反此皆不如意。若旺相，不落空亡，财多；囚死及空、传见兄弟者，少。若财太旺，反无财也。

财带二马，主远方之财。

带太岁及月建，主经年隔月之财。

三传与日干比者，众人之财。

带刑煞冲破者，争斗之财。余各以神将所主推之。

又：发用在支前，易求；发用支后，谓内财外鬼，反主破财或他人得（又：远动求财，支上克干上，往之必利；干上克支上，必主损财伤身。以干支内外之分也）。

出外买卖，视等人行年与所往之方神，俱与干相生比合，更得吉将，主大利；若凶将，及休囚克害，皆不利。亦最不喜空亡。

买物得否？干为人，支为物，又看物之类神。干上神能制类、制支及支生干、支上神并类俱生干，主必得；克干及克干上神，皆不可得。又类入传，易得；或入传而克干及空亡者，俱不能得。凡索贷皆然。

又：干支旺相，成；休囚，不成。

卖物售否？干为人，支为物。支上神克干上神，易卖，乘吉将，有

① 校者注：原文缺字。

利。干[①]上神克支上神，难卖，乘凶将，无利。又类神入传与干生合者，难卖。反此亦易。

私商所忌，凡贩私货，及私匿物，大忌鲁都神。以时加临，看此神落于何方，切宜避之。

鲁都，即游都冲处。

请人来否？天上辰加地下日，看其用处合神栽。天罡临干并支上，千里为期必到来。天罡若在日辰前，远近应须来赴筵。若见天罡加日后，假饶隔壁也无缘。

期人来否？将加日支，视正时上所得之神。见辰、戌、子、午，便来；寅、申，少时到；酉在道；卯至半途返回；巳、亥，不来。

又法：将加正时，视天罡，加孟不来；加仲，迟至；加季，即到。

唤人来否？干为我，支为彼。将加日支相生合，必来；相刑克，不来。干克支，其人疑恐；支克干，其人怪我。干上见天空、空亡，我不去唤；支上见之，其人虚说来。

又曰：男视传送，女视太乙。加孟，来；仲，半道；季，即至。

又曰：天罡加日辰，倚门可待。

期人遇否？视天罡临干支，则会在日前，已至；在日后，未来。

又视：加孟，未至；加仲，已至、去；加季，必会。

访人见否？干为我，支为彼。支上神旺相生干或与干

三合六合，彼必出见，事亦成遂；若与日刑冲破害，不出见，我见亦无益。干上神克支，亦不出见。干上克用神，得见；用克干上神，用或空亡，皆不见。

课得伏吟、昴星、杜传，不见；反吟、游子，必远出。

又：斗加孟，必见；加仲，近出可候、见；加季，远出。

闻人呼召，干为我，支为人。视干上神旺相生合，可往；休囚及见蛇虎魁罡者，不可往。

又云：日辰上见龙、合、小吉，主酒食；空、白、朱、阴，空召之也。又巳为口舌之神，加日辰者，不可往。

---

① 校者注：原文缺字，据他本校补。

遣人行否？行不行，察阴阳。日辰在天乙前为阳，必行；在后为阴，不行。传出阳者，必行；入阴者，不行。干支上得申、辰或乘二马者，必行；得巳、子及执管籥者，不行。

行人失伴，视午，临天乙前，在前；临天乙后，在后。

人来寄物，支克干，不可纳；时克干，不可纳。又：视支阴神遥克干支，主危败；又支神临处，地盘神伤干，不宜纳。欲知事因，以天官决之。

客来寄宿，凡时克日辰，或支之阴神及所临神贼干支，皆害主人。

又曰：客从“豹尾”上来，不可容。六畜、奴婢亦同此断。

人谋害己，干上神为己身，支上神为他人。若支上制干上，人来害己；干上制支上，有恨不敢发。若日上见蛇、虎、魁、罡者，害己必成；支上见者，空怀恶意。干上支上比和，两相释怨，更得吉将，回嗔作喜。

遥望人来不测吉凶，以神后临处决之。加孟，为良人；加季，为恶人；加仲，为商贾人。

若持刀捧来者，亥、子、巳、卯临日辰，是贼；辰、寅、申是吏人；酉、午是逃亡人；丑、未是送葬人；子加卯是冤仇人。

若船中来，以天罡加处决之。加孟，为吏人；仲，为常人；季，为奸恶人。

入山采物，正时视干支上神，旺相相生更得吉将，得物必多；凶将克害者，凶。若将得太阴，必主风雨所败；白虎，逢恶禽兽；元武，逢贼寇。若干上神凶者，更为大凶。

词讼，同姓论尊卑；异姓论主客。以干为尊，为客；以支为卑，为主。又干为原告，支为被告。干上空我不欲告，支上空彼不欲告，干支俱空主和释。干克支上神为客胜，利原告及尊长；支克干上神为主胜，利被告及卑幼。逢墓囚死者，遭罪。

以用传为问官，克干利主；克支利客；比和主和。干见鬼，我受责；支见鬼，彼受责。其余俱以干支分。诀：见官主责问，见子孙有强证，见财主用钱之类。以官鬼旺日，为审期；休衰，为休期；绝日[①]，为了期。

① 校者注：原文“曰”。

忌贵人入夜，谓“闭眼暗行”，主曲直无分。又贵人并天后入传，谓之“受嘱”。

发用与贵人相伤，大凶。

占有罪，凡勾陈、白虎、朱雀、太岁、月建共五事，俱刑克日辰年命者，必死；四重刑，亦死；三重者，流；二重者，徒；一重者，杖笞。巳、酉相加，为配。曲直作鬼、六合作鬼，主枷锁。

凡犯重刑，须勾陈与诸煞相并者，死。金太旺，主斩；木太旺，主绞。又巳、亥并勾陈克干为用，为高吊；克支，为低缚。若陈、朱化吉神来生，则又有救。传年日上得太岁乘天后生干，必有恩赦。天乙、太岁并皇书、天喜为用，俱有救。太岁克干，大凶。干克太岁更甚。凡墓神、关神、天牢、地狱临干、支、年、命，主入狱。

逃避，干为人，支为欲避之所。视干支上神与干相生、比和，更得吉将，则逃去大利。又视：传退，宜前逃；传进，宜后逃。设前有鬼，莫进；后有鬼，莫退。发用生旺，宜远隐；休囚，宜近潜。发用辰、戌，宜急行；丑、未，宜缓行。干上见鬼，须避鬼方。如有制鬼，反凶为吉。干、用逢二马，有气，可以远遁，冥有神助。切忌直符、飞廉、天目、六辛所在之方，犯之必遭擒获。

急去应难择好时，

但将神后加日支。

寻着小吉在何处？

足下忙行请不疑（以子加日支，看未加何方？从此方藏匿是也）。

占亡，凡捕逃亡，专责元武所立之地，便是所往之方。若贵人顺治，不论男女即往其方追捉。若天乙逆行，女逃即在其方追捉；男逃则往阴神方捕之。其法有二：若元武乘六阳神，以逆度四辰为阴神；若乘卯、巳、酉、亥四阴神，则本位是也。若支干传年上有克制元武乘神者，逃无去路。

式中：勾制元，必公吏人获；朱克元，经官方获；所乘阴神自克，必自犯被捉；若入传或生干支，谓之“恋主”，必自归来；若传年干支及所乘阴神生元武者，难获。

或课得斩关、游子或乘二马，必主远遁难获；若元武乘囚、死、空亡，与凶将、死神、死气并，必死于外。

欲知远近，以元武立处，上下相乘，分衰旺定之。以克元武之日为获期。

又：壮夫视丑下、小儿未下、女人子下，必得。

又：男从午下不得，于室星下必得；女子下不得，于女星下必得。

一法：六甲旬首，失男，不论阴阳神，俱从元武逆度四辰寻之；失女，在本位寻。其余日，失男，向元武原位寻之；女，在元武所立之方寻之。如：元武乘卯加申，女即在申位，男则归卯位是也。

寻人，追寻君子，当责日德。盖德者，阳也。君子属阳，如甲己日占逃，则以月将加正时，视寅德所临之方而求之。余仿此。

又当视各属之类神，如占尊长，视太常；父，视月德；母，视天后；兄弟、朋友，视六合；妻女，视神后；子孙，视登明；姊妹，视太阴；佣工，视朱雀；奴，视天魁；婢，视从魁之类。

若追捕罪犯，当责刑辰。盖刑者，阴也。小人属[①]阴，既曰小人，责元武足矣。何又取刑？为其无所窃而去也。既无所窃[②]，安可以盗目之？如：子日占逃亡，则以月将加正时，视卯刑所临之方而索之，可也（如卯加寅，则往东北方，林木之处，往索可也）。

官禄门

占官禄 官禄之占，所用于天官者，天乙、龙、常、雀、虎也（天乙为贵首，文视龙，武视常，朱雀为文书，虎加官鬼为催官使者）。所用于神煞者，太岁、月将、日德、天驿二马、天吏（寅）、天城（申）之类，是也。所用于十二辰者，日之官（要旺）、日之禄（要遇辰生）、印（戌[③]）、绶（未）、轩车（卯），所用寄之类，是也。而所忌者，空亡与冲

① 校者注：原文缺字，据他本校补。
② 校者注：原文缺字，据他本校补。
③ 校者注：原文缺字，今补正。

墓之类，是也。所主者，本命与行年，是也。

因是以占，在任之吉凶，则如：日上与发用或日德或日禄或日官，上乘吉神与中末二传不见中陷者，吉也。

其为差遣之吉，则发用系天驿二马乘龙[1]、雀，或传内旬丁与二马并见，或日上乘丁马皆加吉神又不空陷而行年上驿马临之者，是也。

若知差遣为内外，太岁为京师，日建为会省州县郡。其余皆属地方。自他处传至太岁者，由州县赴京师；自太岁传至他处者，由京师往州县。若日辰传在太岁左右者，为近畿辅。又岁加日、日加岁者，俱在京师也。传连不断者，主近；日上传去者，远。伏吟、知一者，近；反吟、丁马、游子、斩关者，远也。至于任满差遣之远近，传连不断者，近；日上传出者，远。末传与太岁近者，京侧；去太岁远者，外郡。岁在日前者，近阙；日后者，远方。若干支相会，为近天颜也。若干支相克贼者，不动。行年值关神者，不动。值钥神者，动。阳干居贵人之前者，动。阴干居贵人之后者，不动。

其为荐举之吉，则三传自下生上，递生日干又乘吉神，不落空陷，或发用旬奇仪乘天乙、朱雀等吉神而本命行年上喜神临之者，是也。贵人在日前者，荐成；贵人在日后者，不成。朱雀乘生气者，成；勾陈克时者，不成。天德、日德、太岁、月建入课传、临干支，生年命者，成。

其为升迁之吉，则发用系太岁又乘龙常，或系德禄又作二马，与课值天地三奇、前引后从、干支禄马、铸印乘轩、龙德，太岁作今日贵神，月将发用，末传又吉，

而年上之神皆吉，且不空陷者，是也。

如日上与发用神将主凶，或虽吉而空亡，冲墓者是也。

太岁生干者，贵人生干者，青龙居岁贵之前者，皆主升迁。反之则否。

干上天罗，支上地网，即以网罗发用而年上乘丧吊诸神，则为丁制之凶（干发用主父，支发用主母）。魁罡临干支而又乘元武、白虎、螣蛇者，主有贬谪之凶。

① 校者注：原文缺字，据他本校补。

日上与发用系日墓，上乘白虎；或禄神作闭口或神将不吉，而三传折腰；日为空陷与年命上之神乘虎符诸凶煞者，则为疾病、不测之凶（看其轻则病，重则不测）。

三传自下克上，递克日干；或上克下，递克日干；而无日德救解与朱雀闭口者，则为论劾之凶。

德、禄、官三者落空，年命上之乘神又乘凶、乘空者，则为去位之凶。

日干之禄或寄支上或寄支，投墓而无官德救解者，则为屈折逊避之凶。

因是以占升迁之迟速，则课传观定：文视青龙，武视太常。视龙所乘神下之神或作今日之用神，则佳音可翘首而待；不然视其神与日隔几位而因以定其年；视其神与辰隔几位而因以定其月；视天盘上长生之地为何神而因以定其日；视地盘之神而因以定其时。

假如龙常所乘之神生日干者，内除也。其日干生龙常所乘之神者，外除也。

其禄神下之辰者，即食禄之方也。其郡邑之别，则禄神下辰之分野。又视二十八宿中之生命者，而细分之也（如壬申生人，壬禄在亥，而亥加辰，当寻辰宫之分野，然辰宫内有轸、角、亢、氐四宿，则取亢金龙为用，盖金得生水命也，即知亢为食禄之方）。

欲知任所远近，禄神乘马者，远；马乘生气者，又远；课见丁神者，宜远；卦得反吟者，更远；传近太岁在畿辅；近月建者，在省垣；近贵人，在州郡；伏吟、知一、连茹，主近。

禄方吉凶，禄神绝方不可往；畏方不可行；刑方多责委；休囚无贶情；盗脱皆费力；死墓忧罢停财。生旺相地，四处任君行。

其闻报之虚实，则视课传既佳，而式内太岁在日之前，又日上或乘天乙或乘日贵或乘朱雀者，实也。课传虽佳而日上乘夜贵者，方推也。或陪点也。传课不佳而岁居日后，日上乘元空或喜神朱雀空亡者，虚也。

欲知迁除闻报之的否？太岁乘旺相及龙常生日者，准得升迁。朱雀临官鬼带飞符者，已奉诏旨。贵神加日者，为荐已成。夜贵生日者，荐举未定。初生中末者，报实。盗脱加日者，报虚。朱雀临干，信的。空武勾蛇，信虚。元合破碎后合狡童，皆诈诳也。

他如，太岁月将临干发用，又官印显赫，禄马夹身，贵登天门，神藏煞没，传将生年命协吉。或课如甲子之伏吟、庚寅之伏吟者，皆主官尊禄厚，悠久之象也（天喜加卯酉门户上，主有喜信至）。

凡占官禄，用起太岁，必为人君所知。盖凡得官皆出于诏旨也。否则利见大人。用起天后、太阴者，外戚之属。余以类推。

干为人，支为官。支生干者，吉；干生支者，否。月建[①]上生干者，主上官信任。

三传吉而天空发用者，利于奏章面君。

正时逢日禄，主不次超迁。

本命驿马为用者，官必尊贵。临日辰者，主有威权。

如：午年占，却见巳作勾陈加今日干支，则主去年事重至，吉凶以将言之。故云：往神重至，旧事再起。凡占诸事皆如此，不独占官禄然也。

凡占迁转，文见青龙，武见太常者，主升迁。如：文职，春初占，见青龙乘寅，寅生于亥，主十一[②]月升迁；武职，见太常乘子，子水生于申，主七月升迁。余可类推也。三传见马，贵人临干，主有不次迁擢。

官禄发用见天、驿二马者，官爻加命者，或父母爻作贵人加命、生命者，年、命、日、辰上见天、驿二马者，青龙、太常并天吏、天城加日干者，日辰上见青龙、贵人、印绶而不克日辰者，并主有官。

三传虽见禄马，而有墓煞、刑害、羊刃者，主阻滞。

三传见禄马而冲破者，虽有官而不能享禄。冲破而又克印绶者，不生旺官者，官亦不可得也。

官爻空陷，官禄失时囚死者，支干相刑伤者，三传逆行见丁马者，白虎加行年者，发用之神为干支之忌神者，天将凶而三传空亡破碎者，日命禄马龙常入空无气而

克年命日干者，元武并天鬼克日干者，官临沐浴败地（如火日亥子加酉之类）及空亡者，子孙太岁刑克年命日月者，日干生支者，无禄绝嗣

① 校者注：原文缺字，据他本校补。

② 校者注：疑为“十”。亥为十月，非十一月。

者，皆不利于官禄也。

占奏章献策之吉凶，则视朱雀带德合，与太岁贵人生合者，太岁乘贵人[①]传与命上神相生者，吉。德合及天空加干支者，吉。朱雀落空亡而又克太岁贵人者，不吉。朱雀空亡即不克太[②]岁贵人者，亦不称意。发用克太岁贵人者，不吉。盖天空为奏书之神也。

占官贶之厚薄，则视四课不备、禄神无气、财爻落空者，则薄；四课全备、禄神乘旺、财爻不陷者，则厚。

太岁为君与官长，日干便是我之身。上来克我犹自可，我克他时必变嗔。岁乘蛇虎逢尊怒，月若乘之官长嗔。上下相生无克害，何忧其事不安宁？命本被克、禄马空陷、恶将入传、四上克下，主黜官。

占官禄，以干为求官之人，支为官职之位，官鬼为紧要之用，太岁为朝廷之尊。若支并官鬼、太岁与日干、年、命、旺、相、生、合者，吉；刑、冲、破、害、墓、绝、空亡者，不吉。

由是而占官之得否？先看用神：凡用起官星更乘四驿马，得官最速。忌传见子孙为剥官星。若用神不见官星，文要青龙、武要太常及天乙、河魁、传送、功曹在发用，或临太岁、行年、日辰上，更用神旺与日相生则得官也。

次审课传：元首课，易得；重审，难得；知一、不备、连茹、涉害、别责、伏吟、反吟，皆难得；遥克、昴星，虽托人，难得。

三传生日，并行年、太岁乘贵人、雀、龙、常、天马、日禄者，得。

干与行年、太岁、龙、常、雀、二马旺相相生者，得。勾、蛇、阴、后、合者，迟得。吉神吉煞逢刑、冲、破、害、墓、绝、空亡、天空、元武者，不得。

又察类神、岁建（为天子）乘胜光（为九天）发用，带皇书、天诏者，丹诏九天也。

太阳乘旺相发用，得铸印课，带天喜、天马、驿马者，功名显赫也。

贵人为天使发用，或月建、月将带皇书、天诏与干相生者，天使奉诏

---

① 校者注：疑为“人”之误。

② 校者注：原文“大”。

而临降也。

贵人发用作官星，带皇恩、天诏在日干前者，诏我出仕而迁升也。

贵人乘胜光发用（午火为文书之神），带皇恩、天诏与干支比合者，指日迁升也。

贵人乘旺相发用，带天恩、天喜、德神者，官职荣迁也。

贵人、龙、常临年，带皇书与干支生比，无破、害、刑、冲、空、绝者，福禄无穷也。

贵人、龙、常发用，带皇书与年命生比者，安享尊荣也。

贵人乘旺相气发用，生干，带皇恩、皇书、天诏者，勅书下降也。

贵人生丑、未发用，更遇德、禄、天马、驿马，带皇书、天诏，勅书下降也。必秉天子之命，建立功勋也。

贵人发用，失时，刑、害带德刑、天喜者，异路功名也。

贵人发用，带皇书、天诏是天使催官。若传变死神、死气，刑、害日干者，吉中有祸也。

朱雀发用，带德、禄、皇书、天诏、天喜者，文书、恩宠相连而至也。

朱雀生干，带德神、皇书，或正时发用者，文书迁升即时可得也。

朱雀乘丁神临门煞（戌酉辰卯，周而复始），日干旺相，官星得地，带仪神、

德神、二马、天喜、天诏者，指日迁升也。

雀后乘月建、月将带生气、奇仪者，宠锡恩荣也。

青龙旺相入传，虽登三天课，带德神、皇书、天诏者，功名必得也。

龙、常临日干发用，比合相生，又带德神、天印、皇书、太阳作官星，得时旺相者，必时下大贵人，官居极品也。

青龙乘官星发用，带皇恩、太阴，不入刑、冲、破、害、空、墓者，儿荫佑安也。

六合乘传送发用，带德神，子孙武艺功勋也。

朱雀临刑、破、墓、绝、不备、进退连茹，皆为文字不备。再见空亡，为脱失文书也。

天空乘丙、丁、巳、午发用，得时旺相，又带皇书，或传与年命生合

比和者，功名垂手而成也。

天空乘官星发用，或传入空亡，得伏吟者，有官无实也。

太阴、天后发用，带皇恩、天喜诸吉煞者，外戚之官也。

白虎带官星临日辰年命课传为催官使者，赴任极速也。

官星乘旺相发用，带天马，又太常、河魁乘旺相，带天印，见奇仪、乘轩诸吉课者，功名显達也。

官星乘旺相临干，带皇恩、皇书、天诏、天喜者，官职升迁也。

传送作财爻发用，带生气、德、合、天喜者，财福无比也。

巳午入课传，带天鸡、丁、马、天喜者，佳音可得也。

天鸡、皇书，信息之神，加临墓上者，音信中阻也。

丁马乘生气发用，若传中带长绳、悬索，是马被羁缚，或入空亡，主不得官也。

贵人带天诏发用，主有诏命下，更带死神、死气、刑、害日干者，若干上乘生气，或罢官遣责；若干临囚死者，刑罚诛戮也。

官星临囚死发用，传入太阴、闭口、元武，或临财爻者，又上克下，带天机、谩语、天祸课者，被民告赃而黜陟也。

卯酉发用，或卯酉日占，或卯酉行年，俱诏龙战，若用上带皇书、天诏，主有剥弹之事。旺相者，理伸；休者，理屈也。

他若官禄发用，见天驿二马者，官爻加命者，或父母爻作贵人加命、生命者，年命日辰见天驿二马者，青龙、太常并天吏、天城加日干者，日辰上见青龙、贵人印绶而不克日辰者，并主有官。

由是占得何官？寅、申、巳、亥为学堂、科目之官；子、午、卯、酉为津梁、关隘之官；辰、戌、丑、未为府、县、丞、典之官。

又：亥、子为盐、漕、水利之官；丑、未为守土[①]、仓库之官；寅、卯为林木、风宪之官；辰、戌为陵寝、监狱之官；巳、午为炉冶、黄门之官；申、酉为兵刑、财宝之官。

又：贵人为传从、卿贰之官；螣蛇为窑冶、镕铸之官；朱雀为文章、剥弹之官；六合为车船、合禄之官；勾陈为将帅、勾捕之官；青龙为财

① 校者注：原文“士”，据文意改。

赋、书记之官；天空为封章、奏对之官；白虎为兵刑、行程之官；太常为礼乐、筵宴之官；元武为师巫、祭祷之官；太阴为访捕、纠察之官；天后为外戚、恩荫之官。

大抵乘太岁、月建、对月将，见旺相生合者，官高任久；带禄神、驿马、皇恩、天喜，临休衰克破者，官卑任浅也。

占在位之吉凶，干上神见长生带二马，主食禄他州，并差使不自由。惟无马者，安然意适也。京官须看太岁，若岁临下[①]生比主君臣相得。岁在日前者，宜京官；

岁在日后者，宜外官。太岁临干，克害，在京恐被君责罚；在外忧上官嗔怒。临日前者，指（日生殃；临日后者，指日遭谴。）

外官，须看月建。月建生干，主上官赏识。乘生气者，多委任；乘二马者，多差遣也。月建克干，主上官磨难。在日前者，恐被逐；在日后者，宜防祸。

大抵生主顺吉；克主殃咎；禄主财丰；德主福至；马主动移；墓主淹滞；刑、冲、克、害、蛇、虎、元、空，皆不吉也。

占任所宁静否？马旺多差委，马绝主安宁，天空无根挠害，元武闲事挂萦，白虎有凶灾疾病，勾陈主牵滞勾留。若六丁加日，主离任更新矣。

占赴任迟速，寅申发用加年日上者，速；空陷克破者，迟。

又云：丑未须隔岁，辰戌赴新任；卯酉不宁贴，子午就道行；巳亥兼双职，此卦不虚陈。

太岁临支者，速；带天驿二马者，速；太岁二马在干支后者，迟。如发用日后传归日前者，又主速；发用日前传归日后者，仍主迟。日辰相会末传又见者，速；年陷空亡者，二马失地者，迟。

太岁加日本者，主省部催促；加日干者，主恩荣即至；太岁临生旺者，本年赴任；太岁值休囚者，隔年赴任；太岁作墓者，隔滞难行；太岁坐空者，履任难久。大抵生旺比合者，皆主速；休衰空废者，皆主迟也。

占望人举荐，贵人临干，事宜告贵。然日贵当权，阴贵减力。若贵居夜地，为告贵不允。又贵人在日前者，可望引拔；贵人在日后者，反生谤

---

① 校者注：应为“干”字之讹误。

毁。若用传害贵，反主暗生虚诈。若三传空亡，主贵人口许心非也。

岁对月建来生日干，是宰相部院荐举。如在日前为已荐成；在日后是荐有待。若克我与我克，终不成也。

朱雀乘生气者，成；勾陈克时，不成。天德、日德、太岁、月建同入课传，临干支生年命者，成；若日辰传年，克害太岁者，即告贵亦无成也。

占在任迁擢否？（太岁擅天）子之权，贵人辅天子之位，青龙天子之使臣，朱雀天子之勅书，四神生干者，升；干生四神者，不升。又：在贵前者，升；在贵后者，不升。

发用系太岁乘龙常，或系德禄乘二马，与课值天地三奇、前引（初传干）、后从（末传干）、干支禄马、铸印、乘轩、龙德，太岁作今日贵神，月将发用，末传又吉，而行年上神皆吉且不空陷者，皆主升。如日与发用神将并凶，或神虽吉而空亡冲墓者，皆不升也。

如见皇恩、天马，主速升；见天乙、飞符，主速升；天空来生日干或临岁月年命上，主高升；太岁、青龙、贵，相生者，亦然。

又：官符（生官者为官符）见官星，主不次超升。乘六丁、二马，皆主奉使迁诏也。

天罡加孟，升在远方；加仲，升在畿辅；加季，升在京师。

天后相生，为子孙受荫。

占升迁于本年否？阳年以大吉，阴年以小吉，俱加太岁上，视日辰行年上，见功曹、传送，则有迁期。又：以功曹加月建上，视行年上神为迁官之年，再以功曹加迁年上视行年上神，为迁官之日。

又法：以官星三合六合为迁期。如：木以金为官，巳、酉、丑年月迁移。余仿此。

占任内迁调否？返吟，动；伏吟，不动。丁马临身者，动；游子、斩关者，动。吉则宜迁，凶则宜止。墓神覆日，逢冲不畏。休囚临日，遇空无妨。若禄居死绝，财临空亡，即为退财减禄。马逢死墓，丁值休囚，亦必始迁终止。惟日年旺相，马在生方，禄马挟合太岁生比者，吉。又：朱雀并岁上，沐君恩。岁合生干，大臣引拔。贵人乘马，太常会合者，吉也。

占面君吉凶，岁君生干、生命者，最吉。若日辰旺相，可拟京官。传近太岁，在帝左右。四课齐备者，始终惬意。阴阳不足者，未为全美。又：岁君克日干、行年者，不吉；日干、行年克岁君者，尤凶。

又：三传全空，恐诏后不吉；若岁月日时同在格，课为格合天心，喜庆非常。

又：干支相遇，主君臣相得益彰也。若岁加命上，为君压臣，主臣不安。如岁加年上，只是今年不安，他年别论。若命坐太岁上，为臣戏君，是自取罪戾。坐岁克岁者，尤凶。

占朝官乞外任得否？传去太岁远者，得；自岁传他处者，得。年上在岁前者，主人君任使；年日生太岁者，主君臣相得；末传加岁为侍从人君；干支相遇为君臣

相会；俱不得外任也。惟马多不空者，可乞。干支刑害者，宜乞也。

占外郡望入朝得否？由支神传来干上者，可诏入京。由干上传向他处者，仍在外郡。凡：土传是提举、太守；水神是运漕、河务；金神是刑责；木神是参议；火神是驿路或兼职；马守四维是监司；并大煞是刑戮职或是异略。若传归到日辰上或传见干支相会，主奉诏入京。

占进退吉凶，日加辰，辰生日，主布政优游，上官器重。日加辰，辰克日，主作事颠覆，上官责怪。辰加日，辰生日，主上司计从。辰加日，辰克日，主上司忠言逆耳。

干是君，支是臣。干伤支忧轻，支伤干忧重。干生支者，升迁。支生干者，无益。见刑害者，遭言语。带丁神者，多变更。又：自他处发用，归到日辰上，遇吉神生扶，主人君始终亲信。若见凶神克，尤凶。自日辰发用传归他处者，吉则迁移外任；凶则削职罢官。又：末传归到日上者，可望升迁；支害加日、加年者，急宜告退。

占致仕允否？休废空亡者，可允；生旺带禄马者，不允。太岁生日，主人君信任。传退生旺临日，主外宰州军。惟禄临死绝、马陷空亡、身居囚墓，或在岁后者，自得归田也。

占上司责罚否？初传刑克，须防重怒。末见凶将，恐防削职。凡太岁、月建乘蛇、虎者，不吉。又丁神带煞，须遭贬。马动冲身，主动摇，吉神尚可善退，凶神不免责降。

若岁、月建，乘蛇、虎，克，恐致刑禁。惟逢生气、天月德，可以解凶。

占同僚谤讪否？视日上神，见寅、申为吉神相会；辰、戌为凶徒谋害；亥、未为奸人卖弄；申、子为污秽损名；巳、亥为两番言语；卯、酉为不足撼摇；巳、酉为宽大能容；丑、未为相知劝谏。凡十二支神乘元、空，皆主谤讪。若生比犹可，刑克更显然矣。

占被人参劾否？日鬼乘朱雀带大煞、破碎，主被参劾。太岁刑克日干者，有。

□□[①]居空亡者，无害。若遇休、囚、刑、害、禄马空陷者，宜防祸也。

又：课传见天空、元武，主他人谗谮。螣蛇、勾陈，主自不安宁。白虎克刑，忧被黜。朱雀克刑，奏章频。

占被君黜职否？日为君，辰为臣。日生辰，主君犹信任；辰生日，主事已寝息。惟干支交相克贼者，凶。又：太岁为君，日干为臣。若太岁坐日干年命之上，被岁墓、克、刑、害者，大凶。若日干年命坐太岁上，为欺君僭越，自贻罪戾。墓、克、刑、害太岁者，尤凶。

占被参听奏如何？专看太岁、青龙、天后，分生克以定吉凶。以救神有气并德合者，吉；反此则凶。

又：亥为头，巳为面，寅为背，辰为臀，当审何处被刑克也。

又：墓神带煞忧囚系，丁神主动怕离迁。刑逢责罚，克遭损害。若辰、戌为恶将，贬往他州矣。大抵求朝官专看太岁。岁加日上，即日升迁。在日前者，主速；在日后者，主迟。若太岁生干，不拘前后，俱可升迁。岁立克方，主喜中逢怒。岁克日辰，更克年命，主灾祸及身。若太岁空陷，类神亦空，见凶神恶煞，主贬往他州矣。

占宰相须看岁对，与太岁相合，为明良际会。对在岁前，防谗谮被出[②]。对在岁上，恐作事悖戾。若对加对上，为朝廷柱石。对生岁君，建立勋猷。岁君生对，准拟师保。对犯空亡，自入昏晦。若对来克岁，主君

① 校者注：原文缺字。

② 校者注：通“黜”。

臣猜疑，不能久安矣。

占台省部院，须看月建，本职只宜安和。马多主差使。带丁神，主变迁。又：不宜多财，以清贵之官，财多滥污且遭物议。

占卿监，看贵人，文官视青龙；武官视太常。俱要安静，为吉。见刑冲破马，主诸事[①]萦缠，见克害尤凶。

又：朝官带马，为身趋入朝；外官带马，为身自动摇。日辰年上或逢生马，主上官委任贤劳也。

又：岁君为天子，岁对为宰相，月建为部院，贵人为卿监。凡见刑、冲、克、破，虽遇古神、吉煞，不过平安守旧而已。

凡青龙带马，主升官迁职。天德、月德，主增吉化凶。功曹、传送亦利迁转。元、空、蛇、虎，俱为不吉。

三传全财，兼职摄职，奔波烦剧，物议沸腾。

三传全生，诸事吉昌，声名远播。

三传全脱，为官无觊，劳勚罔功。上生尤可，下生不吉。日上全脱者，亦然。

卯、酉贵人，主迁移靡定，或忧患频仍；巳、亥或正职、贴职，俱多兼职。

行年坐墓，主自甘昏晦；旺墓犹可迁除；休墓缠延守旧、且意不安舒。干支乘凶神，不吉。见魁、罡为尤凶。若并大煞、金神，惟归田方可免祸。

“登云歌”云：支上空亡，宜急退；日上空亡，宜防君。干上螣蛇君疑我，支上螣蛇自处惊。日上元武防人谮，支上元武欲退身。大煞加临，多飞横；金神入课，难灾兴。天空善恶两途取，生则声名克□[②]音。元合二者皆不正，贪污谗佞致氤氲。龙[③]后贵来为得地，献策施（功利万民）。

占久闲居得起用否？阳多为动；阴多为静。马立阳宫，为乘马；马立阴宫，为驻马。又：禄神带马，若双居日辰之后，虽在岁前亦无望也。

---

① 校者注：原文缺字，据他本校补。

② 校者注：原文缺字。

③ 校者注：原文缺字，据他本校补。

又：三传退闲[1]者，艰难；三传近[2]闲者，迟滞。进茹空亡，宜守旧；退茹空亡，宜进步。惟天罡临日干上者，为催神。太常加干前者，可复用也。

占拟罪轻重如何？吉神加临刑克日干，主申奏朝廷，罪轻；若太岁、大煞、天罡、白虎，刑克日上者，罪重。如太岁、岁合、青龙生日，必邀天恩赦宥。太岁、白虎、朱雀、天空克日，定属监司堪拟矣。

又：天罡是恶贯满盈，九丑是声名狼藉。三刑、六害主重重贬责。若蛇、虎并大煞，枷锁加禁俱不免也。凡见破碎煞，获罪必非一事。贵人是官员谮毁；螣蛇是案件株连；朱雀是非谤讪；六合是关节受私；勾陈是勾留致祸；青龙是财帛招尤；天空是惊言诬害；白虎是凶恶伤残；太常是朋友酿祸；元武是仇寇污赃；太阴是宵小播弄；天后是妇女阴私。惟遇空亡、克、破、天赦、皇恩，可以解凶。

官禄门，以干为人，支为品职。干、支、用神、三传见本日官星，旺相有气，再逢印绶、二马、天吏、天城，得官最速。文视青龙，武视太常。各要有气、生命、生干为吉；刑、冲、破、害或传见子孙，则阻滞不遂。以生龙、常乘神之日，为得官之日。以克龙、常乘神之时，为得官时。以龙、常所临之方，为任所。

克干为官星；

盗干为子孙；

父母为印；

戌亦为印；

太常为绶；

寅为天吏；

申为天城；

朱雀旺相作官星，又为学堂星，主翰林。

又：月建作官星，乘青龙，吏部、吏科之属，又礼部之属；

乘勾陈，旺相户部之属；

---

[1] 校者注：通“间”。下同。

[2] 校者注：疑为“进”之误。

乘太常，或为巳、午火，兵部之属；

乘勾、朱、劫煞、三刑，或为申、酉金，刑部之属；

乘天后，或为亥、子水，工部之属。

朱雀又为给事；

申为行人；

若白虎作官星，必御史；

大抵龙、常、二马相并，作月建，多为使臣。

占得何官职？若三传俱是财，主钱粮仓库之官；带刑杀，刑狱之官；青龙，文学之官；太常，武职之官。用金，司刑之官；用木，风宪之官或僚佐；用水，司盐、河泊之官；用火，炉冶之官；用土，土田之官，若干、支、月建入传，主守土之官，以消息断之。

占何时得官（占迁亦用此法）？文视青龙，武视太常。以日干顺数至龙、常为年（一作：以干上顺数至龙、常），一干一年。以日支顺数至龙、常为月（一作：以支上顺数至龙、常），一支一月。以龙、常生处，为日限。龙常之鬼为时。

如占文职，戊子日子将卯时，午为青龙，戊课在巳，去龙一位，主来年，又子至午，有七辰，主来年七月。又火为青龙，火生于寅，寅上见亥是壬寅也，水克

火，主亥、子时。余仿此。

占任所何方？以人行年加地盘何方，是也。如：行年在午上，午加地盘子即以齐分为任所。

占任所吉凶，视龙、常旺相，上下神相生，又与行年不克者，大吉。若二神克干支，主失官之兆。干支克二神，在任有灾。若彼此相生，则长久也。

占迁官年月，以寅加月建、行年上，所得之辰为迁年；以寅加迁年，行年上辰为月限；又以寅加迁月，行年上辰为迁日。

又：干支旺相，必迁。传[1]中及阴阳神又旺相，主重迁。

又：斗加孟，主内迁；加季，主外迁。

---

① 校者注：原文作“傅”。

以官禄为主，文视青龙，武视太常。雀为文书。虎加官鬼发用，为催官使者，又主威权。

太岁为至尊之神，月将为福德之神，二马为致远之具，禄神为食禄之方。俱要得时、有气。马陷空亡、死、绝，不能远到。禄居旺、相、临官，必然久任。寅、申、巳、亥为长生学堂，莫遇刑、冲、破、害。戌为印，未为绶，卯为轩车。

凡官星有气，当长生帝旺之时，又值三传上神生之，发达甚速。或官虽不当时，而日已居长生帝旺之地，亦为有气，但不宜见剥官煞（即子孙），恐功名无成。若克官之神，自坐克方、及空亡、脱气、墓库，则不为害，但有阻滞，必待官星有气之年得之。若官星逢生，屡见升迁。如日[①]干太旺，而官星不能克之，必待官旺之年，始得。若日休囚而官旺健，主人心已灰而富贵逼人。若有文无官，乃是生局，目下虽困，宜藏修以俟进取。

其升迁之迟速，文视青龙，武视太常，所乘之下神或作今日之日辰，则德音可翘首而待。不然视龙与日隔几位，而因以定其年（如甲日占，龙乘午加辰，与日隔三位为迟，三年也），视其神与支隔几位，而因以定其月（如戌加支辰，辰戌隔七位为七月也），视天盘上神长生之地为何神，而因以定其日（如龙乘午，午上长生在寅，寅上是辰，中有戊，主是为戊寅日也），视龙临地盘之神，而因以定其时（如龙所临下神为辰，即辰时）。其龙、常所乘之神生日、比日、克日，内除也。日干生克龙、常所乘之神者，外除也。其禄神下之神，即食禄之方。

州县以月建为上官，生干吉，克干不吉。

在朝官，太岁生日干，升迁之兆也。六丁带凶将，迁谪也。六丁带吉将，远行也。六丁带凶克日，上章贬斥也。干支上乘罗、网发用（干支前一位是），而年命上乘丧、吊者，丁忧也。日上与发用系日墓，上乘白虎或禄作闭口或三传为折腰空亡，与年命之神乘病符与凶煞者，主疾病不测。

三传自上克下，递克日干而无解救之神，朱雀发用者，为弹劾之象。

---

① 校者注：原文“口”。

金神、三煞（即破碎），占功名，大忌。见之多败少成。

出身看日上。带凶煞出身微贱；贵人禄马临身，必主高品。

尊贵门

贵人为天子；螣蛇为车骑；
朱雀为羽林；六合为大夫；
勾陈为将军；青龙为丞相；
天空为司直；白虎为廷尉；
太常为奉常；元武为后军；
太阴为中丞；天后为后妃。

日干，君象。

太岁，亦君象。又亥为大帝之座，太岁居此，谓帝星入垣。若合贵人同临，则六神藏、四煞没，升平祥瑞。

又：顺贵德，逆贵威。

干第二课为相。旺相有气，裨益庙谟；死绝休囚，昏庸尸位。生干则爱国忠君；生支则庇黎育物。克干悖君害政；克支残民虐下。生干克支，剥民奉君。欲知禄位，视三传生克。

支上神为将。生干则为国忘家；生支则亲贤爱士。克干则奸侮不良；克支则残虐不仁。与第二课生合，则将相和调，旺相则勇敢，休囚则怯懦。余可类推。

第一课：天道　王道　成规　本宗　公侯　伯男　气数　喜用

第二课：天意　近侍　经纶　辅臣　君心　言官　祖先　护驾　母族　私谋

第三课：财赋　后妃　百姓　廷陛　文官　内宫　王子　山河

第四课：私帑　媵婢　武职　陵墓　近侍　祖先　宫主　江海

占科第，小试以月建为试官，乡试以岁破为试官，会试以月将为试官，殿试以太岁为主。要生合有情，便为吉象。

如月建乘吉将，相生，临干发用，德、禄见初传，中批首也；见中传，一等也；末传，二等也。

乡试如岁破乘吉将，生干作贵，临干发用，传见德、禄、马、喜，魁元也。见于中、末传，名次后也。会试看月将亦然。

太[①]岁乘吉生干作贵临干发用，五马交驰，六阳数足，状元也。或见于中传，三四马交驰，六阳缺一者，榜眼也。临末传，六阳缺二者，探花也。日辰课传俱吉，而归并初传者，一甲也。归并中传者，二甲也。归并末传者，三甲也。

又：看帘幕贵人（用昼贵看夜，用夜贵看昼）加临年命日辰并合将吉者，吉。以雀为文，以长生为学堂，俱宜旺相生合。

占武举，以巳为弓，申为箭，午为马，三者并见又乘吉将，不落空亡者，此外场中也。申[②]加午中红心；加孟，四花角；加季，脱垛。三传克日，阳刃[③]、禄、马并见者，吉也。

内场，依文举断之。

占科甲，府试以月建为主文，省试以岁对为主文，殿试以太岁为主文。乘吉将与日命相生合则吉；空亡刑破则不合上意。

又：以干为主文、举子，支为题目、场屋。乘吉将旺相则利；囚死凶将不利。用神克干，举子有灾。用神克支，题不遂意。若朱雀旺相入传，文字新奇。若帘幕贵人、青龙、元武或太常，乘驿马入传，或临年命干支，必主高中。若落空亡及囚死难言入第。

若课式：无禄、绝嗣、反吟、伏吟之类，皆不中。

前程，视干支上得长生，官旺、传用旺相、禄、马、吉将相生，必然贵显。若刑、冲、破、害，则蹭蹬、沮滞或小就功名。

又：视长生居干支、传命之前，为速。干之前，最速。支之前，次之。传命之前，又次之。中末，晚年也。若中、末空亡，得官便死。长生在后，困滞不舒。更作空亡，必难成就。有气可望，休囚无气，苗而不秀。

---

① 校者注：原文作“大”。

② 校者注：原文作“甲”。

③ 校者注：即羊刃。

六壬类聚卷四

家宅门

㊀子为房。

丑为厨，为庭院，为壁。

寅为过道，为梁栋。

卯为门，为窗铺。

辰为庭衙，为墙垣。

巳为灶。

午为堂。

未为井，为园。

申亦为过道。

酉为户门，为仓廪。

戌为厕。

亥亦为厕，为园，为厩。

以干为人，支为宅。视宅上临神吉则兴旺；凶则衰残。又：干上神克支，为人克宅，犹可；支上神克干，为宅克人，不可安居。人克宅或损卑幼六畜田蚕；宅客[①]人，主长上病讼虚耗。

又：天罡加干，有客寄居；胜光（午）加支，身寄他家。魁罡加干支，急出不可居。

又：以旺相言之：木，宜子孙；火，子孙忠孝；土，其宅安居；金，

① 校者注：疑为“克”之误。

子孙孝义、睦邻；水，家和，出贤人。

又：支辰两傍为两邻。

对冲为对邻，将吉邻富；将凶邻暴。见龙、常、贵人，主贵；白虎，主屠宰；元武，主盗贼之类。宅之美恶，俱以支辰衰旺言之。

宅舍，以干为人，支为宅。支之左右为邻。

日上神为旧宅；辰上神为新宅。日上神旺相，旧宅好，如上神克日，自己不欲住。辰上神旺相，新宅好，如上神克辰，住不久也。

以辰之神视其衰旺，以辰上天官论其兴替（如贵人蛇虎之类，各以其吉凶消息断之）。视其空亡，如兄弟空则兄弟不利之类。

视其类神，如子为房、丑为厨、为花槛、寅为前过道、又为书院、卯为前门、辰为积壤、巳为灶、午为堂、未为井、申为后过道、酉为后门、戌为浴堂、亥为厕、又为楼台、仓禀，兼以家长本命上神配之（宜相生，恩相克），而吉凶无遗矣。

日辰传命大纲要有生气旺气，得时得气，自然昌盛，虽有凶神亦无妨碍，更得吉神相助，美不可言。

旬丁亦宜细看，如乘天乙主贵人来，乘蛇主家人走，乘朱主有远音，乘合子孙外出，乘龙千里远游，乘空奴婢逃亡，乘虎主防孝服，乘常父母生灾，乘元主失贼，乘阴婢动阴私，乘后妇女不谨。

火鬼（春午，夏酉，秋子，冬卯）、火怪（正月逆戌，顺行四季）若临支乘雀克日，须防火灾。

日上丁马，人不安；辰上丁马，宅不安。

宅居近所，以家长行年加宅神本命上：见子，宅中有火坑或聚石、庙社；见丑、未，有土堆或近冢墓；见寅、申，流水或大道；见卯，或匠肆、竹木之处；见辰，近林木、山阜；见巳，近城池；见酉，近神庙、江水；见亥，近官亭、都县、城戍之所。

又：巳、亥，近地户、神庙、古墓。

与人分居，以干为人，支为我。干克支，利人；支克干，利我；比和无损益。若子加母，不可容人住；母加子，可以容住。

新旧宅吉凶，以支上神为旧宅，干上神为新宅。旺相者吉，囚死者凶。支上神克干，旧宅伤人；干克支上神，自不欲住；干上神克干，新宅害人；干克干上神，必不久住。欲知事类，以将神决之。

入宅吉凶，将加家长行年宅神上：见寅、申、子、午则安；见辰、戌者，忧祸；见卯、酉者，卑幼病；巳、亥损畜；丑、未官事。

宅有井否？视课传中，有水神或子、未、龙、常加干支者，必有井。若无此类或水落空亡，皆无井。总有亦不堪食。又：水视水神，旺相水足，休囚水少也。

元女穿井法，将加正时，视未字落处是也。落亥、子，仰泉好水；落申、酉，西南好水；落巳、午，过泉水少；落寅、卯，东北泉咸；落辰、戌，水苦；落丑，过泉水少；落未，好水。若浅深，亦以未字落处，上下算之。如择穿井日，忌卯年月日时，亦忌卯命人起手，主水浑浊不洁。

宅有鬼否？以家长行年加子上，视太岁本命行年日辰，若见辰、戌、未及蛇、虎者，有鬼。

又：白虎并日辰为两鬼，并月朔为三鬼，并岁神为四鬼，不并者一鬼。

欲知男女老少，白虎乘阳为男，乘阴为女。旺相为少，休囚为老。所伤何物，以类神决之。

有伏尸否？正时加宅神，干支上见辰、戌、蛇、虎、勾陈者，有。余神临之则无。又：以所临方位决之。

又：天目、月厌并蛇、虎临干支，其宅有怪。

疾病，以干为病人，支为寝室，鬼为病，白虎为病神，用传为医药。视白虎乘神生干，则自愈；比和，迟愈。克干，为鬼，大凶；克命亦然。若干支上有制虎鬼之神，虽凶有救。父母化鬼，无妨。忌财爻化鬼，若传年日辰见墓神、丧门诸恶煞、凶将，必主难痊。然见救神或冲破亦有救。

欲知病源，当究白虎乘神。如白虎乘火，火能克金，金属肺，主肺经病。以制鬼之日，为瘥期。鬼旺之日，为凶期。

又：传年干支上有制化虎鬼之神并天地医立何方位，即往其方延治，自然安愈。若制化虎鬼者，为天巫，则宜祈祝。

甲胆乙肝丙小肠，丁心戊胃己脾乡；

庚是大肠辛属肺，壬是膀胱癸肾藏。

甲头乙项丙肩求，丁心戊肋己属腹；

庚系人脐辛为股，壬胫癸足自来求。

子疝气，丑肚腹，寅臂股，卯目手，辰背胸，巳面齿，午心腹，未[①]脾胸，申咳疾，酉肝肺，戌背肺，亥头肝。

肝乃肾家苗，肾乃肝之主，肾通于眼。胆藏魂，肝藏魄，肾藏精，心藏神，脾藏气。

疾病，以日为人，辰为病。日上克辰吉，辰上克日凶。

如：四课、日辰俱不墓，传用复墓，而无刑冲者，白虎乘死神、死气克日而无解救者，白虎临辰克日或辰作白虎克日者，命年俱墓，复乘死气者，恶煞、死气填满课传而内有克日者，青龙乘日马与元武乘浴盆煞加命上者（浴盆煞即四时季神），日德、日禄发用及加年命而俱值空亡者，为人占病而类神空亡者，皆凶占也。

如年命入墓，而四课中有生气者，三传俱绝而年命上有气者，课传俱凶而类神在生旺乡者，课传虽填恶煞而不来伤日者，白虎乘神克干而干上神反克白虎者，白虎乘神克日之支与支之上神者，白虎乘神生日或日生白虎乘神与白虎作日之德神者，白虎虽作墓而加午上者（加午为烧身，如乘水神临午反凶），白虎克日而虎之阴神能制虎者，德禄发用而不空亡者，皆吉占也。

死期以日干之绝神定（如甲绝在申之类）；愈期以日干之子孙定。以辰上神为所受之病。

自巳至戌，白虎乘之，病在表；自辰至亥，白虎乘之，病在里。

男以天罡加行年上数[②]，视功曹下神为医神（如寅加子，医在正北方）。

女以天魁加行年上，视传送下神为医神（如申加午，医在正南方）。

医神，能克支，能克制虎之乘神，则吉。

医神属木土者，宜丸散；属水者，宜汤饮；属火者，宜炙；属金者，宜针砭。

有鬼祟否？传课之中有鬼，有祟；无鬼即无祟。若鬼落空亡亦无祟

---

① 校者注：原文“禾”。

② 校者注：疑为衍文。

也。欲知何祟以神将决之。

临木，自缢鬼或因修造所致。

临金，伤亡鬼。

临火，灶神、五道神或城隍。

临水，或渰[①]死鬼或河泊水神。

临土，宅神、土神。

其余以神将消息言之：贵人为天神；螣蛇道路鬼或愿未酬；朱雀南方社庙、咒咀[②]、家先，乘子因衣服染病，宜禳；六合门神；勾陈土地神或讼愿；青龙香火、城隍；天空游神、狱神，乘亥水鬼、井神；白虎道路伤亡鬼；太常天吊新化鬼；元武不正神、水鬼、厕中鬼；太阴绝嗣鬼、厌死鬼、老女鬼或斗愿；天后女鬼、少亡鬼、遗愿；辰乘蛇虎恶语、咒咀。

生死虚实，闻人死未的，视干上有气者，传言不实；见白虎者，必死。

神后为九泉之神，加太岁，男罡女魁下，为死期。日加月建，时加日支。

坟墓，以日为生人，辰为亡人阴地。

辰生日，辰上神生日，大吉。

辰克日，辰上神克日，太凶。

若干支及上神相比和者，虽不荫人亦不生灾。

传生日者吉，日生传者凶。

支墓加支，定主坟上安坟，全要上神旺相，必能发达。如休囚死绝、支破、蛇虎加临，主子孙消耗无后。

总以干为人，支为穴。青龙为龙，白虎为虎，朱雀为案，天后为水，元武为主山。以生旺有气为高，受克无气为低（如青龙所临地盘之位生龙，则青龙好；如克龙，则青龙不好）。

吉神生气，主体势尊严秀丽；带凶神恶煞，主体势巉岩、形局凶猛；

① 校者注：今作“淹”。

② 校者注：通“诅”。下同。

空亡，主间[①]断空缺；刑破，主破碎崎岖。

初传主初代吉凶，中传主中代吉凶，末传主末代吉凶。

丁马所值，主有动摇不安。

又：有以初传为来龙，中传为穴，末传为案。假如：三传巳申亥，初传是巳，则来龙当是金局，须出水于丑。中传是申，阳日当是庚申发脉，阴日当是坤申落脉。末传是亥，旺则当作亥巳，乃回龙顾祖之格，衰则阳日常作壬丙，阴日当作乾巽。以旺则从本，衰则从左右也。空亡则不结穴。

坟墓吉凶，以干为人，支为墓，以支阴神为墓神。墓上神旺相，吉。将生干，为地荫人，主吉。反此则凶。

又：视何神将、神煞临，细按吉凶。

以初传五行决之：木旺，吉将相生，出子孙宽厚、文秀显达；囚死，为土木之业。

火旺，出子孙文明华显；囚死，诡佞浮游、炉冶之业。

土旺，出子孙忠良富厚；囚死，农作土工之业。

金旺，出子孙金玉功勋；囚死，斗伤或屠宰之业。

水旺，出子孙智慧好容；囚死，为水工渔父水厄妇女淫泆[②]。

又：以所得天将决之，逢空多为僧道。

占买奴婢，以日辰为主人，以天盘戌为奴，酉为婢，以所临为奴婢宫，分以地盘论之。视上带吉将相生日干，则可用；凶将相克，不可用。

又：克干犯主，克支退懒。若四课不备及临空亡，终是不久。

论刑冲破害见贵，主人凌辱；见后，主母凌辱；见阴，同类相妒；龙常，贪财；六合，阴私；勾陈，争斗；天空，欺诈；白虎，疾病；元武，偷盗。刑害支，自身受苦；刑害干，必累主人。

太岁临奴婢宫或奴婢加太岁，大不利。

丙辰日，亥将未时，占奴，戌临午，丙上见酉，辰上见申，此不可

---

① 校者注：原文作“閒”。

② 校者注：原文“佚”。

买，伤于申酉之□□[①]置之，大凶。凡六畜亦依此断之，甚验。

婚姻门[②]

干为夫，支为妇。干支上神生合，则成；刑制，不成。

式中青龙为夫，天后为妇。龙化贵人，夫有官禄；后化贵位，妻有贵位，后化魁罡，悍恶不良（化即阴神，是也）。

又：视后乘神，克干，不利夫；克日本，不利翁姑；克六合乘神，难为子息。六合乘神，克制天后乘神，则有产厄。龙克后，伤妇；后克龙，伤夫。后克六畜类神，必主损畜。

又：以用神为妆奁。三传生干有益于夫，奁资丰厚。干生传，退败不利。支上空亡，女家贫乏。天空及空亡临支，或作发用，必缺丈人丈母。

太阴乘未、卯、酉、亥为用者，为淫泆[③]妇人，主再嫁。

未加妇命者，多疾病。午临妇命，多男；子临妇命，多女。寅、申临者，乏子孙。

又：甲、乙相逢，主有二夫。

婚姻，青龙为男，天后为女。日为男，支为女。青龙旺相则佳男，天后旺相则佳女。

青龙所乘神，生后或比合者，男益女；天后所乘神，生合龙者，女益男。

日生旺，男吉；辰生旺，女吉。

日上乘天乙，男贵；辰上乘太常，女贵。

日上与辰上生合，男女相得。

若龙、后所乘之神，刑、冲、破、害，或落空亡，带孤寒，乘恶将者，皆不吉。

龙克后，日克辰者，妨妇；反相克者，妨夫。

---

① 校者注：原文缺字。

② 校者注：原文此前错排一大段，上下文刻版不连贯，今据文意校正之。常以夫命加妇命，皆在四墓下，名为六绝，不相宜。

③ 校者注：原文“佚”。

男占，重辰上；女占，重日上。男占，重后；女占，重龙。

男占，忌财空亡；女占，忌官空亡。

六合为媒，所乘神要与龙、后比和，无刑、冲、破、害。

女之性情，看命上神。属水吉则智慧；凶则轻盈、诡诈。木、火、土、金仿此类推。

若不知女年命，则以天后所临地盘之神，断之。

临魁、罡者，貌丑。

日上乘天后，辰上乘六合，是未娶先通。

课、传循环三合、六合，是因亲致亲。

日临辰，男就女家；辰临日，女就男家。

夫妇和睦，干支上下相生合，并吉将，主和调；克制及凶将，主有反目。

神将内战，煎熬不宁。

又：夫以天盘年上神为始，地盘年上神为终。妇以地盘年上神为始，天盘年上神为终。视其生、克以决始、终、离、合。

妍媸，以天后为主。其乘神旺、相、相生，则貌美；囚、死，貌侵，再受下克则形体不全。命上见魁、罡，非邪眼即歪口。又以五行细决之：天后乘金，白净、光莹、性情刚直。旺相，白净而果决；休囚，则陋而性硬。乘木，清秀修长，心性温柔。旺相，丰满而和好；休囚，色青体瘦而阴毒。乘水，色黑而性顺。旺相，美丽而不正；休囚，瘰瘠而淫污。乘火，发稀、面赤，心性躁暴。旺相，色红而妍；休囚，性急而陋。乘土，色黄而钝。旺相，端荘而丰肥；休囚，面黄而丑拙。

邪正，以酉加女子本命生月。见子，其女子孝顺；见辰，不正。又：以申加女子本命，视生月、日上，见心星为贞洁；见寅亦然；见奎娄有淫邪。

又：天盘申合地盘甲，子加妇女行年，主有奸私。

又曰：申、卯临日辰，妻妾有二心。

又曰：传送、大吉加日辰，家中妇女欲奔人。

长幼，正时以子所临决之。加孟，为长；仲，为次；季，为小。

择婚，设有女家二三处相许，未知孰吉？当择其乡与天后相合者为吉，及生合日干、青龙，如俱吉，又以天官最吉者为上。

如庚子日，辰将亥时占，一女正西，酉上乘辰土；一女正南，午上乘丑土；一

女正北，子上乘未土；俱生干、生青龙，皆利矣。但酉上得元武，子上得天空，

午上得贵人，此女大吉，宜娶。若未方有女乘寅得天后，乃今日之财，亦宜娶。

余准此。

产育门

视胎神有气，在生旺之地，为安和；无气及刑、冲、破、害、空亡者，皆不能保胎。辰加孕妇年命，多灾；再并血支、血忌，必堕胎。辰乘蛇、虎遥克天后，亦然。蛇、虎、辰、戌伤干，正时带阴、元、蛇、虎克干、伤支，主小产。巳、亥、返吟，损胎。蛇乘死气化子孙，主堕胎。破碎、月厌加支，多怪异伤胎。寅、未相加作日鬼，更并天鬼及天空、太阴临地盘寅，皆为鬼胎。

产孕，以日为子，支为母。三传俱克日，难养；俱克支，损母。破今日之胎神，为生期。

又：以子息长生之日，生。

又：以五行养处，生。

又：以白虎所临之日，生。最验。

诸占以虎为凶神。惟产取虎为血神。若出现、发用，主产期速。

辰上生日上，顺而易；日上生辰上，逆而难。

传顺、贵顺，易；传逆、贵逆，难。

伏吟、无丁、马，将俱凶恶，产危。

以妇行年上神，为受孕之月。如：得小吉，为六月受胎之类……

日上神，阳为男；阴为女。

子孙，阳为男；阴为女。

三传，阴包阳，为男；阳包阴，为女。

干支交车，主双生。遇阴阳不备、昴星、虎视，必日月不足。

占孕要看生气，占产要见空亡、脱气。不要见三六合及四生之类，谓之“子恋母腹”，生时反有可患。若传旺相而遇脱气，皆不劳而生，子母俱安。

天后为母，六合为子。二神不可临凶处。

产以正时为命，伤时则子母皆凶。

胎神临绝受克，当日即生。

纯阴课，占产不吉。

产期，干为子，支为母，正时为命。临产之月，要见空亡、脱气、传退之类，盖临盆而子母将离也。亦主易产。凡龙、合、天喜入传，蛇、虎、生气、生支，血支、血忌、血神并三刑、六冲及用神加绝地，主产近。经曰：先实后空近将生，冲破胎支时定产。如：木胎，加申酉是也。见三合、六合及干支加悬胎、四生之类，谓“子恋母腹”，且主难产。天后乘魁、罡，临母行年，主伤。遇空亡力凶。惟壬、癸、丙、丁逢寅、卯四日，课得柔日、昴星、悬胎、伏吟，过月方生。见血神，又即生。不备、伏吟见元武加干，主形体不全。天罡加处，为生期。又：天上子、午所临之下，为生期（日上见空亡，未生也）。

难易，支上生干上，顺而易生；干上生支上，不顺而难。上神与用神克干，伤子；克支，伤母。俱克，大凶。贵顺，龙、合入传，及见生神、天喜、血支、血忌，皆易；贵逆，蛇、虎、魁、罡，刑、害日干，或干支生合，皆难。戌加亥，主难产。逆连茹，主倒生。三传夹定，子母俱凶。母年命透出干支外者，母可免。闭口课首尾六合，则气塞于中，子母皆凶。

正时见鬼作发用，主子死；螣蛇加支，子母俱亡。

男女，刚日比，为男，不比，为女；柔日比，为女，不比，为男。此法最妙。

又法：视天罡所临，与干同类，生男；支同类，生女。不同，主难产。如：甲子日，罡加寅、卯，同干，为阳比，生男。亥、子，同支，为阴比，生女。申、酉，难产、损子。四季，难产、损母。以金克木、土克水故也。巳、午，虽难产而无妨。倘系甲寅日，则以寅男、卯女分之。

又：发用在第一课、第三课，又在天乙前，兼上克下，生男；在二、四课，在天乙后，兼下贼上，生女。

伏吟课，元武加干支，生子聋哑，或形不全。赘婿，主六指。庚子日[①]作虎，丙、丁日，卯加卯作天空，主缺唇。

双生，凡见干支重出，并月建、月将者，定主双生。

又：产母行年上见天后，本命上见神后，亦主双生。巳、午作青龙临申，主生双子。巳、亥发用，多主双生。

又：甲、乙日，蛇临巳；戊、己日，虎临申；庚、辛日，元临亥；壬、癸日，龙临寅；己巳日，昴星，皆主双生。

戊申日，巳加申；辛卯日，戌加卯，及贵人临四孟，皆双生。

出行门

干为行人，视年命上神，冲破关、墓神者，可动。二马临年命日干之上，或入三传，动之必吉。若得生气、天喜、德、禄入传，或临干，非因喜而动，则动必有喜。若关、墓加干，伏吟、空亡、天官入庙，皆不能动。干支带三合、六合，虽动主迟。若魁、罡加干、支、年、命之上，则不得已而动。最忌直符、往亡、天车、飞廉、天坑、天地转煞、游都、劫煞、日鬼等凶神，动必有凶。申加戌、亥、辰[②]、巳之上，主道路盘诘。涉三渊、登三天，主往返艰难。惟六乙之下天眼开，千邪万恶不能猜，可以出行（天将辰本位，为天官入庙）。

出行，以日为人，以辰为所行之地。日上神克辰上神，一路坦然；辰上神克日上神，不可行。日上神生辰上神者，必行；辰上神生日上神者，不行。

干吉，宜陆路；支吉，宜水路。

卯临蛇、虎，主有忧惊。都将伤干，须防盗贼（谓游都煞，要看在何方，主盗）。日临支、日上逢墓得冲、魁罡临辰、年命天马驿马或丁神临

① 校者注：原文缺字。

② 校者注：原文缺字，据他本校补。

日发用、日上旺相、斗罡加巳亥加卯酉发用、伏吟见丁马，必行也。或墓临日、辰上墓日、马会三合六合、马值空亡、马临长生、日上休囚、斗罡加孟、日辰上下相克、用起贵人入墓、伏吟无丁马，不行也。

马带青龙，一路安逸。

途中风雨：视三传，纯阳晴，纯阴雨，木多风，水多雨，土多阴，火多晴。

鬼临身，不可行。身带往亡煞或克日克支，不可行。

反吟，行人去而复返。

日上子孙，恐费重。

白虎为道路神，然不宜临课传年命上。

若要投宿，以日为客，以辰为主。辰凶不可相投。

天罡加子、卯为天关格，风雨阻滞；加午、酉为地关格，关津阻滞。

行人（朱雀之阴是信神），以干为行客，以支为宅。比和则归；刑、冲、破、害，不归。

有暂出而确知其归者，以出门之时加今日之支上，看天罡下神为至期（如天罡加子，则子时至）。

有出虽久而确知其归者，以月将加正时，视天罡下之神：加孟，未发；加仲，半路；加季，即至。

罡乘日马，至期尤速。

如出久而疑其不归者，视四库内，或墓覆干，或墓覆支，或二马临支，类神乘支，或日辰上见天罡，或初传是日之绝神，或为日之官鬼，或初传是日、末传是支，或末传是日之墓，或是天罡二马之墓，或类神临墓、临绝，或虎乘二马，此皆归者也。

归期以游神之下神，决之（如游神是子，下临寅，主寅月或寅日归）。

如行人绝无音信，则视行人之行年与今日之日干。要天盘上日，归地盘上日（如甲日看寅），其归之顺逆，准于贵人（贵顺，自子而丑；逆，丑而子），归从门上过（卯酉为二门，或顺或逆，当必过之），门上之神不克日、不克行年，及地盘日上神，不克日、不克行年，其人必归。若日克初传、或辰克日、或初传空亡、类神空亡、二马空亡、马临长生、马入墓者，皆以不归断之。

行人：占贵人看天乙；父母看太常；子孙用六合；朋友、夫婿、钱财用青龙；妇人用天后；兄弟用（太阴）；军卒用勾陈；奴仆用天空；丧柩用白虎；奸盗用元武；官吏、文书为朱雀；婢妾用从魁。行人专视元武乘神，若加辰、戌、丑、未而入传，行人即至。以用神合处，为至日。若元武加辰、戌、丑、未不入传，以地支加处，为到日。此法最验。

又：干支相会，末传又归干上，不论远近即归。如：戊申日，申加戊，末传又巳之类（一云：干支上神比和相生，值三合六合，干克支，则归；刑冲破害，支克干，未归）。

远近归期，凡三千里外，以将军临处，下为至期。

千里外，以太岁下为至期。

五百里外，以月建下为至期。

百里外，以日干下为至期。

五十里外，以正时下为至期。

又：视末传，上克下，才动；下克上，将来；相生，未动。

起将军法：孟月以午加太岁，仲以未，季以申，视天罡临于何宫，即以此为至期。

何时归？近出之人，以行时加支，视天罡所临之下为至日至时。若天乙临罡加日辰，即至。罡加季，亦至。课得伏吟，来速。

不知方向，视行人行年落于何方，寅卯辰东方，巳午未南方之类。若在东、南二方，以酉为限，以子上神为至期。西、北二方者，以卯为限，午上神为至期。

又：视天上方神，如寅卯之类，过寅卯已发；不及则未发也。却视子、午上见何神，如木则甲乙日至也。

瞻望音信，以干为占者，以用神为行人。若用与干比合，有信；用克干者，有信；干克用，无信。朱雀及午临干、信神入传及临干，俱有信。用乘二马，主远信至。若信神及二空临干，或落空之地，俱无信。

行人归否？占望行人，以卯酉二门为限，子午二路为期（又为至神）。如望东方人，方神在寅，未动；在午，已动；在申，半路；在子，将到。又：看子上所得之神，如木则甲乙日到（又以日支前四辰配支，如：前四辰见申，即甲申日到也）。再察游神、戏神入传，加孟不来，加仲半道，加季欲至。

又曰：干支上见天乙，为始发；见前二，为半道；前三，为近郊；前四，在郊外；

前五，可立待。

一云：卯酉为限，子午为期。视方神过限，已动；未及限，未动；如过限，已远。却看子午上神为至期。如木为甲乙之类。

未知生死，久出不知吉凶，视行人天上行年所加之处，为所在之方，旺相相生更兼吉将，其人在外安然，立成事业，不想还家。又：视行年上生合方神，是贪恋

忘归；方神生合行年，是人留而不放归。若行年克制方神为财，非恋财即恋色，木[①]肯回家。方神克制行年，必有灾患所阻。若行年囚死兼凶将，必死于外。详视

天官，以决事因。

若不知年命，各以类神推之。入传不空更与干支生合，即以地盘所临为归日。

行人占家，以干为占者，以支为家。视支上吉则吉，凶则凶。

得白虎，主疾病；合死神、死气之类，主死丧。

勾陈，主斗讼。

朱雀，口舌；合火神，主火灾。

天空，疾厄、欺诈。

螣蛇，惊恐、怪异。

元武，盗贼。

详视课传生克轻重言之。欲知所系何人？详察其类。

渡河涉水，视辰、卯二神。有一加干支上者，必主风涛危险；若支上神克支，有沈[②]溺之厄；子加太岁，谓之“乘虚”，主沈溺；反吟，主覆舟；伏吟，主沈水。天三河、地三井，有一河加井，主波涛汹涌。

惟辰临未、亥为太阴，临寅、酉为太常，临子、申为白虎，临亥、午

① 校者注：通“不”。

② 校者注：通“沉”。下同。

为青龙。临酉最为大吉。又：丙子、癸未、癸丑三日，为触水龙，主覆溺（卯为车船，旺相者，完固；休囚者，破损。又：视天罡加孟前，有補；加季尾，有補）。

迷失道路，天罡下行者，百步得正路。小吉下行者，八十步得正路。迷路者，投式于地，向申，未下得正路；迷宿处，向天盘丙，壬下为宿处。

盗贼门

以元武之阴神，为盗神。如：元武乘子，以地盘子上之神为盗神。以盗神克处，为贼来之方。若盗神合二马，踰墙越屋而来；无马，乃穿窬而入；乘戌、亥，从虚空楼阁上来；乘辰、巳，从坑坎水窦中来。若与长绳、悬索并者，则缘绳而下。

占何人为盗？以干为失主，元武为盗。乘阳为男，乘阴为女。有气为少，无气为老。旺相豪家，休囚贫窘。

寅为公吏；卯为犯人；辰为凶恶军卒；巳为手艺人、或炉冶人；丑、午旅人；未为相识人；申徒犯人；酉金银匠、或赌博、徒配、及酒作人；戌为积贼、又奴仆；亥、子小族、及近水人、又为乞丐。

与太岁、月建并，则人多。加孟，形长；加仲，形中材；加季，短小。

占同居为盗，一家之内，十人居，一人失物，九人呼。未知盗者，是何人？占，先以将加时，若人行年元武下，此人为盗定无疑。

占盗贼数目，如：亥作元武，加在辰上，离本宫六位，即六人之类。

再多，以先天数决之。

占匿何人家？以元武阴神天官决之。如：得天乙旺相，在显宦之家；上下相克，休囚，士子之家之类。大抵旺相相生，难得；休囚相克，必易得也。

占赃物，以盗神生处，为匿赃之处。如：乘金则藏于近水之所；乘水则藏于林木之所。各以类推之（旺相赃存，休囚、空亡则无存矣）。

占盗居何所？如：元武乘寅，即应东北方大树或林木之傍。

乘卯，正东林下或草丛中。

辰略占东南或水傍、废井、山冈、祠庙、沟中之类……

元武顺行贼游走，逆行贼伏隐（太阴、六合加干支，谓天门开、地户闭，冥府佑之，贼去远矣）。

占失物，失物看类神。凡类神见课传，不乘武、不落空亡者，当于类神所临之地寻之（如金银，类是酉。若酉加子则于房内寻，盖子为房也。若子加卯则于房东方寻之，以卯为东方也）。若类神乘元，则为人盗去。

若辰上天空空亡，而不见元武，家人隐慝也。日上乘太阴，隐藏者不密而可寻。

类神乘日贵，虽匿而终还。类神作长生或入墓，虽失必得。

类神临日辰本家不失。

贵人顺行，元武不见，乃遗失也（即《指南》所云：贵顺藏自失。忧也）。

若疑家人为盗而未知孰是？则行年上乘元武者，是也。日上神能制武之所乘，则获。

青龙财物太常衣，朱雀禽书卯舫车。

酉是金银并首饰，巳为弓弩磁器俱。

功曹木器同桌凳，珠玉刀枪传送为。

亥伞图书文墨画，未为药物酒食储。

戌为印绶辰鱼谷，米麦牛羊以类推。

如六畜走失，各视其类。若遇子、寅、巳、酉及血支、死气之类，则为人屠宰矣（子为屠神，寅为铺师，巳为灶，酉为刀砧）。如临相生之神，必得。临日辰，自归。

盗贼（附捕获），以日干为失主，武是贼，武之阴神为盗神。

一：当看其可捕与不可捕。其不可捕，则如辰、戌[1]立干支上，名斩关课者；三传见日鬼，而乘青龙、六合、太阴，而丁马发用者；元武、三传皆比和而相生者；元武第二传为盗神，而上乘吉将者；盗神遁得旬丁，

---

① 校者注：原文作“戊”。

而天地盘比和者；元武是日刃，又临卯酉或克日者；皆不可捕。

一：当视其匿于何方？如：盗神是子，贼在正北方，水泽、江湖之所，东有桥梁、坟墓，西有水畔、楼台，前有神庙，物藏水中，其家有儿女悲啼之声。

盗神是丑，则在北方近东，或州邑之旁，或风伯、雨师之庙，或前贤、将军之祠，或仓库之侧，若旷野则桥梁、平田、坟墓之所。

盗神是寅，则东方靠北，林木之中，曲堤之所，或大木、枯竹、沽卖之家，寺观之旁，藏物窖中，以草掩之。

盗神是卯，则在东方，木竹丛中，曲屈水径，近寺观，有舟车，其家或竹木之工、舟车之匠。

盗神是辰，则在东方，岗岭塚穴之中，东有池塘，傍有枯骸之场，或潭沼渔猎之所，丹青彩画之家。

盗神是巳，则在东南方，炉灶之所，东有树木，夏秋有蝉鸣，春冬有马嘶，藏物于树下，其家或巫或妇人主事。

盗神是午，则在南方，炉冶铁匠门侧，有牛马之物，物藏其中，或其家侩贩人、马、骡、牛之家。

盗神是未，则在南方近西，隐伏土冢之中，向东十步内有井田，常有秧歌唱，或其家牧羊、打拳、神鬼、沽卖之处。

盗神是申，则在西南方，近州县门墙城阙之所，远则村野、冲要之地，三叉路口，或邮亭、马舍之所，其家削斫之工、金石之匠。

盗神是酉，则在西方，或地名金坑、酒务之所，城市之中，或近娼家，或胶漆工匠之处。

盗神是戌，则在西北，州郡结营寨之所，聚众之处，材屑垒土，为山岗垄之地，有猪犬在门前，藏物近于楼台，奴仆兵卒之家。

盗神是亥，则在北方，居近水匿或点水旁地名，收巷，其家曾为狱吏，物藏在内楼阁，门前赶猪，問而（取之）。然必盗神天地盘比和者，可以此断。若上下相克，则盗不留。

至于人之伴数，则视盗神隔元武之位而数之。再观元武第三传，可也。

如：元武临辰加酉为初传，亥加辰为二传，是亥为盗神，自亥数至辰，隔六位是为六人。所谓“盗神之本家知伴数”也。本家者，元武也。又：必视盗之旺、相、休、囚，以为增减。

又：当视盗为何等状貌（视元武所乘之本位），如：元乘子，是眼小、轻须，人女面，着黑衣，下淡黄有青。

丑，大肚、阔口，貌丑，多须，身雄壮，着皂衣，下黄。

寅，短矮，美须，手把班猫，爱骑马，着青衣有里。

卯，骨瘦，快走，着深青衣，作医人、术士之状。

辰，大目，粗眉，长须，凶相，着黄衣，中绛服，爱渔猎。

巳，瘦长，人能歌唱，语言试以“贼”，触着便欲交手。

午，斜视，人身方长，若捕时先见一匹赤马后遇，着青衣，头带紫堂[①]色。

未，眼露，头白，持物，其妻能作酒，若谈姓、张姓，尤的。

申，身材长，白面，有瘘病，少须，爱打弹，着黄色或淡白衣。

酉，身材粗长，面上有班[②]点，声响，着白衣裹[③]肚。

戌，颜恶，多须，黑色，少发声，着半黄半白衣。

亥，肥人，丑貌，青黑色，背驼，着衣持伞（若贼多，则为首是其状也）。

占捕人可用否？当是勾所乘神，克元所乘神者，则得。若勾乘神生元或比和，主受赂私通而不得。

若三传中，不见勾陈，则当视末传。盖初赃，中贼，末吏。此旧法也。若末克中者，捕得；相生比和者，不得。

朱雀为报信人，亦宜看。

元武在寅，败在申庚月日时；武在卯，败在酉辛月日时。余仿[④]此。

至于远年大夥，不得其方向者，于天目煞所临之方，索之（天目：春辰，夏未，秋戌，冬丑）。

勾追，干克支，勾朱克支，易得。支克干或相生，难得。支克勾朱，

---

① 校者注：疑为“棠”。

② 校者注：通“斑”。

③ 校者注：原文缺字，据他本校补。

④ 校者注：原文“放”。

拒捕。勾朱生支、支生勾朱，捕人受嘱[①]。干上神及勾朱乘神，逢空，捕人不得力。支上逢空及墓，终不获。

一法：单用勾陈，盗神亦同此断。

盗神立处，上下相克，为内战。及盗神是魁、罡，乘朱、白、勾、蛇者，皆主自败。上下相生者，不犯。若并太阴、六合，必难捕。元武乘太岁，贼走京都；乘月建及禄马，走府州市井。

御贼，以日为我，以辰为敌。看生克旺衰，分彼此胜负。

勾陈为我将，地盘即为他将，宁我克制他，不可他克制我，若更刑害日辰，便非佳兆。

又：勾陈为主将，武为客将。旺相者胜，休囚者负。勾克元主胜，元克勾客胜。

古法：以初中传，为外，为客；末传，为内，为主。如：我入敌境，则宜初中制末；敌来[②]侵我，则宜末制初传。

子孙能克制官鬼，故日干有子孙者，胜。六处如无鬼（谓日、辰、年、命、三传、正时也），干支上见子孙，则为我脱神。忌财生官鬼，六处无官鬼，不忌。

要察贼之所在，专看天目（春辰，夏未，秋戌，冬丑）。如：春占，辰加亥，则贼在西北方也。贼之来方，以初传定之。如：初传午，是南方来。

要识贼之来否？专看游都（甲己日，丑；乙庚日，子；丙辛日，寅；丁壬日，巳；戊癸日，申）。游都临孟，虚信；临仲，半途；临季，速来。加日，今日到；加前一位，明日到。

游都加干支，旺相又克日干，主贼势凭陵；居休地，主不来；囚死又无克制，主贼自遁。上下相生为喜游都，主有降卒。得勾陈克制游都，贼兵必败。

凡占兵，先审卦体，详其主、客、胜、负，而后举兵。

元首，主忠孝，闻事皆实。利先举，不利后动。利为客，不利为主。

---

① 校者注：原文缺字，据他本校补。

② 校者注：原文作“死”。

重审，主事不顺。利后应，不利先动。利主，不利客。

比和为用，占人不出邑里，占贼皆在比邻。此时行兵、进退、狐疑，是当和允。

涉害，当审机察微而动，否则不免致伤。

弹射为用，诸事皆轻。行兵虽凶，无畏。

蒿[①]矢，利主；弹射，利客。

昴星为用，刚日，名“虎视”，利用兵，忌关梁，稽迟。柔日，名“冬蛇掩目”，利伏藏。若我往攻，敌必潜伏不见。

伏吟为用，刚日，欲行，中止；柔日，伏藏，不起。此时行兵，关梁杜塞，贼不越境。

反吟为用，祸从外起，子逆臣奸之象。行兵多反复，尤宜审慎。

八专为用，主客不分，行兵遇敌，必战。要当时旺，为吉。

别责为用，借径而行。出兵须用外助。

墓神下，可以藏兵。

武下，可以劫掠。

被围欲出，须向天罡神下（如罡在午，须出南方）。

走失奴婢，酉、戌二神临干，自归；临支，主外获。若临支阴神，主藏亲人之家；临干阴神，主藏邻里之家。若二神不在日辰四课者，远去。又：三传不见者，不获。凡走失物者，各以类神同此断。

遗失物件，视物之类神临处，为方向所在。若类并元武，则为人盗去。若三传有日鬼及元武、螣蛇，亦主人盗去。反此，则自遗失。类神与太阴、六合并，必有人藏匿。若类入传及生干支、不落空亡，则易见。干克类，亦可寻获。类在囚、死、败、绝之地，物必无存。

贵人，官中物、又食物（丑）。

螣蛇，弓、弩、丝器、亦火物（巳）。

朱雀，文字、飞禽、獐、鹿之类（午）。

六合，车、船、木器、竹物、狐、兔（卯）。

勾陈，泥土、磁器、鱼网、谷、药（辰）。

---

① 校者注：通“嚆”。

青龙，钱财、桌凳、木器、书籍（寅）。

天空，不实，为印绶（戌）。

白虎，刀、剑、铜器、碓、磨（申）。

太[①]常，衣服、布、帛、食物（未）。

元武，图画、伞、盖水用、管籥（亥）。

太阴，金银器饰、石物（酉）。

天后，文章、图画、伞、缸甕之类（子）。

杂占门

借物，以干为借人，支为物主。支上神生干上神，或干能制支，主必得。若日上神生支上神，及支上制干，皆不得。如：日干旺相，上下相生兼得吉将，所求必多。反此者，少。又：天罡加季，必得。三传相克，不得。

野途酒食，途次有人送酒食，视干支上，见辰、戌、子、太阴，乃奸人相害，切不可食。若得龙、常、六合，可安享矣。

寻觅酒食，出外孤行偶乏粮，饿来腹内苦难当。须将月将加时上，求食宜向大吉方。渴时课中寻小吉，趋之必得井泉尝。

占人家酒有无，正时视酉。临孟，始酿；临仲，已熟；临季，已尽。

又：以丑加正时，见干支上，临寅、辰，酒新熟；见未、子，有酒不多。

又：未临旺相方，有酒；休囚方，无酒也。

酒美恶，视酉。加木，清酸；加金，白辛；加水，黑薄；加火，赤苦；加土，黄甘。

饮酒醉否？酒筵相召，未知醉否？视青龙、小吉，临干支，必醉归。又察神将定吉凶。

心惊，正时视行年上，见寅、卯，主文书、阴私；巳、午，惊忧、日舌；申、酉，兵革、远行；亥、子，哭泣、呼召；辰、戌，有疾病；丑、

① 校者注：原文“大”。

未，有咒诅。若旺相，吉将相扶，可解。见前三、五，后二、四，大吉；前二、四，后三、五，大凶。

目瞤，正时视行年上，见寅、卯、巳、午，有喜；申、酉、亥、子，为忧。旺相犹可，休囚必凶。

又：辰、戌，为疾病、官讼；丑、未，为酒食。

占梦，正时[1]行年上，见吉将相生，为吉；凶将相克，为凶。得魁、罡、蛇、虎，大凶。

釜鸣，正时视干支上，见龙、贵，旺相生日，禄位加公侯。凶将克日，宅惊人徙。又：干支上得天乙、官禄，主珍宝；螣蛇，惊恐、怪异；朱雀，文书、口[2]舌，生干，主远信至；六合，婚姻、和合；勾陈，争斗、诉讼；青龙，官禄、财喜；天空，欺诈、惊恐，或婢奴逃亡；白虎，疾病、死亡；太常，官禄、衣帛；元武，盗贼、遗亡；太阴，阴私、暗昧；天后，妇女、奸私，旺相生干，为财帛。

器物动摇，正时视干支上神。旺相相生，主进财加官。相克、无气，耗财、灾病。

鹊噪，正时看鸣方上，所得何神？辰、戌下，讼起；巳、亥下，吏来；丑下，故人、亲戚、铜铁至；未下，妇人、羊、酒至；寅下，家中筵宴宾朋；申下，出门逢乞丐；子下，师巫；午下，口舌；酉下，大人至；卯下，阴私事。

鸱枭声，正时视鸣方。亥下，吏来；子下，师、巫觋、女人来；大吉、天空下，亲戚、故人、酒食至；寅下，贺喜事；卯下，酒食事；辰下，官府、或文书、或斗讼事；巳下，吏人来；午下，诏命事；未下，女人、酒食事；申下，索债人来；酉下，女人、奴婢、酒食事；戌下，官吏至、或论讼事。

野鸟入国，野鸟飞鸣入国邦，白衣聚会贵人乡。正时岁上克天乙，不出三年有大丧。又主盗贼。

野兽入城，正时视太岁上，吉将，无事；凶恶，主有战争。又主将帅

---

① 校者注：疑下缺一“视”字。

② 校者注：原文作“日”。

有忧。

犬吠，正时视干支上，得辰，主持兵器人；巳，盗贼；午，风起；未，觅酒食人；申、酉、戌、子，鬼神；亥，虎豹；寅，猫或木动；卯，木折；丑，空吠。

犬上屋，干上见吉将相生，无咎；凶将相克，三年内人丧病。

路见蛇盘，干上常无恶将临，仍看太乙不相侵。路边横过亦无害，到处逢人喜满襟。

路上见鼠，路上偶然逢大鼠，往来疑是报幽情。日前用起见元武，防盗林中有恐惊。

闻鼓噪声，正时视闹方。见龙、合、申、未者，主歌乐；勾陈，主行斗；白虎，主相煞、或丧孝；朱雀，主官吏、口舌、或失物；天空，主学堂；太阴，主祭祀、神庙。更以生克细推之。

扣门，正时视主人行年上神与日上神相生为吉客；相克为凶人。又：以日上所得之辰决之：子，奸盗人；丑，贵人相召；寅，吏客寻觅；卯，客人佣工；辰，官府勾唤；巳，乞丐；午，邀酒；未，求觅饮食；申，行人问路、僧道请求；酉，女子索借；戌，凶徒或魔人[①]；亥，征戍役卒。再合天将以断之。

占寿夭法 凡推寿夭，专看命上神。若命受上神生者，寿。见生气，更的。若逢长生见生气者，寿犹多也。大端长生主寿；冠带、临官、帝旺，俱主壮健，可以望寿；沐浴，主好色、多病；衰、病，俱主气血不足；死、墓、绝、胎、养，俱主夭。若命上被克，见死神死气带白虎，或见空亡，俱主即夭。日上生日者，寿。辰上生辰者，主壮健，不以寿夭论。三传四孟，以长生递生干及命者，主上寿；四孟从干递生去者，为源消根断，虚痨病死。三传四仲，不夭不寿。三传四季者，夭。

① 校者注：原文作“人”。

古法占来意诀

家　宅

命爻带父自占身，爻上生神与墓神。日干头上带父母，并传生作住基论。

岁宅支干马与丁，或临年命带生神。此来一定占家宅，略过些时问出行。

凡支、干、身、命，带宅神，又带父母，与发用生命身，或生支干，又支干上带丁马、岁宅，或命位行年上有岁宅，俱是占家宅、或买卖房屋、或租典、或更改新造。如不占宅，即是出行。或年月命入传，或时与支冲破，又带宅神、父母、四废，或空亡，必是家宅不宁、或无住宅、又主破坏[①]。带大小耗，主退财；带火神、火鬼，主火灾；带光怪，主见怪；带长绳，吊死；死神，主伤人口。

火神定主火烧房，光怪原来怪作殃。空废等神无宅住，不然破坏要更张。卯酉两来加在户，意欲迁居难守旧。若还丁马劫加临，决定迁居与行路。

马退回家不出行，则言家事有纷争。且言家宅年来动，莫作登途事上论。

时为干冲，如丙日见亥之类。余仿此。

八专九丑与三交，独足长幼度厄爻。乱首反常残下卦，天狱龙战刑德包。稼穑并占家宅象（以上卦，皆主来占家宅），姓宅墓从辰日标（若见姓音于辰上，亦主占家宅意）。宅墓行年克日辰，魁罡蛇虎不相饶（魁罡蛇虎加日辰上，主占家宅）。贵人若也临门户，并主宅灾身动摇（贵人临卯酉，主宅人摇动之象）。

---

① 校者注：原文作“衰”。

坟　墓

五墓加干为用初，死神死气更休囚。此来一定占坟墓，若问阴谋不出头[①]。

时用为日墓，作死神、死气，或加支上，主占坟墓。加丁马是占买卖，或更改坟墓。此二条不论命位。时墓动干，主田土、他人蒙蔽。若见日鬼并乘凶将，必故争入官。已[②]上只可占坟墓，余占不吉。

婚　姻

婚姻本体看弹蒿[③]，八专九丑与三交。曲直玄胎并狡泆，六合乘用是财爻。青龙阴后三传判，支合为龙事理昭。

凡前列等卦，必有婚姻之意，或见六合乘财为用，又见青龙阴后三传相应，或逢六合入传，皆主婚姻。支合为龙，如：子日得传送、天罡，为青龙是也。

财爻动可问求财，父母占来却有灾。若带龙合阴后到，必问婚姻何用猜。

先看命位，带天喜与用传生合，或与日干三六合，主自身上求亲。若命位加子，为子；加兄，为兄；加父，为父。带传生合者，为别人求亲。或时为干合，或传为干合，带龙喜阴后，旺相者，亦为求亲。或时为日财，带阴后喜合龙常，或用为日财，带上作合者，主求亲。

一：小吉与阴后六合相逢作用者，亦问求亲。

一：龙喜带三六合临寅卯，亦主问姻。

一：干传三合，或夫妻年命相合，乘后合，主自奸[④]成婚。

一：酉加午上，亦主占婚，或命合天后，亦主占婚。

---

① 校者注：原文缺字，据他本校补。

② 校者注：通“以”。

③ 校者注：通“嚆”。

④ 校者注：原文作“好”。

一：申加巳上，作六合，非问子息，即是占婚。

生 产

占人来意问妊娠，见机长幼察闻。度厄地烦蛇掩[①]目，玄胎之卦好求姻。四仲为初看中末，虎后还乘喜孕神。见财为用亦当尔，魁罡来并合玄真。辰支是儿作天后，巳临四孟后合亲。父母子孙官鬼动，后阴六合每相邻。长生若为蛇后虎，卜时入墓亦宜陈。

凡见机、长幼、度厄、察微、地烦、冬蛇掩目及玄胎等课，皆主占妊。更得四仲发用，而中末传见天后、白虎乘天喜，乃为孕神，或见财爻与子孙爻为用财则主占孕。魁、罡同六合、玄武，更为真也。今日之辰却是子孙爻，更为天后入卦，主占孕。太乙临四孟，为天后、六合、青龙，主宅中有孕妇。凡父母、妻财、子孙、官鬼爻为六合、太阴、天后者，主孕。今日长生神，作蛇、虎、天后，或占时是今日之墓，皆主孕事。

产子今朝问子来，产胎田畜可推裁。纵然病讼还无事，端的今朝问子来。

发用、正时、本命为干之子孙，并为胎神、生气、天喜、龙、合、支、忌者，主问生产、六畜、奴田等事。

时与支合、支上带子孙、或用卯带龙合、或子午乘龙、或支忌、又或辰戌兼六合天后玄武、或用寅乘白虎，皆主占子。

胎神：火胎于子；水土胎于午；木胎于酉；金胎于卯。

凡胎神值生气，必孕；值死气、空亡、蛇，主损堕胎。

子息今朝问子来，产胎病讼且宽怀。传初为破钱财退，六畜田禾一样猜。

凡子孙不带凶神，只带胎神、生气加丑、酉、午、亥、戌、未[②]者，或带畜杀，主问田禾、六畜事。

---

① 校者注：原文此页损角，据他本校补。

② 校者注：原文作“禾”。

功名仕宦

求官占见三交卦，六仪龙德并天恩。官爵斫轮并铸印，乘轩之卦主呈文（占此皆受官爵）。太岁月建天城吏，印绶龙朱后贵人。诸位若还来入卦，常乘干合受君恩。

谓传送为天城，寅为天吏，太常为绶，魁为印。若乘太岁、月建、贵人，皆主占官。更得太常乘今日干合，则应。

官动儒人是问名，龙常喜德带皇恩。不是科场并考贡，必为居官除与升。

时为日贵用生干，一定今朝是问官。若带吉神并旺相，姓名高中拜朝参。

时生干也贵初传，太岁诸神又共联。必定科名高得中，除官次第喜绵绵。

时为日禄马和丁，来意原来是问名。更有用传扶旺相，新科一定显前程。

官鬼因知兄弟抛，官非贼盗并离逃。此中还有灾和病，带吉求名第一高。

时为日贵、德、禄，或时为日鬼，用为日鬼带贵人龙常，而旺相者；又朱雀加行年、月建、命上并驿马加日辰及传，而旺相者；又太[①]岁吉神克日辰年命；又用与贵人临生旺之地；又龙常加寅申生干旺相、不临休囚死绝者；皆主占名。

又龙、常不带刑、害，主上人提挈，加官升职。

① 校者注：原文“大”。

斗殴词讼

察微蒿[①]矢转篷加，度厄芜淫及缀瑕。鬼呼凌犯兼天网，天烦虎视及冬蛇。

乱首天狱并龙战，刑德五墓天祸加。润下稼穑忧官事（以上主占官事），

月建官爻作雀蛇。句朱白虎逢天乙，多是相刑相克他（谓句朱虎与天乙相刑克）。或与日辰相战克，克害行年亦可嗟（谓句朱白与日辰行年相克战，或在行年上，俱主官事）。官带句陈有斗争，贵来传旺入公庭。此时必定相争讼，来意须知问讼因。辰戌巳见入初传，又带刑来挠不休。必定官司缠不了，于今欲脱也无由。

官动因知兄弟熬，病灾盗失并离逃。此中亦有求名者，口舌官非却不饶。

时为日鬼、贵、句，或时与日刑害，或句陈带天刑、天狱、天吏、直符、罗网等杀，或加年命上，或戌上句陈带天狱，或太岁、天罗、地网加时、加用，俱主占讼或争田地坟墓。

求　财

如何见得是求财，弹射重审及玄胎。稼穑六仪龙德卦（以上皆主求财正爻），正爻旬遁见求财。

注云：但见正财，或旬财遁见其财。

假如：甲子日，见辰、戌、丑、未，皆为正财。若无财神而见太乙者，亦是财。甲子旬见己巳，为遁财故也。甲寅旬见戊午。

财爻动是议婚姻，亦系来占问父亲。龙合丁马生与旺，端为求财问是真。

或时为日财，用为日财，亦是求财。或龙合生干命，亦是求财。

---

① 校者注：通“嵩”。下同，不赘。

凡看命位上带财神，或用为命财，干作命财，时为命财，或带龙合，皆是占财。

课得斩关、游子与白虎，是出外求财。或时用命位有财带白句朱为鬼者，主争财。或时用命干有财，带天空是虚妄求财。日上有财为手内财。又为出外求财。

来情先看正时来，日克为财是问财。旺相德成龙合到，此是求财不用猜。

其二原来看用来，德成旺相喜生财。传中再见龙合到，也是求财不用猜。

其三青龙作用来，德成主合喜扶财。日辰课里财神见，也是求财不用猜。

其四财连丁马来，又多生气合中排。意欲经营别处去，出外求财不用猜。

其[①]五天鬼作用来，时用空亡不问灾。虽是休囚无有吉，也是求财不用猜。

课传并没一财来，巳亥相乘也为财。干课合头无克破，也是求财不用猜。

凡见旺气，主目下之财；见相气，主将来之财；见休气，为过去之财或为旧日之财或主在病人处求财；见囚气，为少他人之财；见死气，为亡人之财或干出外之财或欲出之财。

若见干神休囚、空亡，主空手求财。

若见干支互生，是买卖货物。

若见天后乘财与日三合，主亲人处求财。

若见玄武乘财更与鬼合，主占失财。

若带贵人，主谒贵求财。

时为干冲带马，主干财。

带巳亥，是借贷求财。

甲日申为鬼，外动，主破财。

① 校者注：原文“具”。

干支自合无丁马，主开店求财。

带六合、丁马，主行船求财。

日辰与年命相合，或上下自相合，主交易求财则吉。

干支互合，甲上子合丑，支上亥合寅，干带六合，亦主交易求财。

寅亥带吉神，或墓财生日，或巳亥带龙合，或丑带句常，主相会求财。

未带吉神或墓财生日，亦主求财。

疾 病

来占疾病如何决？九丑三阴魄化源。天狱察微蛇掩目，五墓四杀地天烦。龙战鬼呼兼死绝（以上卦，皆主占疾病），河魁为武日辰闲（河魁乘玄加日辰上，主病）。斗月加临见合常（斗者，天罡也。月者，太阴也。二宿度数抵此，必有疾病、患害，若太常、六合入卦，皆主疾病），魁罡蛇虎亦非安（魁罡蛇虎大忌，加干日辰年命上，主有病）。官鬼因知兄弟憔，官非盗贼并离逃。就中还有功名事，得此因知灾病招。

时用为日鬼，带坵[①]墓、丧门、丁神、死气、死神、虎、蛇，命位同者，主有灾病事。

又：时与支同，时与支害，时与支冲，墓临日上，俱主灾病。

交 易

来情交易见三爻[②]，元首无依赘婿爻。重审始入及知一（以上卦，皆主占买卖事），句陈还作正财抄（句陈乘旺是正财，必主交易）。青龙六合加日辰，兄弟为财理自昭（初传兄弟，中传是财，谓兄弟化财，主交易）。朱句龙合来人卦（如得此四将入卦，其财可必），财并合用必无逃。

① 校者注：通“丘”。

② 校者注：疑为“交”之误。

访　谒

访人来意见转蓬，元首三交知一同。始入或逢弹射卦，辰日相加彼我通（日加辰，己谒人；辰加日，人谒己）。天乙来临卯酉上，魁罡加在日辰宫（贵人加卯酉，魁罡加日辰，皆主出行，故为访谒他人）。

行　人

欲知来意问行人，见机游子察微亲。弹射转蓬蛇掩目，斩关狡泆细区分。常乘干合冲白虎，行人在路必灾迍。

凡得以上诸卦，皆占行人。若见太常乘今日干合，如：乙日见传送，为太常，太冲为白虎，则主行人信息，在路仍主灾患之信。

兄弟须防妻不安，是非朋友类相攒。行人未必无书信，又主我家兄弟欢。

时为日马用皆同，四季丁神又不空。必是行人方可拟，安排行李去匆匆。

时与干冲；天罡乘马；子、午、申乘马；四季丁神；行人年命上值丁马；皆主占行人。

时带丁马，见朱、句刑克日干，主因官事或因公门而动。

贵、朱、常，带丁马，与日三合，主因官员差除。

三交、斩关，更得凶将，主避罪远行。

返[①]吟带丁马，主千里之行。

马若前行又落空，徒有虚声未可容。且将意欲求谋断，或是寻人问信通。

马在支前，或空，不是出行。望信或求谋寻人。

① 校者注：通“反”。

出　行

出行之卦见无依，自任三交天网时。弹射乘轩及游子，斩关龙战亦如之。稼穑又同刑德励（以上诸卦，皆有出行之状），魁罡加在日干支（魁罡加日辰发用，主动）。未辰临日须出外，午卯临传道路知（午为马，卯为车，或入传或加申而发用，皆主出行之象。故占得斫轮之卦，亦主出行）。太[①]常行李白虎路，或乘午卯主行期。

失　脱

知一蒿矢及八专，虎视眈眈天鬼烦。玄胎鬼呼占盗贼，或乘旬首亦须言。六合在初天后末，或逢玄武末初传。财并玄武天空将，总是求占失脱缘。

以上诸卦，皆主失脱。玄武乘旬首，《金匮经》内名“闭口”，亦应盗失。六合在初传，天后在末传，乘财有淫泆之象。玄武在传，亦主失脱。财作玄武，或是天空，亦主盗贼。

官鬼因知兄弟憔，官非灾病并离逃。就中还有功名事，占此原来盗贼招。

时为日破，主逃亡。玄武乘旺或乘辰上，亦主逃走。天空临酉，主奴婢逃走。玄武带盗神、劫杀，作日鬼，盗贼必逃。

玄、合、阴、后，乘辰加卯、酉，主占逃亡之贼盗。

天空乘空亡，主奴婢逃亡。

时为支害，玄、合临门，主盗贼窥财。

时用带六辛，作玄武、天空，必主逃亡。

---

① 校者注：原文“大”。

逃　亡

三交狡泆并龙战，游子玄胎及斩关。知一天网连魄化，俱是逃亡出外看。阴后空玄加门户，定有逃亡事必然。六合太阴并玄武，乘神申酉及胜光。

日辰更同

天将出，辰加日上尽逃愆。

如甲日，功曹加卯作青龙，或加丑为日辰，同天将出外，即为逃亡之象。

父　母

财爻发用是占财，或问婚姻喜里猜。若带凶星来会合，必因父母卜灾来。

凡财动，带白虎、哭神，或克父母爻，主占父母之灾。或玄武带牢狱煞、盗贼煞者，主父母失脱、官非。

或临丁马及空亡，主占父母远行信息。若带财吉神，此以财动论父母，主占求财。

时为日父，或用为日父，或命上为日父，此是本父母动也，亦是占父母。

死神、死气乘墓，主灾病。

父母原来有子灾，文书坟墓一同猜。若占身命终身事，目下于今父母灾。

凡占身命、终身，亦以命位父母看。

文　书

父母生来父母用，坟宅田园及子孙。更有终身年寿福，或问文书成不成。

有考举官吏文书；有官讼文书；有信息各项文书。

凡时与用为日之父母带丁马贵禄，为功名文书。

带丁马财子，为交易宅墓财帛文书。

带丁马、游子、斩关、游戏、信神为信息文书。

带官鬼、贵人为官府文书。

一片疑团

天君金玉圭璋马，兵父银钱国老王。战首富环刚大健，衣言霄汉果龙骧。骨寒贵肺公门雹，狮象楼刑武驿堂。珍味巾冠辛大赤，镜尊多动释明商。

其数九，又为一七四。其形圆，其体明，其味辛辣。于时为秋，旺于巳酉丑之年月日时。于宅为王侯高贵之宅，经营商贾之家。于人有好高慕义之志，刚健亢悔之性。于器为钟磬、刀斧、金银、铜铁、黑角之类。于病为肺疾、头面、筋骨、上焦之病。于姓金傍，商音。其色白。位居西北，宫戌亥。

水云月雨饱豕忧，雾露弓轮醉酒忧。劳血病心耳夜鬼，江河尸窃盗通流。中男美脊薄蹄肉，隐伏狐沟渎矫揉。丛棘坚多心险陷，多眚下首雨师浮。黑监酒器蒂卑湿，核物晶医冷泻舟。

其数三，又为六二。其形忠直，其体清，其味醎[①]。于时为冬，旺于申子辰之年月日时。于地为江河卑湿之处，近水之傍。于宅为茶坊、酒肆之室，渔盐寇盗之家。于人为外柔内刚之性，漂流不定之人。于身为肾。于器为方轮、舟楫之物。于病为肾疾、泻痢、下部之病。于姓为水傍、羽音。其色黑。位居正北，宫居乎子。又为蒺藜，为桎梏。

① 校者注：疑为“鹹”之误。

山坡路径指脾膏，门阙家床宅手豪。果蓏寺阁苑囿□[①]，少男虎兕始终遵。穴蚁狗鼠黔喙鼻，小石狼獐栗大包。阻隔猿童籐陆背，笋陵兽肉芋黄高。

其数一，而十附之。又为七十五。其形厚，其体静，其味甘，其色黄。于时为春夏之交，旺于辰戌丑未之年月日时。于宅为山林、隐逸之家，僧道寺观之室。于人为秀女、寡妇之流，山林仙道之辈。于器为土石磁瓦之物。于病为手足脾胃之疾。于姓为土傍，宫音。位居东北，宫居丑寅。

雷龙长子苍筤竹，草兔玄黄鹄善鸣。筐簧大涂雀苇鼓，足肝动走的颡声。蛇蛟奋起花棺椁，走兽蕃鲜器反生。究健蓬蒿作馵足，禾林决躁粟麟惊。碧青野菜令车闹，怒发官衙税阁亭。

其数五，又为三四八。其形曲而直，其性动，其味酸，其色青而绿。于时为春，旺于亥卯未之年月日时。于宅为官员仕宦之家，楼台亭阁之类。于人为怒惊鼓噪，多动少静之人。于器为竹木苇草之物，及乐器之属木者。于病为肝足，惊怵不安之病。于姓木傍，角音。位居正东，宫居乎卯。

风绳寡发鸡伸缩，胯股肩关市广颡。白眼臭柔鹅曲直，乔林鱼雀白矢长。近高利市入三倍，长女飞禽店木杨。进退不果窦窖散，赤花风伯籥工张。舞茶僧匠仙酸绿，秀士枝竿羽扇凉。

其数六，而七附之，又为五二八。其体轻，其性重而缓，其形曲而直，其色白，其味酸。于时为春夏之交，旺于亥卯未之年月日时。于宅为门户飘扬之家，百工技艺之宅。于地为东南，林木秀茂之所。于人为秀女、寡妇之流，山林仙道之客。于器为墨朱字纸书券图书，轻薄飘扬之物，或香木绳索枭木刀器。于病为股肱风气中寒热气之病。于姓木傍，角音。位居东南，宫居辰巳。

火日兵戈甲胄光，目心文彩雉蚕蚌。网罟井灶龟烹饪，鳖蟹空虚电赢阳。大腹印巢中女丽，鹿桥灼燥阱文章。豹朋陶冶鼍光怪，茀爨舟乾礼赤煌。枯木霓霞乐器紫，聪明花苦热炉场。

其数四，又为三二七。其体中虚，其形尖，其性燥，其色赤，其味苦。于时为夏，旺于寅午戌之年月日时。于宅为文人才士之家，翰墨图书

① 校者注：原文字迹不清，似为“萌”。

之室。于人为文学聪俊之人，相见虚心之客。于器为网罟、烛灰、文书、兵器、笔墨、文房之类。于病为目心上焦热气之病。于姓火傍，徵音。位居正南，宫居于午。又为牝牛。

地牛书契后妃裳，广众城垣布帛方。桑牝道涂柄腹顺，邑都府库大舆襄。田尘簴室文泉釜，吝啬浆迷子母黄。瓦黑乡农阴稷媪，甘柔脾胃雾階傍。

其数八，又为六五十。其形方，其体静，其色黄，其味甘。于时为冬，旺于四季，应于申子辰之年月日时。于宅为乡村寡妇之家，婚姻税利之室。于人有镇静安顺之德。于器为田园、泥土、布帛、桑麻、鼎金、土瓦之类。于病为肚腹、脾胃、中焦、停积之病。于姓土傍，宫音。位居西南，宫居未申。

泽巫口舌妾羊肺，辅颊星霜雪斧斤。毁折骇惊瓜果臼，搀抢[①]粒食悦和针。枭羔角足西邻啜，破缺跛争祸兔侵。斗镞喜铃刚卤啸，易更少女美容音。断刀新月尼鱼白，风宪咽喉废井金。

其数二，又为三四九。其形缺，其体温而润，其味辛辣。于时为秋，旺于巳酉丑之年月日时。于宅为近泽、墙败破壁之家，门户有损之宅。于人为和柔喜悦之人，歌妓婢妾之流，口舌是非之辈。于器为金铁刀刃之类，破缺损折乐器之类。于病为口舌、咽喉、鼻、肺、痰涎、饮食不进、跌磕损伤等病。于姓口舌、金旁，角音。其色白。位居正西，宫[②]居乎西。

类 神

占尊长，看日干与太常；子占父，看日干之本；占母，看日支之本；父占子，看干所生为子，并看六合；占女，看螣蛇；夫占妻，看财之合神，亦看天后；妻占夫[③]，看官鬼与青龙；占奴仆，看河魁与天空；占婢，看酉与太[④]阴；仆占主，看天乙；民占官，看官鬼；占友看青龙；占财货、

① 校者注：疑为“欃枪”。
② 校者注：原文“官”。
③ 校者注：原文“大”。
④ 校者注：原文“大”。

船车，看太冲；占文书，看朱雀；占僧，看卯；占道，看寅；占医，看传送；占军吏，看勾陈；占吏，看功曹；占盗贼，看玄武；占媒妁，看六合；占贵人，看天乙；占兄弟，看太乙、太阴；占妇人，看天后；占衣服，看太常；占犬，用河魁；占铸器，用戌。

生今日干者，为父；生今日支者，为母。

日干同者，为兄弟；日支同者，为姊妹。

日干生者，阳主男，阴主女。

日干克者，为妻财。然其中有三义：曰妻、曰妾、曰财。旺相比合者，为妻；旺相不比合者，为妾；囚死比合者，为近财；囚死不比合者，为远财。

克我者，为官鬼。若旺相相生德合者，则为夫婿，或为官鬼主官员之象。囚死刑害者，为鬼。

白虎病人丧枢悲，太[①]冲驴兔船车木，传送刀兵僧及医。此例悉名为类神，必须入式吉凶推。若还皆入皆不入，不用他神责天将。

论天将生克（凡天[②]将克日为凶，日克天将为吉。遇月相生亦吉。）

贵人克日，立见责罚；日克贵人，喜事相合。螣蛇克日，阴孕乖离；日克螣蛇，疑路交加。朱雀克日，火烛灾殃；日克朱雀，文书信约。六合克日，妇女私讼（一云：子必在外）；日克六合，婚姻相合。句陈克日，追呼不明；日克句陈，官事遭迍。青龙克日，财物损失；日克青龙，财利重重。天空克日，虚诈不实；日克天空，不义反忠。白虎克日，病者多灾；日克白虎，行人道路。太常克日，因酒致食；日克太常，酒食分张。玄武克日，立发盗贼；日克玄武，最宜捉捕。太[③]阴克日，奴婢走失；日克太阴，喜事相侵。天后克日，妇女妒疾；日克天后，私情酒食。

六壬类聚全终

① 校者注：原文“大”。
② 校者注：原文“夫”。
③ 校者注：原文“大”。

故宫珍本六壬三書（下）

六壬粹言 蛟門劉赤江慕農甫◎編

張越◎點校

華齡出版社

责任编辑：薛　治
责任印制：李未圻

图书在版编目（CIP）数据

故宫珍本六壬三书／张越点校．—北京：华龄出版社，2017.9
ISBN 978-7-5169-1042-9
Ⅰ．①故…　Ⅱ．①张…　Ⅲ．①学－古籍－善本－汇编－中国
Ⅳ．①B2

中国版本图书馆 CIP 数据核字（2017）第 224506 号

书　　名：故宫珍本六壬三书
作　　者：张　越 点校
出版发行：华龄出版社
印　　刷：三河市九洲财鑫印刷有限公司
版　　次：2017 年 11 月第 1 版　2017 年 11 月第 1 次印刷
开　　本：720×1020　1/16　　**印　　张**：35.75
字　　数：550 千字
定　　价：128.00 元（全二册）

地　　址：北京市朝阳区东大桥斜街 4 号　　**邮　　编**：100020
电　　话：（010）58124218　　**传　　真**：（010）58124204
网　　址：http://www.hualingpress.com

六壬粹言

蛟門 劉赤江慕農甫 編

目　录

序

八卦画自伏羲，而文王演之。六壬受于黄帝，而太公传之。旗鼓相当，功力悉敌也。自来各秘其术，言，人人殊。世所行者，惟《大全》中之《毕法》，《指南》中之《会纂》，为车之有轨。然《毕法》则随手拈来，意尽而至；《会纂》则引而不发，未放厥词。余殚精研思，寒暑不辍者，六、七载。见前人一词之善，一节之合，即捃摭焉，而纳之于其中。分汇推移，厘其部署。时有少露隙明，畅申微义，亦不过引而伸之，触类而长之，以求斯理之明彻而止，而不敢以自用自专者，参其间也。稿凡三易，始成是编。噫！余之用心亦苦矣。独是断一事，而求之义例，或有未及载者，则所谓“书不尽言，言不尽意”也。断一事而执前人之成法以绳之，或有不相吻合者，则所谓“学我者拙，似我者死”也。轮匾以古人之书为糟粕，而自言其得心应手之妙，臣不能传之臣之子，臣之子亦不能受之于臣。《易》曰：神而明之，存乎其人。是固非三折肱九转丹者，不足以语斯也。余观陈公献先生所传《占验》一卷，心之灵，齿牙之慧，皆非印板书中之所有。郭御青先生所存数条，如“老吏断狱，周折如意”，斯可谓独出心裁，而善谈元理者矣。我夫子言：学有“适道、与立、与权”之分。《毕法补谈》，则“适道”之书也。《指南汇笺》，则“与立”之书也。陈郭两先生之《占验》，则“与权”之书也。壬术之要，不外乎此矣。剞劂既成，爰举其大略，以弁简端。

道光六年岁次丙戌夏至前三日

蛟门刘赤江慕农甫书于荆门之知止小舍

六壬粹言卷首　图说

提　要

天干凡十，而课独取乎壬者，盖壬乃阳水，天一主水，为数之始，壬寄在亥，亥属乾宫，亦《周易》首乾之义也。

十干寄宫

甲寄寅；丙、戊寄巳；庚寄申；壬寄亥；乙寄辰；丁、己寄未；辛寄戌；癸寄丑。

月　将

冬至，丑将；大寒，子将；雨水，亥将；春分，戌将；谷雨，酉将；小满，申将；夏至，未将；大暑，午将；处暑，巳将；秋分，辰将；霜降，卯将；小雪，寅将。

宗门九式

一、克贼：重审、元首

二、比用：阳日比用、阴日比用

三、涉害：见机、察微、复等

四、遥克：蒿[1]矢、弹射

五、昴星：仰视格、俯视格

六、别责：阳日别责、阴日别责

七、八专：顺数三神、逆数三神

八、伏吟：伏吟有克[2]、自任、自信、干刑杜传、支刑杜传、初中杜

---

① 校者注：通嚆。下同。

② 校者注：原文作“九”。

传、中传杜传

九、反吟：反吟有克、无亲

三传全图

<table>
<tr>
<td>甲　酉
午寅　辰　申　戌　子
酉辰亥　午申丑　戌巳子　子未寅　寅酉辰</td>
<td>甲　申
六甲
寅申寅</td>
<td>甲　未
辰　五甲
寅未子　子巳戌</td>
<td>甲　午
寅　辰　戌午　申子
申午午　申子辰　寅午戌　辰申子</td>
</tr>
<tr>
<td>甲　戌
六甲
戌午寅</td>
<td rowspan="2" colspan="2">六甲日
七十二课图</td>
<td>甲　巳
六甲
申亥寅</td>
</tr>
<tr>
<td>甲　亥
寅　三甲　申　子
亥丑丑　申巳寅　巳寅亥　午卯子</td>
<td>甲　辰
六甲
辰午申</td>
</tr>
<tr>
<td>甲　子
戌申　四甲
午辰寅　戌申午</td>
<td>甲　丑
六甲
子亥戌</td>
<td>甲　寅
六甲
寅巳申</td>
<td>甲　卯
六甲
辰巳午</td>
</tr>
</table>

<table>
<tr>
<td>乙　亥

四　酉丑
乙

午亥卯
丑午戌
申丑巳</td>
<td>乙　戌

卯亥丑
酉巳未

卯巳戌
酉亥辰
卯巳戌</td>
<td>乙　酉

未酉四
　　乙

巳未寅
戌子未
卯巳子</td>
<td>乙　申

未酉亥丑
　　卯巳

亥申未酉
卯子亥丑
未辰卯巳</td>
</tr>
<tr>
<td>乙　子

巳未亥丑
　　卯酉

酉卯未巳
巳亥卯丑
丑未亥酉</td>
<td colspan="2" rowspan="2">六乙日
七十二课图</td>
<td>乙　未

卯　五
　　乙

酉　未
子　戌
卯　丑</td>
</tr>
<tr>
<td>乙　丑

六
乙

丑
戌
未</td>
<td>乙　午

六
乙

申
戌
子</td>
</tr>
<tr>
<td>乙　寅

巳未酉亥丑
卯

丑亥未酉亥
亥寅巳未酉
酉巳卯巳未</td>
<td>乙　卯

卯巳未酉亥丑

丑卯戌申戌子
子寅卯未酉亥
亥丑午午申戌</td>
<td>乙　辰

卯巳未酉亥丑

辰辰辰辰辰辰
卯巳未酉亥丑
子申丑卯巳戌</td>
<td>乙　巳

卯巳未酉亥丑

辰未酉亥丑寅
巳申戌子寅卯
午酉亥丑卯辰</td>
</tr>
</table>

<table>
<tr>
<td>丙 子
申 辰 四
丙
戌 午 子
巳 丑 未
子 申 寅</td>
<td>丙 亥
戌 子 寅
辰 午 申
巳 午 寅
亥 子 申
巳 午 寅</td>
<td>丙 戌
辰 午 申 戌 子 寅
寅 辰 卯 申 巳 子
未 酉 申 丑 戌 巳
子 寅 丑 午 卯 戌</td>
<td>丙 酉
六
丙
酉
丑
巳</td>
</tr>
<tr>
<td>丙 丑
申 戌 子 寅
辰 午
子 酉 申 戌
申 巳 辰 午
辰 丑 子 寅</td>
<td colspan="2" rowspan="2">六丙日七十二课图</td>
<td>丙 申
六
丙
申
亥
寅</td>
</tr>
<tr>
<td>丙 寅
午 申 子 三
丙
子 巳 午 亥
酉 寅 卯 申
午 亥 子 巳</td>
<td>丙 未
午 戌 寅
辰 申 子
申 子 辰
戌 寅 午
子 辰 申</td>
</tr>
<tr>
<td>丙 卯
六
丙
丑
亥
酉</td>
<td>丙 辰
四 子 寅
丙
卯 戌 子
寅 酉 亥
丑 申 戌</td>
<td>丙 巳
六
丙
巳
申
寅</td>
<td>丙 午
辰 午 申 戌 子 寅
亥 申 酉 亥 寅 辰
午 酉 戌 子 卯 巳
午 戌 亥 丑 辰 午</td>
</tr>
</table>

<table>
<tr>
<td>丁　寅

未
巳酉亥丑卯

酉亥午卯戌
辰午丑戌巳
亥丑申巳子</td>
<td>丁　丑

　亥　卯
未　丑
　巳　酉

巳巳亥卯
丑亥未酉
丑巳丑卯</td>
<td>丁　子

酉　五
　　丁

未　巳
子　戌
巳　卯</td>
<td>丁　亥

酉丑卯
未巳亥

亥酉未
卯丑亥
未巳卯</td>
</tr>
<tr>
<td>丁　卯

　　丑卯
巳未
　　酉亥

亥卯巳未
未亥丑卯
卯未酉亥</td>
<td colspan="2" rowspan="2">六丁日
七十二课图</td>
<td>丁　戌

巳未酉亥丑卯

申亥子午午酉
亥戌卯戌戌子
寅戌午寅辰卯</td>
</tr>
<tr>
<td>丁　辰

巳未酉亥丑卯

亥亥午巳子子
申辰卯寅辰酉
巳辰子亥戌午</td>
<td>丁　酉

六
丁

酉
亥
丑</td>
</tr>
<tr>
<td>丁　巳

酉　　卯
　亥丑
未　　巳

丑酉亥丑
巳未酉亥
巳巳未酉</td>
<td>丁　午

巳未酉亥丑卯

卯卯申戌子丑
寅午未酉亥子
丑午午申戌亥</td>
<td>丁　未

巳未酉亥丑卯

巳未酉亥丑卯
申丑未未戌子
寅戌丑丑未午</td>
<td>丁　申

　四
酉　卯
　丁

亥申辰
子酉巳
丑戌午</td>
</tr>
</table>

<table>
<tr>
<td>戊　子
六
戊
子
未
寅</td>
<td>戊　亥
子寅辰
午申戌
午寅巳
子申亥
午寅巳</td>
<td>戊　戌
午申戌子寅辰
辰卯申巳子寅
酉申丑戌巳未
寅丑午卯戌子</td>
<td>戊　酉
戊子寅辰
午申
寅辰丑子
午申午辰
戊子酉申</td>
</tr>
<tr>
<td>戊　丑
戊子寅辰
午申
寅巳戌子
戌申午申
午丑寅辰</td>
<td colspan="2" rowspan="2">六戊日
七十二课图</td>
<td>戊　申
午申子申辰
戌
酉寅卯申亥
子巳午亥寅
卯申酉寅巳</td>
</tr>
<tr>
<td>戊　寅
六
戊
寅
亥
申</td>
<td>戊　未
戌寅辰
申子午
子辰申
寅午戌
辰申子</td>
</tr>
<tr>
<td>戊　卯
六
戊
丑
亥
酉</td>
<td>戊　辰
子寅四
戊
戌子卯
酉亥寅
申戌丑</td>
<td>戊　巳
六
戊
巳
申
寅</td>
<td>戊　午
申戌子寅辰
午
戌亥寅辰寅
酉子卯巳午
午丑辰午午</td>
</tr>
</table>

己　寅

　　　　巳
酉亥丑卯
　　　　未

亥午卯戌酉
午丑戌巳辰
丑申巳子亥

己　丑

　　卯巳
未丑
　　酉亥

巳亥卯巳
丑未酉亥
丑丑卯巳

己　子

　五
酉
　己

未巳
子戌
巳卯

己　亥

　三巳
酉
　己丑

亥未酉
卯亥丑
未卯巳

己　卯

丑卯巳
酉亥未

巳未卯
丑卯亥
酉亥未

六己日七十二课图

己　戌

未酉亥丑卯巳

亥卯寅午酉申
戌午巳戌子亥
戌酉申申卯寅

己　辰

未酉亥丑卯巳

亥午巳子子寅
辰卯寅辰酉亥
辰子亥戌午申

己　酉

　亥　巳
未　丑
　酉　卯

酉丑卯亥
酉卯巳丑
酉巳未卯

己　巳

　亥　巳
未　丑
　酉　卯

丑卯亥丑
巳丑酉亥
巳亥未酉

己　午

未酉亥丑卯巳

卯戌戌子丑卯
午午酉亥子寅
午申申戌亥丑

己　未

未酉亥丑卯巳

未酉亥丑卯巳
丑未未戌子申
戌丑丑未午寅

己　申

未酉亥丑卯巳

未亥丑寅辰申
申子寅卯巳申
申丑卯辰午午

<table>
<tr><td>庚　卯
辰　五庚
午　戌
丑　巳
申　子</td><td>庚　寅
六
庚
寅
申
寅</td><td>庚　丑
申戌子寅辰午
卯申巳子寅辰
丑丑戌巳未酉
丑午卯戌子寅</td><td>庚　子
六
庚
辰
申
子</td></tr>
<tr><td>庚　辰
四　午
庚　寅
子　戌
申　午
辰　寅</td><td colspan="2" rowspan="2">六庚日
七十二课图</td><td>庚　亥
申子寅辰午
　　　戌
丑午申寅酉
亥酉亥巳子
亥子寅申卯</td></tr>
<tr><td>庚　巳
子　五庚
午　巳
卯　寅
子　亥</td><td>庚　戌
戌寅午
申子辰
子辰申
寅午戌
辰申子</td></tr>
<tr><td>庚　午
六
庚
午
辰
寅</td><td>庚　未
申子寅辰午
　　　　戌
酉戌子卯午
未酉亥寅巳
未申戌丑辰</td><td>庚　申
六
庚
申
寅
巳</td><td>庚　酉
申戌子寅辰午
亥亥寅辰午戌
酉子卯巳未未
酉丑辰午申酉</td></tr>
</table>

六辛日七十二课图

辛　巳

酉亥丑卯巳未

亥午卯戌未酉
午丑戌巳寅辰
丑申巳子酉亥

辛　辰

　卯巳
丑　　未
　酉亥

亥卯巳巳
未酉亥丑
辰卯巳辰

辛　卯

　四
巳　未
　辛

未卯巳
子申戌
巳丑卯

辛　寅

　卯巳
酉　　未
　亥丑

寅未酉亥
午亥丑卯
戌卯巳未

辛　午

丑卯
　　巳未
酉亥

巳未午卯
丑卯寅亥
酉亥戌未

辛　丑

酉亥丑卯巳未

卯巳巳酉申亥
午申丑子亥丑
酉亥丑卯寅丑

辛　未

酉亥丑卯巳未

午巳巳子寅亥
卯寅未未亥未
子亥未子申未

辛　子

亥　　　巳
　丑卯
酉　　　未

丑卯巳寅
卯巳未辰
巳未酉午

辛　申

　巳三
丑
　卯辛

亥丑午
酉亥辰
未酉寅

辛　酉

酉亥丑卯巳未

丑戌子丑卯巳
酉酉亥子寅辰
酉申戌亥丑卯

辛　戌

酉亥丑卯巳未

酉亥丑卯巳未
戌戌戌子申丑
未未未午寅戌

辛　亥

酉亥丑卯巳未

亥丑寅辰午申
子寅卯巳未亥
丑卯辰午申申

<table>
<tr>
<td>壬　午

六
壬

午
丑
申</td>
<td>壬　巳

戌午申
辰子寅

巳午寅
亥子申
巳午寅</td>
<td>壬　辰

子寅辰三
　　　壬

巳子寅辰
戌巳未酉
卯戌子寅</td>
<td>壬　卯

六
壬

未
亥
卯</td>
</tr>
<tr>
<td>壬　未

子午申
戌寅辰

未戌子
卯午申
亥寅辰</td>
<td colspan="2" rowspan="2">六壬日
七十二课图</td>
<td>壬　寅

戌子寅辰午申

辰午申戌酉巳
未酉亥丑子申
戌子寅辰卯亥</td>
</tr>
<tr>
<td>壬　申

子　五
　　壬

午　巳
卯　寅
子　亥</td>
<td>壬　丑

寅午戌
子辰申

辰申子
午戌寅
申子辰</td>
</tr>
<tr>
<td>壬　酉

寅午申
子辰戌

戌寅午
申子辰
午戌寅</td>
<td>壬　戌

寅　五
　　壬

子　戌
亥　酉
戌　申</td>
<td>壬　亥

戌子寅辰午申

亥亥亥亥亥亥
戌子寅辰午申
卯卯巳戌子寅</td>
<td>壬　子

戌子寅三
　　　壬

亥寅辰丑
子卯巳寅
丑辰午卯</td>
</tr>
</table>

<table>
<tr>
<td>癸　申
六
癸
卯
戌
巳</td>
<td>癸　未
亥丑卯
巳未酉

巳未卯
亥丑酉
巳未卯</td>
<td>癸　午
四未酉
癸

午巳未
亥戌子
辰卯巳</td>
<td>癸　巳
六
癸
酉
丑
巳</td>
</tr>
<tr>
<td>癸　酉
卯　四
亥　癸

未　巳
卯　丑
亥　酉</td>
<td colspan="2" rowspan="2">六癸日
七十二课图</td>
<td>癸　辰
卯巳四
癸

酉申辰
子亥未
卯寅戌</td>
</tr>
<tr>
<td>癸　戌
亥四酉
癸

巳戌午
寅未卯
亥辰子</td>
<td>癸　卯
丑巳未酉
卯　亥

卯未巳丑
巳酉未卯
未亥酉巳</td>
</tr>
<tr>
<td>癸　亥
丑巳未酉
卯　亥

亥丑巳未
酉亥卯巳
未酉丑卯</td>
<td>癸　子
亥丑卯巳未酉

戌子丑卯巳未
酉亥子寅辰午
申戌亥丑卯巳</td>
<td>癸　丑
六
癸
丑
戌
未</td>
<td>癸　寅
亥丑卯巳未酉

丑寅辰未申亥
寅卯巳申寅子
卯辰午酉申丑</td>
</tr>
</table>

十二将神

贵人：己丑，土神；螣蛇：丁巳，火神；朱雀：丙午，火神；六合：乙卯，木神；勾陈：戊辰，土神；青龙：甲寅，木神；天空：戊戌，土神；白虎：庚申，金神；太常：己未，土神；元武：癸亥，水神；太阴：辛酉，金神；天后：壬子，水神。

旦暮贵人

甲、戊[①]、庚：日贵丑，夜贵未；

乙、己：日贵子，夜贵申；

丙、丁：日贵亥，夜贵酉；

六辛：日贵午，夜贵寅；

壬、癸：日贵巳，夜贵卯。

贵人左[②]转式

贵人如在亥、子、丑、寅、卯、辰六宫，则十二神依次顺行。

蛇	巳	午	未	申	
贵	辰			酉	
	卯			戌	
	寅	丑	子	亥	贵
			蛇		

---

① 校者注：原文作“戌”。

② 校者注：原文“在”。

贵人右转式

贵人如在戌、酉、申、未、午、巳六宫，则十二神依次逆行。

贵巳午未申
蛇辰　　酉蛇
卯　　戌贵
寅丑子亥

干煞　甲乙丙丁戊己庚辛壬癸

日德　寅申巳亥巳再轮

日合　日干对宫之神（如甲用己之类）

日禄　寅卯巳午巳午申酉亥子

长生　甲、乙用亥；丙、丁、戊、己用寅；庚、辛用巳；壬、癸用申。

日鬼　甲乙用申酉，丙丁用亥子，戊己用寅卯，庚辛用巳午，壬癸用辰戌丑未

日墓　甲、乙用未；丙、丁、戊、己用戌；庚、辛用丑；壬、癸用辰。

羊刃　日禄前一位神（如甲用卯之类）

胎神　甲、乙用酉；丙、丁、戊[①]、己用子；庚、辛用卯；壬、癸用午。

养神　胎前一位神（如甲、乙用戌之类）

败气　长生前一位神（如甲、乙用子之类）

死神　墓后一位神（如甲、乙用午之类）

绝神　墓前一位神（如甲、乙用申之类）

游都　丑子寅巳申再轮

鲁都　游都对宫之神

支煞　子丑寅卯辰巳午未申酉戌亥

支德　支前五位神（如子在巳，丑在午之类）

六合　子、丑合；寅、亥合；卯、戌合；辰、酉合；巳、申合；午、未合。

---

① 校者注：原文“戍”。

三合　申子辰合水局；巳酉丑合金局；寅午戌合火局；亥卯未合木局。

三刑　寅刑巳，巳刑申，申刑寅；丑刑戌，戌刑未，未刑丑为朋刑；子刑卯，卯刑子为互刑；辰刑辰，亥刑亥，午刑午，酉刑酉为自刑。

六害　子、未害；午、丑害；寅、巳害；卯、辰害；申、亥害；酉、戌害。

支墓　亥子用辰；寅卯用未；巳午、辰戌丑未用戌；申酉用丑。

支破　阳日，后三神；阴日，前三神（如子日用酉，丑日用辰之类）

破碎　孟日用酉，仲日用巳，季日用丑（即金神，又名红纱）

驿马　三合第一位之冲神（如申子辰日用寅之类）

劫煞　三合第三位之前一位神（如申子辰日用巳之类）

华盖　三合之第三位神（如申子辰日用辰之类）

将星　三合之第二位神（如申子辰日用子之类）

月煞	正	二	三	四	五	六	七	八	九	十	十一	十二
天德	丁	坤	壬	辛	乾	甲	癸	艮	丙	乙	巽	庚
月德	丙	甲①	壬	庚三轮								

生气　正月起子顺行十二

死气　正月起午顺行十二

死神　正月起巳顺行十二（又名孝杖，忌子孙爻见）

火烛　与死神同

天医　正月起辰顺行十二

地医　正月起戌顺行十二

天诏　正月起亥顺行十二

飞魂　与天诏同（又名游魂）

信神　正月起酉顺行十二

血支　正月起丑顺行十二

风伯　正月起申逆行十二

天解　与风伯同

① 校者注：原文“申”。

月厌　正月起戌逆行十二

火光　与月厌同

天鸡[①]　正月起酉逆行十二

天马　正、七月起午顺行六阳神

皇恩　正、七月起未顺行六阴神

天财　正、七月起辰顺行六阳神

血忌　阳月起丑顺行，阴月起未顺行

飞廉　二月起巳；五月起寅；八月起亥；十一月起申；俱顺行三神。

勾神　阳月起卯隔月顺行六阴神，阴月起戌隔月顺行六阳神。

绞神　勾神对宫

会神　未　戌　寅　亥　酉　子　丑　午　巳　卯　申　辰

成神　巳申亥寅三轮

产煞　寅巳申亥三轮

奸门　申亥寅巳三轮

雷公　寅亥申巳三轮

亡神　巳寅亥申三轮

天鬼　酉午卯子三轮

悬索　卯子酉午三轮

桃花　与悬索同

雨师　子卯午酉三轮

丧魄　未辰丑戌三轮

孝服　巳酉丑四轮

旬煞　甲子　甲戌　甲申　甲午　甲辰　甲寅

三奇　丑　丑　子　子　亥　亥

六仪　旬首之神

空亡　戌亥　申酉　午未　辰巳　寅卯　子丑

时煞　春　夏　秋　冬

天赦　戊寅　甲午　戊申　甲子

① 校者注：应为“鸠”，主信息。

皇书　寅　　巳　　申　　亥
孤辰　巳　　申　　亥　　寅
篇神　与孤辰同
火鬼　午酉子卯
丧车　酉子卯午
天喜　戌丑辰未
天耳　与天喜同
寡宿　丑辰未戌
关神　与寡宿同
浴盆　辰未戌丑
天目　与浴盆同
龙神　与浴盆同
哭神　未戌丑辰
五墓　与哭神同
游神　丑子亥戌
戏神　巳子酉辰
岁煞　子丑寅卯辰巳午未申酉戌亥
将军　亥子丑用酉，寅卯辰用子，巳午未用卯，申酉戌用午
大耗　上[①]岁之冲神（一名岁破）
小耗　大耗后一位神（如子年用巳之类）
病符　岁后一位神（如子年用亥之类）
丧门　岁前二位神（如子年用寅之类）
吊客　岁后二位神（如子年用戌之类）

按：旧本神煞至多，兹简其合于用者，录之于上[②]。凡用神煞，须要于干支有生合刑克之情，其事乃应，不然则否。

---

① 校者注：原文竖排，作“右”。

② 校者注：原文“右”。

占断十二门

干神；支神；发端（即初传）；转移（即中传）；归结（即末传）；正时；月将；行年；本命；太岁；遁干；阴、阳二神。

列宿分野

丑宫：斗三至二十二　牛六　女一

子宫：女二至十　虚八　危十一

亥宫：危十二至十五　室十七　壁九　奎初

戌宫：奎一至十七　娄十七　胃二

酉宫：胃三至十五　昴十　毕五

申宫：毕六至十五　参九　井七

未宫：井八至三十　鬼二　柳二

午宫：柳三至十二　星五　张十四

巳宫：张十五至十七　翼十九　轸九

辰宫：轸十至十七　角十二　亢八　氐初

卯宫：氐一至十五　房五　心六　尾二

寅宫：尾三至十七　箕九　斗二

地舆分野

子宫：青州齐分

山东——济南府　泰安府（内东平州入亥宫）　武定府

东昌府（内馆陶、冠县入亥宫、恩县入酉宫）

青州府（内安邱、诸城入戌宫）　登州府　莱州府　临清州之武城、夏津、邱县

直隶——天津府之沧州南皮、盐山、庆云

丑宫：扬州吴分

江苏全省（内徐州府分入卯、戌二宫，海州、淮安府之清河、桃源入戌宫

安徽全省（内顺州府分入卯、辰二宫，凤阳府之怀远入戌宫，宿州灵璧入卯宫，泗州之木州、五河入戌宫）

江西全省

浙江全省

福建全省

广东全省（内韶州府、廉州府、连州、广州府之府[①]安入巳宫）

广西——梧州府

寅宫：幽州燕分

盛京——奉天府　锦州府

直隶——顺天府　永平府　保定府（内邢州束鹿入酉宫）

河间府　天津府（内沧州南皮、盐山、庆云入子宫）

宣化府　遵化州　易州

卯宫：徐州宋分

河南——归德府　开封府之杞县、兰阳、仪封　卫辉府之考城

山东——曹州府（内濮州范县、观城、朝城入亥宫）　济宁州

江苏——徐州府之铜山、萧县、锡山、丰县、沛县

安徽——凤阳府之宿州、灵璧　颍州府之亳州、蒙城

辰宫：豫州郑分

河南——开封府（内杞县、兰阳、仪封入卯宫，禹州密县、新郑入午宫）　陈州府　汝宁府（内信阳、罗山入午宫）　光州　卫平府封邱、延津　怀庆府之济源、原武、阳武、孟县、温县

安徽——颍州府之阜阳、颍上、霍邱、太和

巳宫：荆州楚分

湖北全省（内襄阳府之光化、均州，德安府之随州应山俱入午宫）

湖南全省

---

① 校者注：应用“新安”。

广东——韶州府　广州[①]府　连州　广州府之新安

广西全省（内梧州府入丑宫）

贵州全省（内遵义府入未宫，铜仁府入午宫，贵阳府之贵筑、贵定、龙里入未宫）

午宫：三河周分

河南——河南府　南阳府　许州　陕州　汝州　开封府之禹州、密县、新郑　汝宁府之信阳、罗山

湖北——襄阳府之光化、均州　德安府之应山、随州

陕西——商州之本州、洛南

贵州——铜仁府

未宫：雍州秦分

陕西全省（内商州之本州、洛南入午宫）

甘肃全省

四川全省

云南全省

贵州——贵阳府之贵筑、贵定、龙里　遵义府

申宫：并州晋分

山西全省（内大同、朔平二府入酉宫）

酉宫：冀州赵分

直隶——真定府　顺德府　广平府　定州　冀[②]州　赵州　深州　保定府之邢州、束鹿

山西——大同府　朔平府

山东——东昌府之恩县

河南——彰德府之武安、涉县

戌宫：兖州鲁分

山东——兖州府（内汶上、寿张入亥宫）　沂州府　青州府之安邱、诸城

江苏——海州　淮安府之清河、桃源　徐州府之邳州、宿迁、睢宁

① 校者注：应为“廉州”。

② 校者注：原文字体模糊，难以辨认。

安徽——凤阳府之怀远　泗州之本州、五河

亥宫：河北卫分

直隶——大名府

山东——秦安府之东平州　兖州府之汶上、寿张　曹州府之濮州、范县、观城、朝城　东昌府之馆陶、冠县　临清州之本州

河南——卫辉府（内延津、封邱入辰宫，考城入卯宫）　彰德府（内武安、涉县入酉宫）　怀庆府（内济源、原武、阳武、孟县、温县入辰宫）

辨非十则

月　将

用月将之法，诸书皆以每月中气为过宫。每月中气者，即太阳过宫所躔之辰也。其法至精至确。乃有用月令[①]合神者，未免自我作古，似是而非。至姚广孝用河图生成之数，阳从生数，阴从成数，因其数而起[②]之，畅为异说，更属荒唐，断不可从。

十干贵人

十干贵人，《通黾》、《订讹》诸书，皆甲戊[③]庚用丑未，六辛用寅午。而《奇[④]门》、《金匮》等书，则甲戊用丑未，庚辛用寅卯，相马[⑤]互异。查《协纪》一书，阴阳贵人，虽与此又异，而甲戊庚俱用丑未，则同。《子平》中天乙贵人，亦甲戊庚同用丑未。可知《通黾》所用，确乎其不可易矣。

① 校者注：原文“今”。
② 校者注：他本作“超”。
③ 校者注：原文“戍”。下同。
④ 校者注：他本作“曾”。
⑤ 校者注：他本作“爲”。

旦暮贵人

旦暮贵人，即阴阳贵人也。如得卯、辰、巳、午、未、申六时，则用阳贵；得酉、戌[1]、亥、子、丑、寅六时，则用阴贵。此法极为妥当。乃有日占即得夜时，亦用日贵；夜占即得日时，亦用夜贵。如此，则日占者多，夜占者少，未免偏而不全。又有谓昼夜有[2]长短，晨昏有早晚，以日出、日入之时定旦暮贵人者，更属刻舟求剑矣。

五行十干生墓

起长生、日墓之法，有五行、十干之别。五行则不论阴阳，一例顺行；十干则分阴阳顺逆，阳之死地，即阴之生地。如此用，则十二神中之临官，即系日之禄神，日禄不错。不知此法乃子平家所用，六壬向无此例。查陈公献、郭御青两先生所存占验之课，俱用五行生墓，而不用十干生墓，其应如响。即此以观，可以知所适从矣。

土墓从火

戊、己墓神，有从水，用辰者；有从火，用戌者，各执一见，莫适其归。不知《六壬》一书，丙、戊同巳，丁、己同未。旺、禄等神，土即从火为用，而绝、墓等神，反从水为用，不亦自相矛盾耶？故戊、己断以用戌作墓，方得其真。

① 校者注：原文“戊”。
② 校者注：原文“不”。

涉　害

涉害一课，取克贼之神，从地盘历数归于本家，以受克深者为用。经云　“涉害行来本家止，多克便呼为用起" 是也。如涉害俱深，则取孟位上神为用。如孟[①]位上无取，则取仲位上神为用。此古法也。近来诸家，均未有用之者。然其原委，不可不知也。至择[②]比一法，涉于趋避，断不[③]可从。

别　责

别责一课，或云：皆当用天上神作初传。刚日既取干合上神为用，柔日亦宜取支三合前位上神为用。如酉日取地盘丑位上神，非[④]用丑也。其说似是，不知[⑤]刚日主动，柔日主静，阴阳攸分，故用亦有异。仍以古法为是。

八　专

八专一课，《订讹》亦取[⑥]遥克。不知伏吟干支只有二神，八专干支同处一位[⑦]，伏吟课云[⑧]“无遥克之例”，而八专何独有取于遥？非矣[⑨]。既取遥克，则古[⑩]来当不设独足一课矣。有克贼者，照旧用克、贼、比、涉

---

① 校者注：原文“仲”，据文意改。
② 校者注：原文“泽”。
③ 校者注：原文“大”。
④ 校者注：原文“日”，据他本校正。
⑤ 校者注：原文“必”，据他本校为“知”。
⑥ 校者注：原文作“六卯”，据他本校正。
⑦ 校者注：原文“沽”。
⑧ 校者注：他本作“既”。
⑨ 校者注：原文“已”。他本“非已”作“耶”，似更合理。特此注明。
⑩ 校者注：原文“占”。

之法。如无克贼者，则用顺逆三神[1]之法为合云。

行　年

行年之法，男起丙寅，女起壬申，此正法也。乃有谓男从生年旬首前三位起一岁，女[2]从生年旬首后五位起一岁。如甲戌旬年生人，男[3]起丙子，女起壬午。甲申旬年生人，男起丙戌[4]，女起壬辰。六甲不同，似乎有理。细按之，全是似是而非。夫人生于寅，为岁月之首建，是以男从寅起。申者，寅之对也，是以女从申起。陈公献先生遵用此法，无不应验。予用之亦验。则六甲异用之说，可以置之不论矣。

列宿分野

二十八宿分野，今古不同。考列宿之行，积七十年有奇而差一度，二千一百十余年而移一宫。尧时冬至日在虚，周在牛，汉唐宋在斗，元明在箕，至我朝嘉庆年间在箕一度，是列宿之行，较尧时已移二宫矣。查《大全》所载，女、虚、危列子宫，斗、牛列丑宫云云，此乃宋代星躔之度，非今时星躔之度也。考《历象考成后编》，新法分周天为三百六十度（六十分为一度）。

丑宫：箕一至八　斗二十一

子宫：斗二十二至二十三度　牛七　女十一　虚七

亥宫：虚八至九　危二十　室七

戌宫：室八至十五　壁十三　奎九

酉宫：奎十至十一　娄十二　胃十二　昴二

申宫：昴三至九　毕十五　觜初　参六

未宫：参七至十　井二十六

---

① 校者注：原文“有”。

② 校者注：原文阙如。

③ 校者注：原文“爲”。

④ 校者注：原文“戊”。

午宫：井二十七至三十　鬼四　柳十六　星四

巳宫：星五至八　张十八　翌七

辰宫；翌八至十六　轸十三　角七

卯宫：角八至十　亢十　氐十六

寅宫：氐十七　房四　心八　尾十五　箕初

共三百六十度。罗洪烈云：西洋历法，周天之数三百六十无余。而太阳行度，每岁循环一周。但为至日所限，周天之度未毕，而冬至之日既至。此岁差之法所由来。是以太阳行度，始于冬至之日，终于大雪之末。每岁所躔，计差五十一秒，积至七十年间方差一度。黄道过宫，由此而异，星垣度分，今古相殊云云。但遵用新法，则经中所谓“牛、女乘常，斗、鬼相加，风伯会箕，雨师会毕”诸法，均不可用矣。故仍录古法于图考中，而备载新法于此，以见古今之异如此，不可以不知也。

六壬粹言卷一

立　课

两仪阴阳有真诠，三传初中立法推。
上克下贼先重审，克多取用比方知。
见机在孟察微仲，蒿[1]矢无取弹射宜。
阴阳昴星观俯仰，不备三五合神依。
八专无克顺逆布，伏卦还将杜传披。
往来兼取支驿马，十二天将旦暮治。
顺茹引进成就易，逆退回归静守宜。
进间阴阳分动静，退间奇偶别公私。
木名曲直春占吉，炎上还须值夏时。
金主肃杀多变革[2]，水性悠游润下司。
生胎顺行病胎逆，四仲相加关隔推。
季神会聚号稼穑，四绝阴干禄绝期。
墓覆干头阳日忌，十二盘中无漏遗。

要　将

太阳月将乃主宰，时作先锋已泄机。
岁主一年分祸福，月司一月别安危。
丁作动神两岐断，癸为闭口各般推。

① 校者注：通“嚆”。
② 校者注：原文“草”。

罡填鬼户凡谋遂，魁度天门事莫为。
天乙旺相干求吉，顺逆分行凶吉岐[①]。
立门入狱宜私祷，塞户登天有庆随。
贵德临身消万祸，贵逢空克事难期。
龙乘生气尊荣日，常作长生兴发期。
虎鬼载马凶为甚，两蛇夹墓吝无疑。
德神会聚休祥集，灭德参商事愿违。
日禄盈虚宜细稔，旺禄主客并详推。
俱生互生彼此益，递生助生举动宜。
自墓传生终有庆，明生暗克最支离。
干支和合情欢悦，交车互合共维持。
三六相呼声相应，合中犯煞蜜中砒。
财休财旺因时断，生鬼化财仔细推。
丁马入传招财速，传将助生获利奇。

凶　煞

干支乘鬼有灾祸，克贼无伤赖护持。
初遭夹克不由己，将逢内战所谋危。
明伤暗伐祸益烈，遇虎逢蛇害更滋。
干墓支墓各昏晦，传墓入墓别忻悲。
逢阳逢生忧变喜，遇死遇鬼凶且危。
墓乘蛇虎多伤损，墓作华关更执迷。
杜传不行论发用，课传皆空事莫追。
声传空谷须退步，脚踏空亡进用宜。
宾主伤戕刑在上，彼此猜忌害相随。
人宅受脱多失耗，干支皆败势倾颓。
干支值绝凡谋决，人宅皆死名衰羸。

① 校者注：通“歧”。下同。

所谋多拙逢罗网，凶吉逢冲即散之。

格　例

前后引从升迁吉，干支夹拱利名随。
四建全逢天作合，一旬周遍始终宜。
奇神要值珠联贯，旬首还须贵作仪。
土加火煅铸成印，木被斤施轮可驰。
有车有盖定迁转，逢禄逢马是荣期。
魁罡发用斩关去，季马丁神游子时。
四绝吉神皆墓绝，三交举动有灾罹。
绝嗣无禄长幼苦，根断源消势莫支。

占　法

旺休分处灾[①]祥别，前后行来迟[②]速知。
撞干撞支分缓急，朝干朝支别尊卑。
三传夹定成合易，三传回环守旧宜。
末助初传分三种，患门有救事两岐。
六爻现卦须防克，喜惧皆空乃妙机。
别处发用为不入，上下乱动号狐疑。
吉凶变化神将易，比肩直[③]用化神知。
遁干加去须以定，阴神落地务参稽。
灾祥应验观年月，数目增减在临时。
星宫分野盘中考，神将占时各类推。
课同占异因年命，十件详参莫漏遗。

---

① 校者注：原文“进”。
② 校者注：原文“退”。
③ 校者注：通“值”。

立 课

两仪阴阳有真诠

两仪谓干支。取课之法，先以亥、子、丑列北方，寅、卯、辰列东方，巳、午、未列南方，申、酉、戌列西方，次第布定，谓之地盘。再用月将加于占人所得之时。月将即太阳也。冬至日，日躔星纪，大吉将；大寒日，日躔元枵，神后将；雨水日，日躔诹訾，登明将；春分日，日躔降娄，河魁将；谷雨日，日躔大梁，从魁将；小满日，日躔实沈，传送将；夏至日，日躔鹑首，小吉将；大暑日，日躔鹑火，胜光将；处暑日，日躔鹑尾，太乙将；秋分日，日躔寿星，天罡将；霜降日，日躔大火，太冲将；小①雪日，日躔析木，功曹将。以此值月之将，加于地盘正时之上，顺布十二宫，谓之天盘。再视本日之干支，甲寄寅，乙寄辰，丙、戊寄巳，丁、己寄未，庚寄申，辛寄戌，壬寄亥，癸寄丑。取日干寄宫上所得神为第一课，名干上阳神。再取干阳上所得神为第二课，名干上阴神。取日支本宫上所得神为第三课，名支上阳神。再取支阳上所得神为第四课，名支上阴神。而四课于是备矣。

三传初中立法推

四课既布，则三传宜立矣。立传之法有九：一克贼，二比用，三涉害，四遥克，五昴星，六别责，七八专，八伏吟，九返吟。诸法俱详后文。四课既立，则取克贼之神立为初传，名曰发用。取初传位上神为中传，中传位上神为末传，而三传备矣。初传为发端，中传为转移，末传为归结。得德、禄、生、合等神则吉，得刑、害、墓、克、冲、绝等神则凶。

① 校者注：原文“大”。

初吉终凶，终归于凶。初凶终吉，终归于吉。其旨多端，详《占法门》。

上克下贼先重审

上克下谓之“克”，下克上谓之“贼”。盖阴阳生、合、比和，吉凶之端倪不露，惟于相克处一逗煞机，而吉凶遂尔见形也。立课之法，先取一下克上为用，虽有二、三课之上克下，亦所不计，名曰重审。重审者，以下克上，事须重复审详也。如四课并无下克，惟一上克下，则取一上克为用，名曰元首。元首者，别无下克，亭亭然有首出庶物之象也。俱以所得克、贼之神为初传，以初传所乘神为中传，以中传所乘神为末传。

一云，四课取克、贼为用，惟元首、重审决事有准。经云：入不入，事最急。盖课以克、贼发用为入，无克贼发用为不入也。

重审课　谓课得一下贼上为用，曰重审，计二百五十六课。以下克上，必须再三详审，然后可行。仍以神、将断其吉凶。如丙寅日，干上午，三课无克，取四课下克上为用，三传辰、巳、午。干支各乘旺神，三传递相引进，中、末[①]又为旺、禄，主人宅俱泰，凡事有成。惟以静守为吉，如欲动用，则变为罗网煞而有凶矣。

元首课　谓课得一上克下为用，曰元首，计一百二十七课。以上克下，大顺之征，凡事顺利。仍以神、将断其吉凶。如壬戌日，干上申，三课无克，取第二课上克下为用，三传巳、寅、亥。初为日财，末为德禄，又三传递互相生，日占，巳作贵人，干贵求财，无不亨利。

克多取用比方知

谓课有二、三下克上，或二、三上克下，择课之阴阳与日比者为用，其中、末[②]亦如克、贼之相因，曰比用，计九十五课。占，主事有两岐，须择其近于己者而用之，乃能有得也。仍以神、将断其吉凶。

① 校者注：原文“禾”。
② 校者注：原文“未”。

阳日阳比格 如甲戌日，一课未甲，二课子未，三课卯戌，四课申卯。除上克不用外，余二课，皆下贼上。甲为阳日，取子[①]之与日比者为用。三传子、巳、戌，初为败气，中为脱气，末传虽为日财，奈墓覆日干，所为不通，凡占不吉。

阴日阴比格 如辛卯日，一课午辛，四课未亥。二上克下，辛为阴日，取未之与日比者为用。三传未、卯、亥，合局作财，奈[②]初、中空陷，仅存末传亥为脱气，且遁丁神而作暗鬼，如取其财，必有祸出。日占，将乘白虎尤凶。

见机在孟察微仲

谓阳日止用一阳，今则二阳、三阳，俱比矣；阴日止用一阴，今则二阴、三阴，俱比矣。则以涉害之法取之。涉者，渡也；害者，克也。先取孟位上乘神为用，曰见机。如孟位无取，则取仲位上乘神为用，曰察微（无取季位上神例）。其中、末，亦如克、贼之相因。占，主凡事艰辛，必须历尽风霜而后能得，乃苦尽甘来之象。仍以神、将断其吉凶。

见机课 谓涉害，取四孟上神为用，曰见机，计五十三课。盖有害者，不可不见其机也。如癸未日，一课巳癸，二课酉巳，三课亥未，三下克上，俱与日比，则取孟位上酉为用，三传酉、丑、巳。干乘日财，支见旺神，三传又合局生干，嫌初、中空亡，如日占，天将皆贵、勾、常土神，助传之生，无不亨利。

察微课 谓涉害，取四仲上神为用，曰察微，计二十六课。盖有害者，不可不察其微也。如庚辰日，二课子戌，四课申午，二下克上，俱与日比。孟位无取，则取仲位上申为用，三传申、戌、子。初传德禄空亡，末传脱气，幸干支各受上神之生，尚有所益。但以静守为宜，如欲动用，即为支上之午火所克，而有凶矣。

复等课 谓涉害，有与日俱比，俱在孟位上，取时之先见者为用，名

① 校者注：原文“干”。
② 校者注：原文“余”。

曰复等，计三课。主两雄相争，惟在前者乃有得也。如戊辰日，一课子戊[①]，四课午亥，皆与日比，又俱在孟位上，取先见之子为用，三传子、未、寅。干支俱乘财爻，似宜求财，但子遁甲，亥遁乙，作干支之暗鬼，又三传递互相克，如求财必有祸出。此外，又有戊辰、戊戌日返吟两课。

按，涉害之法，取克贼之神，从地盘历数归于本家，以受克深者为用。如丁卯日，三课丑加卯，四课亥加丑，两下克上，俱与阴日比。丑加卯，前行历乙木一重，归地盘本家丑位。亥加丑，前行历辰、戊、己、未、戌土五重，归地盘本家亥位。五重者较一重为深，则取亥为用。如上神克下，亦准此推。经云“涉害行来本家止，多克便将为用起"是也。如涉害俱深，则取孟位上神为用；孟位无取，则取仲位上神为用。此古法也，近来诸家均无用之。附志于此，以见其原委如此云。

蒿[②]矢无取弹射宜

谓四课上、下无克[③]，则以日干为主，与二、三、四课较对。若有一上神遥克日干，取以为用，曰蒿矢；如无上神遥克，则取日干遥克上神为用，曰弹射；如有二克或克二者，则取日之相比者为用，中、末亦如克、贼之相因。占，主虚而不实，祸福俱轻；带土金煞，则能克人，盖蒿矢见金为有镞，弹射见土为有丸也，主凡事蓦然而成，仍以神、将断其吉凶。

二课有近射，有远射。如二课发用，乃日之二课自战，其势略大。三课发用，乃辰阳与日干相竞，尚觉有力。若四课则更远而无力矣。或两神克日，或日克两神，尤主多心多意。

蒿矢课　谓四课无克，取上神遥克日干为用，曰蒿矢，计四十课。盖神遥克日，缓而且轻，若折蒿为矢，力弱难伤。主忧喜无实，事多虚谋。仍以神、将断其吉凶。如丙戌日，干上寅，二课亥，遥克日神，则取亥为用，三传亥、申、巳。初作日鬼，中传申财，又入鬼乡，幸得末传之日

① 校者注：原文“戌”。
② 校者注：通“嚆”。下同，不赘。
③ 校者注：原文阙如。

禄，尚可自守。如日占，亥乘贵人尤妙。

弹射课 谓四课无上神遥克日干，则取日干遥克上[①]神为用，曰弹射，计二十五课。盖我去克他，如弹丸当矢，射物难中。纵有虚名虚利，不可实用。仍以神、将断其吉凶。如癸未日，干上子，三课午，四课巳，日干遥克两上神，则取巳之与日比者为用，三传巳、辰、卯。自第四课财爻发用，为力虽轻，幸得末传助之，且支之阴阳复见日财，占求财最吉。但不免往来奔走，多心多意之事。

阴阳昴星观俯仰

谓四课无克，又无遥克，取酉将上下神为用，曰昴星。昴星者，酉中昴宿也。酉位西方，义司决断，故取以立传。阳日取地盘酉上神为用，为仰视格；阴日取天盘酉下神为用，为俯视格。俯视者忧近，仰视者忧远。二课大端皆凶，如蛇、虎入传更甚。分列于下[②]。

昴星仰视格 谓刚日昴星，取地盘酉上神为用，中用辰上神，末用日上辰，为仰视格，计四课。主事多惊危，只宜静守。仍以神、将论其吉凶。如戊寅日，三传丑、午、酉，初、末皆空[③]，独存中传之午，日占乘虎而居支上。谚云：双拳不敌四手。何况逢两虎乎？凡占不吉。

昴星俯视格 谓柔日昴星，取天盘酉下神为用，中用日上神，末用辰上神，为俯视格，计一十二课。主事多蔽慝，惟潜藏为宜。仍以神、将论其吉凶。如己巳日，三传申、申、午，虽无蛇、虎入传，但申为虎之本家，课传三见此神，灾惊有所不免。又如癸未日，三传申、寅、申，往来皆在干支上，又初、中皆空，主往来交逼[④]下稍全无一事。如昼占，将乘合、元、合，阴私万状，尤不可言。又辛未日，三传申、亥、申，中传旬空，夜占，申乘天空；辛卯日，三传子、未、子，中传旬空，昼占，子乘天空，其例亦同。

---

① 校者注：原文“土”。
② 校者注：原文“左”。下同，不赘。
③ 校者注：原文“主”。
④ 校者注：他本作“通”。

不备三五合神依

谓课有一课与四课相同，或二课与三课相同，则干支之阴阳二神，缺其一课矣。阳课缺一，曰阳不备；阴课缺一，曰阴不备。不备者，以干支之阴阳言，非以奇偶之阴阳言也。有克贼，照常以克贼、遥克等论，中、末亦如克、贼之相因。如无克、无遥，阳日取干五合上神为用，阴日取支三合前位神为用，中、末俱用干上神，曰别责。分列于下。

阳不备课 谓干支之阳神不备，曰阳不备。如庚午日，干阳午，干阴辰，支阳辰，支阴寅。刚日，先尽干神，辰既为干阴所占，则支阳缺一课矣。又辛未日，干阳丑，干阴辰，支阳戌，支阴丑。柔日，先尽支神，丑既为支阴所占，则干阳缺一课矣。故曰阳不备。占主事不成全，必有缺憾。干阳不备，主外事不足；支阳不备，主内事不足。仍以神、将论其吉凶。如乙亥日，干上酉一课，缺一干之阳神，酉为官鬼，且系旬空，有官者占之，主求官事必有缺憾；如常人占，则日鬼空亡，反为吉也。

阴不备课 谓干支之阴神不备，曰阴不备。如甲午日，干阳戌，干阴午，支阳寅，支阴戌。刚日，先尽干神，戌既为干阳所占，则支阴缺一课矣。又如乙未日，干阳未，干阴戌，支阳戌，支阴丑。柔日，先尽支神，戌既为支阳所占，则干阴缺一课矣。故曰阴不备。占同前例。如壬辰日，干上午一课，缺一支之阴神，午为妻财，又系旬空，日占，乘后，主妻财有不足之憾；夜占，乘元，空，财被窃，必有！

刚日别责课 谓刚日不备，无克无遥，取干五合上神为用，中、末俱取干上神，为刚日别责，计三课。如丙合辛，辛寄戌，取戌上神为用。如丙辰日，干上午一课，戌上亥，三传亥午午是也。戊[①]合癸，癸寄丑，取丑上神为用。如戊辰、戊午日，干上午两课，丑上寅，三传寅午午是也。主凡事倚仗[②]于人，方能有成，或吉凶多系他人，不干于己之事。仍以神、将论其吉凶。如戊辰日，三传寅午午，寅为长生、官星，午为日之旺神，

---

① 校者注：原文“戌”。

② 校者注：原文“伏”。

有官者占之最吉，但事必须借径而行，才[1]能成就。如日占，初蛇终龙，大事可成；夜占，初龙终蛇，不过小就而已。

柔日别责课 谓柔日不备，无克无遥，取支三合前位神为用，中、末俱取干上神，为柔日别责，计六课。如酉日取丑为用：如丁酉日，干上巳，三传丑巳巳；辛酉日，干上酉，三传丑酉酉是也。丑日取巳为用：如辛丑日，干上丑，三传巳丑丑；又干上未，三传巳未未是也。未日取亥为用：如辛未日，干上未，三传亥未未；又干上丑，三传亥丑丑是也。主异方求合，远而无力，谋为不正，事多留连。仍以神、将论其吉凶。如辛未日，三传亥丑丑，脱气发用，三传全空，中、末又为日墓，主凡事极其费力，终无成就。如夜占，亥乘元武发用，主有失脱，中、末乘天后，占夫妇，必有淫乱事。

八专无克顺逆布

谓四课缺二，仅有两课。如丁未、癸丑、甲寅、己未、庚申五日，干支同处一位，如八家同井者然，故名八专。有克，照常以克贼、比用、涉害论，如无克、贼、比、涉，不复取遥矣（伏吟不取遥克，其例亦同）。刚日，从干阳连根顺数三神为用，曰顺数三神格；柔日，从支阴连根逆数三神为用，曰逆数三神格。分列于下。

八专有克例 谓八专课有克、贼、比、涉，照常以克、贼、比、涉用，中、末亦如克贼之相因。主二人同心，重轻易举，凡忧、喜事，俱重叠而至，但不免有人、宅不分，尊、卑无别之事。仍以神、将论其吉凶。如癸丑日，三传酉丑巳，合局生干，干支上巳又为日财，昼将乘贵人，如占求财必获，且有众人扶助而成之喜。

顺数三神格 谓阳日无克，取干阳顺数三神为用，中、末俱用干上神，为顺数三神格，计六课。刚日用阳，义主超进，故用干之阳神顺布也。主任意而行，不循规矩，功成异路，事倚他人。仍以神、将论其吉凶。如甲寅日，干阳亥，顺数三神得丑，则以丑为用，三传丑亥亥。财爻

[1] 校者注：他本作“方”。

发用，虽空，幸干、支、中、末俱乘长生，交车六合，四上生下，凡事易成。如静守，必得生我之益，重叠[①]而至。夜占，亥作太常，亦宜婚姻、生计事。

逆数三神格 谓阴日无克，取支阴逆数三神为用，中、末俱用干上神，为逆数三神格，计十课。柔日用阴，义主退缩，故用支之阴神逆行也。主不由正道，凡事苟且。仍以神、将论其吉凶。如丁未日，支阴丑，逆数三神得亥，则以亥为用，三传亥戌戌。发用虽是财爻，奈干、支、中、末皆乘墓神，且满盘脱气，主昏昧、脱耗之事，不一而足。如日占，亥乘贵人，必为官贵所脱耗。又如己未日，三传酉酉酉，干支上又俱[②]乘酉，课传同归一神，名曰独足。既止一足，焉可行乎？主凡事不能动移，极是费力，且多脱耗。诸占不吉，占病，死。

伏卦还将杜传披

谓十二课各居本位，神煞不动，三传自[③]相刑克，曰伏吟。主藏匿隐伏，屈不能伸。或静中求动终是静，或动中求静终是动，以诸神不易故也。有克者，惟乙、癸两干。癸日用克为初传，中、末俱取刑，乙[④]日用克为初传，中、末用杜传例。余八干无克，刚日用日上神，柔日用支上神，中、末二传有刑者取刑，如值自刑用杜传例。杜传者，传行杜塞也。如发用为干自刑，则中传取支，发用为支自刑，则中传取干，中传有刑，以刑为末传，中传复自刑，取冲为末传。占，主居者将移，合者将离，事有中止，改图乃可成也。仍以神、将论其吉凶。

伏吟课，如三传干支是旬内丁神及天驿二马，主静而求动，不可以伏匿言。如壬辰日，发用亥，遁丁神。甲申日，发用寅，为驿马。六庚日，

① 校者注：原文“宜”。
② 校者注：原文“无”。
③ 校者注：原文“有”。
④ 校者注：原文“辰”。

发用申，于八月占[1]，为天[2]马。凡占访人，外出；求事，必先许而后变。如课内无丁马，占人年命上乘丁马，亦可用（一云命上乘魁罡亦主动）。

伏吟有克例 伏吟有克，惟乙、癸二干。六乙日为自刑杜传，详见后文。六癸日用克作初传，中、末俱取刑，三传丑戌未。春占木旺能克土，冬占水旺不畏土克，俱吉；夏占土乘相气，秋占则鬼为祟，俱凶。仍视其神、将以为断。如癸卯日，三传丑戌未皆鬼，幸支上卯木为救，必得家中人救解。如夜占，卯作贵人，必得贵人力。

自任课 谓阳日伏吟无克，取干上神为用，中、末俱取刑，曰自任。如六甲日，三传寅巳申；六丙、六戊日，三传巳申寅；六庚日，三传申寅巳。主自任其刚，干进于时，必有否塞，惟静守为宜。如甲日春占，丙、戊日夏占，庚日秋占，三刑有气（三刑辅吉则吉，辅凶则凶），传逢驿马劫煞，亦动而有成。仍视神、将论其吉凶。如六丙日，三传巳申寅，递互相克，全无和气，幸末传生其干神，于艰难困苦中，尚得有益。如夜占，乘蛇、虎凶将，仍不免有咎也。

自信课 谓阴日伏吟无克，取支上神为用，中、末俱取刑，曰自信。如丁巳、己巳、辛巳日，三传巳申寅。丁丑、己丑、辛丑日，三传丑戌未。丁未、己未、辛未日，三传未丑戌。占，主自信其柔，隐匿潜藏，诸事退缩。如三刑有气，将逢天[3]马、旬丁，主不得已而动，亦动中有成。仍视神、将论其吉凶。如丁丑日，三传丑戌未，递互相刑，又交车相冲，主兄弟不和。且一火生九土，凡忧事不止一件。如占人年命上得寅、卯、龙、合等神制之，庶可少解。

干刑杜传格 谓用起干之自刑，中传取支，末传取刑，为干刑杜传。如乙丑日辰丑戌，乙未日辰未丑，乙巳日辰巳申，乙卯日辰卯子，壬申日亥申寅，壬寅日亥寅巳，壬子日亥子卯，壬戌日亥戌未。主外事必有中止。欲知何事中止，则以干前一位神决之。如壬寅日三传亥寅巳，干前一位子，子为干之旺神，日占，乘青龙，主有财帛喜庆之事也。余例推。

---

① 校者注：原文“吉”。
② 校者注：原文“夫”。
③ 校者注：原文“大”。

支刑杜传格 谓用起支之自刑，中传取干，末传取刑，为支刑杜传。如丁酉、己酉日酉未丑，辛酉日酉戌未，丁亥、己亥日亥未丑，辛亥日亥戌未。主内事必有中止。欲知何事，则以支前一位神推之。如丁酉日，三传酉未丑，支前一位戌，戌为日之墓神，昼夜[①]将俱乘太阴，主有阴人在内间阻也。余例推。

初中二[②]传杜传格 谓用起干之自刑，中传取支，复值自刑，则取冲为末传。如乙亥日辰亥巳，乙酉日辰酉卯，壬辰日亥辰戌，壬午日亥午子是也。主事有两次中止，到底被人冲散，不能成事。如壬辰日三传亥辰戌，初传虽为日禄，乃自刑杜传，中、末又为日鬼，自相刑冲，昼夜天将乘蛇、虎、勾、阴，主禄不可守，凡事艰难，且多变更，卒无一成。

中传杜传格 谓用起支之刑神，中传值二字刑，不复再传，则取冲为末传。如丁卯、己卯、辛卯日，初传卯，中传子，子卯相刑，不复再传，则末[③]传取冲，三传卯子午。主作事之初虽有谋为，至日后不免间断冲散，终于不成。如丁卯日三传卯子午，初传为日之败气，中传又为日鬼，末传虽系日禄，缘与中传相冲，禄亦难得。如昼占，将乘蛇、虎、的煞，更为不吉。

往来兼取支驿马

往来者，谓三传四课反复往来也，故曰返吟。克少者重审、元首取之，克多者比用、涉害取之，中、末皆用冲神。主来者思去，合者将离，得失无一定，亲情无终始，病亦两症相侵，惟反旧事为宜。仍以神、将论其吉凶。

大抵此课多主动，如来去空亡，则又不以动论。如己酉日三传卯酉卯，鬼空可以解祸。乙丑日三传戌辰戌，财空不利求财。戊戌日三传巳亥巳，禄空不宜占食禄事。余例推。

---

① 校者注：原文“亥”。
② 校者注：原文“三”。
③ 校者注：原文“不”。

返吟有克例 谓反吟课取克、贼、比、涉为用，为返吟有克。如丁亥日取克为用，三传巳亥巳。巳为日之比肩，又为驿马，昼占乘天空，如欲求事，徒多奔走之劳，全不能成也。

无亲课 谓返吟无克，取支之驿马为用，中用支上神，末用干上神，曰无亲，计六课。丁丑、己丑日三传亥未丑，辛丑日三传亥未辰，丁未、己未日三传巳丑丑，辛未日三传巳丑辰。主摇动不宁，事难成而易破。虽得吉神，亦是半遂。如己丑日三传亥未丑，初传虽为日财，但全无克制之力，且满盘比肩，其财难得；又中、末四课皆空，毫无实意，诸占不吉。

十二天将旦暮治

十二天将乃贵人、螣蛇、朱雀、六合、勾陈、青龙、天后、太阴、元武、太常、白虎、天空也。分列于下。

贵人己丑土神，甲戊庚日，昼贵丑，夜贵未。乙己日，昼贵子，夜贵申。丙丁日，昼贵亥，夜贵酉。六辛日，昼贵午，夜贵寅。壬癸日，昼贵巳，夜贵卯。得卯、辰、巳、午、未、申六时用昼贵，得酉、戌、亥、子、丑、寅六时用夜贵。

天乙贵人居紫微垣，统驭十二神，居天门之前，地户之后。天门者亥也，地户者巳也。如临亥、子、丑、寅、卯、辰六宫则顺行，临巳、午、未、申、酉、戌六宫则逆行。其神无处不临，不乘辰、戌。主官爵、诏命、田土、财帛之事。贵人顺治，与日干相生则吉，逆行又克日干则凶（凡十二神固喜生日，亦要与乘神相生，不要戕克。如丑贵乘火神则喜，乘木神则戕。余准此推）。如值空亡，主忧喜不成。

螣蛇丁巳火神，在贵前一位。主火烛、血光、惊恐、怪异之事，盖凶将也。无神不乘，不临辰、戌，旺、相、相生则吉，休、囚、刑克则凶。披刑带煞，灾害立至。

朱雀丙午火神，在贵前二位。主文书、敕命、信息、口舌、词讼之事。无神不乘，不临酉、戌、亥、子。旺、相、相生，主有文书、敕命之喜；休、囚、刑、克，主口舌、词讼。披刑带煞，为害必深。

六合乙卯木神，在贵前三位。主和合、交易、婚姻、子孙、朋友之事。不乘丑、未，不临申、酉、戌、亥、子、丑。旺、相、相生，则婚成、财就；休、囚、刑、克，则财物失散，作事难成。

勾陈戊辰土神，在贵前四位。主战斗、词讼、争论、勾留、田土之事。无神不乘，不临酉、戌、亥、子。旺、相、相生，主有威权之柄；休、囚、刑、克，主有争斗、词讼。

青龙甲寅木神，在贵前五位。主官府、升迁、书契、财帛、谷米、婚姻、喜庆之事。十二神中，惟此神增福解祸。无神不乘，不临戌、亥。旺、相、相生，主富贵、尊荣；休、囚、相克，主财物外耗。

天后壬子水神，在贵后一位。主庭闱、恩泽、阴私之事。无神不乘，不临辰、巳。旺、相、相生，主有恩泽之事；休、囚、刑、克，主阴私不明。

太阴辛酉金神，在贵后二位。主妇女、奴婢、财帛、嫁娶、阴私之事。无神不乘，不临卯、辰、巳、午。旺、相、相生，主阴人财喜；休、囚、刑、克，主阴小病患。

元武癸亥水神，在贵后三位。主盗贼、走失、争斗、奸诈之事。不乘丑、未，不临寅、卯、辰、巳、午、未。旺、相、相生，主市井、交易；休、囚、刑、克，主有奸盗之事。

太常己未土神，在贵后四位。主印绶、冠裳、酒食、婚姻、财物、五谷之事。无神不乘，不临卯、辰、巳、午。旺、相、相生，有迁官获财之喜；休、囚、刑、克，则财帛不足。

白虎庚申金神，在贵后五位。主道路、杀伐、疾病、刑戮、血光之事，至凶之神也。无神不乘，不临辰、巳。旺相则气雄威猛，休囚则狼狈而凶。附德神者吉，与日相生则不害人。如披刑带煞，其凶立至。

天空戊戌土神，在贵人对宫。主市井、契约、奴仆、虚诈之事。亦主奏书之神，以其正对天乙，有时执书以奏也。无神不乘[①]，不临[②]辰、戌。旺、相、相生，主言语不虚；休、囚、刑、克，主脱空无实。

---

① 校者注：原文“临”。

② 校者注：原文“乘”。

经 课

顺茹引进成就易

谓三传之神俱在一方，顺行而进，曰进茹。盖相连递进，如拔茅之连其茹也。

亥子丑曰龙潜，子为一阳初生，未离乎亥，如[①]龙之潜而勿用。然此课又为三奇，如神将吉，其飞腾正不可测。又此课亦名润下，以其为北方一气也。

丑寅卯曰将泰，寅为三阳，自丑而进，有上下交泰之象。

寅卯辰曰正和，盖寅卯辰于时属春，正和气聚会之时。又此课亦名曲直，以其为东方一气也。

辰巳午曰升阶，午有泰阶之象，从辰巳而进之，正向明而治之会。

午未申曰日昃，盖由午而入未申，乃日中则昃之候。

未申酉曰回阴，盖申酉乃秋之煞气，由未入之，生气已尽，事无可为矣。

申酉戌曰铸刃，三传俱金，其气肃杀，何险如之？又此课亦名从革，以其为西方一气也。

酉戌亥为革故，酉有从革之义，由酉而入戌亥，旧事俱革矣。占病者死，占试者中。

以上八课，阴阳夹拱，奇偶各有所主，吉则重重，凶亦累累，仍视其神将以为断。

宜进格 如己卯日，干上申，三传辰巳午。申为脱气空亡，初传又为比肩，既无所得，不免进而就中末生我之神，且午又为日禄，迤逦而进，必有所得也。

不宜进格 如壬午日，干上子，三传丑寅卯。子为日之旺神，然静守

① 校者注：原文“加”。

尽有其益。如欲妄进，即为初传丑土所克，再进又为寅卯所脱，必有相连耗费之事，不吉。

逆退回归静守宜

谓三传之神，俱在一方，逆行而退，曰退茹。

戌酉申曰返驾，戌为地狱，人至于此，宜返驾而回。昔孙膑占此，刖足而归，故名。戌为狱也。

申未午曰就明，午为离明，而申未入之，是就乎明也。

未午巳曰当阳，盖三传正当阳明之会也。

午巳辰曰发生，盖时当初夏，正万物生发之时。

巳辰卯曰拱斗，盖辰为斗罡，而巳卯拱之也。

卯寅丑曰联芳，丑为贵人，而卯寅归之，是联乎芳也。

丑子亥曰收藏，自丑而入子亥，有百事收藏之象。然此课又为三奇，如神将吉，亦有逢凶化吉之喜。

子亥戌曰重阴，三时俱属夜方，重阴无阳，事可知矣。

以上八课，止宜退步，静守乃可，仍以神将断其吉凶。

宜退格 如癸亥日，干上子，为日之旺神，奈属旬空，初传戌为日鬼，中传酉为败气，又坐鬼乡，迤逦至末传申，始逢长生。凡占须于艰难中退两步，方得如意。

不宜退格 如乙卯日，干上卯，三传丑子亥，初传为财，中末为生，乃相引而入于空地，全无所得，不如静守干上之禄不退，为妙。诚所谓“到处去来，不如在此”之语也。

进间阴阳分动静

凡课得间一位作三传，顺行而进，曰进间。

三传俱阳，计四课：

子寅辰曰向阳，寅辰为日出之方，由子而进之，自暗投明，先凶后吉。

寅辰午曰观光，阳光方盛，正君子观光上国之时。

辰午申曰登天，午为先天乾位，申为后天乾位，由辰入之，有登天之象。龙登天则行雨，官登天则迁转。忌空亡。

申戌子曰涉渊，水生于申，旺于子，有涉渊之象。主谋望不成，病讼危险[①]。

三传俱阴，计六课：

丑卯巳曰出户，巳为地户，自丑传巳，有出户之象。

卯巳未曰回轮，由卯入未，物极而返，事当急为，迟则有咎。

巳未酉曰势衰，酉为日落之时，由巳未而入之，势过人衰，物满必缺也。

未酉亥曰入冥，酉亥则日冥矣，自昼传夜，尽入昏迷，有愈入愈深之象。

酉亥丑曰凝阴，三传俱在西北方，阴气凝结，有履霜坚冰之象。

亥丑卯曰启蒙，自亥传卯，其蒙昧之气已开也。

以上十课，阳进间，利于公干；阴进间，利于私谋。但举动之间，不免有间隔之处，仍以神将论其吉凶。

阳进间格　如丙寅日，干上未，三传辰午申，皆属阳神，相引而进，有动达高尊之象。初传虽属脱气，幸中传为旺神，末传为日财，迤逦而进，必有所得也。惟占讼转深，占病者死。

阴进间格　如癸酉日，干上卯，初传丑为日鬼，中传卯，又加干而脱干，未免大有消耗，迤逦至末传，始逢日财，始虽艰苦，后亦有得也。

退间奇偶别公私

谓课得间一位作三传，逆行而退，曰退间。

三传俱阳，计三课：

戌申午曰负暄，盖午为日中，而戌申向之，是负暄之象也。

午辰寅曰顾祖，午为寅之子孙，自午退寅，如子回顾母，返其室庐，

---

① 校者注：原文“阴”。

止宜旧守，进退不能。

寅子戌曰投暗，自寅退戌，由明而入于暗，宜防暗损。

三传俱阴，计六课：

亥酉未曰就隐，酉为太阴，未为玉女，利于隐遁潜形。由亥入之，是时当隐遁也，行人不来，捕盗难获。

酉未巳曰励明，巳为阳明之地，从酉未入之，有由暗向明之象。

未巳卯曰趋正，巳为六阳之极，卯为日出之时，由未入之，是趋于正道也。

巳卯丑曰归邪，由巳而入丑，避明就暗，有弃正归邪之象。

卯丑亥曰断涧，亥为水，丑中有癸水，由卯入之，渐入深涧，君子退职，小人有凶事。

丑亥酉曰极阴，三神皆夜方，以阴入阴，必有酒色淫泆之事，盖亥主淫乱，酉主酒色也。讼者深，病者死。

以上九课，如自夜传昼，事尚明白；或自昼传夜，则尽入于昏迷矣。仍以神将论其吉凶。

阳间退格　如壬子日，干上酉，为败气，三传戌申午，初作干支之鬼，既有所损，不免退而就中传之长生，末传之财方为有益。占，主艰难中而能退处，终有受益之处。

阴间退格　如癸卯日，干上亥，三传丑亥酉，初作日鬼，中传日禄，又入鬼乡，末传又作败气，且相引而入于极阴之地，日就昏沉，全无兴发气也。

木名曲直春占吉

谓三传之神，合成木局，曰曲直。盖木性本[①]直，又复曲折也。木生于亥，旺于卯，墓于未。火日为生气，水日为盗气。

顺合者两课：一亥卯未，一未亥卯。逆合者三课：一未卯亥，一卯亥未，一亥未卯。顺者理势自然，逆者事有曲折。

① 校者注：原文“木”。

春占最利求财，诸事皆吉。缘木至春夏而枝叶茂盛也，仍以神将论其吉凶。

木局顺合例 如乙亥日，三传未亥卯。初为日墓，中为长生，末为日禄。占，主作事之初，虽有昏昧，日后终得如意，如废官[①]占之，必得起复。

木局逆合例 如辛未日，三传卯亥未。似宜求财，但木空则折，财何能有？且初传遁丁作暗鬼，又助其干上之午火而克干，必因妻财而致祸，惟以财求官为宜。

炎上还须值夏时

谓三传之神合成火局，曰炎上。盖炎上乃火之性也。火生于寅，旺于午，墓于戌，土日为生气，木日为盗气。

顺合者一课：寅午戌。逆合者三课：一戌午寅、一午寅戌、一寅戌午。顺合者凡事光明，逆合者凡事猛烈，主事成急速，虚多实少。盖火性焰焰，不久成灰也。顺则明，逆则暗，仍以神将论其吉凶。

火局顺合例 如辛酉日，三传寅午戌，作鬼，且与支上丑六害，主有人谋害，幸昼夜天将皆贵、勾、常土神，脱火之气，生其干神，逢凶化吉，尚可无忌。

火局逆合例 如丙寅日，三传戌午寅，干上丑与午六害，又戌加寅发用，墓临生地，明返为暗。盖火以明为体，遇墓则暗矣。中传午又坐空，火已成灰，凡占不吉。

金主肃杀多变革[②]

谓三传之神合作金局，曰从革。以金须煅炼而成，有改革之义也。金生于巳，旺于酉，墓于丑。水日为生气，土日为盗气。

---

① 校者注：原文“宫”。

② 校者注：原文“草”。

顺合一课：酉丑巳；逆合两课：一酉巳丑、一巳丑酉。顺则有鼎新之象，逆则有肃杀之威。有气又得吉神，则革而进；无气又值凶神，则革而退。仍以神将论其吉凶。

此课占婚大忌，以其为煞神故也。

金局顺合例 如癸酉日，三传酉丑巳，合局生干，干上巳又为财神，如日占，三传天将皆土[①]神，助传之生，必有人明暗相助而成事。

金局逆合例 如乙丑日，三传巳丑酉，合局作鬼，虽为己身之忧，不知反助其干上子水，养育日干，且三六相呼，事必成合。如昼占，子作贵人更吉。

水性悠游润下司

谓三传之神合作水局，曰润下。盖就下者，水之性也。水生于申，旺于子，墓于辰。木日为生气，金日为盗气。

顺合三课：一申子辰、一子辰申、一辰申子。逆合二课：一子申辰、一申辰子。主悠悠长久，事不迫促，然终不能静也。三传喜顺，逆非水性也。顺则凡事舒畅，逆则凡事迟缓，占文书不利，为其克雀也。仍以神将论其吉凶。

水局顺合例 如甲申日，三传辰申子，合局生干，且三传递生，主有隔三隔四在内帮扶之象。虽干上午为合中犯煞，幸值旬空，可以无忌。

水局逆合例 如丙子日，三传申辰子，初、中空亡，独存末传之鬼，殊为可惧。幸干上先有丑土，可以敌末传之水，且又为三六相呼，亦可转祸而为福也。

生胎顺行病胎逆

凡孟神相加作三传，曰元胎。盖寅申巳亥，乃五行受生之地，木生于亥，火干受气；水生于申，木干受气；火土生于寅，金干受气；金生于

① 校者注：原文“上”。

巳，水干受气。此元中有胎，故曰元胎。

顺行者四课：一寅巳申、一巳申亥、一申亥寅、一亥寅巳。顺行而进，下生上神，身临长生之乡，故又曰生胎。主日盛月新，凡事皆有生意，占胎产、婚姻、官禄、财利事俱吉，病讼淹延，行人不来，以恋生故也。凡事主迟。

逆行者四课：一亥申巳、一申巳寅、一巳寅亥、一寅亥申。逆行而退，上生下神，临五行之病处，故又曰病胎。怀胎有忧，凡事主速，占病死，为有别处投胎之象。仍以神将论其吉凶。

顺元胎格 如甲申日，三传申亥寅，申为日鬼，幸坐巳上，鬼自受制，不能害人，中传长生，末传德禄，三传递生，交车长生、六合，诸占俱吉。

逆[①]元胎格 如丙寅日，三传亥申巳，初作日鬼，幸蒿矢空亡发用，鬼力至微，中传申财坐空，又入鬼乡，求财亦不可得，幸末传作日之德禄，干支各受上神之生，如静守亦尽有其益也。

四仲相加关隔推

谓四仲相加作三传，曰关格。盖子午为关，卯酉为格。且四课互刑互冲，前无孟之可隐，后无季之可逃，主事有关格，欲避不能。

顺行者四课：一子卯午、一卯午酉、一午酉子、一酉子卯。逆行者二课：一子酉午、一午卯子。顺行而进，皆临于败地，以木败于子，火败于卯，金败于午，水败于酉也。逆行而退，皆临于死地，以金死于子，水死于卯，木死于午，火死于酉也。此课大端不吉，如遇旺相吉神，亦不拘此例。

顺关隔格 如丁卯日，三传酉子卯，财作闭口发用，求财既不可得，中传日鬼，末传败气，本属不吉；幸交车六合，支上又见日禄，占交关食禄事，亦尽有所得也。

逆关隔格 如丁卯日，三传子酉午，初作日鬼，中传财爻，又作闭

① 校者注：原文“速”。

口，仅存末传之日禄，又交车六害，必有交相刑害之患，凡占不吉。

季神会聚号稼穑

谓季神相加作三传，曰稼穑。以土有生物之义也。

顺行三课：一辰未戌、一未戌丑、一戌丑辰。逆行二课：一丑戌未、一戌未辰。盖季乃墓神，凡事沉滞，托人费力，独辰、戌对冲则紧，盖辰为更新，戌为故旧也。丑、未相冲，主兄弟不和，盖丑、未乃贵人本家也。春占得木为疏通，冬占水旺，亦不畏其为鬼。仍以神将论其吉凶。

顺稼穑格 如壬辰日，三传戌丑辰，皆鬼，诚为凶课。幸蒿矢坐空发用，鬼力至轻，且有干上寅木为救，不能为祸。夜占，初乘白虎，尚属可畏；日占，乘龙，可以无忌。

逆稼穑格 如乙亥日，三传丑戌未，财神遁丁临干发用，必主财动。奈三传全财，反助其支上之申金克日，祸患必自宅中而发，惟用财求官为宜。

四绝阴干禄绝期

谓阴日禄神临于绝地，曰四绝。如乙禄在卯，加申为木绝。丁、己禄在午，加亥为火绝。辛禄在酉，加寅为金绝。癸禄在子，加巳为水绝。是阴干之禄，皆临绝地也。主止[①]宜结绝旧事，占食禄不宜，空亡更凶。如丁亥日，三传午丑申，午为日禄，岂宜临绝空亡？末传申为财神，又为初传所克，中传所墓，交车虽作六合，又系空亡，占交关求财事，俱不吉。

墓覆干头阳日忌

谓阳日，干上神乘日墓，曰四墓。如六甲日，干上未；六丙、六戊日，干上戌；六庚日，干上丑；六壬日，干上辰是也。

---

① 校者注：原文“正”。

主作事昏昧，如在云雾中行，惟六处有神冲破之者，可解。如壬午日，三传辰酉寅，初为鬼墓，自干上发用，末传寅木坐空，不能为救，且干支乘鬼墓，作事昏沉，遭冤莫白，如年命上乘戌冲之，庶可少解。

十二盘中无漏遗

谓十二地盘中丑加子为进茹，亥加子为退茹，寅加子为进间，戌加子为退间，辰加子为顺三合，申加子为逆三合，卯加子为顺元胎、顺关隔、顺稼穑，酉加子为逆元胎、逆关隔、逆稼穑，巳加子为四墓，未加子为四绝（按：四绝四墓两课，未尽全体之义。因备一十二课之数，故聊举二端，以见一斑云），合之返、伏吟两课，而十二盘中之课，已无遗漏矣。

要　将

太阳月将乃主宰

月将即太阳，乃一课主宰之神，乘吉将发用则吉。如壬戌日，申时巳将占，三传巳寅亥，月将乘贵人作财爻发用是也。乘凶神发用则凶。如丙寅日，巳时子将占，三传子未寅，月将乘螣蛇作日鬼加干发用是也。

太阳临身格　身，谓干也。如戊辰日，巳时午将占，午为太阳加干，名太阳临身。且将乘青龙，作生我之神，有官者主升迁，常人亦获财利之喜，如值空亡亦可用，缘太阳本悬空之神也。又如壬午日，亥时戌将占，戌为太阳加干，乘虎作鬼，主病患相侵，且时已昏暮，太阳无光，诸占不吉。

太阳射宅格　宅，谓支也。如乙卯日，卯时子将占，子为太阳加支，名太阳射宅。且乘贵人而生支，如占宅，必有宝藏，或值子年占，为太岁贵人入宅，其年必产贵子。又如戊辰日，辰时寅将占，寅为太阳加支，乘蛇克宅，主其家必多怪异之事。

时作先锋已泄机

先锋谓正时。古人未得课传，先视正时，而事之原委已知。如壬、癸日得午时，午为胎神，即知为六甲而占。丙、丁日得申时，申为日财，即知为求财而占。如遇驿马，主迁动；遇空亡，主侵欺。与日干生合则吉，与日干冲克则凶。如刑克年命，尤为大忌。

时用生日格 谓占时发用，生其日干。如乙未日，亥时卯将占，三传亥卯未是也。盖时为目前，用为事始，今并生日干，动得生机，凡有谋为，无不遂意。生支者亦同（生干主外喜，生支主内喜）。

时用克日格 谓占时发用，克其日干。如庚辰日，午时辰将占，三传午辰寅是也。时用同克日干，则至近之地，先有所阻，诸事艰难，凡占不吉。如末传及年命上神，有子孙为救，可解。此课惟追逃捕盗为宜。

岁主一年分祸福

岁谓太岁。甲年见甲，乙年见乙，谓之岁君。子年见子，丑年见丑，谓之太岁。太岁如天子，月建如诸候，掌岁内、月内之事，其权最重。如值太岁发用，主远大之事，干于朝廷。乘吉将生合则吉，乘凶将刑克则凶。分列于下（一云太岁临干支年命，君子则吉，常人则有官事）。

天恩课 谓太岁发用，乘吉将，生合日干、年命上神，曰天恩。如壬寅日，三传申亥寅，夜将，申年占，为太岁乘龙生日，主前程远大，名利两全；如乘贵、常，有官者主迁转；乘朱、空，主有朝信动；乘天后主有恩泽至。

天祸课 谓太岁发用，乘凶将，刑克日干及年命上神，曰天祸。如己未日，三传卯亥未，夜将，卯年占，为太岁乘虎加干支作鬼，主事起至大，罪干朝廷，诸占皆凶。

月司一月别安危

谓课值月建发用，乘吉神生合则吉，乘凶将刑克则凶。分列于下。

时泰课 谓月建发用，乘吉神生合日干、年命上神，曰时泰。凡占以时运亨泰论。如正月庚子日，戌时亥将占，三传寅卯辰，寅为月建，将乘青龙，作干之财神，诸占俱吉。

时否课 谓月建发用，乘凶神刑克日干、年命上神，曰时否课。凡占以时运否塞论。如七月甲午日，申时巳将占，三传申巳寅，申为月建，乘虎克日干、支、末传，又无救神，凶祸难免。

丁作动神两岐断

谓丁为动神，如庚、辛、壬、癸四干，课、传、年、命见旬内丁神者，水日主财动，金日主凶动。分列于下。

水日逢丁例 谓壬、癸日，六处逢旬内丁神，主财动。惟畏占人行年上神克去六丁乘神则不吉。壬申、癸酉日见卯，则因子息而财动。壬午、癸未日见丑，壬子、癸丑日见未，则因官事而财动；内癸丑、癸未日，有三传皆鬼者，不用。壬辰、癸巳日见亥，则因兄弟而财动。壬寅、癸卯日见酉，则因长上而财动。壬戌、癸亥日见巳，则因妻妾而财动；内癸巳、癸亥日为丁马交加，其财动更速，或有娶妻之喜，如已娶则有别妻之忧。

金日逢丁例 谓庚、辛二干，六处见旬内丁神，主凶动。庚午、辛未日见卯，则因妻妾而凶动，或取财而祸生。庚辰、辛巳日见丑，庚戌、辛亥日见未，则因长上而凶动。庚寅、辛卯见亥，则因子孙而凶动。庚子、辛丑日见酉，则因兄弟而凶动。庚申、辛酉日见巳，则因官事而凶动。如将乘白虎，其凶动尤速。要占人年命上神克去六丁所乘神，可解。如有官人占赴任则极速，反不宜六处有神制之。

遁丁助财格 谓干上神作财，而支上神又遁丁作财，如六壬日，干上午，丁神加支，明暗作财，其妻财必非细之动。六癸日无此例。

遁丁助鬼格 谓干上神克日，而支上神又乘丁克日，如六庚日，干上巳，丁神加支；六辛日干上午，丁神加支，主人罹祸而宅动摇。惟有官者占赴任极速。六辛日，昼占，午作贵人更妙。

癸为闭口各般推

谓癸为闭口，凡旬尾加旬首发用，名闭口课。盖水性润下，加于旬首，如人在水中，不能开口也。如甲申日，三传巳寅亥，乙巳日，三传丑戌未，是也（此例甚多，不及详载）。占主求人说事，人总闭口而不言。如乘贵人，告贵不允，乘朱雀，文书不通，乘勾陈，讼必枉屈，乘六合，则气不能伸，占病必不纳食，占产必是哑儿，惟捕盗追逃为宜。

禄作闭口格 如辛未日，酉加寅；丙戌、戊子日，巳加亥；乙未日，卯加申；壬戌日，亥加巳，禄作闭口，又居日之绝乡，占食禄必不可得，占病必绝食而死。

财作闭口格 如丙寅、丁卯日见酉；甲戌、乙亥日见未；壬辰、癸巳日见巳；庚子、辛丑日见卯；甲辰、乙巳日见丑；戊午、己未日见亥，财作闭口，占求财皆不可得，如坐空尤甚。

罡填鬼户凡谋遂

谓辰为天罡，寅为鬼户，辰加寅发用，名罡塞鬼户。如六甲日，三传辰午申是也。盖天罡之气，鼓万物而出，虽有众鬼，不能为阻。凡占无不亨利。如不见于课传，占人年命上乘之，亦可用。如己丑日，三传卯巳未，初为日鬼，中传又入鬼乡，诚为凶课。如占人年命在寅，亦赖罡塞鬼户，可化凶为吉也。凡天罡加临年命，静者主动，动者主静，占凶者却吉，占吉者却凶。占讼，如已入狱者，即有出狱之应。

魁度天门事莫为

谓戌为河魁，亥为天门，戌加亥发用，名魁度天门。如壬申日，三传戌酉申是也。主凡事不免关格，访人，不见；占盗，难获；占病，多是隔气。如将乘白虎，其关格更甚。又如丙子、戊子日，刚日比用，主干连众人之事。以魁为众故也。又天罡之气，鼓万物而出，天魁之气，收万物而入。为四时罗网煞，言一网无余也。在日辰前，是静位；在用上，是动机。须分别以观。

天乙旺相干求吉

谓课得贵人乘旺相气发用，临占人年命上，主名利两全。如辛巳日，寅加巳发用，夜将寅为贵人，春占，寅、巳为旺相气是也。余例推。

贵覆干支格 谓干支皆乘昼、夜贵人。如甲申日，干上丑，支上未。庚寅日，干上未，支上丑。主得两贵人周旋而成事。此例除八专五日之外，复有甲申、庚寅、己卯、己亥、癸卯、癸亥日六课。

二贵相加格 谓昼、夜两贵相加，见于课传。如六丁日，三传酉亥丑相加发用。六丙日，三传丑亥酉相加入传。六乙日，干阳子，干阴申，相加入课，主告贵求事，必得两贵人成就，如夜贵加昼贵上，求关节必得。

遍地贵人格 如丁酉日，一课酉，二课亥，三课亥酉相加，三传酉亥丑，共得五贵，名遍地贵人，贵多不贵，占主事不归一，反无依倚，在任多差使，占讼经多官。如用夜贵更凶。此外，如丁巳日，三传酉亥丑，癸亥日，三传丑卯巳，皆五贵人。丁未日，三传酉亥丑，癸丑日，三传卯巳未，皆六贵人。余无例。

暮贵临干格 如六甲日，昼占，干上未；六乙日，昼占，干上申；暮贵临身，有官者得之，为休官之象。惟占试者中，常人得此，主有林下官扶持；如作日鬼加干支，占病，必是神祇为害。

顺逆分行凶吉岐

谓贵人顺治，诸将皆从而顺行，虽遇凶煞，降灾亦轻；贵人逆行，诸将皆从而逆行，即遇吉神，施惠亦薄。此例每日各有六课。又如巳为月将，甲戊庚三干，一日内全无逆贵；亥为月将，甲戊庚三干一日内全无顺贵，更的。（此例亦不可拘，总以神将吉凶为断。）

立门入狱宜私祷

谓贵人立卯、酉上，名贵立私门；立辰、戌上，名天乙入狱。分列于下。

贵立私门格 谓卯为外门，酉为内门，如贵人立卯、酉上，名贵立私门。主贵人有私，不宜干贵，惟阴谋私祷为宜。又如六甲日昼占，丑立酉上乃夜方，夜占未立卯上乃昼方，名贵人蹉跌。谓贵人朝暮异心，以致凡事蹉跎也。

天乙入狱格 谓辰为天牢，戌为地狱，如贵人立辰、戌上，名天乙入狱。如告贵必有阻滞，以贵人自有烦忧也。占功名，亦不利。或于乙、辛二日占，为贵人临身，宜干贵以成事。如六乙日，昼占，子贵坐辰加干；六辛日，昼占，午贵坐戌加干是也。辰、戌二日，古为贵人入宅，主有贵人扶持。如戊辰日，昼占，丑贵坐辰加支，甲戌日，夜占，未贵坐戌加支是也。

塞户登天有庆随

谓贵人临寅，名贵填鬼户；贵人临亥，名贵登天门。分列于下：

贵塞鬼户格 谓三传皆鬼，得贵人立地盘寅位上，名贵塞鬼户。经云："贵人临寅鬼门杜，鬼贼不出万事宽"是也。如壬辰日，三传戌丑辰作鬼，诚为凶课，如用巳贵，乃名贵塞鬼门，凶化为吉。此外，尚有壬戌、癸酉、癸未、癸丑、癸亥日五课，如巳贵不在四课上，占人年命乘之，亦可用。

贵登天门格 谓甲、戊、庚三干，丑、未两贵，加地盘亥位上，名贵登天门。四煞没而六神藏，诸占俱吉。六神藏者，螣蛇临子名坠水，朱雀临丑名投江，勾陈临卯名受制，天空临巳名入化，白虎临午名消身，元武临申名现形，此六神藏也；四煞没者，辰戌丑未，五墓煞陷于四维而没也。但不见于课传。如占人年命值之最吉。

贵登天门格 谓贵人临亥位上发用者，如丁亥日，夜占，酉贵加亥发用；辛亥日，昼占，午贵加亥发用是也。占功名最利。又如丁亥日，伏吟，昼占，贵德又带驿马加亥发用，占官必得升迁，占试者中。其余不入课传，如占人年命值之，亦可用。

贵德临身消万祸

谓贵作日德加临日干。如六乙日，干上申，夜占；六丁日，干上亥，昼占；六癸日，干上巳，昼占。贵人作日德临身，虽遇恶煞，亦可免祸。如乙丑日，三传酉丑巳，合局伤干，诚为凶课，如用夜将，初乘螣蛇日鬼，为上下夹克，无力伤干，干上申乃是日德贵人，能伏诸煞，可以弭祸也。余准此推。

贵生日干格 如六乙日，干上子，昼占，贵生日干；六庚日，干上未，夜占，贵生日干。凡占必得贵人力。如又作太岁更吉，庚日丑贵不用者，以其为墓神也。

贵逢空克事难期

谓昼夜两贵，或作空陷，或被克制，凡有谋为，皆不能成。分列于下：

两贵空陷格 谓两贵皆空者。凡干贵求事，必先允许而后无实惠。如丁丑日，三传酉亥丑，酉为夜贵旬空，亥为日贵，又坐空乡是也。如欲事成，须换旬填实，始为有望。贵人空亡，亦名闲贵人。如占病，必是神祇为害。

两贵受克格 谓日、夜贵人皆立受克之地。不可告贵求事。如六乙日，申加午，子加戌；丙、丁日，亥加未，酉加巳；六辛日，午加子，寅加申；壬、癸日，巳加亥，卯加酉。二贵自受克制，漫被愁怒，如干贵必不能成。甲、戊、庚三干，无此例。

贵被用克格 谓贵人临干、支，被用神遥克者。如乙亥日，昼占，三传未卯亥，干上子为贵人，被用神所克是也。凡占不吉。

贵作墓克脱格 如六甲日，干上未，夜占，贵人作墓加干，必为贵人所欺蒙。六丙日，干上亥，昼占，贵人作鬼临干，必为贵人所克制。六己日，干上申，夜占，贵人作脱气加干，必为贵人所脱赚。

龙乘生气尊荣日

谓龙乘月内生气，生其支干。主功名显示达，家道荣昌。分列于下。

龙生加干格 谓龙乘月内生气，生其干神。如六丙、六丁日，干上寅，夜将，三月占；六戊日，干上午，昼将，七月占；六己日，干上巳，昼将，六月占，是也。忌空亡。余无例。

龙生加支格 谓龙乘月内生气，生其支神。如甲辰、戊辰、庚辰日，支上午，昼将，七月占，是也。余例推。

常作长生兴发期

谓太常作长生，加临干支。占主家道兴隆，财利如意。如六甲日，干上亥为长生，夜占，乘太常；甲子、甲戌、甲寅日，支上亥为长生，夜占，乘太常，是也。此三课，又是交车合，如合本营生，无不亨利。

虎鬼载马凶为甚

谓虎乘驿马克干者。如六甲日，三传辰午申，昼占，申乘虎鬼，又为驿马，是也。主凶祸最速，占讼，必得罪于远方。惟旬空可免。如有官者，占赴任，极速，反不宜空。

昴星乘虎例 谓昴星课中，将乘白虎者。凶祸难免。如辛未日，干上亥，昼占，乘虎，虽属旬空，缘在干上乃白虎临身，中传又是虎，支上初、末皆是申，又是虎之本家，干支三传乘其五虎，凡占值此，必惊天动地而有凶祸！

两蛇夹墓吝无疑

谓六丙日，干上戌，为墓神覆日，兼昼、夜天将皆乘蛇，地盘巳又为蛇位，名两蛇夹墓，难免凶祸。占讼被囚，占病必因积块而死。内丙戌日，支来墓日，尤凶。如占人年命在亥上乘天罡，用辰虎冲之，名为破墓，庶可少延。

六壬粹言卷二

吉　神

德神会聚休祥集

谓干德、支德、天德、月德见于课传，为德庆课。干德：甲己在寅，乙庚在申，丙辛戊癸在巳，丁壬在亥。盖阳德自处，阴德附阳也。支前五位为支德，如子日用巳，丑日用午是也。天德：正丁二坤，三壬四辛，五乾六甲，七癸八艮，九丙十乙，十一巽，十二庚。月德：丙甲壬庚，三轮。四德交会，逢凶化吉。如九月戊子日占，干上丙戌，支上癸巳，三传巳戌卯，巳为干德，又为支德，丙为天德，又为月德，是也。忌空亡。

德神化鬼格　如六乙日，干上申；六丁日，干上亥；六己日，干上寅；六辛日，干上巳。德神作鬼，仍以吉断。以德能化鬼为善也。如乘吉将，占功名大利；如乘凶将，君子变为小人，凶煞不没。

德入天门格　谓日德加亥发用，为德入天门。德者得也，有官者主升迁，占试者中。惟六壬日，伏吟，亥发用为最尚。又丁[①]亥日，伏吟，亥发用；丙[②]、戊、辛、癸四干，返吟，内有发用者，凡占亦同。

文德格　谓德作官星，将乘朱雀，为文德格。如丁酉日，三传亥午丑，亥为日德官星，夜占，乘雀发用，是也。主应举得中；在官得荐。又六己日，昼占，寅乘朱雀亦同，余无例。

① 校者注：原文“子”。

② 校者注：原文“两”。

灭德参商事愿违

谓日之德神，受上下夹克，为灭德格。如甲子日，返吟，三传寅申寅，寅居申位之上，夜占，乘虎，是也。主事与愿违，不能如意。

鬼德格　谓日德发用，又同下神克日，名鬼德格。如乙酉日，申加酉发用，辛未日，巳加午发用，德为鬼所挟，德化为鬼，占主邪正同途，不利有为。

日禄盈虚宜细稔

谓甲、丙、戊、庚、壬五阳干，以寅、巳、申、亥为禄；乙、丁、己、辛、癸五阴干，以卯、午、酉、子为禄。禄与财相似而不同，财者外来之财，必要我有力以克之，然后能得。禄者，本家之禄，如为官之有俸薪，士庶之有产业，无待外求。所谓“一禄抵千财”也。要生旺，不要休囚。如临于干上，不须动作，静守尽有其益，如临于支上，主止宜食宅中之禄，不能屈伸。有官者得之，主权摄不正，或遥受职禄而已。

日禄空亡格　谓禄神空亡。不可尽说不好，当详其三传，以定吉凶。如辛巳日，干上酉旬空，旺禄既空，不宜坐用，须要弃禄而就三传卯寅丑之财，别谋改业，以致兴旺为妙。余例推。

旺神主客并详推

旺神：甲、乙在卯，丙、丁、戊、己在午，庚、辛在酉，壬、癸在子。如甲申日，干上卯，支上酉，干支俱乘旺神，主人我各有兴旺，但只宜静听迁转，自于无心中得人照扶；如有意外之求，即变为罗网煞，而有凶矣。又如甲申日，干上酉，支上卯，干支互乘旺神，主彼此两相投奔，各有兴旺。

俱生互生彼此益

生谓长生。甲、乙日用亥，丙、丁、戊、己日用寅，庚、辛日用巳，壬、癸日用申，是也。有干支各受上神之生，有交车相生，有往来受生，有四课生下，名亨通课。分列于下。

俱生格　谓干支各受上神之生。如丙寅日，干上寅，支上亥，是也。主各有生意，彼此和顺。又如乙卯日，干上子，虽生支而败其支，支上亥，却为长生，乃利宅而不利人。丙子日，干上寅为长生，支上酉虽生支而败其支，乃利己而不利人也。

互生格　谓干支交车互生。如辛卯日，干上亥生支，支上辰生干，是也。主两相投奔，各有其益。又如庚子日，干上酉生支，而反败其支，支上丑生干，而反墓其干，虽有互生之名，却作交败之实，不惟无益，反有所损也。

往来相生格　此格有二等。一，支来生干。如乙亥日，干上亥，支加干而生干，主上门助我。自在受生，不劳其力。二，干就支生，如庚辰日，支上申，干加支而受生，主就彼受生，亦尽有其益也。

雨露润泽格　谓四课各受上神之生。如甲午日，一课亥甲，二课申亥，三课卯午，四课子卯，干支阴阳俱受上神之生，如天降雨露者然，主人宅内外各有生意，惟旬空不用。

递生助生举动宜

谓课有三传递生日干，有支神助干生日，有天将助传生日，主凡事亨通。分列于下。

递生格　谓三传递互相生，生其日干。其格有二，如六丙日，三传申亥寅，初生中，中生末，末生其日干，主隔三隔四，有人在中帮扶。其事必得始终成就。又如庚午日，三传戌午寅，末生中，中生初，初生其日干，凡占亦同。以上二格，如值空亡，亦为闲话多，赤心少也，如得年月填实，亦可成事。

助生格 此格有二，有支助干生，如壬戌日，干上申，支上未，助其干上之申生日，是也；有天将助传之生，如六癸日，三传酉丑巳，合局生干，昼占，天将贵、勾、常土神助传之生，是也。以上二例，必得人明暗帮扶。

自墓传生终有庆

谓初墓末生，名自墓传生。如丙寅日，三传戌午寅，初传为日之墓，末传为日之长生，以墓加生发用，主旧事再发，官废又起，初虽艰难，后却有成。如自生传墓，如乙未日，三传亥卯未，初为长生，末为日墓，主起初之时，虽如花似锦，后来却无成合也。

明生暗克最支离

谓明虽生我，暗实克我，主凡事不吉。如庚寅日，干上巳，支上亥，各乘长生之气，乃交互参之，庚干被亥水脱，寅支被巳火脱，却是两边脱盗。又如庚子日，干上巳为长生，然亦能克干，支上酉虽生支，却为支之败气。又如丙申日，三传申亥寅，递生日干，似属吉占，如用夜将，初乘螣蛇，财受夹克而无用，末传长生，又乘遁鬼白虎凶煞，变出许多不美。以上三格，皆化吉为凶之例也。

干支和合情欢悦

谓干支发用，见合神，为合欢课。一干合，即五合也；二支合，即六合也；三行合，即三合也。干合为上，支合次之，行合又次之。如合神入于课传，主人情欢悦，相助成事。求名干贵皆宜，交易婚姻俱吉。惟孕迟生，病难愈，讼宜和，盗难获。如刑破二合发用（寅亥为破，申巳为刑合），主内吉外凶，事须费力，如吉神入传，亦终有济，如合神克日，主合中有害，不可托人谋事。

干支内外俱合格 谓干支上神六合，干支又自作六合。如乙酉日，伏吟，辰与酉合；丙申、戊申日，伏吟，巳与申合；辛卯日，伏吟，卯与戌合；壬寅日，伏吟，寅与亥合。主上下同心，内外协力，惟不宜占失脱逃匿事（此例以伏吟为的）。

干支上下相合格 谓干支与上神六合，如甲申日，干上亥，支上巳，丁丑日，干上午，支上子，是也。占同前例。

干支上神相合格 谓干支上神作六合。如戊辰日，干上丑，支上子；辛未日，干上寅，支上亥，是也。亦同前例。

干支相会六合格 谓干支相会作六合。如乙酉、丙申、戊申、辛卯、壬寅五日，或干加支，或支加干，是也。以上诸例，俱忌空亡。

干支邻近相合格 谓干支相会，上神作六合，又与干神一气者。如壬子日，干上子，支上丑，支加于干，又与干神亥一气；丙午、戊午日，干上午，支上未，支加于干，又与干神巳为一气。主神合道合，事得速成。余无例。

外好里槎枒格 谓干支上神六合，地盘反作六害。如辛酉日，干上未与支上午六合，辛干与酉支却作六害，是也。主外面虽好，里面却有槎枒，如合作旬空，害反实在，尤为可畏。

交车互合共维持

谓干支交车六合。如甲子日，干上丑，支上亥；庚午日，干上未，支上巳。主交关交易而成合，惟不宜占病讼失脱等事。此例除八专五日外，每日一课，其吉凶分列于下。

交车喜格 一、生合。如甲申日，干上巳，为支之长生，支上亥，为干之长生，宜合本营生。二、财合。如辛丑日，干上子，为支之财，支上卯，为干之财，宜交关取财。

交车忌格 一、刑合。如癸卯日，干上戌，支上子，交车虽作六合，却自刑其干支。主和美中必有争竞。二、害合。如丁丑日，干上子，支上午，交车虽作六合，却自害其干支。主合谋中有暗害。三、冲合。如甲申日，干上巳，支上亥，交车虽作六合，然上神巳亥相冲，主先合而后离。四、克合。如庚子日，干上丑克支，支上巳克干，主交涉中必有争论。

五、空合。如辛亥日，干上寅，支上卯，皆属旬空，主有始而无终。六、脱合。如戊辰日，干上酉脱支，支上申脱干。主相交中各怀相脱之意。

交车六合中，干神与干上神遁干五合格 谓干支交车六合，干上遁干又与干上神五合。如甲戌日，干上己卯，卯与戌六合，甲与己又为五合；丙辰日，干上辛酉，酉与辰六合，辛与丙又为五合，是也。主人情欢助，名利咸宜（此外尚有十课，不备载）。

交车六合中，二阴神又合格 谓干支交车六合，两阴神又作六合。如乙丑日，干上子，支上酉，干阴申，又与支阴巳相合，是也。主内外俱合，求婚大利。

三六相呼声相应

谓课得三合入传，乃是生旺墓之神，各处一方，干事而成合。占主日久方能了结，以事关于众也。如干支上有一神与将神六合，名三六相呼，或干支又交车六合，名三六相会，占成合事最吉。分列于下。

三六相呼格 谓三传合局，干支上有一神与将神六合，名三六相呼。如丙子日，三传申辰子，与干上丑六合；壬午日，三传未亥卯，与支上戌六合，是也（此外尚有壬午、壬寅日，干上未；丙申、丙辰、戊申、戊辰日，干上丑；乙酉日，支上丑，七课）。主凡谋皆遂，全无障碍。经云：三六相呼见喜忻，纵然带恶不成嗔。带恶云者，谓或作日鬼，或作脱气，亦不为害，况为日财与生日之神乎？（如值空亡，得年命岁月填实，即可用）惟不宜解释忧疑事，占病凶。

三六交会格 谓三合为传，干支又交车相合，名三六交会。如丙子日，三传申辰子，干上丑与支合，支上申与干合，是也。主内外相助而成合事。如传中遇有遁干作鬼，后必龃龉。如始见龃龉，后即和合也。

日辰凑合格 谓三合入传，内缺一神，得干支上神凑足之，名凑合格。主有意外相合之事。得吉神则吉，得凶神则凶。如癸卯日，三传未酉亥，缺一卯字，得干上卯凑足，夜占，乘贵，主有贵人提携。己巳日，三传亥丑卯，缺一未字，得支上未凑足，夜占，乘蛇，主有惊恐事。

合中犯煞蜜中砒

谓三合课，干支上有一神，与将神作刑、害、冲者，名合中犯煞。其中必有阻隔。如乙亥日，三传未卯亥，干上子为三刑；丙寅日，三传戌午寅，干上丑为六害；甲子日，三传辰申子，干上午为六冲。主恩中变冤，合中有破。经云："三合犯煞少人知，惟防好里定相欺，笑里有刀谁会得，事将成合失便宜"是也。如欲成事，要待犯煞冲去之日，方能有成。或犯煞空亡，或占人年命上神有神克制其犯煞者，亦可用。

外合中离格　谓三合入传，干支交车，却作刑、冲、克、害者，名外合中离。如甲子日，三传戌午寅，干上戌，支上申，交车相克；辛丑日，三传巳丑酉，干上午，支上酉，交车六害。主外貌虽合，而心中各怀疑忌。余例推。

财休财旺因时断

财不宜旺，旺则不能为我作财，故以休囚为吉。如丁巳日，三传申酉戌，夏占，其财却有，缘干强之故。如于秋时占之，则财自贪其生旺，丁火休囚，无力克金，财何能得？所谓生金不畏死火，生水不畏死土者，此也。

三财格　三财，谓干财、支财、命财也。如甲戌日，午命人占，干上辰，支上子，命上申；戊申日，亥命人占，干上子，支上卯，命上午。更值旺相气，求财必然大获。

外财入内格　谓日财临支二课，为外财入内，主获财。占经营，必得货物大旺。如丙戌日，支阳酉，支阴申，是也（此外有戊戌、己丑、庚辰、辛丑、壬辰、癸未日六课）。支财临日二课，主出财。如己巳日，干阳申，干阴酉，是也（此外又有辛丑、癸丑、丁巳、辛巳、辛未、癸未、乙酉、癸酉、乙亥、丁亥、己亥十一课）。然其中亦有吉凶之别。如辛巳日，干上酉为旺禄，丁巳日，干上申又为干财，己亥日，干午为生我之神，俱吉；癸酉日，干上寅为脱气，则不吉也；内辛丑日，干二课见亥、子，支二课见寅、卯，三传寅卯辰，主入者多而出者少；癸未日，干二课见子、亥，支二课见午、巳，三传巳辰卯，初虽作财，奈中为鬼墓，末为脱气，则所入不敷所出也。

生鬼化财仔细推

谓有三合作财，生起干支之鬼者；有三合作鬼，两课俱空，独存一字为财者。分列于下。

传财生鬼格　谓三传作财，生起干支上之鬼者。如辛亥日，三传未卯亥为财，生其干上之午火，伤其日干；乙亥日，三传丑戌未为财，生其支上之申金，伤其日干。以上二例，必因取财而致祸。要占人年命上有制鬼之神。方得无咎。惟纳粟、求官为宜。

传鬼化财格　谓三合作鬼，两课俱空，独存一字为财者。如丙申日，三传子申辰，初、末空陷，独存中传申金为财，其财系危险中出，纵得之亦不安稳。如占人年命上又乘日鬼，即有祸发，不为财也。

丁马入传招财速

谓财爻乘旬内丁神，或乘驿马发用，主财动最速。如庚午、辛未日见卯，甲戌、乙亥日见丑，戊子、己丑日见亥，丙申、丁酉日见酉，甲辰、乙巳日见未，壬戌、癸亥日见巳，皆丁神临财。内己丑、癸亥日，又为驿马，其财动更速。又壬、癸两干，见丁马入传者亦同。详要将门。

传将助生获利宜

谓三传合局，生其干支之财者，为传将助生。如己丑日，干上亥，三传酉丑巳，生其亥水之财。壬戌日，支上午，三传未卯亥，生其午火之财，大宜求财，勿作脱气言。即财爻空亡亦可用。

支神助财格　谓干上见财，支上神生其财爻者。如丁卯日，干上申，支上辰，是也。凡占亦同。

天将助财格 谓三传作财，天将又生其三传者。如六丙日，三传酉丑巳为财，夜占，得贵、勾、常土神助之，大宜求财，如占病则凶。

凶 煞

干支乘鬼有灾祸

鬼者贼害之神。甲乙日用金，丙丁日用水，戊己日用木，庚辛日用火，壬癸日用土。课见鬼贼而六处有生我之神以化之，则为官；课见鬼贼，而六处无生我之神，则为鬼（旧说阳克阴干，阴克阳干曰官，阳克阳干，阴克阴干曰鬼，尚未的）。日鬼在干支上发用，占事多凶。或有德合旺气，亦凶中有吉。德合者，谓乙日见申，丁日见亥，己日见寅，辛日见巳既为日德，又为干之五合，是也。旺气者，如戊辰日，三传卯寅丑，春占为旺气，盖鬼自旺则不害人故也。如值夏秋冬占，仍凶。

干支乘鬼格 如戊辰日，干上卯，支上寅；丙午日，干上亥，支上子，干支各乘日鬼，占身被伤，占宅被损，占讼两家被责，如空亡无忌，然亦宜制之为妙。

干支互克格 如癸卯日，干上申，支上戌，壬午日，干上子，支上未，主互相伤克，各怀是非。

上门乱首格 谓支临干，克干发用，名上门乱首。如庚午日，支神午加干上发用是也。主卑来犯尊，家门悖逆，不可举事。如六处有神克之，为患门有救，尚可无害。又干加支为支所克，名自取乱首。如庚午日，干神申加支发用是也。主上自失礼，为下所犯，凡占亦同。

支神助克格 如乙亥日，干上酉克干，支上辰，又生其日鬼，主有家人相助作恶，其凶更甚。

三传递克格 此格有二：一，自下递克，如丙子日，三传子未寅，末克中，中克初，初克其日干，主有人递互相害，众口欺凌，有官者必被参劾。二，自上递克，如丙辰日，三传寅未子，初克中，中克末，末克其日干，凡占亦同。

满盘皆鬼格　如癸未日伏吟，四课三传皆是鬼贼，九土克一水，全无一点生气，其凶已极。此例要占人年命上神得寅卯制之可解（此格惟癸未、癸丑日入课）。

克贼无伤赖护持

谓传见鬼贼，课上如有神为救，亦不为害。如壬辰日，三传戌丑辰作鬼，赖干上先有寅木，可以敌之。兼是蒿矢，择比为用，又坐空乡，鬼力至轻，始虽有惊，终不为祸。又如己丑日，三传寅卯辰，日鬼自支上发用，末传又归鬼乡，此家鬼为祸，赖干上申金自解其祸，终不为害。如夜占，必得贵人力。又如癸亥日，三传辰未戌，日鬼自干上发用，主凶自外来，幸支上寅木敌之，必得宅中人解祸也。

引鬼为生格　谓初作日鬼，反生起末传育其干神者。如丙子日，三传子未寅，初传作鬼，却生其末传之寅木，作丙火之长生，且又有支上未土为救，不为害也。

传鬼为生格　谓三传皆鬼，反生起干上之神，来育日干者。如庚午日，三传戌午寅，虽伤日干，殊不知反生起干上之辰土，育其庚金，反为吉占。

天将为救格　如辛巳日三传午寅戌，合局克干，殊为凶课。乃观昼夜天将皆是贵勾常土神，窃其火气，生其日干，亦可免祸。

初遭夹克不由己

谓初传坐于克方，又被天将所伤为夹克。如为财则财不由己费用。为同类则身不由己动作，惟鬼受夹克，可以返凶为吉。如六壬日，午加亥发用，昼夜天将乘元后，主财不由己费用，或妻常有病。如乙丑日，酉加巳发用，夜占，乘蛇为鬼受夹克，可以当忧而不忧矣。

三传夹克格　如乙丑日，三传寅未子，昼占寅坐酉上乘太阴，未坐寅上乘青龙，子坐未上乘贵人，三传皆受夹克，大受束缚，欲举动而不能，诸占不吉。

俯仰丘仇格 此格有二等。其一，如甲子日，寅加未发用，夜占乘虎，寅以未为墓，是俯见其丘也。上为虎所克，是仰见其仇也。内为人欺，外受人制，其凶可知。其二，如乙丑日，三传寅未子，寅加酉发用，是俯见其仇也。寅上乘未，是仰见其丘也。凡占亦同。

将逢内战所谋危

谓方克神，神克将，为内战。如六癸日，卯加申发用，夜占乘贵，贵人为卯木所克，卯木又为申金所克，为贵人内战。主因贵人以致不靖。壬午日，申加午发用，昼占乘合，为六合内战，主事将成而又败。丁卯日，戌加卯发用，昼占乘后，为天后内战，主妻常作闹不静，或多疾病。其余诸将，皆仿此推，惟元武无此例。

干支三传内战格 谓干支三传，皆下克上神，主皆是家法不正，以起争端。如癸酉日，午加干，寅加支，初传未加寅，中传子加未，末传巳加子，皆为下所贼。占讼被刑；占病死；惟占官则有迤逦迁转之喜。

明伤暗伐祸益烈

谓干上神作明鬼，支上遁干作暗鬼，主明暗相攻，其祸最烈。如六甲日，申加干，庚加支。六乙日，酉加干，庚加支。此格每日一课，惟六癸日无此例。

鬼来助鬼格 谓鬼临鬼乡发用，为鬼来助鬼。如庚辰日，午加巳发用，癸未日，戌加丑发用，主有两重不美，即遇救神，惟解其一。

遇虎逢蛇害更滋

谓日干之鬼，乘蛇虎二将，加干支上，凶不可言。分列于下。

虎鬼格 谓白虎作鬼加干。如六己日，干上卯，夜占；壬癸日，干上戌，昼占。主祸不可逃，病必危，讼必受刑。如值死气更凶。因虎值死囚之神，则为饿虎，定主伤人故也。要课传年命上有神制之可免。如虎鬼加支，主家宅不安。

蛇鬼格 谓螣蛇作鬼加干。如六戊日，干上寅，昼占；六庚日，干上午，夜占。主有惊危之事。惟六处有神冲克之可解。如蛇鬼加支，主家中必有怪异。

虎蛇乘遁鬼格 谓六甲日，遁旬内之庚乘虎在六处。如甲子日，昼贵逆行见午，甲寅日，昼贵顺行见申，甲午日，夜贵逆行见子，甲申日，夜贵顺行见寅。皆遁庚乘虎克日者例。六辛日，遁旬内之丁乘蛇在六处，如辛未日，夜贵顺行见卯，辛巳日夜贵逆行见丑，辛亥日昼贵顺行见未，辛酉日昼贵逆行见巳，皆遁丁乘蛇克日者例。以上二格。皆至凶至怪。纵空亡不能解救。盖庚为虎之本家，丁为蛇之本家，故甲辛二干忌之（乙庚日无此例）。

蛇虎乘丁鬼格 如己巳日，干上卯，夜占，乘虎遁丁而克干，乙亥日，支上丑，夜占，乘虎遁丁而克支。克干者身灾，克支者宅伤。

干墓支墓各昏晦

墓者，昧没之神。未为木墓，戌为火土墓。丑为金墓，辰为水墓。六壬所用，丙戊同巳，丁己同未，旺禄等神，土皆从火为用，则墓绝等神，不宜从水为用矣，故戊己断以从火墓为是。辰戌墓，主刚速，丑未墓，主迟缓。墓神发用，要日干有旺相气则可。如无则凶。中传见墓，进退有悔，末传见墓，事终无成，详列于下。

干支乘墓格 如壬申日，干上辰，支上丑；丙寅日，干上戌，支上未。干支皆乘墓神。经云：墓覆日辰，人宅昏沉。又云：干支墓全逢，所为皆不通。如六处有神冲破，或值空亡，可以无忌。

干支互墓格 如甲申日，干上丑为支墓，支上未为干墓，主交涉之际，我欲蒙昧他，他亦来蒙昧我也。

人宅坐墓格 如壬寅日，干加辰，支加未，干支皆坐地盘墓上，此乃心肯意肯，情愿受人之暗昧，且将家宅为人作践而不辞也。

传墓入墓别忻悲

谓发用之神，为中传所墓，末传又入墓乡，为传墓入墓。主自明投暗，如人下井，一脚深于一脚，须观初传是何类神以定其吉凶。如庚子日，三传巳戌卯，巳为干之长生，岂宜传墓入墓？如占生计尊长等事，俱不利。又巳为官星，有官者亦不宜。庚戌日，三传申丑午，为德禄传墓入墓，占食禄难得。庚辰日，三传寅未子，为财神传墓入墓，不利求财。戊辰日，三传寅未子，为日鬼传墓入墓，常人占最吉，惟有官者不宜。

逢阳逢生忧变喜

阳，太阳；生，生气。分列于下。

墓作太阳格 如甲乙日，干上未为墓神覆日。如未作月将，名太阳临身，主处难中必得上人提携。又如丙午日，支上戌，为墓神覆支，占宅诚为不快，如戌为月将，名太阳射宅，其屋必向阳而明朗。

墓作生气格 如庚辛日，干上丑为墓神覆日，二月占为生气，占库务、差遣必得。甲乙日干上未，八月占；丙丁日干上戌，十一月占，俱同。

墓作库神格 如甲、乙日，干上未，六月占；丙、丁、戊、己日，干上戌，九月占；庚、辛日，干上丑，十二月占，各值本季旺神，墓化为库。占同前例（以上二例，壬、癸日俱不用，以其作日鬼也）。

遇死遇鬼凶且危

死者，死囚之气；鬼者，日鬼。分列于下。

墓乘死囚格 谓土囚于冬，死于春，如日乘死囚气发用，斗罡又系日本（日本者，日干长生之神），不能扶助其日干，以致日本益弱，不能动作有为，凶祸难免。如乙酉日，三传未子巳，春占，未为死墓，又辰加亥上，是也。如年命上有冲克救神，方可解免。

鬼墓格 此格有二：其一，如壬、癸日，发用辰，辰为日墓，又为日鬼，既为鬼伤，又受墓闭，凶可知矣。其二，如丙申日，子加戌发用，子为日鬼，戌为日墓，鬼临墓则得地，有引类呼朋之象，其凶尤甚。

墓乘蛇虎多伤损

谓墓乘蛇、虎二将，加临干支。至凶至危。分列于下。

蛇虎乘墓临干格 如六辛日，干上丑，昼占，乘虎，主其人昏昧、凶恶，且防捶楚。如带死神、死气，名虎衔尸，更凶。六丁日，干上戌，昼占乘蛇，主有惊恐事。以上二例，如值旺相稍轻。

蛇虎乘墓临支格 如丙子日，支上辰，昼占，乘虎克支，主家中有孝服动。壬子日，支上辰，夜占，乘蛇克支，主宅内必有怪异。如不克支，稍轻。

墓门开格 谓日墓，乘蛇、虎二煞，临卯、酉加支，名冢墓门开。主有死丧之事。如丁卯日，支上戌，夜占，乘蛇；辛酉日，支上丑，昼占，乘虎，占人年命又乘之者，必死。如干墓又作岁后五墓，主有重丧。岁墓者，子年在未，午年在丑，酉年在辰，卯年在戌。

墓作华关更执迷

华谓华盖，申子辰日用辰，巳酉丑日用丑，寅午戌日用戌，亥卯未日用未；关谓关神，春丑、夏辰、秋未、冬戌。

华盖作墓格 谓辰之华盖，作干墓临日发用。如壬申日，干上辰，三传辰酉寅，是也。主人多昏晦，遭冤莫诉，如占行人，尽在外不如意也。

关神作墓格 谓日墓作四季之关神发用。如乙丑日，干上未，三传未戌丑，秋占是也。主人口灾衰，如关墓碑临支发用，主屋宅隳废。

杜传不行论发用

杜传不行，谓初实而中末空亡也。中末既空，只以初传为断。如甲子日，三传申亥寅，初为日鬼，中末为长生德禄，吉神皆空，凶神独在，必好事无而恶事有也。如为遥克、别责等事课，则为力已微，好恶皆无矣。凡值空亡，忧喜皆不成。近事出旬可图，远事终难成就。中末空推初传，初中空推末传，以不空者为断。中传空，为断桥，主事中止难成。如神将吉，亦不必过拘（一云，中末俱空，为移远就近，动中不动，寻人却在近处）。

独足难行格　如庚申日，干上丑，支上丑，三传卯丑丑，丑属空亡，仅存一发用之卯，主一足难行，极其费力。又己未日返吟，三传巳丑丑，亦同。又如己未日伏吟，三传未丑戌，中传乃是旬空，中传既空，岂能刑其末传乎？既不能刑，惟干支初传，皆在未上，与独足何异？凡谋皆不能成。

传课皆空事莫追

谓课有四课全空，有三传全空，有日干空亡，有上下俱空，分列于下。

四课全空格　如乙巳日，一课寅空，二课子坐空，三课卯空，四课丑又坐空。经云："四课无形，事不出名，纵然出也，也是虚声"是也。又如年命上乘空亡，俱不成事，或替人代占。又遥克、别责等课，初传空亡，或坐空乡，皆无力。

三传皆空格　谓三传皆空。惟进退连茹与返吟课中多有连茹空亡。详见后文。若返吟逢空，如乙未日，三传戌辰戌；己亥日，三传巳亥巳，三传皆空，主指空话空，全无实意。占病、讼、忧疑事则吉，如求望事，须改旬再谋方可（如占病，久病者死，新病者安）。外有三合课，两传空亡，独存一传，将乘天空者亦是。

日干逢空格　日干逢空，谓日干空亡，非干上见空亡也。如辛未日辛空，壬申日壬空，庚辰日庚空，乙未日乙空，丁亥、己丑日丁己空，丙申、戊戌日丙戊空，甲辰日甲空，癸亥日癸空，此十日干神值空，干上神坐空，空而又空，占身主赤贫，占病，死。

发用上下皆空格　谓发用旬空，又坐空乡。如癸酉日三传亥子丑，甲寅日三传子亥戌，天地盘俱值空亡，主有两重空缺，终不济事。

声传空谷须退步

谓进茹三传皆空，名声传空谷。如壬子日，干上子，支上丑，三传寅卯辰，皆空。既向前值空，即宜退后一步，以就支之合神，庶几可以安身。又如甲午日，干上卯，支上未，三传辰巳午皆空，亦宜退步，庶不至于全脱，奈干支前后夹定，脱气在内，尽被脱空，而无穷也。如遇丑为年命，始可退步，以就寅之禄神。

前后逼迫格 如壬寅日干上子，三传辰巳午，皆空，而不可进，欲退后一步，逢寅卯为盗气。又退一步，逢丑为日鬼，乃前不可进，后不可退，以此推之，惟宜守干上之旺而已，如谋动用，则虚耗百出也。

脚踏空亡进用宜

谓退茹全值空亡，如背后有三阱坑，一退则脚下踏空，故名脚踏空亡。既退后遇空，自宜进而不宜退也。如戊申日，干上辰，三传卯寅丑皆鬼，幸空亡，可以无咎。惟不宜守旧，须于三传日干之外，向前一步，以就巳之禄神，方可安身。又如丙午日三传卯寅丑，生日，岂宜皆空？占病，死。父母病更的。占讼，必官不主张。缘生我者空亡故也。

宾主伤戕刑在上

谓三刑加干支发用，为刑伤课。刑干，男伤，身不利；刑支，女伤，家不昌。如乘吉将乃能刑于他人，主先阻而后成，详列于下。

自刑格 谓午刑午，酉刑酉，亥刑亥，辰刑辰，为自刑。如乙亥日伏吟，干支上皆自刑，三传辰亥巳，又重刑其干支。乙酉日伏吟，干支上皆自刑，三传辰酉卯，又重刑其干支。又六乙日伏吟，辰加干，六壬日伏吟，亥加干，为干自刑干。午、酉、辰、亥日伏吟，支上见午、酉、辰、亥为支自刑支，内有见于三传者，为重逢自刑，占主自逞自作，以致刑伤，非干他人之故也。

互刑格 谓子刑卯，卯刑子，为互刑。如甲子日，支上卯刑子。乙卯日，支上子刑卯。如子母相伤，无礼无义。惟干无此例。

朋刑格 谓寅刑巳，巳刑申，申刑寅；丑刑戌，戌刑未，未刑丑为朋刑。如六甲日，干上申刑寅。六丙、六戊日，干上寅刑巳。六庚日，干上巳刑申。此干之相刑也。丑日支上未，戌日支上丑，未日支上戌，此支之相刑也。如值寅巳申三刑，如父子相伤，恩中致怨。如值丑戌未三刑，如兄弟相伤，恃势凌弱。内六甲日，寅申又相冲；五丑日，丑未又相冲。刑而兼冲，更为不吉。

交车刑格 如丙寅、辛丑日伏吟，交车相刑。主交涉时，必有争竞。

彼此猜忌害相随

谓子与未害，丑与午害，寅与巳害，卯与辰害，申与亥害，酉与戌害。凡六害加干支发用，为侵害课。如乘凶将，主事多侵害，六亲失靠，如神将吉，主始虽有阻，后亦得成。

干支上下六害格 如甲申日，干上巳与寅六害，支上亥与申六害，占主两意相谋，各有戾害。

干支上神相害格 如辛卯日，干上未，支上子，干支上神作六害。占同前例。又有内外皆作六害者，如辛酉日返吟，上神卯辰六害，干支戌酉又为六害，是也。主彼此戾害尤甚。

交车六害格 如丁丑日，干上午，支上子，干支虽自作六合，交车却作六害，此例惟静守为吉，如涉相交，彼此必有谋害。

人宅受脱多失耗

谓甲乙脱于巳午，丙丁脱于四季，四季脱于申酉，庚辛脱于亥子，壬癸脱于寅卯，干支上乘脱气发用，主人被脱赚，家被盗窃，凶咎难免。或三传又合局脱之，其凶更甚。如甲午日，干上午，支上戌，三传寅午戌，并来盗干是也。凡脱气入课，有官者最为不宜，以其为伤官煞也。如常人占，课传中有鬼，则又宜见，以其为救神也。

交车相脱格 如壬午日，干上未，支上寅，交车相脱，主交涉时，各怀脱耗之意。

满盘脱气格 如丁丑、丁未日伏吟，三传四课，皆是季神，一火生九土，满盘皆是脱气，如忧事不止一件。

脱上逢脱格 谓日干生上神，上神又生天将，名脱上脱。如六庚日，干上子，夜占乘龙，更三传水局，并来盗干，凡占尽被盗耗而无穷也。内庚子日，子加庚，乃支上门脱干，其脱盗尤甚。

干支皆败势倾颓

谓甲乙败于子，丙丁、戊己败于卯，庚辛败于子，壬癸败于酉。加于干支，主事多败坏。如甲申日干上子，支上午，干支皆乘败气，占身则气血衰败，占宅则屋宅崩颓，或告讦事体，必致彼此同败。

破败神临宅格 破者破碎。孟日用酉，仲日用巳，季日用丑。如支上乘干之败气，又为支之破碎，主其家必有人破败，以致衰微，如壬申、壬寅、癸巳、癸亥日，支上酉，必因长上而破败。缘金为水之生气故也，又酉为婢，为酒，亦因酒色事败家。

干支值绝凡谋决

谓甲乙绝于申，丙丁、戊己绝于亥，庚辛绝于寅，壬癸绝于巳。加于干支上，主宜结绝事。如丙寅日返吟，鬼作绝神，止宜结绝凶事。占病痊，占讼解。戊申日返吟，财作绝神，止宜结绝财物，不宜占妻病。丙辰、壬戌日返吟，日占，贵作绝神，亦宜告贵结绝吉凶二事。以上例占，结绝事最速。缘绝神投绝乡故也。亦不宜占食禄事，缘禄神投于绝乡也，占行人必来，占病死。

互作绝神格 如甲申日伏吟，干上寅，支上申，干支交互作绝，占兑换屋宇，或替代差遣、交代职任等事俱宜。

绝神加生格 谓日之绝神，加长生之上发用。如六甲日申加巳发用，庚辰日寅加亥发用，壬申日巳加寅发用，戊辰日亥加申发用。如占结绝事，卒未了，当必止了又兴，绝了又续，如废官占之，必得起用，或已遭失而欲复旧事，得此绝妙。缘绝神坐长生之上，虽绝而不绝也。

人宅皆死名衰羸

谓甲乙死于午，丙丁、戊己死于酉，庚辛死于子，壬癸死于卯。如干支上各乘死神，主有死丧等事。如庚寅日干上子，支上午，是也。主诸事止宜休息，不利有为，占病，死。

互乘死神格　如甲申日，干上子，支上午，干支互乘死神，占同前例。

死绝格　谓日之死神，加绝地发用，为死绝格。如甲辰日，午加亥发用，甲木死于午，午火绝于亥也，主百事衰败，莫能为救，占病，死。

所谋多拙逢罗网

谓干前一位为天罗，支前一位为地网。罗网发用，动见阻滞。如乙卯日干上巳，支上辰，三传辰巳午。凡占止宜静守，不利有为。如占人年命上有神冲破，或遇空亡，谓破罗破网，可以无咎（此格与干支乘旺不同，如丙寅日，干上午，支上卯则为干支乘旺，如此课则为干支乘罗网，须细稔之，方无误也）。

互乘罗网格　如癸未日，干上申，为支之网，支上寅为干之罗，主互相欺诈，如我欲罗网人，人已罗网我也。此例四绝体中多有。

凶吉逢冲即散之

谓发用得吉神，逢冲则散；发用得凶神，逢冲则消。盖凶宜冲，吉不宜冲。凶衰宜冲，冲则散。凶旺不宜冲，冲则动。吉空宜冲，冲则暗动。凶空不宜冲，冲则反实也。

四破煞　四破，谓岁月日时之冲神也。岁破如宰辅，主半年之事。月破主半月之事。日破时破，则更速矣。皆主破坏离散，忧喜不成。如值相加发用，更凶。如巳年正月己未日占，亥加申发用，亥为岁破，申为月破。经云："岁破加临月破中，上下相加财物空"是也。余准此推。

冲破格 谓课见冲破二神入传，名冲破格。支破者，阳日后三辰，阴日前三辰，如子日以酉为破，丑日以辰为破也。如冲破合而入传，主凶事可散，吉事无成。如子年庚子日，三传午酉子，午为岁冲、日冲，酉为岁破、日破是也。

格 例

前后引从升迁吉

谓课有：初居干支之前为引，末居干支之后为从者，名引从课。分列于下：

引从干神格 谓癸酉日，干上午，初传未为引，末传巳为从。如贵人出行，有引有从，主官职升迁，士子高中。又庚辰日，干上丑，初传寅为引，末传子为从。日占，丑作贵人，又名拱贵格，更吉。夜占，乃墓神覆日，亦无忌。缘[①]中传未作贵人，冲破丑墓故也。又壬子日，干上辰，初传巳为引，末传卯为从，又系昼夜两贵，虽是墓神覆日，亦赖中传之戌冲之，可不忌也（只此三课，余无例）。

引从支神格 谓甲子日，支上亥，初传子，末传戌[②]；己亥日，支上辰，初传巳，末传卯；壬戌日，支上卯，初传辰，末传寅，皆为引从支神，迁修家宅最吉。内壬戌日，夜占，卯作贵人，又名拱贵格，更吉。又如丁亥日，支上辰，初传巳，末传卯，昼夜天将皆乘虎，岂不可惧？不知亦赖中传戌[③]蛇冲之，亦无害也。如占人年命，又居巳位更妙[④]（只此四

---

① 校者注：原文"绿"。
② 校者注：原文"戊"。
③ 校者注：原文"成"。
④ 校者注：原文"以少"之误。

课，余无[①]例）。

干支夹拱利名随

此格有拱贵、拱禄、两贵临干支拱年命、两贵临三传拱年命四等，亦名引从课，分列于下。

干支拱贵人格 如甲子日，干上寅，支上子，昼占，拱贵人之丑。庚午日，干上申，支上午，夜占，拱贵人之未。己酉日，干上未，支上酉，夜占，拱贵人之申。皆宜告贵成事。

干支拱日禄格 如丁巳、己巳日，干上未，支上巳，拱日禄之午。癸亥日干上丑，支上亥，拱日禄之子，皆宜占食禄事，惟癸亥日嫌禄空（以上二例，俱以伏吟为的）。

两贵临干支拱年命格 如丁巳日干上亥，支上酉，占人年命在午。癸亥日干上巳，支上卯，占人年命在子。如告贵求事，必得两贵人成就。此外又有丁酉日，干上酉，支上亥；癸卯日，干上卯，支上巳两课，丙壬日无例。

两贵临三传拱年命格 如壬子、癸未日，初传巳，末传卯，占人年命在亥，主宜告贵成事。且末传助初，又为以贵助贵也。此外又有丙申日，三传酉戌亥，丁未、丁巳日三传酉辰亥，六癸日三传卯戌巳九课。

四建全逢天作合

谓课有岁月日时，俱在课传之中，若天作之合者，名天心课。分列于下：

四建全在四课中例 如甲子年壬申月乙巳日酉时，巳将占，一课子乙，二课申子，三课丑巳，四课酉丑，年月日时俱在四课之内，主非常之事，即日完成；或事干朝廷，定然成就。惟不宜占病讼、生产、忧疑事，或神将凶，更不可解。

---

① 校者注：原文"勿"。

四建全在三传中例 如己巳年丁丑月癸酉日巳时丑将占，三传巳丑酉，年月日时俱在三传之中，又岁月日时顺去，主移远就近，缓事得速；如天空、朱雀乘太岁发用，主朝信动，更的。

一旬周遍始终宜

谓干上乘旬首，支上乘旬尾，为一旬周遍格。如乙丑、丙寅、辛未、壬申日干上子，支上酉；戊寅日，干上戌，支上未。占事不脱，所谋皆成。如加交用事，必有始有终。惟不宜占忧疑、释散事。又上乘旬尾，支上乘旬首，如乙未、丙申、辛丑、壬寅日，干上卯，支上午，戊申日干上丑，支上辰，凡占亦同。

奇神要值珠联贯

谓三奇课。有二格：一、旬奇，丑为日奇，子为月奇，亥为星奇是也；二、干奇，乙丙丁为天上三奇，甲戊庚为地下三奇，是也。而干奇复有二，有遁旬中之干者，有遁五子元建之法者。占主士有奇遇，官以异政超擢，婚成，孕贵，病讼俱消。如奇作空亡，其力减半。

旬奇格 谓甲子、甲戌旬中丑发用，甲申、甲午旬中子发用，甲辰、甲寅旬中亥发用，名为旬三奇。盖丑为日精，子为月精，亥为星精，三者为旬中之奇，故曰三奇。如传中三神全入，名为连珠三奇，更吉。顺行者，酉、戌两日，共九课。逆行者，卯日五课。

干奇格一（用遁旬中之干例） 如戊辰、己巳日，三传卯寅丑。壬申日，三传丑寅卯。己卯日，三传丑子亥，皆遁干乙丙丁俱全，为天上三奇。内己卯日，又合联珠三奇，尤吉（只此四课）。地下三奇无例。

干奇格二（用遁五子元建之法例） 如癸未日三传巳辰卯，乙未日三传酉戌亥，己亥日三传丑寅卯，己巳日三传卯寅丑，皆遁五子元建，乙丙丁俱全，为天上三奇。又丙寅、丙午日，三传戌午寅，辛巳日三传午寅戌，辛酉日三传寅午戌，皆遁五子元建甲戊庚俱全，为地下三奇（只此八课，余无例）。

旬首还须贵作仪

谓课得旬首发用，曰六仪。如甲子旬用子、甲戌旬用戌是也。旬首为星官之长，有礼仪之尊，占主凡事皆吉。不忌刑煞，即遇魁罡，亦化凶为吉。惟仪克行年者凶。如旬首又作贵人，名为富贵六仪，更吉。如乙丑、己巳日，干上[①]子，昼占；乙酉、己丑日干上申，夜占；辛丑日干上午，昼占；辛酉日干上寅，夜占。有官者主升迁，占试者中[②]（只此六日，余无例）。

土加火煅铸成印

谓巳戌卯为三传，名铸印（丙子、戊子、庚子、壬子、乙未、辛未、癸未、五丁、五己日，共十七课）。盖戌为印，巳为炉，卯为印模，又戌中辛金与巳中丙火作合，有铸成符印之象。占主官爵升迁，财利如意。如驿马入传，名马载印绶，更吉。值占时为辰冲破戌印，则为破印，主先成而后破，事终不济（此课占讼，愈深；占病，死）。

木被斤施轮可驰

谓卯戌巳为三传，名斫轮（乙丑、丁丑、辛丑、六癸日，共十课）。盖卯为车轮，申为斧斤，又卯中乙木，与申中庚金作合成器，故名斫轮。主求官求财必先历艰难，然后得成。如初传空陷，则凡谋难遂。宜改科易业，别作营生为妙（此课占孕产、病讼等事，皆凶）。或曰：寅亦是木，如何不作斫轮？曰：寅为天梁，临金则有折损之象；卯为林木，故须雕斫而成器也。

---

① 校者注：原文“土”。
② 校者注：原文“申”。

有车有盖定迁转

谓午卯子为三传，名轩盖（甲子、丙子、庚子、壬子、丁酉、己酉、辛酉、癸酉日，共八课）。盖午为马，卯为车，子为华盖。三神并遇，有乘马登车，高张华盖之象。主官职荣显，士子发达，求财获，行人归。如正、七月占，午为天马，更的。如值酉时午将占，则变为三交而不吉矣（此课，占讼则换可易商；占病则魂由午界）。

逢禄逢马是荣期

谓干上乘支之马，支上乘干之禄，名富贵课。盖禄乃临官之神，马主前程浩大，有禄有马，富而且贵也。如丙寅、戊寅日，干上申，支上巳；丙申、戊申日，干上寅，支上巳；壬申日干上寅，支上亥；壬寅日干上申，支上亥（只此六课）。有官者，主加官进禄，常人亦经营得利。如年命上乘之，亦可用。

四路驿马格 如庚辰年甲申月丙子日辰时巳将占，三传寅卯辰，岁月日时俱以寅为马，名四路驿马，主仕宦迁官，应举得中，如六处见合神，更妙。如占人年命上见冲破驿马之神，则不吉。又如占人年命上神更得申子辰等神，为六路驿马，尤妙。

魁罡发用斩关去

谓魁罡加日辰发用，曰斩关。盖日辰人也，魁罡关也；魁罡加日辰上，犹人遇关难度，必须斩关开门，然后可行。如传见寅卯未子，将乘贵龙阴合，为天地独通，万里可行。盖寅为天梁，卯为私门，未为玉女，子为华盖，天乙为神光，青龙为万里翼，六合为私门，太阴为地户，得此数神庇佑，最利出行逃亡，捕捉难获。或传中见传送白虎亦吉，盖二神皆道路之神也。如六甲日，三传辰午申，昼占，辰乘六合，午乘青龙，申乘白虎，是也。凡欲逃亡伏匿，当视阴合所临之日、趋阴合所临之乡为吉。或中末空亡，为动中不动，寻远却在近处（此课专为出行逃亡而设，常占得此，主不能安居而奔波不定）。

季马丁神游子时

谓三传皆季神，或见旬丁，或见天马，为游子课。如乙巳日，三传未戌丑，未遁丁神，发用。如值三、九月占，戌又为天马，是也。主游移不定，踪迹无凭，不利静守，病讼俱凶。凡阴将传阳，主在家欲出，如前课未戌丑顺行是也；阳将传阴，主在外欲归，如乙巳日，三传丑戌未逆行是也。

四绝吉神皆墓绝

谓德、禄、财、马，乃一课吉凶所关。居生旺地则吉，居墓绝地则凶。四绝体一课，德禄财马，皆居墓绝之地，如何能好？如六辛日以巳为德，居于戌上，是日德入墓也；以酉为禄，居于寅上，是禄居绝乡也；以寅卯为财，寅坐未上，卯坐申上，是财爻墓绝也；以巳亥为马，坐于辰戌上，是马入墓乡也。主止宜结绝财物等事，余皆不宜。

三交举动有灾罹

谓四仲日占，值四仲时为一交，值四仲作月将为二交，又四仲发用为三交。盖子午卯酉为天地不正之气，为太阳所忌临，且天罡凶神，又居丑未之位，使贵人不得理事。此时德气在内，刑气在外，最可烦忧。诸占不吉。春酉将八课，夏午将十课，秋卯将三课，冬子将四课。如三月己卯日，子时酉将占，三传子酉午，时、将、用俱是仲神，主交加连累，进退两难，求财难得，如占人年命又值之，主有犯法之凶，虽遇吉神，不救。

绝嗣无禄长幼苦

谓课有四上克下者，名无禄；四下贼上者，名绝嗣。分列于下：

绝嗣课 谓四上克下名曰绝嗣。如辛未日，一课巳辛，二课子巳，三课寅未，四课酉寅，四上克下，主官爵降黜，庶人不禄，如有救神，亦能免祸。救神者，谓三传年命有一处生其干神也。

无禄课 谓四下克上名为无禄。如庚辰日干上卯，四下贼上，主小人无礼，尊长见灾。神将吉，则分财异居；神将凶，则骨肉离散。

根断源消势莫支

谓四下生其上神，为根断源消。如辛卯日，一课子辛，二课寅子，三课巳卯，四课未巳，三传巳未酉，干支三传，皆下生上神，迤逦脱去，占病必缘不摄而致，诸占皆脱耗，其法如神。如为六阴课，则脱耗尤甚。又如甲辰日，干上午一课，皆下生上神，喜得三传申子辰生干，尚不致于脱尽，不可不知。

占　法

旺休分处灾祥别

谓干支发用，当观时令之旺相休囚，以为推测，斯吉凶有准。如得旺相气，居旺相乡则吉；得休囚气，居休囚乡则凶。如吉气休囚，则吉不甚吉；凶神旺相亦凶不大凶也。盖干为人，为夫；支为宅，为妻；发用为日用动作。三处旺相有气，则人宅安泰，动作有成。三处休囚无力，则人宅晦滞，凡事塞碍。如丁丑日，子时申将占，巳加酉发用，巳为旺火，酉为死金，上强下弱，则凡事易为。又如甲寅日，辰时亥将占，酉加寅发用，酉为囚气，甲寅乃是月建，支神又是德禄，下既得势，必不受制，又何力之能为？大抵生金不畏死火，生水不畏死土，切在参详，不可执一而论（一云：凡占小事，于时令[①]无气，须视其遁干加临而言其旺休。如寅卯本木，上建丙丁，又临木火地，即以旺相论；巳午本火，上建壬癸，又临金水乡，即以休囚曰，可也）。

得时格 谓木旺于春、火旺于夏、土旺于季、金旺于秋、水旺于冬。如干支发用，或三传合局得旺气，名曰得时。主事起当时，无不亨泰。如乙丑日，春占，干上巳，支上寅，寅为旺气，巳为相气，又三传寅卯辰，皆乘进气是也。如空亡稍减。

失时格 谓木囚于季，死于秋；火囚于秋死于冬；土囚于冬死于春；金囚于春死于夏；水囚于夏死于季。如干支发用，或三传合局，得死囚气，名曰失时。主事已过时，举动费力。如丙申日春占，干上申，支上亥，发用申，申为囚气，亥为休气，是也。

将来格 谓木相于冬，火相于春，土相于夏，金相于季，水相于秋。如干支发用，或三传合局，得相气，名曰将来。主事有新机，指日可待。如壬子日秋占，干上亥，支上子，发用亥，是也。

既往格 谓木休于夏，火休于季，土休于秋，金休于冬，水休于春。如干支发用，或三传合局，得休气，名曰既往。主事属已往，不可有为。如辛未日夏占，干上寅，支上亥，三传亥卯未，合作木局，是也。

前后行来迟速知

谓欲观克应，须以发用干支与贵人较其前后，而事迟速乃知。分列于下。

干上发用在贵前行例 谓干神二课发用，贵人顺行，用在贵前，主事速。如戊子日，三传寅亥申，日占，丑作贵人，加辰顺行，寅加巳，自干上第一课发用，居贵人前一位是也。主凡事速成。如第二课发用亦同。

支上发用在贵后行例 谓支神二课发用，贵人逆行，用在贵后，主事迟。如丙戌日三传子寅辰，昼占，亥作贵人，加酉逆行，子加戌自支上第

① 校者注：原文“今”。

一课发用，居贵人后一位是也（贵人逆行，十二神亦从而逆行。此云后者，以后于贵人之行而论。与他占，丑在子前，亥在子后不同）。主凡事稽迟，如第四课发用为蓦逢，主事偶然而蓦成也。

日用俱在贵人前行例 谓贵人顺行，日辰、用神俱在贵人前，主事速。如甲寅日三传辰巳午，昼占，丑贵加子顺行，干支上卯在贵前二位发用，辰在贵前三位，又三传引进，主凡事速成。

日用俱在贵人后行例 谓贵人逆行，日辰、用神俱在贵人后，主事迟。如壬子日三传午丑申，昼占，巳贵加戌逆行，干神与发用午，俱在贵后一位，支神未在贵后二位，且三传逆行，主凡事迟滞。

撞干撞支分缓急

谓干前一位为关，支前一位为隔。如三传通连日干，或初末传撞日之关，为撞干格。三传通连支神，或初末传撞支之隔，为撞支格。分列如下：

撞干格 如甲申日干上丑，三传子亥戌，本是退茹，凡事偃蹇，缘被初传撞干之关，又是通连干神，所以先缓而后急也。又如辛卯日，干上申，三传丑亥酉，末传撞其干神，凡占亦同。

撞支格 如丁卯日支上寅，三传丑子亥，本是退茹，末传又空，缘被初传撞支之隔，又是通连支神，所以事起当前，即宜急为也。又如乙未日，支上酉三传申戌子，初传撞其支神，占同前例。

传出传入格 谓三传自干支内发用，传出四课之外，主事虽急而终慢。如庚午日干上巳，三传巳寅亥是也，或自干支外发用，传入日辰之内，主事先缓而后急。如辛未日别责，干上未，三传亥未未是也。

朝干朝支别尊卑

谓三传有支神发用，朝其干神，为朝干格。有干神发用，朝其支神，为朝支格。分列如下：

支神朝干格 如丁酉日干上午，支上申，三传申未午，自支上发用传归干上是也。如神将吉，主成合事，不求而至。或于无意中可得，如神将凶，祸生不测。

干神朝支格　如丁亥日干上酉，支上丑，三传酉亥丑，自干上发用，传归支上是也。主凡事不免俯就于人，难自屈伸，旺相犹可，休囚更凶。又有自支上发用归支，如癸未日昴星，支上申，三传申寅申是也。又有自他处发用归支，如己酉日昴星，支上申，三传戌午申是也。皆主利卑不利尊，利彼不利己也。

三传夹定成合易

谓连茹课中有干支上神夹定三传者，有夹定虚一者，有夹不住者。分列如下：

夹定三传格　谓日辰前后夹定三传在内，如庚子日干上未，支上亥，三传戌酉申。主凡事进退，皆不由人，以其夹定故也。占成合事则吉，占解除事则凶，如内有空陷，仍以不空者为断。

夹定虚一格　谓日辰前后夹定三传在内，又虚其一位，主有小节不完，或前虚一，主起初稍阻，或后虚一，主将成稍阻。虚一位是财，主妻财不足。虚一位是长生，主生计不足。如戊子日干上午、支上丑，三传寅卯辰，欠一巳字，巳为日禄，主食禄不足，夜占乘朱雀，主名誉不足。如年命上有神填实，不在此限。

夹不住格　谓三传透出干支之外，为夹不住。进透出者，因进之太过；退透出者，因退之不及。如财透出，财有破耗；鬼透出，有祸灾。如甲子日干上丑，支上亥，三传子亥戌，支神亥透出在外，亥为长生，又值旬空，是因退之不及，以致生计不足也。又如丙寅日，干上午，支上卯，三传辰巳午，干神午透出在外，午为日之旺气，昼占乘龙，是因进之太过，以致财物耗费也。

三传回环守旧宜

谓三传全在四课之中，曰回环。如辛亥日一课酉，二课申，三课戌，四课酉，三传戌酉申，三传不离四课，殊少变化之意。主往而又返，去而复来，占凶凶成，占吉吉就，凡事止宜守旧，不能动作。

干支相会格 谓不备课中，干支回环，自作三合，名干支相会。如丁卯日，一课卯，二课三课皆亥，四课未，三传未亥卯，主吉则吉成，凶则凶就，如占婚必成。

干神归支格 谓不备课中，干神临于支上。如丙戌日巳加戌，庚子日申加子，主以动就静，居者不出，行人必归。

末助初传分三种

三种者，一助初生干，一助初作财，一助初克干，皆旁有相助而成其吉凶。分列如下：

末助初生格 如辛酉日三传未子巳，末传巳火助初传未土生干，主有人暗地帮助，以致亨旺。忌空亡（此格末助初生干，亦能克干，又名成败萧何，仍以神将定其吉凶）。

末助初财格 如甲辰日三传戌申午，末传午火，助初传戌土作财，主暗地有人以财相助，如[①]占婚尤宜。

末助初克格 如庚午日三传午辰寅，末传虽为日财，实则助初克干，如占人年命有神克制其末传，始可无害，亦不宜求财，如取财必有祸出。如初传空不能为害，或末传空，亦不能助初为害。

患门有救事两岐

谓凶将发用，得干支上神为救，其力尚缓，如传中有救神，其功乃速也。如己丑日，三传卯巳未，初作日鬼，昼占乘元，中末俱不能救，幸得干上酉克之，此日辰上神为救也，其为力尚缓。如乙酉日三传未巳卯，初作日墓，夜占乘蛇，诚为凶课，幸得末传卯乘青龙克之，化凶为吉，其功乃速也。

---

① 校者注：原文“加”。

六爻现卦须防克

谓六爻现卦，须防受克，如妻财盛则父母有灾，父母盛则子孙被克，子孙盛则求官不吉，官鬼盛则兄弟迍邅，兄弟盛则妻财有损，然或干上有神化之则仍不为患也。如辛未日三传卯亥未作财，木旺伤土，父母可忧，不知干上先有午火窃其财爻生其父母，仍可以无忧也，如求财则凶。又如丁丑日干上卯，三传巳丑酉合局克之，此例方可言父母灾，或求财而妨生意，然必财旺之月为忧，如其财休囚仍为财也。余准此推。

喜惧皆空乃妙机

凡空亡，有要见，有不要见。坐空者，为游行空亡，其吉凶有七八分；旬空者，为到底空亡，其吉凶有十分。如日鬼、盗、墓皆要空亡；如财、官、长生、救神皆不宜空也。如甲乙日以亥为长生，乃亥水空陷生我者无力，占生计、长上等事俱不吉，然或居申位上，彼自恋生，亦不来生我，或居四季之上，为土所制，亦不能生我也。又如甲乙日，以申酉为鬼，乃申酉空陷亦不为害，或居巳午之上，他自受克，或坐四季之上，他自恋生，亦不来克我，或申酉位上见巳午，自为阴神所制，亦不能克我也。余准此推。

别处发用为不入

谓发用不在四课之上，为他处发用。如昴星十六课，别责九课，八专十六课，无依六课，皆在四课之外发用，名曰不入。盖课以克贼发用者为入，作事方有力，如遥克等课，为力已微，况全无克贼者乎？占主或借他人之力而成，或见端于此，而成就于彼，或其事竟为他人所成，仍以神将论其吉凶。如丙辰日别责，三传亥午午，亥为官鬼，日占乘贵人，有官者得之，必有升调别处之喜。又如己未日八专，三传丑巳巳，丑为日之比肩，又系旬空，其事必为他人所成，于己无干也。须细为参详，不可执一而论。

上下乱动号狐疑

谓课取克贼发用，要以纯一不杂为准。如或有二三四课克贼，上下乱动，其义难明，故曰狐疑。如辛酉日，一课卯辛，下贼上，二课申卯上克下，三课寅酉，四课未寅皆下贼上，上下互克，莫适所从，占主尊恶卑，少凌长，彼此不和，事无一定，如神将吉，主事先难后成。

吉凶变化神将易

吉将变凶，谓吉将克我也；凶将化吉，谓凶将生我也。经云："煞虽恶，生我则其喜终至；将虽良，克我则忧难不已"是也。如乙未日三传亥卯未，昼占亥乘蛇，是为凶将，乃亥为长生，系生我之神，不为凶也。丙寅日三传子巳戌，夜占，子乘合是为吉神，然子水克丙火，乃贼我之将，不为吉也。又如庚子日，三传午卯子，夜占午乘蛇，末传子乘白虎为救，主惊忧不实。庚戌日三传申丑午，昼占申乘龙，末传午乘白虎为克，主喜事不定。

十二神加临吉凶例 谓十二神将，顺逆加临，系课中吉凶转关，最宜详审。如乙丑日干上申，三传酉丑巳，合局伤干，如用昼将，虎入末传，其凶更甚；如用夜将，初传酉被螣蛇克，中传丑被青龙克，末传巳被元武克，金局全无力克干，干上申为贵人，能伏诸煞，与日占迥然不同。故须视加临之神将，辨其吉凶。切勿见克便言克，见生言生也。

比肩直用化神知

化神谓所乘天将也。如课得比肩发用，须观其所乘之神，以言吉凶。如化日鬼，则克我；化父母则生我；化子孙则脱我；化财爻则益我也。如甲辰日三传寅未子，如用日将，寅乘天后，则有兄弟生我之喜；夜将，寅乘白虎，占有兄弟克我之忧。余例推。

遁干加处须详察

谓四课三传之有遁干，吉凶祸福，皆伏藏其中，最要兼看。一、旬干，即本旬内之干也。二，五子元遁之干，即“甲己还加甲、乙庚丙作初、丙辛从戊起、丁壬庚子居、戊癸何方是、壬子是真图”是也。用遁干加于课传年命上，看其生克何如？斯吉凶有准。如甲戌日，干上辰为财，乃遁庚作暗鬼，求财必有祸出。甲子日，干上申为鬼，得遁壬以化之，则为祸亦轻也。

遁干补空亡格 谓长生、妻财、官鬼、子孙等神，值旬内空亡，如课传年命六处有见于遁干者，亦可取以为用也。如丙子日干上戌，申酉旬空，财何能有？不知支上乘巳遁辛，又作发用，其家中仍有暗财为可用也。如年命上乘之亦同。余准此推。

阴神落地务参稽

神之阳者见于象，然有阳不能无阴，所当参观者也。天乙贵人，旦暮互为阴阳，其余十一将，各以本家所乘神为阴神。如占文书视朱雀。如甲寅日，干上亥，昼占卯乘朱雀，与干神不相生克，卯上乘子，为朱之阴神，又系旬空，主文书不成。占盗贼视勾陈。如乙亥日，干上戌，夜占，子乘勾陈，虽克巳之元武，奈勾阴乘午，反为元阴之亥所克，是阳虽捕捉，阴则释放，或始虽获，而终为所纵也。余准此推。

灾祥应验观年月

谓欲知应验，须观发用之神。如太岁发用，其吉凶应在一年之内，月建发用应在一月之内，日辰发用应在本日，占时发用应在当时。又旧太岁发用，为已往事；新太岁发用，为将来事。

视太岁加临月建法 谓太岁如过月建，则事属已往，未过月建，则事属将来，正值月建，则事在当时。如子年正月占，寅为月建，子加卯，是已过月建也。子加丑，是未过月建也。子加寅，是正值月建也。

视天罡加临日干法 谓天罡在日之前，主事已过；在日之后，事未过；正临日干，主事在目前。如六甲日占，辰加卯，是在日前也，辰加丑是在日后也，辰加寅是在本日也。

数目增减在临时

数目者，子午甲己九，丑未乙庚八，寅申丙辛七，卯酉丁壬六，辰戌戊癸五，巳亥四，此大衍数也。水一火二木三金四土五，此河图数也。少者以河图数取之，多者以先天数取之。仍以旺相休囚为之增减，而其数可知。如用旺气神则乘其数而进加之，如寅加辰为用，寅数七辰数五，五七三十五，进一位为三百五十，或三千五百也。用相气神，则就其数更倍之，如巳加申为用，巳数四，申数七，四七二十八，更倍之，得五十六也。用休气神，只言本数，如午加戌为用，午数九戌数五，是十四也。用死囚气神，则减其数而折半言之，如酉加巳为用，酉数六巳数四，数为十数，折半则为五数也。

星宫分野盘中考

分野者，谓一十二宫所属之分野也。子宫女虚危三宿属齐分青州，丑宫斗牛二宿属吴分扬州，寅宫尾箕二宿属燕分幽州，卯宫氐房心三宿属宋分徐州，辰宫角亢二宿属郑分豫州，巳宫翼轸二宿属楚分荆州，午宫柳星张三宿属周分三河，未宫井鬼二宿属秦分雍州，申宫觜参二宿属晋分并州，酉宫胃昴毕三宿属赵分冀州戌宫奎娄二宿属鲁分兖州，亥宫室壁二宿属魏分河北。如占行人，则神行年加临何宫，即可知其人之所在。占仕宦则视禄马加临何宫，即可知其官之何方也（各省府州县详载图考）。

神将占时各类推

谓十二神将，各有所司。如占婚姻视财、官、龙、后；占孕产视胎、养、二血、生气、后、合；占考试视朱雀、幕贵、魁罡、驿马；占仕宦视官贵、禄马、龙、常；占求财经商视财神、青龙、二耗、奇仪；占出行、行人视二马、游戏两神；占趋谒视贵人；占疾病视虎、鬼、病符、墓、绝、生死二气、天地二医；占公讼视官鬼、朱[①]、勾；占盗贼视鬼、脱、勾、元；如不入课传，仍可执式中之类神而寻讨其义。

课同占异因年命

谓论课之法，须将占人年命细参，而吉凶乃准。命者，本命。如本命在寅，须看地盘寅位上神与天盘上神生克何如。如得吉神吉将则吉，凶神凶将则凶。行[②]者，行年。行年之法，从地盘起，男一岁起丙寅逆总顺零，女一岁起壬申顺总逆零，数至若干岁是也（如男命四十四岁，自寅上起一岁，隔一位子上十一岁，戌上二十一岁，申上三十一岁，午上四十一岁，此逆总也，又顺数未上四十二岁，申上四三，酉上四四止，此顺零也；如女命三十四岁，自申上起一岁，戌上十一，子上二十一，寅上三十一，此顺总也，又逆数丑上三二，子上三三，亥上三四止，此顺零也）。如行年在子，须观地盘子位上神，与天盘上神生克何如。如得吉神吉将则吉，凶神凶将则凶。广陵陈公献为盛顺白周相国占公讼于丁未日未时辰将，三传亥辰辰，三奇发用，中末干支为月将青龙，本属吉课，乃盛得脱罪，而相国不免。以郑命寅上乘亥为贵德长生，周命丑上乘戌为日墓，行年申上乘巳为三刑也。即以此推，其思过半矣。

贵人临命格　谓昼夜贵人临占人本命上，凡事皆吉。如乙巳日，夜占，本命在丑，上乘申贵是也。如不临本命，要贵人与命上神生合则吉。如六甲日昼夜占，命上乘申，丑未作贵人，为生我之神。六戊日昼占，命上乘子，丑作贵人，为六合，或命上乘巳，酉与丑贵作三合也。如值刑冲破害则凶，如六辛日昼占，命上乘申，为午贵所克，六己日昼占，命上乘卯为子贵所刑是也。余例推。

---

① 校者注：原文阙如，据他本校补。

② 校者注：原文“行”，应为“年”。

行年解祸格 谓占得凶课，天将又不救者，得行年上神救之，即可化凶为吉。如癸未日三传戌未辰，皆来克干，昼占，又乘蛇虎凶将，俱不为救，如占人行年在巳，上乘寅为六合，遥克三传之鬼，即为救神，或行年在申，上乘巳为贵人，又为日德，亦可为救也。

十件详参莫漏遗

十件者，谓初中末三传、干支上神、行年、本命、占时、月将、岁建也。内初、终、干、支、年、命六处，尤为要紧。须要视何神生我？何神克我？还是生我者多？克我者多？助其生者多？助其克者多？或生我者得地？或克我者得地？逐细参详，而吉凶乃可知矣。

六壬粹言卷三

婚 姻

夫[①]卜妻姻成不成？财居旬后总无情。女推夫婿凭何断？官坐天中同此评。

财为妻，官鬼为夫，旬后天中，俱谓空亡也。

传将生合百年配，干支刑害朝夕背。更将男女年命推，何者相加此法对。

生，长生。合，六合。刑，三刑。害，六害。

如：甲申日，干上巳，为支之长生，支上亥为干之长生；癸酉日干上辰，与支六合。支上子与干六合，则吉。

丙寅日伏吟，干上巳为支所刑，支上寅又刑其干神；丁丑日，干上午与支六害，支上子与干六害，则凶。

此外，如交克、交冲、俱可例推。

年者，行年；命者，本命。行年之法，自地盘起，男一岁起丙寅顺行，女一岁起壬申逆行，数至若干岁止，是也。推者，谓观男女年命上神，生合刑克何如？以论其吉凶也。

如辛丑日占，干上亥，支上寅，寅与亥为六合，男命乙丑十七岁，行年在午，上乘未为六合；女命[②]丙寅十六岁行年在巳，上乘午为旺气，而午未又为六合，则吉也。

又如辛丑日占，干上[③]未，支上戌，戌与未为三刑，男命丙寅十九岁，

① 校者注：原文“大”。
② 校者注：原文“合”。
③ 校者注：原文“一”。

行年在申，上乘巳为三刑[①]，女命丁卯十八岁，行年在卯，上乘子亦为三刑，而子水又克巳火，则凶也。且男年旬空，亦不能成事也。

中不虚兮初末虚，冰人脱骗两相欺。递生干兮傍人赞，末传合处验成期。

递生干有二格：一、自[②]上递生，如六丙日三传申亥寅，初生中，中生末，末生其日干。二[③]、自下递生，如六癸日，三传酉丑巳，末生中，中生初，初生其日干。主隔三隔四，必有人吹嘘而成其事。末传合处者，如末传为亥，亥与寅合，主寅日成事也。

常财日本必占婚，水逢丁马吉祥生。成神喜会朱陈结，牛[④]女乘常晋合秦。

日本[⑤]，即长生。常财日本，谓太常或乘长生、或乘日财，加临干支上也。如六甲日，干上亥为长生，夜占乘太常；甲戌日，支上亥为长生，夜占乘太常；庚午日干上卯为财，夜占乘太常；辛未日，支上寅为财，日占乘太常，是也。

水逢丁马，谓壬癸二干，六处见丁神、驿马也。如癸巳日，干上亥遁丁神；壬戌日，支上巳遁丁神。内癸巳日，亥又为驿马，其妻财之动更速。

成神，巳申亥寅三轮；天喜，春戌夏丑秋辰冬未。二神入课，占婚必成。牛女乘常，谓丑中有牛宿，子中有女宿，如子丑相加，上乘太常加临支上者，占婚必成。如乙丑、己丑日，支上子，夜占；丙子日，支上丑，夜占；壬子日，支上丑，日占，俱乘太常，是也。内壬子日，缺一支之阳神，成后必有他虞。

印绶翁姑安可犯？子孙嗣息忌刑临。女貌妍媸寻后次，郎才修短看龙阴。

谓印绶、子孙皆不宜为女之年命上神所刑克也。如六壬日，以申为印

---

① 校者注：原文“利”。
② 校者注：原文“白”。
③ 校者注：原文作“一”，起提示“另一”的意思，现据现代文习惯，按数字顺排，下同。
④ 校者注：原文“干”。
⑤ 校者注：原文“木”。

绶，寅卯为子孙，如女之年命上见巳午，是刑克其父母也。或见辰申，是刑害其子孙也。俱不吉。

后次，天后阴神。龙阴，青龙阴神。

十二神形貌：青龙，身长玉立，眉眼分明；太阴，风雅宜人，兼工音律；天后，窈窕闲雅；贵人，庄重不佻；六合，神清骨秀；太常，丰满端好；螣蛇，头尖面赤；朱雀，性急身轻；勾陈，身粗形丑；天空，面冷单寒；白虎，额阔躯肥，或身带疾病；元武，身微丑黑，或行有奸淫。其大略如此。

如庚辰日，干上午，昼占，子为天后，阴神戌乘元，其女必身微丑黑，或有奸盗等行。丙子日，干上[①]丑，昼占，戌为天后，阴神午乘虎，其女必貌丑凶恶，或有疾病在身也。

郎才修短，亦如是推。

又一法，欲知女之臧[②]否，须看女之年、命上神，如乘贵、常等神，及日德、支德者，正；如乘元、阴等神及桃花、奸门者，邪（桃花：卯子酉午三轮；奸门：申亥寅巳三轮）。

干支逢引两不良，后合临门丑行扬。龙伤支兮妇先损，后克干兮夫早亡。

引，即前引后从之“引”。如癸酉日，干上午，初传未，末传巳，是引从其日干也，主男有不良之行。丁亥日，支上辰，初传巳，末传卯，是引从其支辰也，主女[③]有不良之行。

门，谓卯酉也。卯、酉为阴私之门，后、合乃淫泆之将，如后合乘卯酉入课传，必有私合之事。如乙未日，三传卯亥未，夜占，亥乘合临卯，未乘后临亥，是也。其它卦虽有后合不是（一云，用起天后，传见元武，主妇女逃亡）。

干为夫，支为妇；龙为夫，后为妇。支忌龙伤，干忌后克。如六丁日，昼占，子为天后加干；戊辰日，夜占，寅为青龙加支，是也（一云：

① 校者注：原文“之”。
② 校者注：原文“减”。
③ 校者注：原文“大”。

凡占婚，如天后乘神与日生合，必成；如后乘神，主男不愿；干克后，主女不愿；如课传吉，主先阻克后成）。

传财生鬼必贪淫，传鬼为财悍泼情[①]。财乘暗鬼官讼起，财克生爻夫命倾。

传财生鬼，如辛未日，干上午，三传卯亥未为财，生其干上之鬼是也。传鬼为财，如丙申日，三传子申辰为鬼，初末空陷，独存中传申金之财，财自凶恶中出，其女必性情悍泼也。

暗鬼者，遁干之鬼也。如壬申日支上巳，为日之妻财，巳上遁己作暗鬼，主成后有讼。

财克生爻，谓财乘恶将，克干[②]上之生爻也。如庚午日，干上丑，末传寅为妻财，夜占，乘白虎而克干之阳神，必被妻而伤其命，或不孝于其父母。

传将见妻复入空，中年弦[③]断无续妪。空干其妻又见妻，初虽有伤后再娶。

见妻复入空者，如辛亥日，三传丑寅卯，寅、卯为干之妻财，皆属旬空，故主断弦无续。

空妻又见妻者，如乙卯日三传丑戌[④]未，为干之妻财，初中空陷，末传不空，故初伤后得再娶也。

阳干不足女争夫，阴[⑤]课不备男竞女。合中[⑥]犯煞有龃龉[⑦]，三六相呼朱陈许。

阳课不足，谓干支之阳神不备也。二阴一阳，故二女争夫。

阴课不足，谓干支之阴神不备也。二阳一阴，故主男竞女。详见《毕法补谈》（一云：干之阴神旺相，主男家富；支之阴神旺相主女家富）。

合中犯煞，谓三合课，干支上有一字与将神刑冲害者，名合中犯煞。

---

① 校者注：原文“清”。
② 校者注：原文“十”。
③ 校者注：原文“丝”。
④ 校者注：原文“成”。
⑤ 校者注：原文“此”。
⑥ 校者注：原文“甲”。
⑦ 校者注：原文“凶语”。据新文丰版校正。

主事阻隔而难成。如癸卯日，三传未卯亥，干上酉为冲；壬申日，三传未亥卯，支上子为刑；壬子日，三传未亥卯，支上辰为害，是也。

三六相呼，谓三合课，干支上有一字与将神六合者，名三六相呼。谋事必成。如乙酉日，三传申子辰，支上丑与子六合，是也。

又三合课，如二阴神又作六合，亦吉。如癸巳日，三传子辰申，干阴丑与支阴子六合，是也。如二阴神作刑害冲克则不吉。如壬寅日，三传未亥卯，干阴[①]未与支阴戌为三刑，是也。余例推。

四课无遥婚必舛，八专无克[②]定多淫。芜淫解离心腹祸，孤辰寡宿怨愁深。

四课无遥，取昴星上下神为用，故婚有舛。

八专相加，取干支上神顺逆三神为用。故行多淫（别责课亦准此推）。

芜淫课，上神互克其干支。如甲子日，干上戌，支上申，是也。

解离课，干支互克其上神。如甲子日，干上午，支上辰，是也。

孤辰：春巳、夏申、秋亥、冬寅，乃四季之前一位神也。寡宿：春丑、夏辰、秋未、冬戌，乃四季之后一位神也。如再值旬空，为空孤空寡，更凶。如丙子日，三传申辰子，夏占，申为孤神，辰为寡宿，又初中空陷，是也（此课俱在返本煞[③]中）。

孕　产

怀胎凶吉不难言，全凭落处地盘看。生旺比和祥可知，刑害克绝凶立验。

胎者，甲乙日用酉，丙丁、戊己日用子，庚辛日用卯，壬癸日用午。凡占孕，如胎神、生气、子爻等神发用，及见年命上，主有孕。而胎神加临之地，尤宜细玩。如与地盘生吐比和则吉，刑害克绝则凶。如六戊日，子为胎神，子加申，是胎坐长生也；子加亥，是胎临旺地也；子加巳，是

① 校者注：原文“下寅”。
② 校者注：原文“免”。
③ 校者注：“返本煞”见“仕宦门”。

胎临绝乡也；子加四季，是胎受克制也。余例推。

刚干阳比知为男，柔日阴比定为女。不比阴阳两处巡，独阳为男独阴女。

阴阳两处巡者，谓干神二阴一阳，以一阳为主。如丙寅日，阳神丑，阴神酉，是二阴一阳也，主男。干神二阳一阴，以一阴为主。如丙寅日，阳神子，阴神未，是二阳一阴也，主女（一云：如天罡加临日干，比，则为男，不比，则为女，不必再用“两处巡”一法）。

纯阳之课多生女，课传阴极复生男。昴星阴阳观俯仰，不备何能十月全？

纯[①]阳者，六阳课也，阳极阴生，故主女。

阴极者，六阴课也，阴极阳生，故为男。

昴星课，刚日生女，取“仰而生”之义；柔日生男，取“俯而生”之义。

不备课，主不能足月。又：阴不备，主生男；阳不备，主生女。

贵传俱逆生颇难，贵传俱顺生最易。戌加卯位足朝天，卯加戌上手指地。

卯为手，戌为足。戌加卯上主顺生。如丙申日，三传戌巳子，戌加卯发用是也。卯加戌上主逆生。如辛丑日，三传卯申丑，卯加戌发用是也。

支伤损母干损儿，两处无伤子母笑。又审盘中后合神，克制死生细参照。

支为母，干为儿，支受伤则损母，干受伤则损儿。支干俱伤，则母子俱损。又六合为儿，天后为母，后受下克主母凶，合受下克主子凶。如乘月之死气，更的。如六月六甲日，夜占，午为天后加亥，六月死气在亥，是月之死气克天后也，主母凶。正月六辛日，昼占，酉为六合加午，正月死气在午，是月之死气克六合也，主子凶。余例推。

干加支上子恋母，支临干位儿生速。罗网缠身殃祸来，两仪夹传产门塞。

干加支上，谓干加支而相生者。如丙寅日，支上巳，受寅木之生是

① 校者注：原文“经”。

也，主子恋母。支临干位，谓支加干而克干者。如庚午日，干上午，克其日干是也，主儿生速。又支加干上，即不克干亦速，盖支为母，俯首已见其子也。干前一位为天罗，支前一位为地网，干支上乘罗网，主[①]难产。如值空亡，或年命上有神冲破者，名破罗破网，可免。

两仪即干支也。两仪夹传：谓连茹课中，干支上神夹定三传者。如庚子日，三传戌酉申，干上未，支上亥是也。占主气塞于中，母子不保，如母之年命透出干支之外，可免（谓在子、丑、寅、卯、辰、巳、午七宫）。

胎作生财母子安，胎乘死鬼堕胎必。胎临本日当日生，胎受克绝多不吉。

生气，正月起子顺行十二，即月建之后一辰也；生气对宫，为死气。胎作生财：谓胎神作日财，又为月内生气者，主母子清吉。如庚辛日，卯为胎财，四月占；壬癸日，午为胎财，七月占；戊己日，子为胎财，正月占，是也。土神歌云："戊己当绝在亥怀，明知子上有胞胎"。是土干之胎，与火干同也。胎乘死鬼：谓胎神作日鬼，又为月内死气者，主孕产不育。如甲乙日，酉为胎鬼，四月占；丙子日，子为胎鬼，七月占，是也。如胎鬼作生气，所生之子必不良。胎临本日：谓六壬日午加亥，六庚日卯加申，胎神虽居克绝之乡，乃是胎临本日。占产，主当日生；占孕，则有损。胎受克绝：谓六癸日午加亥，六辛日卯加申，乃胎神临绝受克。占孕、占产俱不吉。又如甲乙日，酉加寅；丙丁、戊己日，子加巳，临绝而不受克，可以无忌。

胎藏腹中妇怀孕，胎受血克产已定。胎加长生子生艰，胎逢元鬼私娠论。

腹，谓丑也。如甲乙日，丑加酉；丙丁、戊己日，丑加子；庚辛日，丑加卯；壬癸日，丑加午，腹加胎神之上，主有孕。如丑作空亡，占产则速生，占孕则有损。血者，血忌、血支也。血忌，正月起丑顺行六阳月，二月起未顺行六阴月；血支，正月起丑顺行十二。如忌、支乘养神克胎，占产则速生，　占孕则有损。以二煞为破胎神故也。惟丙丁、戊己日胎在

① 校者注：原文"三"。

子，养[①]在丑，正月占，血忌、血支皆在丑，并养神而克胎神是也。如空亡无忌。胎加长生，主难产。如戊己日子为胎神，加申之长生位上是也。胎乘元鬼：如六乙日，酉作胎鬼，昼占，将乘元武是也。

一乳二子理甚约，年命课传须审确。重逢建将是双胎，男女阴阳再思索。

重逢建将：谓月建、日建重叠作胎神也。如二月辛卯日占，卯为胎神；五月壬午日占，午为胎神；八月乙酉日占，酉为胎神；十一月丙子、戊子日占，子为胎神，是也（只此五日，余无例）。又：岁建、日建重叠作胎神，亦可用。男女再思索之义，详见后文。

建阴为女建阳男，卦象阴阳仔细参。更有一法何处玩？干支胎位两重探。

此言阴阳者，谓卦象之阴阳，非干支之阴阳也。建阴：谓午酉。午[②]属离宫，离中女；酉属兑宫，兑少女，故主女。建阳：谓子卯也。子属坎宫，坎中男；卯属震宫，震长男，故主男。然干上乘神，亦宜细玩。如：乘戌亥，乾宫所属；乘丑寅，艮[③]宫所属，则为男。乘辰巳，巽宫所属；乘未申，坤宫所属，则为女。须将胎神与干上乘神，两两相参，而所生者[④]皆为男、皆为女、为一男一女，可以知矣。如二月辛卯日伏吟，发用卯为胎神，震宫所属为长男；干上戌，乾宫所属，亦为男，主两男也。五月壬午日返吟，发用午为胎神，离宫所属，为中女；干上巳，巽宫所属，为长女，主[⑤]两女也。十一月戊子日伏吟，支上子作胎神，坎宫所属，为中男；干上巳，巽宫所属，为长女，主一[⑥]男一女也。干支胎位：谓干得支之胎神，支得干之胎神也。惟乙丑日，干上子支上酉、癸未日，干上子支上午、甲申日，干上卯支上酉、庚寅日，干上酉支上卯、辛丑日，干上子支上卯五课，其男女亦准前法而推。

---

① 校者注：原文“卷”。
② 校者注：原文作“子卯”，属衍文。
③ 校者注：原文“辰”。
④ 校者注：原文阙，据他本校补。
⑤ 校者注：原文“立”。
⑥ 校者注：原文“二”。

欲识产期何者善？胜光所临最为便，又有冲胎一法存，此中日月分明见。

胜光，午也。如胜光入于课传，则观午下所得神，便知为何日生也。冲胎者：如子为胎神，主午日生也。

生养之下究产期，生气天喜亦可推。年命冲克胎神者，生儿[①]不育[②]令人悲。

生者，长生。如甲乙日用亥，丙丁、戊己日用寅，是也。养者，养神。如甲乙日用戌，丙丁、戊己日用丑，是也。生气，见前章。天喜，见婚姻门。盖天喜者，乃四季之养神也。以上诸神，俱以见于课传为的。年命，谓母之年命上神，如冲克其胎神，必是小产。

天狱无冲母多忧，死气月厌亦同求。浴盆有水生方易，产煞临年子可收。

天狱无冲：谓日墓乘死囚气发用，又值斗系日本者。如乙酉日，三传未子巳，未为日墓，春占为死囚气，又斗罡加亥，不能扶助其日干，故难产。如母之年命上有神冲破其墓者可解。月厌：正月起戌，逆行十二。如死气作月厌加母之年命上，主难产。如三月占，申加母年命上；九月占，寅加母年命上，是也。如作生气，则速生。又蛇夹月厌，加母之年命上亦同。如六壬日，午加巳，昼占，乘蛇，五月占，又为月厌是也。浴盆有水则易生，无水则难生（详见疾病门）。产煞：寅巳申亥三轮。如临年命将产；乘后、阴立应；乘勾、虎难产。

元胎顺逆详宜忌，合局阴阳男女推。魁度天门多阻滞，罡临鬼户吉无疑。

元胎课：如寅加亥，巳加寅，申加巳，亥加申，顺行而进，居五行长生之位，名生元胎。如寅加巳，巳加申，申加亥，亥加寅，逆行而退，居五行之病处，名病元胎。顺行者母子清吉，逆行者母子多病（一云：如年上乘龙合，主男；乘后元，主女；阴，难产；勾，有厄；蛇，有惊；虎，有伤；惟朱雀近产）。合局课如得润下、从革二课，主生女；得曲直、炎

① 校者注：原文“见”。

② 校者注：原文“为”。

上二[1]课，主生男。戌为河魁，亥为天门，戌[2]加亥发用，名魁度天门。如丙子日，三传戌酉申，是也。辰为天罡，寅为鬼户，辰加寅发用，名罡填鬼户。如六甲日，三传辰午申，是也。

考　试（附武试）

科名一课若何占？朱雀文章仔细研。若逢生岁登高选，如遇三凶黜落看。

朱雀主文章之神，凡占科目，专视此将。如生太岁，或生幕官，或生日干，见课传年命上，其文必贴试官之意。如六乙日[3]，干上寅，昼将，乘雀，于巳、午年占，为朱雀生太岁。六甲日夜贵逆行，朱雀乘巳，生幕官。六辛日夜贵顺行，朱雀乘辰，生日干，是也。如朱雀乘午，生太岁、日干，尤吉不可言。以[4]朱雀乘午，古名真朱雀[5]。惟六己日于四季年占，用夜贵逆布有之，余无例。如俱不如式，或乘太岁、月建、月将等神亦吉[6]。不然，与太岁、日干相合，带德禄临生旺之地，亦可用。三凶者，一忌克太岁，二忌克幕官，三榜将出忌乘丁马。如课体吉，亦不必过拘。

上下递生格合闱，干支生合词源沛。墓神覆日文理差，罗网缠身书旨晦。

上下递生、干支生合，俱见婚姻门。墓神覆日：如甲乙日干上未，丙丁日干上戌，是也。罗网缠身，见孕产门。

帘幕贵逢黄榜策，魁罡将遇青云客。从魁生拱魁可抡，斗[7]鬼临干名必得。

帘幕官者，日占用夜贵人，夜占用日贵人。如得此神加临日干年命之上，必中。如六甲日夜占丑加干，六庚日昼占未加干，是也。如遇空克

---

① 校者注：原文“一”。
② 校者注：原文“戊”。
③ 校者注：原文“口”。
④ 校者注：原文无此字，据文意和他本校补。
⑤ 校者注：原文“朱真雀”。
⑥ 校者注：原文“古”。
⑦ 校者注：原文“子”。

墓，则不吉。如六甲日用未，六庚日用丑则为墓；甲寅日用丑，庚寅日用未则为空；六丙日用亥，六辛日用午则为克。内空亡尤[①]忌，主试官置卷不阅。

罡，谓斗罡，即辰也；魁，谓河魁，即戌也。天罡为领袖之神，河魁乃文明之宿。如甲辰、甲戌二旬中，辰戌加临日干年命者，必中。从魁，酉也。北斗第一星抵于戌，第二星抵于酉，故戌为河魁，酉为从魁也。如此神加临日干，作生合吉将，亦必中。

丑中有斗宿，未中有鬼宿，丑未相加，斗鬼二字合而成魁。如加日干年命上，必中。如六丁、六己日返吟，干上丑；六癸日返吟，干上未是也。又[②]甲戊庚三日返吟，丑未作日夜贵人，但不见于课传，如占人年命值之，亦必中。

太阳入课功名显，劫煞临辰科目逢。万里风云看龙奋，一生泉石为蛇封。

太阳，即月将。如此神加临日干年命上，必中。以六阳将为的。

劫煞，即三合末之前一位神。如申子辰日用巳，寅午戌日用亥，是也。占试者，得之亦必中。

龙奋者：谓初传蛇，末传龙也。蛇封者：谓初传龙，末传蛇也。

德入天门中必崇，格逢四闭云路穷。旬首临干多士首，贵人生日吉人逢。

德入天门：谓日德加亥上发用也，以六壬日伏吟为的。此外，有日德加亥发用者亦是。如丙辰日反吟，丁亥日伏吟是也。

四闭格：谓用神遥克贵人也。如乙亥日，昼占，三传未卯亥，干上子，乃贵人为用神所克，是也。旬首即仪神，加临日干年命上，必中。如又作幕贵，更吉。如乙丑、己巳日夜占用子，乙酉、己丑日昼占用申，辛丑日夜占用午，辛酉日昼占用寅，是也。余无例。

贵人生日：如六乙日干上子，昼占，子作贵人生日。六庚日干上未，夜占，未作贵人生日，是也。主有恩主荐举。如贵人又作太岁，更吉。其

① 校者注：原文“犹”。

② 校者注：原文“人”。

余八干，遇有贵人生其年命上神，亦可用。又：贵人作长生，生[①]其年命者亦吉。

引从喜得三盘吉，驿马忻逢六路来。朱德作官准必获，岁后卯酉骥呈材[②]。

三盘，即三传。引从课，如庚辰日干上丑，初传寅为引，末[③]传子为从，是也。又有引从其年命上神者，亦可用（详毕法补谈）。

六路驿马：谓年、月、日、时、年、命六处之马也。如壬子年戊申月庚辰日申时巳将占，三传巳寅亥，寅为岁月日时四路驿马。又占人年命上更得申子辰等神为六路驿马也。

下博[④]郭御青为张公亮占会试，马至五层，因无帘幕官，断为十名以外之魁。为蒋畹仙占，幕官作生气覆日，为本房所极赏，以马少，中而不高。俱验。即此以推，其思过半矣。

朱德作官星，名文德格。如丁巳日，三传亥申巳，亥为官德，夜占乘朱雀，是也（惟丁、己二干有之，余无例）。

卯酉为门，如天后乘太岁临门户，加干支发用，必中。如未年乙卯日，三传未亥卯，夜占，未乘天后临卯发用；午年壬子日，三传午卯子，昼占，午乘天后临酉发用，是也。

格见天心吉异常，两贵夹拱姓名香。雨露润泽甲[⑤]何虑？根断源消弃置防。

天心课，乃岁月日时俱见三传之中或在四课之上者。如辛巳年戊戌月己卯日戌时卯将占，三传巳戌卯，巳为太岁，戌为月建、正时，卯为日辰，全在三传之中。甲子年壬申月乙巳日酉时巳将占[⑥]，一课子乙，二课申子，三课丑巳，四课酉丑，岁月日时全在四课之中是也。

两贵夹拱，谓初末传乘昼夜贵人，拱其干神，或初末干支乘日夜贵人

① 校者注：原文“主”。
② 校者注：原文“林”。
③ 校者注：原文误刻。
④ 校者注：疑为“古博”（地名）之误。
⑤ 校者注：他本作“中”。
⑥ 校者注：原文“口”。

拱占人之年命也。如壬子日，干上辰，初传巳，末传卯，为两贵夹拱干神。六癸日，三传卯戌巳，占人年命在酉，乃初末两贵拱年命。丁巳日，干上亥，支上酉，占人年命在午，乃干支两贵拱年命也（此格惟丁癸日有之，丙壬日无例）。

雨露润泽，谓四上生其四下也。如甲午日，一课亥甲，二课申亥，三课卯午，四课子卯，是也。

根断源消，谓四下生其四上也。如庚子日，一课亥庚，二课寅亥，三课卯子，四课午卯，是也。

昴星两课逢龙虎，伏吟六癸遇皇恩。文场得意贵登绛，试卷遗味①魁度门。

昴星阴、阳二课，如传见魁、罡，将乘龙、虎者，必中。以从魁上、下神发用故也。

六癸日伏吟，得皇恩、天喜、天马等神，最利科目。如正、七月未为皇恩，春占，戌为天喜；夏占，丑为天喜；冬占，未为天喜；三、九月戌为天马②，是也。

绛者，绛宫，谓亥也。甲戊庚三干，丑未两贵加地③盘亥位上，名贵登天门，但不见于课传，如占人年命值之最吉。

又有贵人加亥发用者，如丁亥日伏吟昼占。癸亥日返吟昼占，是也。

河魁度亥，见孕产门。

蛇翼象弓空最忌，猿参属矢要如意。星为日马午宫详，三合头冲亦可拟。

翼为火蛇，巳宫之宿；参为水猿，申宫之宿；星为日马，午宫之宿。三合头冲，谓驿马也。如申子辰马在寅，寅为申之冲神也。

仲为中垛孟角花，午乃正鹄季落地。箭数发用课中推，旺相休囚须咸记。

占武试之法，以巳为弓，以申为矢，如申加午为箭中红心。四仲为中

---

① 校者注：他本作“珠”。

② 校者注：原文“为”。

③ 校者注：原文“也”。

垛，四孟为角花，四墓为落地。

箭数课中详者，谓以发用之神，言其箭中之数，如一课为一矢，二课为二矢也。仍以旺休定之，不可执一而论。

仕宦

欲识前程有与无，日辰休旺定荣枯。用神有气干先贵，爵禄峥嵘仕帝都。

旺谓旺相，休谓休囚。如甲乙日，春占，得木火神为旺相，得金水神为休囚。如发用与干支上神得旺相气则吉，得休囚气则凶。有气即旺相气也。

干先贵者，谓干神居贵人之前也。干居贵前，主事速。如甲午日，干上卯，昼占，丑贵加子顺行，干神卯加寅，在贵前二位是也。干居贵后，主事迟。如庚午日，干上酉，夜占，未贵加午逆行，干神酉加申在贵后二位是也（此谓前后，以贵人顺逆行而论，与常占子以丑为前，以亥为后者不同）。

文阶须看青龙将，武职还宜视太常。旺相相生多转职，克贼空亡大不祥。

占文官视青龙，占武将视太常。如逢旺相之气，生合日干年命上神则吉（一云：太岁作龙、常，定主迁转）。上克下为克，下克上为贼。如六庚日，昼占，午乘龙加申，是上克下也；六甲日，昼占，申乘龙加巳，是下贼上也。上克下为外争，其凶浅。下贼上为内争，其害深。

财官禄马视前程，最喜加临生旺地。如逢墓绝与空亡，应知筮仕最为忌。

财官禄马，为筮仕第一[1]关头，要临生合旺相之乡为吉，如值空亡墓绝则凶。如甲子日，干上巳一课，甲干以申酉为官，申加巳是官得长生、六合也；以寅为禄马，寅加亥，是禄马得长生也；以辰戌丑未为财，皆居四季之上，是财不受伤也，岂非吉占？如辛未日，干上巳一课，辛干以卯

① 校者注：原文阙。据他本校补。

寅为财，寅加未，卯加申，是财爻墓绝也；以巳午为官，巳加戌，午加亥，是官星墓绝也；以酉为禄，酉加寅，是禄居绝地也；以巳为马，巳加戌，是马入墓乡也。如值空亡更凶。余例推。

日官生命必升迁，官遇长生任久延。干受贵生恩主荐，贵为用克位难安。

日官生命，谓官鬼发用，生其年命上神也。如庚辛日，以巳午为官，占人年命上见四季之土神，是也。

官遇长生，谓长生之神作官星也。如庚辛日，干上巳为官，乃金之长生。戊己日，干上寅为官，乃火土之长生，是也。又贵人作长生，生其年命上神者亦可用。

干受贵生，与贵为用克二例，俱见考试门。

六阳月将功名显，前后引从卿相荐。传神互克防弹章，课将递生声誉遍。

六阳月将与前后引从，俱见考试门。

传神互克：一，自上递克。如丙辰日，三传寅未子，初克中，中克末，末克其日干。二，自下递克。如丙子日，三传子未寅，末克中，中克初，初克其日干，是也。

传将递生，详婚姻门。

三传间退蛇倒拔，三传引进龙飞天。鬼爻逢虎官催速，德禄登门名显传。

间退者，谓退间传。如顾祖等课是也。

引进者，谓进间进茹，如登天、升阶等课是也。

鬼爻逢虎，谓白虎作日干之鬼，名为催官使者，主赴任极速。如六甲日，三传辰午申，昼占，申作虎鬼，是也。凡占官得虎入传，为有权威，带煞尤美。所谓不刑则不发也（一云：白虎登山，主掌生杀之柄。登山，谓临寅也）。

德禄登门，详考试门。

将逢内战递迁官，禄去临支当替职。凶丧罗网课遭迍，富贵禄马升迁疾。

内战，谓下克上也。如戊辰日，三传寅未子，寅加酉，未加寅，子加未，皆下贼上神是也。禄神临支，谓日禄加临支上。如庚子日，支上申；辛亥日，支上酉，是也。主滕摄不正，或遥授职禄而已。

罗网课，主有[①]丁艰之事。如值干之天罗发用，主丁父服。值支之地网发用，主丁母服。

干支互乘禄马，名富贵课。如丙寅日，干上申，为支之马，支上巳，为干之禄，是也。此例止有六课，详毕法补谈。

两贵夹拱身命上，城吏全逢仕途畅。迁期干年支月推，内外日用[②]生克量。

身，谓日干。两贵夹拱，见考试门。

寅为天吏，申为天城。有城有吏，乃居官之象。以旺相相生为吉。

干年支月：谓以干神离龙、常几位推年，支神离龙、常几位推月也。如丙寅日，干上丑，昼占，辰为龙神加申，离干三位，主越三年。戊辰日，支上丑，昼占，午为龙神加酉，离支四位，主越四月也。

日用生克：谓龙常克日、生日、比日，主迁在内；日生龙常、克龙常，主升在外。如六甲日，夜贵顺行，子为青龙，是龙生日也；昼贵逆行，申为青龙，是龙克日也；夜贵逆行，寅为青龙，是龙与日比也。六庚日，夜贵逆行，寅为青龙，是日克龙也；夜贵顺行，子为青龙，是日生龙也（一云：干在岁前主外任，干在岁后主内任）。

贵遇头冲官晋职，官乘天马得新恩。学堂居命词林重，勾刃临身将相门。

头冲者，为三合头冲神，即驿马也。如贵人带驿马，见于课传，主征召。如丁巳日，干上亥为驿马，昼占，又作贵人是也。癸亥日返吟，贵人带驿马入天门发用，更吉。

天马，正、七月起午顺行六阳神。主朝廷信息。如六甲日，申为官星，二、八月占又为天马是也。

学堂，甲乙日用己亥，丙丁日用丙寅，戊己日用戊午，庚辛日用辛巳，壬癸日用甲申。如见于日干年命之上，主翰苑之贵。如空陷，则为

① 校者注：原文“占丙”。
② 校者注：原文“甲”。

教职。

勾陈，主战斗之神；羊刃，为血光之煞。如干支上乘此二神，主掌兵权。

元胎驿马四重临，求官占差是学臣。朱虎威严推御史，如逢四季职亲民。

四路驿马，见考试门。四马入传，有行走之象。故为学臣。

朱雀，主口舌之神；白虎，掌生杀之柄，故为御史①。

四季，辰戌丑②未也，以其有守土③之责，故为牧民之官。

贵常最喜入官乡，月将乘龙入庙堂。更值命年逢太岁，平章国事佐君王。

常贵入官乡者，如庚子日，三传巳戌卯，昼占，巳乘太常作官星；丙戌日，三传亥申巳，昼占，亥乘贵人作官星，是也。

月将乘龙，如甲子日，巳时申将占，发用申乘青龙，又作月将，是也。

命年逢太岁者，如丑年甲子日未④时丑将占，丑贵作月将，又为太岁，占人年命在辰，主有代君行政之权。

卯加午位轩车驾，戌为符印忌辰冲。四建全逢天作合，三奇入传有奇功。

三传午卯子，名轩盖课。盖午为马，卯为车，子为华盖，三神并遇，如乘驷马轩车，高张华盖者然。如正七月占，午为天马更吉。

三传巳戌卯，名铸印课。盖戌为印，巳为炉，卯为印模，又戌中辛金与巳中丙火作合，如铸成符印之象。或占时为辰，冲破其戌，为破印则不吉。

四建全逢，详考试门。

三奇入传：谓甲子、甲戌旬丑为奇，甲申、甲午旬子为奇，甲辰、甲寅旬亥为奇。三传亥子丑为联珠三奇，乙丙丁为天上三奇，甲戊庚为地下

---

① 校者注：原文“火”。
② 校者注：原文“于”。
③ 校者注：原文“上”。
④ 校者注：他本作“辰”。

三奇也。如值此神入传，主有异政超迁，详毕法补谈。

斫[①]轮有斧方成器，顾祖空传归里门。绝处逢生休可复，回环入传降[②]旋升。

三传卯戌巳，名斫轮课。盖卯为车轮，申为斧斤，以卯加申，有斫轮之象，名利俱得成就。如初传空陷则不吉。

三传午辰寅，名顾祖课。盖午为寅之子孙，自午传寅，有子回顾母之象，占主只宜守旧，不能动作。如值空亡，更凶。

绝处逢生，如六甲日，申加巳发用，申为日之绝神，加巳之长生上，虽绝而不绝也。

三传四课相同，为回环课。如庚子日，一课辰，二课子，三课申，四课辰，三传子申辰是也。主往而又返，去而复来。故升者占之反降，降者占之反升也。

三合生官荣显捷，四时返本赴官迟。伏吟丁马防参劾，德丧真成禄绝期。

三合生官：谓官星加干，三传合局生之者，名为催官符。如辛未日，干上午，三传卯亥未，是也。此外又有丁丑、丁巳日，干上亥；辛卯、辛亥日，干上午；壬午、壬寅日，干上未六课。

返本煞：谓春得金局，夏[③]得水局，秋得木局，冬得火局也。占赴任，极迟。

伏吟课，见丁马入传，主行动。如神将凶，必有参劾之事。

阳日返吟，名德丧禄绝。盖德禄驿马，皆居绝乡也。占官多不满任。如神将吉，即升迁而不久。

夜贵居命必归田，龙伤太岁返林泉。盗立干支凶可待，鬼临三四祸谁怜。

夜贵，幕[④]贵人也。如临年命之上，主休官。如六乙日，昼占，申为夜贵加午，占人年命在午，是也。

---

① 校者注：原文“断”。

② 校者注：原文“神”。

③ 校者注：原文“是”。

④ 校者注：原文“暮”。

太岁，有人君之象，故不宜为龙神所伤。如六甲日，昼贵顺行，于申酉年占，午乘青龙克其太岁，是也。

盗，谓盗气，即伤官也。如丙寅日，三传子亥戌，子作官星，为干上辰、支上丑所克，是也。

鬼临三四：谓日鬼加临支之两课。如辛未日，干上酉，三课午，四课巳，是也。

天乙卯酉号蹉跎，赤乌作鬼防黜落。朱空并岁诏命来，太阳西坠亏官爵。

天乙卯酉，谓贵人立卯酉之上也。卯酉为私门，贵人临此，必有私心。或昼贵居夜方，如六甲日，昼占，丑贵临酉；或夜贵居昼方，如六甲日，夜占，未贵加卯，名贵人蹉跎，事不能成。

又贵人临辰上，为履天罗；立戌上，为履地狱，更凶。

赤乌，即朱雀，主文书、口舌之神。如生太岁日干，在官必有名誉，上章亦得君上之心。如作鬼加干，必有弹章、参劾。如六甲日，干上酉，夜占，雀作日鬼临干，是也。如乘午而克太岁，更凶。

朱者，朱雀；空者，天空。如二神乘太岁发用，主有诏到。又：皇恩、天诏乘太岁发用，亦可用（皇恩：正、七月起未，顺行六阴神；天诏：正月起亥，顺行十二），如与二马并，更的。

太阳西坠：谓月将临酉、戌、亥、子、丑其宫也。

经　商

欲卜经商何术善？交车相合吉无疑。贵坐生合求谋遂，墓作华关动不宜。

交车相合，谓交互六合也。要得长生、财爻为吉。如带刑、冲、克、害、墓、脱，仍凶也。

贵临年命谓之“坐”。如六壬日昼占，巳乘贵人加申，占人年命在申，是也。

贵生年命谓之“生”。如六丙日昼占，占人年命乘寅卯，为亥贵所生，是也。

贵与年命作三六合谓之“合”。如六庚日昼占，占人年命上乘子，与丑贵六合，乘巳酉与丑三合，是也。如贵人与年命上神刑、克、冲、害，则不吉。

华盖，即三合之第三位神。如丙寅、丙午、丙戌日，干上戌[①]为华盖作墓也。

关神：春丑、夏辰、秋未、冬戌。如庚辛日春占，干上丑为关神作墓也。

干财支墓旅程苦，病符遇生旧更新。两贵夹拱生涯遂，禄[②]神乘旺莫纷更。

干财支墓，谓支之墓神作日干之财发用也。如甲子日，三传辰午申；乙酉日，三传丑戌未，是也。主贩商失本[③]，在路阻程。

病符，旧太岁也。如壬申日，干上申[④]，酉年占为病符，作日干之长生[⑤]，主旧事再新。

两贵夹拱，详仕宦门。

禄神乘旺：如六乙日，干上卯为旺禄，春占又为旺气，然只宜静守为吉。如妄动，则变为罗网煞而有凶也。

无处逃生最不吉，同类相争难为力。末助初财暗助多，交车相加彼我益。

无处逃生：如丁亥日昴星，三传午戌寅，初传日禄旬空，中传又为日墓加于干上，末传虽是长生，奈日乘元而夜乘虎，惊危盗窃，无逃生之处也。

同类，谓干支。如戊辰日，三传亥寅巳，干支同争一财，财何能有？

末助初财：如甲辰日，三传戌申午，末传午火生其初传之戌财也。

交车相加：如辛丑日，干上子为支之财，支上卯为干之财，是也。

---

① 校者注：原文“戊”。
② 校者注：原文阙，据下文校补。
③ 校者注：原文“未”。
④ 校者注：原文“长甲”。
⑤ 校者注：原文“上”。

日干遇空赤贫断，绝财逢旺白手成。生气青龙忻叠叠，常[①]乘财印喜盈盈。

日干遇空，谓干神空亡，非干上见空亡也。如辛未日，辛空；壬申日，壬空，是也。详毕法补谈。

绝财逢旺，谓财坐绝乡，却乘时令[②]之旺气也。如辛丑日，三传卯戌巳，卯为日财，加于申之绝地。春占卯为旺气，主白手成家。

生气青龙，谓龙乘生气，加干支上也。如六丙日，干上寅夜占乘龙，三月为生气；乙未日，支上巳，日占乘龙，六月为生气，是也。或龙乘天喜亦吉。

常乘财印，见婚姻门。

舍损就益方有获，明生暗克最支离。恩多怨深无终局，人甘自[③]苦复何为？

舍损就益：如甲辰日，干上丑为财，奈坐旬空，支[④]上卯为旺禄，又与辰作六害。凡占即宜弃此而就三传子亥之生，戌土之财方有所获也。

明生暗克：如庚寅日，干上巳，支上亥，各乘长生之气，乃交车反作脱盗，是明虽受生，暗实有损也。

恩多怨深：如乙未日，三传午丑申，日干生其初传是恩也；初生中，中生末，末却克其日干，是反成仇怨也。主我去助人，人反伤我之应。

人甘自苦：如辛丑日，干上酉与戌六害，支上子与丑却作六合；甲戌日，干上酉作日之鬼，支上巳反生其支神，此为自身熬煎，他人逸乐也。

不受福德本折耗，空财遭劫更堪伤。暗财临命宜居积，命被财伤争斗[⑤]防。

不受福德：如壬寅日，干上申，支上亥，干神虽受申金之长生，却加于支上而为其所脱耗，主张本营生，必多亏折。

劫煞，见考试门。如财神空亡，更遭劫煞内战，本必大亏。如丙子

① 校者注：原文“当”。
② 校者注：原文“旺命”。
③ 校者注：原文“白”。
④ 校者注：原文“夫”。
⑤ 校者注：原文“问”。

日，干上申，日财空亡，下临巳，又为支之之劫煞所克，是也。

暗财，遁干之财也。如丁卯日，占人命上乘午，遁干见庚是也。

财伤年命：如丙子日，以申、酉为财，占人年命上乘寅、卯，为财神所伤，是也。

日禄空亡改业宜，长生无气鬼何忌？四课源消最不佳，一[①]旬周遍多如意。

日禄空亡：如辛巳日，干上酉旬空。旺禄既空，不宜坐用。须要弃禄而就三传卯寅丑之财。别谋改业，以致兴旺为妙。

长生无气：如甲午日，干上亥为长生，夏占，于月令无气，得发用申金生其亥水，则鬼亦无忌也。

四课源消，见考试门。

一旬周遍，谓旬首、旬尾俱见干支上者。如辛丑日，干上卯为旬尾，支上午为旬首；乙丑日，干上子为旬首，支上酉为旬尾，是也。

天财临命庆亨丰，二破相加财物空。元武持刀遭劫盗，空亡脱气益贫穷。

天财，正、七月起辰顺行六阳神。如加日干年命之上，最吉。

二破，岁破、月破也。经云："岁破加临月破中，上下相逢财物空"。如巳年寅月己未日申时亥将占，亥加申发用，亥为岁破，申为月破，是也。

元武持刀，谓元乘金煞克其干支也。如乙巳日，三传酉巳丑，昼占酉乘武克干，是也。

空亡脱气：如癸丑日，干上寅，本是脱气空亡，那更三传寅卯辰，使癸水生其脱空，虽有千金亦不周其用。如日占乘元，尤甚。

财乘旺蛇乃贱货，元神生日有私财。天空并喜经营吉，常贵相逢得意来。

蛇乘财神，加临日辰得旺相之气，必因贱货而获财。

元武作生干之神，旺相有气，宜求财于阴私中。如克日，主失脱，更须防盗，或有小人脱赚之事。如不克日，亦无妨。

---

① 校者注：原文阙。据下文补。

天空，主市井之神，更带财星或天喜者，可营运经商。

太常，为财帛之神，如居贵人位上发用，必获财。

日辰皆吉主客利，巳亥丁马远行臧。类神旺相货宜制，龙马长生是客乡。

辰为主人，日为客。俱以旺相为吉，休囚为凶。

亥为天头，巳为地足。如课传见巳亥乘丁马，主求财远方。如六处见游神，更的。

欲占制货，须观类神。如子为脂粉、簪环，丑为谷米、斗斛，寅为医药、桌椅，卯为竹木、舟车，辰为药材、网罟，巳为弓弩、炉冶，午为羽毛、鞍马，未为衣服、食物，申为金银、丝絮，酉为珠玉、铜镜，戌为纽械、瓦器，亥为丝绳、图书。贵人为珍珠、钗钏，縢蛇为豆黍、砖瓦，朱雀为文书、羽毛，六合为木匣、盘盒，勾陈为皮革、瓦器，青龙为图书、文章，天空为壶瓶、幡幢，白虎为铜铁、骨器，太常为绵帛、酒谷，元武为鳞甲、笔墨，太阴为布帛、刀尺，天后为稻豆、丝麻。余例推。如类神与日辰生合，更得旺相吉神，或见成神，其货可居（成神，见婚姻门）。

至交易所宜之方，则视青龙、长生、驿马等神加临之地，而往可也。

传进当行退间止，互相罗网致愁多。受生就生方有益，逢冲逢比必蹉跎。

进行退止，谓得进茹、进间则宜进，得退茹、退间则宜止也。

互[①]相罗网：如癸未日，干上申为支之网，支上寅为干之罗，主我欲罗网人，人已罗网我也。

受生者：如乙亥日，干上亥，支来生干，占主上门助我，不劳其力。

就生者：如庚辰日，支上申，干加支而就生，主就彼受生，凡事[②]有益。

冲者，谓返吟课，俱是冲神，是也。

比，谓比肩也。

① 校者注：原文“五”。

② 校者注：原文“富”。

求财

求财最要视青龙，旺相相生在六宫。斯神入庙喜愈喜，折足逢时财帛空。

青龙，为财帛之神。六宫，谓初、末[①]、干、支[②]、年、命六处也。如龙乘旺相[③]气、临旺相乡、与日辰相生、或作三六[④]合，必获财。如六戊日，干上午，昼将乘龙生干[⑤]，夏占又为旺气，是也。又：龙生本命，主获财；如克本[⑥]命，主破财。

庙，谓本家。经云：吉神入庙喜愈喜也。如六丙日，干上寅，夜占乘龙，是也。

折足，谓龙乘申酉为用也。如丙辰日，三传寅未子，夜占，寅乘青龙，加酉发用，是也。

求财又要视三财，命上干支仔细排。合局生干彼此助，天心作合利名偕。

三财，谓干财、支财、命财也。如戊申日，亥命人，春占，干上子，支上卯，命上午，木火又为旺相气，求财必然大获。

合局生干：如甲、乙日得水局，丙、丁日得木局，是也。

天心作合，见考试门。

财须[⑦]分别外与内，最忌是与[⑧]鬼耗会。日财临命财可求，天将伤财财物退。

日财临支二课，为外财入内，主获财。如丙戌日，三课酉，四课申，是也。

① 校者注：原文“来”。
② 校者注：原文“又”。
③ 校者注：原文“戍”。
④ 校者注：原文“方”。
⑤ 校者注：原文“一”。
⑥ 校者注：原文“奉”。
⑦ 校者注：原文“愿”。
⑧ 校者注：原文“典”。

支财临日二课，主出财。如己巳日，一课申，二课酉，是也。

又：支财外出，亦有吉凶之分。如得旺禄、干财、与生我之神，俱吉；如为脱气则凶也。详毕法补谈。

鬼者，日鬼。耗者，大耗、小耗也。大耗，即岁破。大耗后一位神为小耗。如子年用巳，午年用亥，是也。如丙子日，三传申辰子，申为日财，坐子水日鬼之上为脱气。或于午年占，子为大耗，未年占，子为小耗。主财不可得，反有所费。

日财临命：如丙丁日，命上乘申酉之财是也[①]（日克命上神为财，命上神克日凡事不顺）。

天将伤财：如六壬日，干上午为财，昼夜占上乘后、武，为天将所伤是也。

顺克非凶递生吉，支扶将助并为良。财来就人利最好，财乘遁鬼有灾殃。

顺克者：如庚辰日，三传寅未子，干克初为财，初又克中，中又克末，是也。主求财大获。此外，尚有乙酉日，三传未子巳；乙亥日伏吟，三传辰亥巳两课。

递[②]生者：如庚寅日，三传申亥寅，初生中，中生末之财爻是也。

支扶者：如丙戌日，干上申为财，得支上丑土助之是也。

将助者：如六丙日，三传酉丑巳为财，夜占，得贵、勾、常土神助之是也。

财来就人：如甲戌日，干上戌，支财加干，坐受其用是也。

财乘遁鬼，详婚姻门。

财爻[③]最喜逢丁马，若乘斯神动异常。壬癸二干丁马见，妻财子禄细参详。

财乘丁马：如己丑日，干上亥为财，又为丁神、驿马是也。

壬癸二干：六处如见丁神，必财动。如壬戌、癸亥日见巳，则因妻妾

---

① 校者注：原文阙。

② 校者注：原文“相”。

③ 校者注：原文“交”。

而得财；壬子、癸丑日见未，壬午、癸未日见丑，则因官事而得财；壬申、癸酉日见卯，则因子息而得财；壬寅、癸卯日见酉，则因父母而得财；壬辰、癸巳日见亥，则因兄弟而得财也。内癸亥、癸巳日，为丁、马交加，其动更速。

财休财旺分宜忌，财得财失害合评。旺禄受脱名偿债，干财传助号还魂。

财旺则不能为我作财，财休则我力乃[①]足以克之。如庚[②]辰日，三传卯寅丑为财，秋占则吉，春占则否，是也。

合者，六合，见[③]孕产门。

害者，六害。如丁丑日，干上午与支六害，支上子与干六害也。

旺禄受脱：如辛丑日，干上酉为旺禄，奈三[④]传子亥戌，作干之脱气，是为以己财偿债也。

干财传助，名取还魂债。如六甲日，干上戌为财。三传戌午寅，合局生之，是也。大宜求财，勿作脱气看[⑤]，即财神空亡，亦不忌。

艰难全凭传末吉，避难还看身下藏。用多生寡最为忌，粒米贪来反失粮。

艰难者，谓初中空陷也。要末传见财禄、长生，所谓“进步艰难喜末吉”也。如丙辰日，干上卯为败气，初传丑为脱气、空亡，中传亥又为日鬼，全无所得，迤逦至末传酉，始逢日财。占主从艰难中更进一步，方得如意。

避难者，谓传中财禄、长生空陷克绝，如此便看日干下坐财，所谓“避难之财坐身下”也。如壬午日，干上辰发用，为墓神覆日，中传酉旬空，末寅又是脱气，全[⑥]无所得。细视之，其壬干之下，却有午财，为可用也。

---

① 校者注：原文“力”。
② 校者注：原文“寅”。
③ 校者注：原文“兑”。
④ 校者注：原文“王”。
⑤ 校者注：原文缺两字。据他本和文意校补。
⑥ 校者注：原文“仝”。

用多生寡，谓财禄长生空亡，反见脱气实在者。如壬午日，干上申为长生，奈属旬空，初传巳财又坐空，中传寅又与支上卯并力盗其日干，虽有末传之日禄，不足为其所用也。

贪米失粮：如六甲日，干上卯为旺神，奈三传辰巳午，相引而入于脱耗之乡。不惟无益，反有所损。此为“贪他一粒米，失却半年粮”也。

鬼财险出莫图谋，传财生鬼最堪忧。绝财了结入墓苦，初财末克复何求？

鬼财险出：如丙申日，三传子辰申作鬼，初末空陷，独存中传申金为财，名传鬼化财，其财系从危险中[①]出，即得之亦不安稳。

传财生鬼：　如辛未日，三传卯亥未为财，反生起干上之午火，作日之鬼，是也。

绝财了结，谓财坐绝乡也。如丙丁日，以申酉为财，加于寅上，是也。主止宜结绝财物等事。

财爻入墓，谓财爻坐于墓地。如戊己日，以亥子为财，加于辰上，是也。

初财末克：如癸亥日，三传巳寅亥，巳为日财又为丁马，奈为末传亥水遁癸所克，即不能得财也。

罗网杜传空费力，闭口昴星皆不成。三奇六仪荣枯木，成期须将末合评。

罗网，见孕产门。

杜传，谓自信课中，初中自刑，传行杜塞者。详毕法补谈。

财作闭口，求财难得。如丙寅、丁卯日，以酉为财，酉遁干癸是也。

昴星，见婚姻门。

三奇，见仕宦门。

六仪，见考试门。

成期末合评者，谓要在末传合处定其成期也（一云：得财之月日，以旺相财神临处[②]或青龙落处为断）。

① 校者注：原文“申”。

② 校者注：原文“去”，下同。

出 行

出行先看天干踪，五成为吉七[①]战凶。初末两仪并细玩，或行或止定何从。

天干踪，谓天盘日干所临处也。

五成，德、合、生、旺、相也。七战，刑、害、冲、克、空、墓、绝也。如天干临地盘得五成则吉，得七战则凶。如六丙日，巳加寅为长生，加申为六合，则吉；加子为克，加亥为冲，则凶也。

两仪，干支也。吉凶均以是推。

干凶支吉他乡好，干吉支凶[②]莫远行。初旺终休往不遇，初休末旺客安宁。

干为本地，支为异乡。干凶支吉，则他乡有益。干吉支凶，则在家为宜。

一云：支生日干年命者吉；干与年命克支亦吉；支克日干年命者凶。

初旺终休，则所往不吉；初休末旺，为客当有机缘也。

中末逢空初不空，行人半路欲回踪。初中空陷末传助，在此艰难在彼丰。

助，谓得长生、财禄吉神也。如丙子日，三传申亥寅，初中空陷，末作干之长生，是也。

远[③]行谁不渡[④]江河？发用干支要合和。干逢生旺宜行陆，支上无伤听棹歌。

干支合和，谓干上神与干生合，支上神与支生合，发用神与干支生合也（如交车相合，主不能行）。

日为陆路，支为水路。如干上见吉神、吉将则宜陆，支上见吉神、吉将则宜舟。若支吉干伤，则宜舟而不宜陆也。

---

① 校者注：原文“上”。

② 校者注：原文“以”。

③ 校者注：原文“支”。

④ 校者注：原文“旺”。

河井相加不可往，舟车冲破凶不爽。岁遇神后宜避之，登明加季须放桨。

壬癸子为天之三河，卯酉辰为地之三井。如三河有一河加井，舟不可行。如戊戌日，三传卯寅丑，卯上遁癸加辰发用，为天河、地井相迫，主有沉溺之灾（一云：卯为天河，未为地井。盖卯为天汉之源，其下有河；未中有井宿，其下有泉也）。

卯加干为车，加支为舟。如被干支冲克，主舟车破坏。惟庚辛日有之。余无例。

神后，子也。如神后加太岁位上发用，主有水患。盖子宫虚宿内有哭泣二星故也。如丑年甲辰日占，子加丑发用，是也。

登明，亥也。亥加四季上发用，则水受土制，舟行为宜。如癸丑日，亥加丑发用，是也。

干乘元劫克命年，陆路提防盗贼连。白虎临干克年命，断然抱病客中眠。

元者，元武；劫者，劫煞。如元乘劫煞加干，遥克占人年命上神，主有盗劫。如癸酉日，干上寅，日占，乘元，又为支之劫煞，占人年命上乘辰戌丑未，为元劫所克是也（又：劫煞，支上亦不宜见。经云："劫煞入辰，萧墙祸起"也）。

白虎临干克年命者：如六己日，干上卯，夜占乘虎，占人年命上乘辰戌丑未，为干上卯虎所克，是也。

年命加支三与六，吾爱吾庐乐潜伏。丁马加季利奔波，传阳思游传阴复。

三者，三合；六者，六合。如占人年命加支作三六合，名本命恋[1]宅。凡占值此，即二马丁神发用，亦不能行也。如乙未日，支上午，占人年命在未，是六合也。癸巳日，支上丑，又支上酉，占人年命俱在巳，是三合也。甲子日，于六、十二月占，辰为天马，加丁卯位上发用，主有非常之动；如占人年命在子，即无动意是也。又：驿马加六丁位上，亦同此推。

稼穑课，或见丁神，或见天马，为游子。凡阴将传阳，主在家欲出。

① 校者注：原文"悬"。

如乙巳日，三传未戌丑，顺行是也。阳将传阴，主在外思归。如乙亥日，三传丑戌未[①]，逆行是也。

干神归支安居吉，太冲加子水行凶。斩关只为魁罡遇，时煞还忧抬士逢。

干神归支，谓不备课中，干神临于支上者。如丙戌日，巳加戌；庚子日，申加子，是也。主利静而不利动。

太冲，卯也。如丙午日，三传子酉午，子加卯发用，则舟行不宜。盖卯为舟楫，故忌水神加之也。

辰、戌加干支发用，曰斩关。如传见寅、卯、未、子，将乘贵、龙、阴、合，为天地独通。盖寅为天梁，卯为六合，未为玉[②]女，子为华盖，天乙为神光，青龙为万里翼，六合为私门，太阴为地户，得此数神庇佑，最利出行。如得传送、白虎，亦吉。盖二神皆道路之神也。如欲逃亡、伏匿，当视阴、合所临之日，趋阴、合所临之方可也（一云：如欲逃亡，须视干神，如传凶干吉[③]，即行亦无忌）。

抬士，即月建，又名小时煞。如乘蛇、虎加干支，主有惊恐。

斗系日本利家栖，天网张时急避宜。墓空登路昏迷客，死绝加临死绝期。

斗系日本，见孕产门。

占时与用神同克日干，名天网[④]课。如癸巳日，戌时未将占，三传戌未辰，戌为正时发用，克日，是也。

干支上乘空墓，则人必昏迷。干支上乘死绝，必有死丧之祸。如壬寅日，干上卯，支上午，俱乘死神。丙寅日反吟，俱乘绝神，是也。

逼迫令人难进退，干前一位视何因。年神如被方神克，歧路凄凉不忍闻。

逼迫难进退者，谓进茹三传皆空者。如壬寅日，三传辰巳午皆空，不能前进，欲退后一步，逢卯寅为盗气。再退一步，逢丑又为日鬼。如此便

---

① 校者注：原文“火”。
② 校者注：原文“王”。
③ 校者注：原文“古”。
④ 校者注：原文“将”。

观干前一位之神，即知其所因。如用夜将，前一位丑乘太阴作鬼，主有阴人缠绕；用昼将，前一位丑乘太常作鬼，主有衣食缺憾等事也。

年被方克，谓占人行年上神为所往之方神所克也。如占南行，占人年上乘四季，午位上乘寅卯，是也（又如：庚辛日占南行，丙丁日占北行，名为灭没旺方，亦不吉）。

行　人（附音信）

行人占[①]法实多门，学者还当仔细论。二马命年入课传，类神临处定归程。

二马，驿马、天马也。驿马临初传，又逢生旺，主行人即至；中传稍迟；末传又稍迟。如乘传送、白虎则急，盖传送、白虎皆主道路之神也。如入墓夹克则不行。入墓者，如亥马加辰，寅马加未是也。夹克者，如申马加巳、午，将乘蛇、雀，是也。类神，见捕亡门。

初中空陷先时阻，末传空亡近地延。初克末兮车已驾，末克初兮人未旋。

初传空亡，先时有阻；中传空亡，半途有阻；末传空亡，邻近有阻。欲知何事，则以课传决之。如干支发用，见元武劫煞克年命上神，主有盗窃等事；见病符、日鬼克年命上神，主有疾病等事。

三传逆行贵又逆，用在日前归计迫。若逢末足抵干支，故园应见归来客。

凡人顺则游，逆则归，自然之理也。故传将皆以逆为妙。用在日前，谓发用在干支之前也。如甲午日，卯发用，或末发用，是也。

末足，即末传；抵干支者：如丁巳日，干上卯，三传亥未卯，是抵干也；戊午日，支上寅，三传戌午寅，是抵支也。

末传与支会日干，三会归时早晚间。撞干撞支人立至，传神传出不知还。

末传与支会日干者，谓末传之神，互见干支之上。如癸丑日，干上

① 校者注：原文“台”。

酉，支上酉，三传巳丑酉，是也（惟八专日二十四课）。

三传通连干神，为撞干格。如庚午日，干上未，三传午巳辰，是也。或末传撞干上神亦可用。三传通连支神，为撞支格。如丁卯日，支上寅，三传丑子亥是也。或末传撞支上神亦可用。

又：三传自干上发用，传出四课之外，为传出格。如庚午日，干上巳，三传巳寅亥，是也。主行人不至。如三传自干支外发用，传入日[①]辰之内，为传入格。如辛未日，干上未，三传亥未未，是也。主行人速来，或由别处[②]起程，以发用不在四课上故也。

支上传干人固来，干传支上亦同测。干若克支离彼方，支若合干归未必。

支上传干，谓自支上神发用，传入干上神。如庚辰日，支上子，干上辰，三传子申辰，是也。干上传支，谓自干上神发用，传入支上神。如丁亥日，干上酉，支上丑，三传酉亥丑，是也。

干克支者，谓日干克其支上神。如庚寅日，支上卯，是也。支合干者，谓支神与干上神作六合。如壬[③]辰日，干上酉与支六合，是也。

孟迟仲中罡季速，用神墓绝日归来。飞廉发传车立至，游戏齐临辔并回。

用见四孟则迟，四仲为中，四季为速。如乘天罡，则更速矣。墓绝归来者，阳日以用神之墓日来，阴日以用神之绝日来。如丙戌为阳日，三传亥申巳，亥墓于辰，主辰日至；己亥为阴日，三传卯丑亥，卯绝于申，主申日至也。

飞廉：十一月起申，二月起巳，五月起寅，八月起亥，俱顺行三神。如加干发用，行人立至，以其为迅速之神也。游神：春丑、夏子、秋亥、冬戌。戏神：春巳、夏子、秋酉、冬辰。如二神同入课传，主必来。

罡加命年车速驾，马逢生处客留连。魁罡二将乘二马，虽不入传返故园。

---

① 校者注：原文“巳”。

② 校者注：原文“去”。

③ 校者注：原文阙。

天罡为动神，如加占人年命上，则虽远必行。马逢[①]生处，谓天、驿二马各居长生之地，则恋其生而不行。如寅马加亥，巳马加寅，是也。

魁、罡乘二马者，谓天、驿二马加于辰、戌位上也。如二、八月申子辰等日占，寅为驿马，申为天马，或寅加辰，申加戌，或寅加戌，申加辰，是也。又五、十一月寅午戌日占，亦准此推。

须度门限看二至，未度何须望远征？道里近遥观岁月，三千里外卜[②]将军。

门限，谓卯酉；二至，谓子午。占东南行人，以地盘酉为中途，子上神为至期；西北行人，以地盘卯为中途，午上神为至期。如发用之神，已逾卯酉二宫，则观子午位上所得何神，便知为何日到也。

道里近遥观岁月者，谓五十里视时上神，百里视干上神，五百里视月建上神，千里视岁建上神也。大将军：亥子丑年用酉，寅卯辰年用子，巳午未年用卯，申酉戌年用午。如三千里以外，则视将军位上神可也。

四季元临法最奇，六三合用地盘宜。元神乘季传末入，更在支神位下知。

四季元临，谓甲戊庚三干，元武乘辰、戌发用也。凡占值此，则以用神合处断其来期，近地则用六合，远地则用三合。如甲寅日，三传戌申午，昼夜占，戌乘元武发用，如近地则卯日可至，远地则寅午日可至也。如[③]元乘辰、戌，入于末传，则观支神下位所得神，便知其为何日也。如庚戌日，三传子申辰，昼夜占，元武乘辰，入于末传，支神戌，戌下得寅，则寅日可至也。余干无此例。

正时天乙入支干，湖海行人会不难。久去不知踪迹处，行人分野细推看。

正时，占时也。如正时、贵人同加干支之上，主行人即至。如丁丑日巳时酉将占，丁上亥为贵人，支上巳为正时，是也。

分野：子为青州齐分，丑为扬州吴分，寅为幽州燕分，卯为徐州宋

---

① 校者注：原文“迟”。
② 校者注：原文“小”。
③ 校者注：原文“加”。

分，辰为豫州郑分，巳为荆州楚分，午为三河周分，未为雍州秦分，申为并州晋分，酉为冀州赵分，戌为兖州鲁分，亥为河北卫分（各省府州县，详见图考）。如不知行人何往，则看行人天上行年临于何宫，便知其所在之处也。

年居德合生旺喜，刑克墓绝悲哀拟。遥遥年命离支神，异地停车舟不济。

以下三章，俱承上文而言。

居者，谓行年所临之地也。如逢德合生旺则吉，逢刑克害绝则凶，如值空陷，主有疾病（又：行年上神与日干亦宜生合，不宜刑冲）。

年命离支神者，谓行年上神与支神相离三位以外也。如甲子日，支上巳加子，行人行年在丑为前一位，在寅为前二位，在卯为前三位，皆可望其至。如居辰巳以前，则与支神远矣，必不来也。

年临三四来期速，日克一二到时迟。书信几番人未至，支前四位上神知。

干为人，支为宅。如年临三四课之上，则人来宅中，故主速。日克干上神，主凡事抑塞，故主迟。支前四位，谓从地盘支神位上起，数至第四位上，观其所乘之神，便知其为何因也。如丙寅日，支上戌，连根顺数至巳为第四位，上乘丑，丑为日之盗气，昼占乘朱雀，必为文书阻滞；夜占乘勾陈，必为争讼淹留也。余例推。

不识行年何以云？天罡一将问殷勤。罡临四孟他乡吉，加仲为忧加季惊。

如不知行年，则视天罡，以加孟为安，加仲[①]为忧，加季为死。仍视所乘之将而言其吉凶。

传墓入墓不须疑，征途揽辔归心迫。间进间退两课名，他乡阻隔分明白。

传墓入墓：如甲辰日，三传寅未子，未为初墓，干[②]入墓乡是也。

间进，则进有阻隔；间退，则退有阻隔。仍视所间之神将而言其何

① 校者注：原文“伸”。
② 校者注：原文“子”。

因。如丁卯日，三传酉亥丑，间一将为戌，戌为脱气，昼占乘蛇，必有恶小缠绕之事；夜占乘后，必有贪恋女色等事也。

传将若合三六中，眷恋他乡资斧丰。干支上逢罗网罩，淹留客舍①叹飘蓬。

三六合，谓三六相呼一课也，见婚姻门。

罗网课，主不能行。如课体吉，亦不拘此断。

斩关顺传利远行，若遇逆退归旧处。游子丁马行不停，退则来兮进则去。

凡得斩关课，如三传顺行，主居者必行。如六甲日，干上辰，三传辰午申，是也。三传逆行，主行人立至。如癸未日，干上戌，三传戌未辰，是也。

游子、丁马，见出行门。

卯酉为格子午关，魁罡加处路途艰。回环周遍如相值，定见游人旦夕②还。

卯为天格，酉为地格。子为天关，酉为地关。如魁罡二神，加子午卯酉发用，为天地关格。关梁不通，行人有阻。如甲子日，辰加子临支发用；乙卯日，辰加卯临支发用；戊申日，戌加酉临支阴发用，是也。如③年命有冲破吉神可解（辰、戌无加午发用，本文云云，亦就词句连及之耳）。

回环，见仕宦④门；周遍，见经商门。

伏吟信任见丁马，立刻行人到草堂。反吟四绝人必至，虽见天中亦不妨。

刚日伏吟，为自任；柔日伏吟，为自信。自任立至，自信难期。但柔日伏吟，如占人年命上乘丁马，亦主动。反吟课，德丧禄绝，虽遇空亡，亦不忌。四绝，谓子加巳一课，柔日禄神皆临绝地也。但驿马入墓，须俟冲神到日，方可行耳。

---

① 校者注：原文“合”。
② 校者注：原文“占”。
③ 校者注：原文“加”。
④ 校者注：原文“官”。

朱雀天鸡及[1]信神，课传二马信音频。三神若或逢空陷，鱼雁寥寥尺素沦。

天鸡，酉逆十二；信神，酉顺十二。如朱雀等神，带二[2]马入于课传，主有信到。一云：朱雀与天喜、六合相值，或与贵人、日德相值，或与胜光相值（胜光，午也，主文书），皆主有信到。如临卯酉，为信到门。如雀乘凶将临年命，作刑冲破害为凶信。其信到之期，以三神、二马等神临处为断。

克日生合书必来，干克三神书不至。天耳临时有便鸿，逐类求之识何事。

承上章而言。

朱雀等三神，如克日干，或生日干，或与日干六合，则书必来。如干克朱雀等三神，则书不至也。又：干克用神亦同。

天耳，即天喜；时，谓正时。如天耳临正时，亦有[3]信。逐[4]类求之识何事者，谓寻绎课、传、神、将，即可知其为何事也。如丙戌日，三传亥申巳，夜将亥乘朱雀，正月占，为天诏，有官者得之，主有诏命至；子年占为病符，主有疾病等事也。余例推。

---

① 校者注：原文“乃”。

② 校者注：原文“一”。

③ 校者注：原文“在”。

④ 校者注：原文“遂”。

六壬粹言卷四

趋　谒

欲占趋谒用何术？彼此两仪要相洽。干支会合必亨通，日辰邻近更亲密。

两仪相洽，谓干支交车生合或上神生合也。

干支会合：如壬寅日，干上寅，支与干会，或支上亥，干与支会，是也。

日辰邻近，谓干支上神作六合，其神又相邻近者。如壬子日，干上子，支上丑为六合，子丑又相邻近；又干神亥，与四课之子丑寅为一气也。此外又有丙午、戊午日，干上午两课。

三六交会声相应，最忌外好里槎枒。朝干朝支分主客，成神最吉会神嘉。

三六交会，谓三合课交车，又作六合者。如乙丑日，三传巳丑酉三合，干上子与支合，支上酉与干合，是也。外好里槎枒者，谓干支上神作六合，其地盘反作六害。如壬申日，干上寅与支上亥六合，其壬干与申支却作六害，是也。

朝干者，谓支上神发用，朝其干神，主人[1]来见我。朝支者，谓干上神发用，朝其支神，主我往见人。二例见行人门。

成神，见婚姻门。会神，正未、二戌、三寅、四亥、五酉、六子、七丑、八午、九巳、十卯、十一申、十二辰。如二神乘旺相气入于课传，必得相见而成事。

---

① 校者注：原文“又”。

日辰来凑定和合，两贵自会必难谐。贵人害合分损益，天罡孟仲应推排。

日辰凑合，谓三合课缺一神，得干支上神凑足之。主有意外和合之事。如癸卯日，三传未酉亥，缺一卯字，得干上卯凑足，是也。两贵相会，谓六处有两贵相加者。如乙酉日，子加申，三传申子辰，是也。占谒贵必不得见。缘贵往见贵，或自会贵客也。如同官占，则又得见。

贵人害合，详经商门。又：贵人所立之地，亦宜审视。如贵被下克或临六害，主贵人自有烦忧，亦不得见也。天罡孟仲，谓天罡加孟必见，加仲可待，加季则不见也（又一法：用见四季，其人在家；见四孟，其人在门；见四仲，其人必出外也）。

日[①]德阴神见踪迹，尾加首上往不宜。类神发用方为益，末[②]传合处是成期。

日德阴神，谓观日德之阴神，即可知其踪迹也。如壬午日，干上申一课，亥为日德，阴神见申，申为驿马，夜占乘虎，则其人必远出也。尾加首上，谓闭口课也。如甲申日，巳加申发用，巳遁干癸，是也。类神，见捕亡门。如类神发用必见。贵德发用亦必见。如初传空亡，末得吉神，必须再往，乃得见也。

捕　亡（附失伴）

追寻达士[③]详日德，捕捉逃奴看支刑。刑德相克必易获，刑德不克别推寻。

捕亡之法，尊贵则视日德，卑贱则视支刑。如占尊贵，刑克德则易获，德克刑则难寻。如庚午日，干德在申，支刑在午，申加亥，君子隐于西北，午克申，为刑克德，主易获。癸巳日，干德在巳，支刑在申，巳加

---

① 校者注：原文阙。

② 校者注：原文阙。据他本校补。

③ 校者注：他本作“逮亡”、“逃亡”。

卯，君子隐于正东，巳克申为德克刑，主难寻。如占卑贱，德克刑则易获，刑克德则难寻。其法亦准此推。至寻获之期，尊贵则以日德受生之日；卑贱则以支刑受克之日为断。

日德加支三与六，发端得此必归来。斩关贵合龙阴见，海角天涯定不回。

日德发用，与支神作三六合，主自来。如乙巳日，三传申[①]戌子，发用申与支六合。癸丑日，三传巳丑酉，发用巳与支三合，是也。斩关，见出行门。

六甲寻元度四获，若非六甲看元阴。欲知捕获在何日？阴神受克日分明。

此闭口课中度四之法。如六甲日，以元武为阳神，以逆推度四位上所得神为终阴，元武阳神下可以捕女。盖女走，求男之下也。终阴下可以捕男，盖男走，求女之下也。如六甲日，昼夜[②]占，辰为元武阳神，加申，如女走，向西南方捕之可获；丑为终阴，加巳，如男走，向东南方捕之可获（内甲戌、甲辰两日，旬首作元武，旬尾作终阴，更的）。非六甲日不必度四，以天盘元武为阳神，以元武位上所得神为阴神。阳神位下可以捕女，阴神位下[③]可以捕男也（又一法：如六庚日，夜占，辰为元武，加酉，可向正西方求之，如不获，则向东北方可也）。

阴神受克，如申、酉为元、阴，则巳、午日可获。如三传相克，将得凶煞，更的（一云：如武附日德临干支上，主逃归。详盗贼门）。

寻觅三奸术最嘉，伏吟主近无依遐。会神得获亡神否，里数河魁位上查。

三奸，谓天盘之亥子丑，有一神加于仲位之上，则对冲下即为三奸。如六甲日，丑加午，午之对冲为子，则正北方可获也。伏吟课，寻人在近处，贵顺用支左一位，贵逆用支右一位。如丙子日，昼占，支左一位为丑，可向东北方寻；夜占，支右一位为亥，可向西北方寻也。无依，即反

---

① 校者注：原文“甲”。

② 校者注：原文“友”。

③ 校者注：原文“一”。

吟；遐，谓对冲处[①]。

会神，见趋谒门；亡神，巳寅亥申三轮。一云：六乙之下为亡神，如甲戌旬用亥，甲午旬用未是也。欲知里数之多少？则看河魁临于何宫，以上下数乘之。数者，太元数：子午甲己九，丑未乙庚八，寅申丙辛七，卯酉丁壬六，辰戌戊癸五，巳亥四也。如戌临寅，戌数五，寅数七，五七三十五，为三十五里也。此二句，专指奴婢与有窃而逃者而言。

父子夫妻属六亲，更须逐类拟何神？若逢奸盗而逃者，元阴落处[②]识其真。

类，谓类神。如太常类父，天后类母，亦类妻，青龙类夫，太阴类姊妹婢妾，六合类子孙朋友，天空类奴仆，谓之将神。又：长生为父母，比劫为兄弟，官鬼为夫，财为妻，墓为妾，盗气为子孙（阳为子，阴为孙），酉为婢，戌为奴，谓之兼神。取其入课传者，视其所临何方？即可知人之所在。如俱不入，则专责将神可也。如癸卯日，占妻，干上辰，昼将乘后，支上午为妻财，午加卯，可往东方寻。辰属旬空，俟辰日填实，即可获也（一云：如类神临干，主外人寻获；临支，主自来）。元阴落处[③]，详见前章。

更有一法占失伴，详览胜光分明见。又有一法视正时，观其克贼亦最便。

胜光，午也。占[④]失伴之法，如午在日前，向前追必得；午在日后，则稍等立见也。如庚辰日，干上巳，午加酉为在日前。又：干上未[⑤]，午加未为在日后也。

视正时者，谓正时克月将，则其人必见；如月将克正时，则其人难觅也。

---

① 校者注：原文“去”。
② 校者注：原文“去”。
③ 校者注：原文“去”。
④ 校者注：原文“口”。
⑤ 校者注：原文“木”。

疾　病

疾病之源寻虎鬼，沉疴之际看生龙。虎入丧车殃立至，鬼逢死气即多凶。

源寻虎鬼，谓日干之鬼乘白虎，在六处，观其所克何神？而病症可知。如乘金，主肝病，宜治肺；乘木，主脾病，宜治肝；乘火，主肺病，宜治心；乘土，主肾病，宜治脾（虎鬼无乘水者例）。

虎鬼带刑煞克日干年命，必死。如甲戌日，三传申巳寅，昼占，申作虎鬼是也。其死期，则以虎鬼所乘之神为断。如不带刑煞，亦无妨。惟虎鬼受年命上神克制，不必治。或值空亡，必已病而未瘥。如仅见日鬼，不乘白虎，亦以上法推之可也。生龙者，谓龙乘生气，加日干年命上也。详经商门。如龙乘长生亦可用。如癸巳日，三传申亥寅，夜占，申乘青龙是也。

巳为丧车，申为虎之本家。如申加巳发用，为虎入丧车，主凶。如六丙日，三传申亥寅是也。死气，见孕产门。如死气作鬼，加日干年命上，必死。如生气作鬼，病尚可疗。

福德加临名解厄，贵医年命病全安。死气乘常丧内外，病符生克死生看。

福德，即子孙爻，见课传年命上必愈。如丙申日，三传子申辰，子为日鬼，得干上丑，支上辰为救是也。医神，天地二医也。天医辰顺十二，即月建之前二神也，对宫为地医。如医神加年命上，生[①]其年命，必愈。如庚子日，干上巳，与发用午作鬼，亥命人于五月占，亥上乘申为天医所生是也（一云：男用天医，女用地医）。又：贵人加年命上，生其年命亦同。

死气乘常，谓鬼作死气乘太常，加干，主有外孝服。如六壬日，干上未，夜占乘常，二月为死气也。鬼作死气乘太常，加支，主有内孝服。如

① 校者注：原文“坐”。

乙未日，支上申，昼占乘常，三月为死气也（一云：太常乘破碎加干支，亦主有孝服）。病符，旧太岁也。如乘死气克干，主死。乘生气克干，则病而不死。

鬼户宜关人恶入，身尸入棺死不差。旬空退茹寻死格，逢痊多因倒拔蛇。

鬼户宜关，谓六庚日反吟，申为本命者，占病必死。盖申者，身也，鬼户者，寅也。申加[①]寅，为身入鬼门也。身尸入棺，谓六合乘申临卯，又值月之死气者。如三月六丙日占，申加卯，昼将申乘六合是也。盖申为身，上有六合，下有卯木是棺也。三月申为死气，是死尸也。如乘生气，主在床而未愈。

空退茹，为寻死格；逆间传，主病难痊（一云：涉害深者，必久病）。

元神乘墓号收魂，虎鬼乘骐死立待。脱耗全逢身尪羸，两蛇夹墓病积块。

元乘日墓，名收魂煞。惟六戊一干有之。如戊申日昴星，三传戌酉午，昼夜占，武乘日墓发用是也。骐，谓驿马也。虎鬼乘骐，见仕宦[②]门。

脱耗全逢，谓源消根断课也，详考[③]试门。两蛇夹墓：谓六丁日，干上戌，昼占乘蛇，巳又为蛇位，占病必因积块而亡。如虎乘日墓，加日干年命者亦同。

日禄闭口最为忌，重神克气定多殃。干墓岁墓并蛇虎，加临卯酉犯重伤。

占病，专视日之禄神。如作闭口，加临绝乡，必绝食而死。如乘六合，更的。如辛未日，三传酉辰亥，酉为日禄，遁癸作闭口加于寅之绝乡，日占，将乘六合是也。重神，谓上下神同类者。气者，日干长生之气。如癸未日，巳加午发用，克其申金长生之气也。

岁墓者，岁后五墓也。子年在未，卯年在戌[④]，午年在丑，酉年在辰……如干之墓神乘蛇、虎临卯、酉，加干支年命上，为冢墓门开，不得

---

① 校者注：原文“典卯”。
② 校者注：原文“官”。
③ 校者注：原文“老”。
④ 校者注：原文“戊”。

生也。如六癸日夜占，辰墓乘蛇临卯；六辛日昼占，丑墓乘虎临酉；占人年命在卯酉，是也。如又值岁后五墓，主有重丧。

庸医杀人官鬼乘，先亡为祟绝嗣现。子父财官分六亲，将神所司须细勘。

庸医杀人，谓天地医作日鬼也。如六壬日，干上辰，正月占，为天医作鬼是也。如医神坐墓、空亡，虽有医亦与无医等耳。绝嗣体，乃四上克其四下也。主先亡为祟。

将神，谓类神。如子占父视长生，父占子视子爻，夫占妻视财爻[①]，妻占夫视官鬼，兄弟相占视比肩。如类神已入课传，即可视其神将生克以言吉凶。如戊辰日，三传寅未子，夜占，寅乘虎克日，九月寅为死气，如妻占夫病，必死。盖寅为妇之夫星，岂宜乘此白虎死气也？如辛亥日，三传巳寅亥，昼占，巳乘蛇作鬼，中传寅财空亡，九月寅为死气，如夫占妻病，必死。盖寅为妻财，岂宜乘此死气空亡也？凡六亲皆准此推。

巳酉相加张丧榜，丧吊全逢挂缟衣。华盖孝帛临年命，妻占夫病必生离。

巳为丧车，酉为孝服。巳酉相加主有丧。如乙酉日，三传巳酉丑是也（一云：丧车，春酉、夏子、秋卯、冬午；孝服，巳酉丑四轮，存参）。岁前二位为丧门，岁后二位为吊客。如加干支发用，主身披孝服。如午年庚子日占，干上辰，支上申，三传子申辰是也（此格惟甲午、丁亥、己亥、庚子、癸巳五日，皆干上乘吊客，支上乘丧门；甲戌、丁卯、己卯、庚辰、癸酉五日，皆干上乘丧门，支上乘吊客。余无例）。如乘恶煞克干，主自身死亡。

华盖，见经商门。如乘太常作鬼加临日干、年命，名孝帛盖头。妻占夫病，必死。如癸亥、癸卯、癸未日，干上未为华盖，夜占，乘太常作鬼，占人年命在丑，是也。

① 校者注：原文“父”。

生加墓虎父母丧，浴盆有水[①]孩儿忌。哭神下泪闻哭声，天鬼逢时疫作厉。

生加墓虎，谓长生坐于墓上，将乘白虎者。占父母病必死。如六壬日，申加丑，夜占乘虎是也。浴盆煞：春辰、夏未、秋戌、冬丑。如地盘见浴盆，上忌乘亥子水。如丙子日，三传申辰子，春占，辰为浴盆，上乘子水是也。如天盘见浴盆，上忌乘元、后二将。如丙寅日，三传戌午寅，秋占，戌为浴盆，昼[②]占乘后是也。占小儿病，必死。缘亥为孩，子为子，天后亦是子，元武亦是亥也（一云，子加四季上，将乘白虎，占小儿病，必死）。

哭神：春未、夏戌、秋丑、冬辰。加亥子上为哭神下泪，主凶。如乘虎，更的。天鬼：酉午卯子三轮。如天鬼作鬼，在六处，必是疫气。

卯加[③]戌逆主风搐，子临巳位定死亡。忌支病虎多崩呕[④]，蛇虎庚丁命不长。

卯加戌逆，详孕产门。占病，必主风颠发搐之症。子为一阳之生，巳为六阳之绝，子加巳发用，为阳生临于阳绝，故主死。如六戊日，三传子未寅是也。

忌，血忌；支，血支；病，病符。如白虎乘病符克干，年命上又乘血忌、血支等煞，必是血症。妇占，主崩漏、堕胎，尤的。如六己日，干上卯，夜占乘虎，辰年为病符，二月未为血忌，占人年命在亥；六月午为血支，占人年命在戌，是也。蛇虎庚丁，谓虎乘旬庚，蛇乘旬丁，作日之暗鬼也。如甲子日，昼贵逆行，午乘虎遁庚作暗鬼；辛亥日，昼贵顺行，未[⑤]乘蛇遁丁作暗鬼，是也（乙辛二干无此例）。

纸钱孝服人必亡，丧魄飞魂年命促。回环周遍痊复生，铸印斫轮死最速。

纸钱孝服煞，谓龙常乘二马，加临干支上也。如八月乙未日卯时辰将

---

① 校者注：原文“冰”。
② 校者注：原文“五”。
③ 校者注：原文“如”。
④ 校者注：原文“区”。
⑤ 校者注：原文“木”。

占，干上巳为驿马，乘青龙，支上申为天马，乘太常，是也。丧魄：未辰丑戌三轮。飞魂：亥顺十二[①]（一名，道魂）。二煞乘凶将临日辰、年命发用，必死。周遍，见经商门；回环、铸印、斫轮，见仕宦[②]门。

公讼

占讼日辰分主客，课传官鬼断输赢。雀入勾乡官事起，真朱犯岁祸临门。

日为客，辰为主。支克干客输，干克支主输。先动为客，后应为主。初克末主输，末克初客输（一云：如与家人讼，则日[③]为尊，辰为卑；如无对讼者，则日为官，辰为己。如决狱者占，则日为我，辰为囚）。雀入[④]勾乡，谓朱雀临辰作鬼也。辰为勾陈本家，朱雀投之，必多是非。如戊辰日，三传卯寅丑，昼占卯乘朱雀加辰克日，是也。真朱犯岁，详仕宦门。

子孙制鬼患有救，父母化官祸无伤。害合区分看解结，仍观休旺定灾祥。

子孙制鬼：如丙丁日，以亥子为鬼，得子孙季神救之，为患门有救。父母化官：如丙丁日，以亥子为鬼，得寅卯木神化之，则鬼不为害。

解结者，逢合则事解。如六乙日，以申为鬼，乙与庚作五合，鬼既合自不为患也。逢害则讼结。如子日以未为鬼，子未为六害，鬼为害，则讼愈结也。结，即俗语所谓“冤仇宜解不宜结”之“结”。旺败有二义，鬼自旺则不害人，故为祥；鬼既衰则祸益烈，故为灾。此一义也。又：干自旺，则鬼不能害，故为祥；干既衰则自为鬼侵，故为灾。此又一义也。

末助初鬼凶为甚，传将间逆祸难伸。贵人履狱知殃退，虎鬼乘骐识祸频。

末助初鬼：如六庚日，三传午辰寅，寅为日财，助其初传作鬼也。要

① 校者注：原文“三”。
② 校者注：原文“官”。
③ 校者注：原文“月”。
④ 校者注：原文“人”。

占人年命上见申酉可解。传将间逆，谓逆间课，贵又逆行者也。

辰为天牢，戌为地狱。贵人临辰戌位上，为履狱录囚，事可解释。如丙戌日，三传亥子丑，昼占，亥贵加戌发用；癸巳日，三传卯寅丑，夜占，卯贵加辰发用，是也（贵临辰戌，未入狱者遇之，为贵人不得地，不能察讼；如已入狱者得之，乃为履狱录囚。须分别观之）。又如：六乙日，昼占，子贵临辰加干；六辛日，夜占，寅贵临戌加干，名贵人临身。戊辰日，昼占，丑贵坐辰加支；甲戌日，夜占，未贵坐戌加支，名贵人入宅。必得贵人照扶。虎鬼乘骐，详仕宦[①]门。

朱勾克日莫兴词，妄举轻为自投死。二将若还生日干，勘官昭雪人忻喜。

朱勾克日，谓勾陈克日，或朱雀克日也。如六丙日返吟，夜占，亥乘雀克日；六癸日伏吟，昼占，丑乘勾克日，是也。

二将生日：如六戊日伏吟，昼占，巳乘雀生日；六乙日，干上子，夜占，子乘勾生日，是也。凡[②]占讼，如朱勾克日讼难伸雪；日克朱勾讼得理伸。又：勾之阴神，附恶将带煞克日者，最凶。如丁卯日，三传子酉午，昼占，卯为勾陈，阴神子乘蛇克日是也。如勾阴乘贵生日，必得贵人力。如乙酉日，三传申子辰，昼占，申为勾陈，阴神子乘贵生日，是也。

虎朱相会讼益深，墓夹两蛇小翻大。勾陈带木虎遁壬，庭讯须防罪不贷。

虎朱相会，谓白虎加临午上克日也。盖午为朱雀本家，白虎投之，必有讼祸。如六甲日，三传辰午申，昼占，申乘虎，加午克干，是也。墓夹两蛇，见疾病门。勾陈带木，谓勾陈乘神遁甲乙二干也。如戊申日伏吟，昼占，勾陈乘巳遁乙，是也。虎遁壬者，谓白虎带遁干之壬[③]也。如甲子日，三传辰午申，昼占，虎乘申遁壬，是也。

---

① 校者注：原文“宜”。

② 校者注：原文“九”。

③ 校者注：原文“上”。

勾陈白虎同克日，犯法之人遭刑戮。太岁贵人作恩星，罪虽至重还轻逐。

勾、虎同克日干[①]：如壬戌日，三传辰未戌，夜占，戌乘白虎，未乘勾陈，是也（惟壬癸二干有之，余无例）。

恩星，生日之神也。岁贵生日，详考试门。

丁动刃逢遭缧绁，龙阳临日祸消时。五刑决罪明天将，二赦解凶看地支。

禄前一位为羊刃，乃主血光之神。丁动刃逢，谓干支上见羊刃又乘遁旬之丁神也。如甲子日见丁卯，庚子日见丁酉，丁未、己酉日见丁未，癸未日见丁丑，是也（只此五日，余无例）。龙阳临日，谓龙乘月将加临日干上也。如六丙日巳时辰将占，干上为辰为太阳，是也。如龙乘生气，亦同。

五刑者，木主笞杖，火主流血，金主刀刃，土主徒禁，水主流遣。观五刑所乘何神？便知其所得何罪也。二赦，皇恩、天赦也。皇恩，见仕宦门。天赦：春戊寅，夏甲午，秋，戊申，冬甲子。如二神见课传年命上，必得解祸。如乙亥日，干上未，正月占为皇恩，支上寅遁戊，为天赦是也。

关管持刑主囚禁，勾陈入狱定淹留。绞勾悬索绳临颈，支忌金神刀上头。

关神，见经商门。管，即关神。刑，谓三刑。如关管持刑，乘虎勾凶将作鬼，主囚禁。如癸卯日，三传未酉亥，未为三刑，夜将乘勾陈，秋占为关神是也。勾陈入狱，谓勾陈立辰戌上，加临日干年命也。如六乙日伏吟，昼夜占，辰乘勾陈加干是也。

绞勾悬索，谓白虎克日，又值勾绞、悬索、死气等煞在六处者，主绞死。勾神：阳月起卯，隔月顺行六阴神；阴月起戌，隔月顺行六阳神（如二月用巳，四月用子之类）。勾神对宫为绞神。悬索：卯子酉午三轮。如八月壬子日，三传戌申午，昼占，戌乘白虎，午为悬索，占人年命上见丑为死气，见辰为勾神，见戌为绞神是也。支忌金神，谓白虎克日，更值金神、血支、血忌、羊刃、死气等煞，在六处者，主刀下身亡。金神，即破

---

① 校者注：原文“午”。

碎，孟日用酉，仲日用巳，季日用丑。忌支、死气，俱见孕产门。如七月甲午日，三传申巳寅，昼占，申乘白虎，巳为金神，年命上见子为死气，见辰为血忌，见未为血支，是也。

兔犬相加防吊拷，鸡蛇发用定成徒。回环周遍日缠绁，根断源消财罄无。

卯、戌相加，手足合并，故主吊拷，详孕产门。巳、酉相加，合为配字，故主徒，详疾病门。回环，见仕宦门。周遍，见经商门。根断源消，见考试门。

岁破作鬼有讼祸，天罡临命脱幽囚。岁后门户恩赦至，罗网乘勾羁不休。

岁破加干支作鬼，主有讼灾。天罡，为动神。如临占人年命上，主有出狱之应。岁后门户，见考试门。如岁后但入课传，不临门户，稍缓（一云：天空发用，或入末传，主讼解）。勾陈作罗网煞，主枷械。又：太岁作天罗，亦同。

初凶末吉终须吉，初吉终凶定是凶。日辰为救其力缓，三传来救立成功。

日辰为救：如己丑日，三传寅卯辰为鬼，得干上申金克之，此日辰[①]为救也，其为力尚缓。三传来救：如丙寅日，三传戌午寅，夜占，初传戌为蛇墓，得末传龙木克之，其功乃速也。又如壬戌日，三传辰未戌，夜占，鬼墓乘蛇发用，得末传戌虎冲之，以凶制凶，其凶亦散。

三传皆鬼无一救，年逢吉将福来临。贵填鬼户殃知退，天解临年祸不侵。

传鬼无救，谓三传皆鬼，天将又不救者，如年上乘吉神，亦可免祸。如癸未日，三传戌未辰克干，夜占，将乘蛇虎，如占人行年在申上，乘巳，为贵人日德，亦可化凶而为吉也（一云：如用神生其行年，纵凶将亦不为害）。

贵填鬼户：如壬辰日，三传戌丑辰作鬼，如用巳贵，亦可返凶为吉。经云："贵人临寅鬼门杜，鬼贼不出万事宽"是也（惟壬癸日六课，余无

① 校者注：原文"神"。

例）。天解：申逆十二。如此神加干发用，则祸解。如得籥神亦可用（籥神：春巳、夏申、秋亥、冬寅，即孤神也，主囚释）。

用神内战窝相犯，贵德临身众莫欺。鬼贼绝处讼了结，末传冲处定散期。

用神内战：如六甲日昼占，龙乘申临巳发用，巳火克申金。申金又克寅木是也。主有窝里生非之事。贵德临身：如乙丑日，三传酉丑巳合局作鬼，如用夜将，干上申为贵人、日德，能伏诸煞，可以弭祸也。

绝处讼结，要在官鬼绝处定绝期。如六乙[①]日占，三传申戌子，申为官鬼，申绝于寅，则寅日可结绝也。冲处讼散，要在末传冲处定散期。如丙戌日，三传丑亥酉，卯酉相冲，则卯日为散期也。

盗　贼

盗贼行踪须视鬼，子孙休旺别追寻。勾陈最喜克元武，若遇相生莫问津。

占盗贼，须看日鬼，如鬼遇刑、冲、克、害，乃可获。又要子孙爻旺、相，如休、囚，则不能也。又：勾陈能制元武，则可获。如六庚日，夜贵逆行，卯乘勾陈，克戌之元武，是也。又：勾陈作日德，或作羊刃，或作天罡，或临日干，俱可获。相生者，谓勾陈生元武。如六庚日，昼占，巳作勾陈，生戌土之元武也。如元武反生勾陈，主捕受贼贿，亦不可获。

元武来方看所贮，地支临处知贼去。雨师风伯忌兼并，天目亡神寻贼处。

来方，谓元武所乘之方也。地支临处，谓元武位下神所临之处也。如六辛日，干上申，昼占，酉作元武加亥，则西北为元武来方。亥加丑则东北为贼去路也。武兼风伯雨师，主有盗。风伯：申逆十二。雨师：子卯午酉三轮。如戊申日，三传辰申子，昼将辰为元武，正月占，申为风伯，子为雨师是也。天目：春辰、夏未、秋戌、冬丑。亡神，见捕亡门。欲捕大

① 校者注：原文“己”。当系“乙”之误，否则，申不为官鬼，亦无申戌子一课。

贼，于此二神位下求之，可也。又：游都，占贼来路，亦同此推（游都：甲己日用丑，乙庚日用子，丙辛日用寅，丁壬日用巳，戊癸日用申）。

元居夜地越关梁，武在昼方身莫藏。丁马交加遁已远，太阳照耀捉还乡。

夜地，谓酉、戌、亥、子、丑、寅六位；昼方，谓卯、辰、巳、午、未、申六位。元武不立寅、卯、辰、巳、午、未六位，仅有一申为昼方耳。如元武所乘为昼时五神，亦可获。丁马交加：如己丑日，夜占，亥乘元武，又为驿马、丁神，是也。太阳，即月将。如壬申日申时寅将占，寅为元武，缘作太阳，必主败露。又：元武本家上神，乘太阳，亦可获。

旬首寻元度四获，本家制贼自[①]相捕。财爻[②]空脱物难追，盗被擒时官克武。

旬[③]首度四，详捕亡门。本家制贼，谓元武本家上神能制元武也。如六辛日，干上午，昼占酉为元武，酉上乘巳，是也。财爻空脱，谓财爻空亡，或财爻脱气（如甲乙日以土[④]为财，居申酉之上为脱气，是也），则物不可获。如财物坐长生之上，乃不失脱也。官克武者，谓日之官星克其元武也。如六癸日，干上辰，夜占子为元武，为辰之官星所克，是也。

支逢六合家人窃，鬼乘生气去来频。年命上神还克武，发使追寻必见擒。

支逢六合，谓支之合神，作元武发用也。主家人所窃。如丁丑日，三传子亥戌，夜占子乘元发用，与支神丑为六合，是也（一云：干之脱气乘元临支发用，亦是）。鬼乘生气，谓元武作鬼，乘月内之生气也。如丙戌日，三传子寅辰，夜将子为元鬼，正月占为生气也。年命上神克武，其贼可获。如日干上神克武者，亦同。

初将比和贼安宁，元武内战分赃争。武居末足临辰日，贼人归还莫告陈。

初将比和：如亥子加申酉发用，或加寅卯发用是也。内战，下克上

---

① 校者注：原文“目”。
② 校者注：原文“父”。
③ 校者注：原文“白”。
④ 校者注：原文“言”。

也。武居末足临辰日者，谓武在末传又临日辰之上也。如壬寅日，三传申亥寅，昼占，寅乘元加干；戊申日，三传子申辰，昼夜占，辰乘元加支，是也。又：武附日德临日辰上，亦主归还。惟六辛日干上巳，辛丑、辛亥、辛酉日支上巳，夜占九课，余无例。

武逢六合入连坐，贵顺元藏自失忧。课见螣蛇乡邑寇，年乘元武室人偷。

武逢六合：如壬癸日，夜占，子为元武加丑，子与丑合，其物必入连坐家。贵顺元藏，谓贵人顺行，元武不临六处之上也（一云：贵顺则难获，贵逆则易获）。课见螣蛇，谓蛇作日鬼见于课传上也。年，谓占人行年上神也。

回[1]环周遍去复来，昴星破败失资财。鬼脱乘元遭窃盗，伏前支后返冲排。

回环，见仕宦门。周遍，见经商门。昴星，见婚姻门。破者，破碎；败者，败气。如癸巳日，支上酉为干之败气，又为支之破碎，是也。鬼脱乘元，谓日鬼乘元，或脱气乘元也。又：空财乘元，亦同。伏支前后，见捕亡门。

须将岁月分明视，更把阴神仔细评。岁勾朱虎应自首，龙合阴丁无处寻。

岁月分明，谓岁月克元，则稽延岁月；日时克元，则日时可获也。视阴神者，如元武阴神乘岁、勾、朱、虎四神，主贼人自首。如六甲日，昼占，辰乘武加亥，阴神酉乘勾陈；六乙日，夜占，亥乘武加酉，阴神丑乘白虎；六丙日，夜占，午[2]乘武加丑，阴神亥乘朱雀，是也。如乘龙、合、阴、丁，则难获。盖龙为万里翼，阴、合为私门，旬丁为动神也。如六甲日，昼占，辰乘武加子，阴神申乘青龙；六戊日，夜占，辰乘武加戌，阴神戌乘六合；六壬日，夜占，子乘武加亥，阴神丑乘太阴，是也。

发用为偷即贼身，中传为赃末捕人。欲知赃物藏何所？五行生处视分明。

五行生处，谓所失财物在元武阴神生处也。如阴神乘金，金生水，物

---

① 校者注：原文“迩”。
② 校者注：原文“干”。

在水泽中；乘木，木生火，物在窑冶中；乘火，火生土，物在泥窖中；乘土，土生金，物在金石下；乘水，水生木，物在树林中，是也。其获物之日，则以元阴受克之日为断（一云：如占失物，须视类神，如类神临三传、日辰，又乘长生、贵人、勾陈等神，则于类神所临下可获；如值阴、合、旬空，则不获）。

再布三传元神看，克贼刑冲必捉获。若遇勾蛇朱虎神，不死遭官定吏迫。

三传元神，又另是一法。其法以元武为初传，次用元阴作中传，谓之盗神，再用盗神之阴为末传，合而观之。如神将相生，其贼难获；神将相克，则其贼败露。如欲捕贼，则视末传所临之处。如六辛日，昼占，卯乘元立戌，卯上申，申上丑，三[①]传卯申丑[②]，初中相克，又乘朱虎凶将，往西南方求之，其贼可获。所谓初中有克末神寻也。又如六丙日，夜占，午乘元立酉，午上卯，卯上子，三传午卯子相生，又乘空合二将，即难获也。

阳　宅

支来干上宅就人，干来支上人入宅。干支克害人宅伤，互相生旺方有益。

干为人，支为宅。支来干上，求宅最不费力。缘宅来就人故也。干来支上，求宅必得。缘身已入宅故也。如干加支，而被支克、支墓、支脱，目下虽得其屋，后总无益。如庚午日，申加午是被克也。壬辰日，亥加辰，是入墓也。甲午日，寅加午，是受脱也。又如有屋宅出兑者，值干支相加皆不能脱，或支生其干，后必有长进，切勿妄弃。

---

① 校者注：原文“王”。

② 校者注：原文“壬”。

三传脱支生日干，人多屋少从此断。三传盗干生支辰，屋旺人衰何必算。

脱支生干，谓三传脱其支辰，生其日干。主人口多而屋宅狭窄。如甲申日，三传辰子申，是也。盗干生支，谓[①]三传盗其日干，生其支辰。主屋宅宽广而人口衰微。如甲戌日，三传寅午戌，是也。

三传生支克日干，卖屋偿债免灾晦[②]。三传生干克支辰，屋假他人弃家退。

生支克干，谓三传克其日干，生其支神。主卖屋而偿人之债。如癸酉日，三传辰未戌，是也。生干克支，谓三传生其日干，克其支神。主人虽旺而无己屋可居。如丁未日，三传亥卯未，是也。

三传作财生两鬼，官非疾病一时生。干支上神如互脱，防窃防偷日不宁。

传财生鬼，谓三传作财，生其干支上之鬼。如壬寅日，三传戌午寅为财，生其干上之未、支上之戌为鬼，是也。互脱，谓交车脱气也。如戊午日，干上未脱支，支上申脱干，是也。

日禄加支被脱克，造房修屋防耗厄。墓神临支少欢娱[③]，如逢月将高明宅。

禄被脱克：如乙巳日，支上卯，禄神为支所脱，必因起屋而以禄偿债。乙酉日，支上卯，禄神为支所克，必因起屋而失其禄。又如辛丑日，支上酉，禄神为支所墓，亦准此断。墓神临支，宅必昏晦。如甲午日，支上乘未为干墓，乘戌为支墓也。如墓为月将，则其宅必向阳而高明。

虎入宅凶蛇冲吉，龙乘生气家日昌。居金谷[④]兮龙虎拱，卧陋巷兮邻兽伤。

虎入宅凶：如甲戌日，支上申，昼占乘虎，得末传寅蛇冲之，不为害也。龙乘生气，见经商门。龙虎拱者，谓初末传乘龙虎，拱其支上神也。

---

① 校者注：原文“课”。

② 校者注：原文“文悔”。据他本校正。

③ 校者注：原文“悮”。

④ 校者注：原文“人”。据下文和他本校正。

如戊[①]午日，支上丑，夜占，初传子乘青龙，末传寅乘白虎，是也。主其屋广大轩敞，有金谷之气象。邻兽伤者，谓白虎入于课传，冲其支上神也。如甲子日，支上寅，三传辰午申，昼占申乘虎，冲克其支上神也，主有对邻兽吻冲其屋宅，以至家道衰微。

初末引从支上神，肯堂肯构气维新。贵阳生辰显者至，宝藏麟儿吉庆并。

初末引从：如甲午日，支上亥，三传子巳戌，初传子为引，末传戌为从，是也。贵阳生辰：如乙卯日，支上子，昼占，用子为月将，乃贵人作太阳生宅，其室内必有宝藏，或于子年占，其年必产贵子。

破败来临家宅上，颓垣败栋不堪停。火鬼带丁防天火，若逢岁破少安宁。

破败，见盗贼门。火鬼：春午、夏酉、秋子、冬卯。如乘蛇雀克支，必遭火灾。值丁神尤凶。如庚辰日卯时寅将占，三传卯寅丑，卯乘雀加支，又为火鬼，末传丑又遁丁神，是也。须以井底泥涂灶，禳之可解（一云：蛇雀居末传，带火光、火烛克宅，主宅焚。火光，戌逆十二；火烛，巳顺十二）。岁破临支、克支，主有讼祸。

午克身凶忌见蛇，丁伤支动防虎白。旧岁若与天鬼逢，一家疾疫无休歇。

午克身凶：如庚午日，干上午，夜占乘蛇，是也。午伤支动：如乙亥日，支上丑遁丁神，夜占乘虎，是也。天鬼，见疾病门。如天鬼乘病符克支，主一家疾疫。如丙寅日，支上酉，戌年占为病符，正、五、九月为天鬼，是也。

干神乘旺宜守旧，支神得吉利新迁。后盗前空内外战，移居值此有忧煎。

占新旧宅吉凶，以日上神为旧，支上神为新。如干乘吉神、吉将，宜守旧。支乘吉神、吉将，利新迁。

后盗前空，谓初传空陷，末传脱气也。如丙午日，三传卯寅丑，是也。内外战者，谓三传为上下夹克也。如乙丑日，三传寅未子，昼占，初

① 校者注：原文“戌”。

传寅加酉乘太阴，中传未加寅乘青[1]龙，末传子加未乘贵，是[2]也。

支之左右是旁邻，支之正冲即对门。金见螣蛇釜鸣怪，木逢白虎栋摧论。

左右正冲：如己卯日，支上午，干阴丑为左邻，支阴酉为右邻，中传子为对邻是也。金，谓申也。如螣蛇乘申克宅，主有釜器鸣。如甲寅日反吟，夜占，申[3]乘蛇克支，是也。木，谓寅也。如白虎临寅加支发用，主屋梁摧折。如甲[4]戌日，夜占，寅乘虎克支，是也。

酉为户兮卯为门，未为泉井巳推灶。寅为栋宇土墙垣，乘吉乘凶须细照。

卯为外门；酉为内门；未中有井宿，故为井泉；巳加火为炉，加土为灶；丑未加寅为墙垣；寅卯加亥为楼台；午为堂宇；辰为廊庑，又为田园；未为庭院，加辰为园；酉为仓廪；丑亦为仓禀，又为田园；卯为竹木；申为湖池；子为沟渠。

阴 地

辰阴主山看坐落[5]，生合刑冲定吉凶。勾乘季神临墓穴，佳城秀气郁葱[6]葱。

辰阴，支上阴神也。支之阳神为墓，阴神为穴，故以辰阴为主山。凡占阴地，最重主山。如支之阴阳二神，作生合德禄等神，则吉。如值刑害冲破空陷，则凶。如壬申日，支上巳为长生，支阴寅又为巳之长生；癸巳日，支上午[7]为进气，支阴未与午为六合，则吉。辛未日，支上戌为三刑，支阴丑又为戌之三刑；癸巳日，支上子为支鬼，支阴未与子为六害，

---

① 校者注：原文“者”。
② 校者注：原文“春”。
③ 校者注：原文“甲”。
④ 校者注：原文“中”。
⑤ 校者注：原文讹误。
⑥ 校者注：原文“慈”。
⑦ 校者注：原文“干”。

则凶。

勾陈，主墓宅之神。如乘季神，临干支之阴阳，又乘旺相气，主安久不移。

上下皆合风气踞，干支受克沙水去。青龙左辅空陷忧，白虎右扶刑破虑。

上下皆合：如乙酉日伏吟，干支上神作六合，干支又自作六合，是也。又：干支上下相合，或干支交车相合，或干支上神相合，皆是。干支受克，谓干支受上神之克，或干支交车相克，或干支上神相克，是也。

青龙为左砂，白虎为右砂。皆宜旺相生合，不宜刑冲破害[①]也[②]。

元武座山看风水，朱雀空刑山案差。龙神旺处地不错，螣蛇落处穴应佳。

元武为后山，故可观风水。如元武乘旺相气，入旺相乡，临支生支，则后山之来龙必佳。如癸亥日，支上申，昼占乘武，生其支神，秋为旺气，是也。朱雀为前案，故不宜空刑。

龙神：春辰、夏未、秋戌、冬丑。如龙神临于墓穴，则其地必吉。如丁酉日，支上辰，春占为龙神，是也。螣蛇，有穴之义。如临于墓穴，则其地必佳。如乙酉日，支上未，夜占乘蛇生支，是也。

水神乘水水之玄，土宿临山山势抱。太阴水口蛇罗城，勾陈明堂阴阳考。

水神，谓元、后二将也。之玄，谓水势曲折，如之玄二字之形也。《本地书》：如元、后临壬、癸、亥、子之上，则水势必曲折有情。如乙丑日，支上亥，夜占乘元，是也。土宿，谓贵、常、勾、空四神。如临季神之上，其山形必回抱可观。如乙卯日，支上辰，夜占乘勾，是也。又[③]如丁丑日，支上巳，三传酉丑巳，夜[④]占，将乘贵、勾、常，皆是土神，更的。

---

① 校者注：原文“寅”。

② 校者注：原文阙，据他本校补。

③ 校者注：原文“文”。

④ 校者注：原文“复”。

太阴，为水口；螣蛇，为罗城；勾陈阳神为内明堂，阴神为外明堂。俱要旺相生合，与墓有情。

甲乙木神树株森，丙丁火宿岗峦秀。庚辛冲克路歪斜，戊己古冢休旺别。

甲乙旺则为林，休则为树。丙丁旺处必有高岗横岭，临四仲上为正横，临四孟、四季为斜横。庚辛临四孟上，则其道必斜。临干为大道，临支为小道，临本位为正道，被火克为差[①]道。戊己为古冢，旺则冢多，休则墓小。

壬癸加临水不谬，水局顺逆天乙详。青龙长房白虎季，朱雀前案是中房。

壬为大水，癸为小水。如加临亥、子位上，则水势不谬。如纳音遇水，则水必长远汪洋。如壬辰、癸巳为长流水，壬戌、癸亥为大海水，是也。水局顺逆天乙详者，谓欲知水局之顺逆，须视贵人之左右旋，如顺行为顺水局，逆行为逆水局也。青龙居左属长房[②]，白虎居右属季房，朱雀居前为中房，勾陈阴阳二神为内外明堂，亦属中房。

财官须视龙朱贵，丁口还看子息爻。初中末传分三代，为吉为凶课体昭。

青龙，主财帛、官爵之神。然须视所乘何神？如乘财爻则为财，乘官星则为官也。朱雀，主文章之神。如遁丙乘午则吉，如入墓被克则凶。子息爻者：如乙酉日，三传巳丑酉，巳为子孙爻，又为支神之长生也。初中末分三代者，亦大概言之，总要得吉神吉将，乘旺相气为吉，如值休囚刑克空亡则凶也。

---

① 校者注：他本作“岔”。

② 校者注：原文“居”。

晴雨

天象先占蛟角星，指阴主雨指阳晴。贵登绛宫时雨沛，明堂位上亦同评。

角，为木蛟，辰宫之宿，谓斗罡也。如加六阴位上，则主雨；加六阳位上则主晴。绛宫，亥也；明堂，子也。贵人登亥、子二宫，有行雨之象，主有雨。

龙入庙晴升天雨，虎出山林主烈风。水升火降成霖日，退入江湖雨不逢。

庙，谓寅也。升天，谓加巳、午、未、申四位也。龙生旺升天，主大雨。乘申酉主雨。因申为水母，酉为兑泽也。临子丑为游乐江湖，则无雨（不言亥者，盖青龙不临戌、亥位上也）。入墓则无雨。寅艮为山，卯木为林，虎在东方为出林，主风。乘小吉愈猛。因未为风伯故也。如更乘劫煞、飞廉等神，主大风暴起。

水升火降，谓亥子加巳午位上也。主累日雨。加申酉大雨。乘勾陈久雨。退归江湖，谓居北方位上也，则无雨。又：临土受制或空亡亦无雨。

风雨之方看龙虎，风雨之期寻羊鼠。螣蛇朱雀加卯丁，雷电霹雳空中睹。

龙主雨，虎主风。如传见龙、虎，乘有气之神，加有气之乡，下贼上必有风雨。如上克下，即有风雨亦小。欲知风雨从何方来？看龙虎临于何宫。如六戊日，昼占，午乘龙加申，则雨自西南方来；六丙日，昼占，辰乘虎加丑，则风自东北方来也。未下为风起，子下为雨起。如六乙日，未加寅，主甲乙日风；六丙日，子加申，主庚辛日雨也。螣蛇丁巳之神，朱雀丙午之神。卯属震宫，丁为玉女，故主雷电。

壬癸亥子临寅卯，甲乙之日见淋漓。若见四季寻戊己，巳午申酉依例推。

谓壬、癸、亥、子临地盘寅、卯之上，主甲、乙日雨。如丁巳日，三传亥申巳，亥水加寅发用，主甲、乙日雨也。其余八干均以此推。

衰[①]旺刑生须细辨，克日有气滂沱见。休废空亡微雨来，如响应声真足羡。

有气者，谓旺相气也。课传中见亥、子等神旺相有气，刑克日干或日上神，主有雨。如休废、空亡与日干相生，即有雨亦小。如丙辰日，三传亥申巳，癸亥发用克制日干之丙火，于秋、冬占之为旺相气，主有雨。如甲寅日，三传子亥戌，壬子发用，奈与日干相生，又属空陷，春夏占为休囚气，即有雨亦小也。

雨师会毕雨满天，风伯会箕风满谷。干在贵前雨翻盆，干在贵后风拔木。

雨师，丑也。酉中有毕宿，好雨。丑与酉会，为雨师会毕[②]。如乙丑日，三传酉丑巳，是也。风伯，未也。寅中有箕宿，好风。未与寅会，为风伯会箕。如甲辰日，三传寅未子，是也。

贵干前后，详仕宦门。干在贵前阳气伸，故主雨。干在贵后阳气不伸，故主风。一云：风雨诸煞，在贵人前，主有风雨。

罡加四季天无云，去日几位是其候。再向盘[③]中仔细看，丙丁之下晴光透。

罡加四季，谓斗罡临辰、戌、丑、未位上也。去日几位：如六乙日，辰加午，为去日两位，主次[④]日晴。又辰加未，为去日三位，主第三日晴也。

丙丁之下，指丙、丁所临之位而言。如庚午日返吟，寅遁丙加申，卯遁丁加酉，主申、酉日晴也。

太阳月将为发[⑤]用，或作先[⑥]锋在六爻[⑦]。勾[⑧]陈临日克元武，定看雨止日旋高。

---

① 校者注：原文阙，据他本校补。
② 校者注：原文“昴”。他本作“晤”，据上下文校正。
③ 校者注：原文“血”。
④ 校者注：原文“坎”。
⑤ 校者注：原文“干”。
⑥ 校者注：原文“朱”。
⑦ 校者注：原文“文”。
⑧ 校者注：原文“勿”。

太阳，即月将。如作发用又乘蛇、雀、贵、空等神，主晴。如丁酉日卯时丑将占，三传丑巳巳，丑作太阳，将乘朱雀，是也。先锋，即正时。如正时作月将，亦主晴。

勾陈临日辰，克制元武，亦主晴。如丙子日伏吟，夜占，干上勾陈发用，克制支上之元武，是也。

风雷煞动大风起，云雨神临日[①]雨防。课见飞廉方迅速，将逢玉女势猖[②]狂。

风伯，申逆十二。又：巳为风门，盖巳属巽宫，故主风。雷公：寅亥申巳三轮。

飞廉：主非常迅速之神，十一月起申，二月起巳，五月起寅，八月起亥，俱顺行三神。玉女，谓丁也。如此二神入传，则风雨猛烈。

朱雀居巢风烈烈，元武入穴雨霏霏。空加四季晴明日，虎临亥子风雨期。

雀居巳午，为入巢。盖巳午为火位，朱雀为火神，火与火会[③]，热极生风，故主风。元武加亥子，为入穴，主有雨。所谓“巢居知风，穴居知雨”也。

天空，主晴朗之神。虎加亥子，为白虎沉江，主有风雨。

阳备晴兮阴备雨，曲直生风炎上旱。从革主晦润下霖，稼穑是土晴可断。

阳备者，阴不备也，故主晴。阴备者，阳不备也，故主雨。

占雪之法何以云？太阴寅卯值用神。戌未若还逢虎合，此中有法可搜寻。

太阴，主霜雪之神。如乘寅卯发用，克日，主有雪。如己亥日，三传寅巳申，昼将寅乘太阴发用，是也。虎、合二将，乘戌、未发用，克日，亦有雪。如壬子日，三传戌酉申，夜将戌乘白虎发用，是也。

---

① 校者注：他本作“骤”。

② 校者注：原文“倡”。

③ 校者注：原文“仝”。

太乙螣蛇头似雪，天干遁起见辛加。雨水入传无战克，元后龙阴布六花。

太乙，巳也。冬至后，巳主雪。如遁干见辛，更的。盖巳中丙火，与辛金作合，化而为水也。螣蛇，为丁巳之神。又：其字如雪头弯曲之形，故亦主雪（一云：亥、子加[①]传送、太乙、胜光位上，将乘勾陈，亦主雪）。

雨水入传无克，又乘元、后、龙、阴等神，亦主雪。如乘青龙，则暂时；乘天后，则久也。

田　蚕（附畜牧）

日为农人辰禾类，生合吉将喜欣欣。家主行年财并见，收成必定庆丰亨。

干为农人，支为禾类。如旺相有气，交车生合，农事必有收成。辰生日者，吉。日生辰，次之。日克辰，耕耘不如法；辰克日，地墝[②]，费工本。如辰上见破碎、死气、空亡等煞，纵有龙、合，所收亦薄。如墓加干支上[③]，费力而无成。又：家主年上要见财神，为吉。又一法：以亥加寅上，视家主行年上神，以断其宜利。如见寅、申，主大获；见巳、亥，防收割时有公讼；见丑、未，有虫灾；见辰、戌，主收时有远行；见午，其田禾必与人瓜[④]分；子、卯、酉，无忌。

金宜二麦水宜稻，木主禾苗瓜果兼。火为黍稷并粟豆，大小麻从土宿占。

申为大麦，酉为小麦。太阴加申，旺相，主大麦熟[⑤]。如六辛日，干上申，昼占乘太阴，秋为旺气，是也。太常加酉，旺相，主小麦熟。如六

---

① 校者注：原文“如”。
② 校者注：土硬而贫瘠，同“硗”。
③ 校者注：原文“土”。
④ 校者注：原文“公”。
⑤ 校者注：原文“热”。

癸日，干上酉，昼占乘太常，秋为旺气，是也。寅为早禾，卯为晚禾，丑为大麻，未为小麻。季神又为黄豆。如类神与支上神相生，即以其类值之，必有收成。

五谷龙常有专主，早中晚田三传分。旺相德合收成好，死囚克墓是所嗔。

太常，主田园、五谷之神；青龙，主财帛、谷米之神。课传中要见此二神，为吉。旺相死囚，谓初传得旺相、德合吉神，宜早种；中末得旺相、德合吉神，宜晚种。如死囚克墓，则凶也。值空亡则不得收成。

太岁上神生何类？即知何类十分收。太常小吉棉[①]花拟，又在五行以外求。

岁生何类，谓太岁上神生何类神，则何类必有收成。如太岁位上乘寅，寅为火、土之长生，则种黍、稷、粟、豆为宜也。若类神加太岁位上，受生，更吉。如巳年癸丑[②]日占，三传酉丑巳，酉加巳发用，巳为金之长生，主二麦必有十分收成。太常小吉，又主绢帛，故占棉[③]花则视此神。

干为蚕妇支为蚕，生合刑冲仔细观。三传始终皆吉将，收成必有十分欢。

三传始终皆吉，必有收成；初吉末凶，枉费心力；初凶中末吉，头眠虽薄，二三眠可收晚蚕之利。如遇遥克、昴星、返伏吟等课，养必不成。

胜光蚕命分宜忌，午加太乙忧自僵。辰箔相生本为吉，登明若遇蚕俱亡。

胜光，午也。太乙，巳也。登明，亥也。箔炙，蚕之具。即《礼》所谓“曲”也。午为蚕命，未为桑叶，寅为茧，卯为丝，申为棉絮，丑为眠伏，辰为蚕箔，巳为蚕筐，酉为蚕僵，戌为蚕浆，亥为蚕死，子为鼠耗。如午加巳，则自僵。加辰则发育。加亥则死也。

---

① 校者注：原文“绵”。

② 校者注：原文“生”。

③ 校者注：原文“绵”。

戌则黄兮丑则危，寅茧卯絮申为丝。酉作僵蚕子鼠耗，若逢小吉饱桑枝。

戌为火墓，故黄。丑为六害，故危。午加寅、卯，木火相生，故成茧作丝。申主绢帛、棉絮，故亦为丝。小吉，未也。午未相加，为六合，故得饱桑叶。

一云：午乘贵、常、龙、合等神加未，主桑多而蚕育；午乘蛇、虎、勾、阴等神加子，则桑缺而蚕不育。

蚕年所属须详考，蚕妇行年并折衷。更将三传蚕神布，生合刑冲定吉凶。

蚕年：亥、子、丑年在申；寅、卯、辰年在寅；巳、午、未年在亥；申、酉、戌年在巳。如蚕年上神生其蚕命神，则吉；克其蚕命神，则凶。如六丙日，午加干，于寅、卯、辰年占，寅为蚕年，寅上乘卯，生午之蚕命神，则吉。如六庚日，午加干，于寅、卯、辰年占，寅上乘子，冲克午之蚕命神，则凶也。又：蚕妇行年上神亦须细考。如年上神乘寅、卯，生其蚕命，则吉；乘亥、子，克其蚕命，则凶。又：太岁上神与蚕命神相生相克，亦准此推。

三传蚕神，又另是一法，其法以课传见午为主。如既见即用午之本宫布出三传以定宜利。喜旺相，忌休囚。如乙未日，三传戌卯午，午见末传，即用午为初传，午上巳为中传，巳上辰为末传，三传午巳辰，春夏占[①]为得旺相气也。余例推。

畜牧须观十二神，喜逢生旺忌刑克。有气无刑定发生，有刑无气有难必。

日为人，支为畜。丑为牛，寅为猫，卯为驴及[②]狐、兔，辰、巳为鱼，午为鹿、马，未为羊，酉为鸡、鸭，戌为犬[③]，亥为猪。如得生旺气而无刑克，则发育；不然则否（又：乘龙则生育，乘虎则病死）。

---

① 校者注：原文“古”。

② 校者注：原文“之”。

③ 校者注：原文“大”。

如逢走失相加临，阴合元空无处[1]寻。类神若见干支上，物类归还自可欣[2]。

如占[3]走失，则视类神加临何方？即为其物所在之处[4]。类神临处，相生者，吉；相克者，必被拘系。欲知物之所在，则以天将决之。如乘元、空，被贼窃；乘阴、合，被人隐匿而不出；乘贵、朱，则在贵宅。如加临干支之上，则畜当自归。

又：子为屠户，巳为灶[5]，寅为铺[6]，酉为刀，卯为砧，如入于课传又带血支、血忌、死神、死气等煞，必为人所屠戮。

---

① 校者注：原文“去”。

② 校者注：原文“折”。

③ 校者注：原文“古”。

④ 校者注：原文“去”。

⑤ 校者注：原文讹误。

⑥ 校者注：原文“脯”。

六壬粹言卷五

陈公献先生占验[1]

仕宧　章奏　出差　考试　婚姻　孕产　迁移　出行　行人　疾病　公讼　应候　杂占　兼占　风雨　兵占

丁卯正月丁巳日卯时子将，南京营参将涂松亭彭南溟占升迁。

亥
申
巳

亥寅丑辰
寅巳辰丁

寅卯辰巳
丑　　午
子　　未
亥戌酉申

断曰：贵德、驿马发用，财、官、城、吏全逢，且月建加支生日。目今必然迁擢官山环水绕之地。盖支为任所，寅艮为山，与亥水相合故也。嫌初为日破，干之阴阳二神又制其官星，须防陈、田、王姓人为祟。随授南京营都司，未几，为出大司马所罢。

① 校者注：即广陵占验。

丁卯十一月甲子日巳时寅将，云间杨方壶太史自燕京抵扬，索占。

午
卯
子
午酉申亥
酉子亥甲
寅卯辰巳
丑　　午
子　　未
亥戌酉申

断曰：课得轩盖，有官者最宜。但龙神发用无气，是以暂归林下，明春干乘禄马生其龙神，定然出山，由此位跻公卿。曰：前此何月不利？曰：勾龙刑[①]克申酉，七八月间不利。曰：因何不利？曰：中传太岁朱雀遥克年上贵人，必为门户是非。太史遂默[②]然。次年春，果起官，历转官詹。

庚午十一月己丑日未时寅将，山阳令朱西崑占入觐考选何官？

卯
戌
巳
卯申酉寅
申丑寅己
子丑寅卯
亥　　辰
戌　　巳
酉申未午

① 校者注：原文“利”。
② 校者注：原文“嘿”。

断曰：不得铨[1]部词林，定是风宪言官。盖因日上天吏、官德坐空入墓，阴神又制之，必有明暗相攻，是以不得铨部也。卯乘皇恩作官星发用，中传朱雀，末见白虎[2]，是以知为黄门金琐、风宪言官。后果考入垣中，历转山海巡抚，都御史。

辛未三月甲申日未时戌将，莱阳迟芝莱父师代占升迁。

申
亥
寅
寅亥申巳
亥申巳甲
申酉戌亥
未　　子
午　　丑
巳辰卯寅

断曰：此课大吉。盖因龙、常并见，城、吏全逢。初传青龙内战，必有奇遇超迁；中传朱雀生日，内有公卿交誉；末传驿马、德禄会入天门，居官定然显赫。且寅为天吏、天后，主恩泽，非天官而何？但式中贵履地网，龙神不安，主有自[3]欲退位之象，后果如所占。

辛未三[4]月丁酉日卯时戌将，同乡刘一纯经历占梁大司马可推冢宰否？

---

① 校者注：原文讹误。铨部，即吏部。

② 校者注：原文“处”。

③ 校者注：原文“旬”。

④ 校者注：他本作“四月”。经查，确为“三月”。

亥
午
丑
亥辰酉寅
辰酉寅丁
子丑寅卯
亥　　辰
戌　　巳
酉申未午

断曰：不惟不能推迁，而且退位。盖因驿马坐墓库，禄神临绝地，传将又逆行故耳。况命上官贵履天罗，年上螣蛇做日鬼，交夏月应有一番风波。幸官鬼俱坐空乡，官职退位却无大咎。后以浙省大行水公参劾，请告而归。

辛未四月己未日巳时酉将，东省仇庸德兵垣占功名。

亥
卯
未
卯亥卯亥
亥未亥己
酉戌亥子
申　　丑
未　　寅
午巳辰卯

断曰：此课占功名，将来远大非常。盖因传将木局，官星峥嵘，喜本命丁马恩星以化之，为逢凶化吉，遇难呈祥之象。且木逢初夏，正在荣旺[①]之际，况蛇化为龙，又化太岁吉神，将来功名显赫，事业日新。后历官至南大司马，请[②]告而回。

---

① 校者注：原文“时”。
② 校者注：原文“待”。

辛未四月己未日辰时酉将，东省宋大[①]斗吏垣占功名。

巳

卯

戌

巳子巳子

子未子己

戌亥子丑

酉　　寅

申　　卯

未午巳辰

断曰：月内定转长垣，居官难以久任。盖因月建虎马遁丁神发用，生其日干，是以月内定主迁转。嫌干支贵人空害太岁，龙神不安，又占时与中传相冲，即[②]逢冲破，亦复何佳？是以知其难久任也。果随转长垣，后因提武场事，降大行。

癸酉二月甲子日巳时亥将，丹阳贺中昣寅台代占功名。

寅

申

寅

子午寅申

午子申甲

亥子丑寅

戌　　卯

酉　　辰

申未午巳

断曰：朝官占此必主去位。曰：未去。曰：何年生？曰：己丑。曰：斗鬼相加，且系两贵，此必会状之命，但不能久居庙堂矣。盖因德禄、驿马加于绝乡，定主退职，且夜贵居本命即为不仕闲官也。朱雀月将加巳生

① 校者注：他本作“太”。

② 校者注：通“既”。

日，四月尚有温旨相留，课传二马冲，交秋必驰驿而去。后知为宜兴周延儒首揆占。

癸酉六月戊寅日未时未将，余在昌平，寇[①]观察相晤，索占。

巳
申
寅
寅寅巳巳
寅寅巳戊
巳午未申
辰　　酉
卯　　戌
寅丑子亥

断曰：仕途得此，主有台省参劾。秋，解任去。寇公骇然曰：往事乎？未来事乎？曰：是居日后，此未来事也。盖因课传互相刑克，蛇鬼加临三四，白虎、驿马入中传，龙神又克岁建，今秋余言必应。后果被侯大司农参劾解任而回。

癸酉七月甲寅日申时午将，嘉善陈龙正孝廉占同乡钱士升少宗伯能入相否？

戌
申
午
戌子巳子
子寅子甲
卯辰巳午
寅　　未
丑　　申
子亥戌酉

① 校者注：原文“冠”。

断曰：发用干支旬空日败，本不许入相[①]。然余[②]终以入相许之，何也？因中传皇书、虎、马，末传月将青龙，又岁建乘太常作官星加临年命。经云：太常入官乡，当朝执政；月将乘青龙，片言入相。非宰执而何？但嫌龙神克太岁，将来必不获乎[③]上而退位。九月果入阁，而子岁罢归。

癸酉八月壬戌日申时巳将，丹阳贺中畛[④]寅台占升迁。

巳

寅

亥

辰未巳申

未戌申壬

寅卯辰巳

丑　　午

子　　未

亥戌酉申

断曰：目今必然荣转，后因他人之事请告。盖因传将递互相生，城吏二马出现，且月将乘贵人、旬丁发用，定有公卿主荐，不日升迁。惟嫌[⑤]鬼临三四，须防为他非而退位。曰：应于何年？曰：丁丑行年，蛇墓克日，必有惊忧。月内升天津巡抚，后以标官劫皇销[⑥]事发，请告而归。

丙子二月辛巳日卯时亥将，湖州陆金吾占总镇陈东明奉命出师江东。

---

① 校者注：原文“局”。

② 校者注：原文“於”。

③ 校者注：原文“平”。

④ 校者注：原文“伶”。

⑤ 校者注：原文讹误。

⑥ 校者注：原文疑似“者肖”合为一字，待考。他本作“皇销”，今姑且从之。

午

寅

戌

酉丑寅午

丑巳午辛

丑寅卯辰

子　　巳

亥　　午

戌酉申未

断曰：此课岁破发用，合中刑干害支，兴师恐多不济之事。幸得炎上进气，又合地下三奇，可以逢凶化吉。但官至卯年恐不见利。由亥乘白虎、驿马，为制官之煞，名曰回马。幸结木局生起初传官星，不过撤[①]回。庚辰子水司令，伤其官局，退位必矣。后果如所占。

丁丑四月丙申日酉时酉将，安庆阮夫未明经为人代占。

巳

申

寅

申申巳巳

申申巳丙

巳午未申

辰　　酉

卯　　戌

寅丑子亥

断曰：仕途得此，主有台省参劾。秋，解任去。然系何命？曰：癸酉。曰：此公必居相位，但不久留矣。盖太阳贵人临命，非宰相而何？独嫌三传递克，龙禄空亡，命乘旬丁，传见虎马，定有参劾行动之事。况太

① 校者注：原文“样”。

阳西[1]下，挥戈[2]返景，能几人乎？后知为乌经[3]温体仁首揆占，后果被论，秋月驰驿而归。

丁丑七月戊辰日巳时午将，北京中府蔡熙扬占杨嗣昌大司马何日罢官？

寅

午

午

午巳未午

巳辰午戊

午未申酉

巳　　戌

辰　　亥

卯寅丑子

断曰：司马寻入相出将矣。而以去任卜之，可乎？盖因驿马、长生作官星发用，中末月将、青龙，生日辰年命。又：蛇化为龙，太岁作贵居命，皆入相之征也。又：课传天吏[4]二马全逢，干支上乘羊刃勾陈，出将入相无疑。戊寅六月，果入相；己卯奉命督师剿贼，果出将[5]。

丁丑八月己未日辰时巳将，经筵讲官安庆阮允平占枚卜。

未

申

申

酉申酉申

申未申己

午未申酉

巳　　戌

辰　　亥

卯寅丑子

① 校者注：原文“雨”。

② 校者注：原文“戊”。

③ 校者注：他本作“程”，供参考。

④ 校者注：原文“为”。

⑤ 校者注：原文无此三字，据文意合他本校补。

断曰：太史虽有公卿推荐，恐未必能得也。盖因岁破日比白虎，自他处发用，定有秦人任风宪兵刑之职者，不由词馆入阁。且干支年命俱乘罗网，是秦晋梁益之人在中阻隔也。又夜贵居本命，课传天马四见，太史必赋归来矣。后果点秦中薛国观、蜀中刘宇亮入阁。

戊寅二月辛丑日巳时戌将，东省刘正宗太史索占。

卯

申

丑

亥午申卯

午丑卯辛

戌亥子丑

酉　　寅

申　　卯

未午巳辰

断曰：太史所占是一外官，曾经降罚者。曰：何以知之？曰：因日生青龙，又上克下故也。曰：家兄任太平知府，为钱粮罚降，看有碍升迁[①]否？曰：贵人官星临支，干支首尾相见，何碍升迁？曰：在何时？曰：青[②]龙离支六位，初传月建催官，中传天马、传送，末传丑为吴[③]分，七[④]月内必升吴越兵宪。后果升嘉湖驿传兵备道。

壬午九月丁亥日未时辰将，予在维扬，一丙午命人索占。

---

① 校者注：原文“退”。

② 校者注：原文“贵”。

③ 校者注：原文阙，据文意校补。

④ 校者注：原文“上”。

巳

寅

亥

巳申丑辰

申亥辰丁

寅卯辰巳

丑　　午

子　　未

亥戌酉申

断曰：来意必为功名，公乃未年甲榜。曰：何以知之？曰：青龙月将居干，贵德官星临年，且辰未相加，故应未年高第。曰：该做京官做外官？曰：岁居干后，日生[①]青龙，理应先京职而后外任。嫌身禄空陷，此去身不安而禄不享耳。后知为吴门钱[②]公大鹤也。李贼破京遂归。

癸未正月己亥日未时亥将，予[③]在金陵，有两客相晤索占。

未

亥

卯

未卯卯亥

卯亥亥己

酉戌亥子

申　　丑

未　　寅

午巳辰卯

① 校者注：原文“干”。

② 校者注：原文似“汞”。他本作“钱大鹤”。姑从之，待考。

③ 校者注：原文“子”。

断曰：来意必为功名，六月即有钦召[1]之应。盖因龙神乘太岁发用，传将结成官局，且乘进旺之气，将来功名远大。曰：六月之说何也？曰：未作皇恩发用，上乘天诏，是以六月定有佳音。后知为赵忻城昆弟也。果于是月奉诏进京授京营提督。

戊子正[2]月乙未日未时亥将，山右司化南书此课，求断是何人所占？

亥
卯
未

卯亥子申
亥未申乙

酉戌亥子
申　　丑
未　　寅
午巳辰卯

断曰：此林木舟车官也，不由科甲出身，将来功名远大[3]。盖因课得曲直，是以知为舟车之官。幕贵坐[4]空，是以知其不由科甲也。曰：果何官？曰：长生发用，末传皇恩，定是恩荫之官。曰：能升府道否？曰：春占木局，枝叶正见茂盛，况岁贵生日，蛇化为龙，将来前程远大，府道何疑？曰：此清江刘工部所占也。后果升镇江太守。

戊子三[5]月丙子日辰时戌将，予在金陵，右藩东省孙兴功方伯占左藩赵福星何日升迁？

---

① 校者注：原文讹误，作“敌名”？据下文和他本校正。
② 校者注：他本作“六”。
③ 校者注：原文“到”。
④ 校者注：原文“全”。
⑤ 校者注：他本作“四”。

午

子

午

子午巳亥

午子亥丙

亥子丑寅

戌　　卯

酉　　辰

申未午巳

断曰：此课皇恩乘官贵临干，龙神乘相气发用。一交夏月，必得升迁。但恶太岁作鬼，冲克青龙，惊灾有所不免。且财官禄马俱入空绝之乡，不惟官难满任，且有意外之虞。果六月升扬州抚台。未几，疽发于背而死。

辛未六月癸卯日卯时未将，台中王旋常方上疏。

酉

丑

巳

亥未酉巳

未卯巳癸

酉戌亥子

申　　丑

未　　寅

午巳辰卯

断曰：此课虽三传递生，嫌日破发用，初末皆空，独存中传岁破为鬼。又支上朱雀乘太岁克日。太岁，君也，岁破，相也。君相见责，将来于公不利。况四下克上，名曰无禄，如疏入必撄上怒。后果因上章，下狱拟配。

癸酉二月丁丑日午时亥将，松江沈云生太仆被京营曹大司礼参劾，求占。

巳
戌
卯
亥午巳子
午丑子丁
戌亥子丑
酉　　寅
申　　卯
未午巳辰

断曰：天空发用，必为章奏而占。曰：然。看回奏若何？曰：日禄之阴制禄，罚俸止矣，官何碍乎？盖课得铸印，定主迁转。且皇诏加太岁之位生其日干、青龙。交仲秋时，必得升迁。日禄居丑，其缺当在吴越之分。虽嫌四课上下冲害，却喜交车合禄。先虽参差，而后和好。及回奏，果罚俸，秋升闽抚，寻授两广总督。

癸酉七月庚子日戌时午将，云间董兑之为乃祖元宰宗伯占辞官。

子
申
辰
辰申子辰
申子辰庚
丑寅卯辰
子　　巳
亥　　午
戌酉申未

断曰：此课不能退位，却有加衔恩荫之兆。盖因初终空陷，日禄归支，似有替职之征，但课传回环，进旺之气，并非退位之象。是以目下未能。且皇诏德禄居申[①]乘旺，必有加衔恩荫之征。至明年春末，龙神空墓，

① 校者注：原文“中”。

则当请告。次年春，晋官[①]衔，驰驿而归。

丁丑四月丁酉日巳时酉将，皖中刘退斋太史请假养亲占可允否？

亥

卯

未

巳丑卯亥

丑酉亥丁

酉戌亥子

申　　丑

未　　寅

午巳辰卯

断曰：此奏不允所请，必有温旨相留。盖天驿二马加临年命，理应行动之象。但发用驿马夹克，天马又恋长生，主不由己而动。又朱雀坐空，为文书不就，君上见阻。且三传合局生身，木逢初夏正当荣旺之时，是以知必有温旨相留也。后果不允假归。

丁丑十一月丁亥日申时寅将，东省孙三杰户垣为同僚丁科长代占章奏。

巳

亥

巳

亥巳未丑

巳亥丑丁

亥子丑寅

戌　　卯

酉　　辰

申未午巳

① 校者注：原文“宫”。

断曰：官必降罚，职必更改。盖因传中驿马官贵俱临绝乡，日干空亡，阴阳二神又制其官星，居官定难满任。况巳为驿马，上乘皇诏，主一任未了，二任又临。回旨降职无疑。果以降级拟上不准。及拟降[①]别用，然后依拟。

戊[②]寅三月丙寅日申时戌将，孙鲁山[③]兵宪[④]占请告。

辰
午
申
午辰酉未
辰寅未丙
未申酉戌
午　　亥
巳　　子
辰卯寅丑

断曰：请告不允，更主升迁。盖因传将进引，官登三天，安得退居林下乎？况龙神乘相气居中传，太岁与行年又生青龙、日干，将来功名远大。且朱雀克太岁阴神，又空，必不为君上所允也。后果不准所请，旋历宣、大制台。

丁丑八月壬寅日卯时巳将，皖中刘退斋太史，持此课求征[⑤]曰：看是何人所占？

① 校者注：原文讹误。
② 校者注：原文“戌”。
③ 校者注：原文“出”
④ 校者注：原文“先”。
⑤ 校者注：原文字迹模糊。

辰
申
午
午辰卯丑
辰寅丑壬
未申酉戌
午　　亥
巳　　子
辰卯寅丑

断曰：太岁作官星临干，阴见夜贵、太阴，此必近君阴贵人也。曰：此公主[①]也。然有何事？曷一决之？曰：天后发用，末传六合作皇诏、长生，必请封荫子之事。曰：旨意允否？曰：课名登天，主事达天庭。但嫌初中空陷，必须两次[②]，方得允许。后果如所占。

己巳二月乙巳日巳时戌将，一楚省洪半石占差，已为壬文批定大同饷部，复向予求断。

寅
未
子
卯戌寅酉
戌巳酉乙
戌亥子丑
酉　　寅
申　　卯
未午巳辰

断曰：此南行数也。彼以禄临戌上，故断为北差，不知守土官则论禄，钦差官只论马。今以三重之马加于干上，为日之长生，必是南差。曰：明日堂上拈阄，该先拈？该后拈？曰：后拈利。盖因初中空亡，末见

① 校者注：原文“先”。
② 校者注：原文“汝”。

贵人、天诏生干故也。次日关中张主政先拈得大同差，存九江钞关半石得之。

辛卯二月戊子日午时亥将，同乡胡尹三，占淮阳巡按差可复？吏书缺能如旧否？

巳

戌

卯

戌巳卯戌

巳子戌戊

戌亥子丑

酉　　寅

申　　卯

未午巳辰

断曰：巡方官必复，吏书缺未能如旧。盖课得铸印，定主迁转。又末传太岁作官星，必有差遣，代天子巡行之职也。且官居奎娄，是庐凤有官之象。又格合回环，名[①]已废复兴之象。未几，工科上疏，定复巡差。其不复吏书者，以支阴之印，缺其[②]一课故也。

癸酉七月辛卯日寅时午将，扬州宗开元明经占乡试。

未

亥

卯

亥未午寅

未卯寅辛

酉戌亥子

申　　丑

未　　寅

午巳辰卯

① 校者注：原文"召"。

② 校者注：原文"共"。

断曰：君今中矣。盖因先锋为贵人，加临日干，阴见幕贵，又系月将且加寅命，是以必中无疑。曰：幕贵克干无嫌乎？曰：有天将土神以化之，此为逢凶化吉，何嫌之有？惟发用皇恩旬空，必俟未年太岁填实，方中甲榜。

丁丑正月己巳日巳时子将，滕邑张盛美公祖有八明[①]生会试，请壬友占得此课，三月间持与余断。

酉
辰
亥
未子酉寅
子巳寅己
子丑寅卯
亥　　辰
戌　　巳
酉申未午

断曰：惟戊戌者必中，余皆不能。公曰：此吾本房首卷，亦望其中，然昨阅[②]其文，恐[③]未必然。余曰：初末暗拱戌命，月将甲贵临年，朱雀又生幕[④]贵，其文必贴试官之意，是以中甲无疑。及放榜，果中。始知为常熟蒋畹仙也。

丁丑二月乙未日戌时亥将，安庆阮实夫明[⑤]经代刘若宜孝廉占会试。

① 校者注：他本作“门”。供参考。
② 校者注：原文似“问”。
③ 校者注：原文似“思”。
④ 校者注：原文“者”。
⑤ 校者注：原文“门”。

酉

戌

亥

酉申午巳

申未巳乙

午未申酉

巳　　戌

辰　　亥

卯寅丑子

断曰：此课驿马临干，劫煞入辰，皇恩、从魁发用，中传河魁，见于[①]末见长生、太阳，又合天上三奇，仲[②]季俱吉。朱雀乘午生太岁，其文甚贴试官之意，中甲无疑。嫌三传传入阴位，中后居官未能远大。后补刑部主政，恬退不仕。又：此课占武会试亦中两名。

丁丑二月乙未日巳时亥将，太仓吴克孝孝廉[③]占会试。

戌

辰

戌

未丑辰戌

丑未戌乙

亥子丑寅

戌　　卯

酉　　辰

申未午巳

断曰：三传年命魁罡俱空，如何敢许甲榜？丁丑年未日，丑未合而为魁，又是必中之象。但中后居官未能满任，即有丁艰之事。盖课传纯财，

① 校者注：此二字为衍文。

② 校者注：原文“种”。

③ 校者注：原文“陈”。

则印爻被克矣。吾乡阎[1]和阳先生辛未会试，乙丑[2]日占得返吟而中，其例正同。

丁丑三月癸未日午时戌将，同乡孙大宜孝廉占会试。

酉

丑

巳

卯亥酉巳

亥未巳癸

酉戌亥子

申　　丑

未　　寅

午巳辰卯

断曰：此课三传递生日干，主隔三隔四有人在上推荐。又贵德财马会临日干，且居太岁之位，必应今年甲榜。更喜月将乘青龙，河魁旬首作官星，二者会于行年，是以必中。后果如所占。

癸未二月乙丑日卯时亥将，何九叙为泰州官子元[3]孝廉占会试。

巳

丑

酉

巳酉申子

酉丑子乙

丑寅卯辰

子　　巳

亥　　午

戌酉申未

① 校者注：原文讹误，他本作“阎”，姑从之。

② 校者注：原文“是”。

③ 校者注：他本作“官子玄”。

断曰：此课必中。缘龙神乘相气发用，贵人旬首临干生日，阴见幕贵，贵与贵会，必得两贵人周旋而中。且传将递生，首尾相见，干支交车六合，文思滔滔不竭。虽嫌朱雀克岁，喜得遁丙以化之，为逢凶化吉之象。中甲无疑。

戊子八月丙辰日，余在金陵，右藩东省孙与[①]功方伯报一辰时，又一酉时，用辰将占两人乡试。

巳
申
寅
辰辰巳巳
辰辰巳丙
巳午未申
辰　　酉
卯　　戌
寅丑子亥

断曰：辰时者正榜，酉时者副车。缘天罡为领神[②]之神，从魁贵人在后故也。及排辰时课：干乘德禄，支见月将、青龙，又禄马入传，朱[③]雀生幕贵人，是以知为前列。酉[④]时，三传乃午丑申也。幕贵、朱雀作官星临辰，干上子乃下旬之旬首，是以知为副车。此二课，皆以时断中。秋后放榜，正副俱如所占。

庚寅七月甲申日寅时巳将，宜陵景生己[⑤]府院试可能取否？

---

① 校者注：他本作“兴”。
② 校者注：他本作“袖”。
③ 校者注：原文“光”。
④ 校者注：原文“丙”。
⑤ 校者注：他本作“占”。

申

亥

寅

寅亥申巳

亥申巳甲[①]

申酉戌亥

未　　子

午　　丑

巳辰卯寅

断曰：不但府试高取，院考定然首拔。盖因月建、旬首发用，末传德[②]禄驿马会入天门，传将进[③]引，格合天心，又干支交车生合，斗罡[④]、天喜临年，主有非常喜庆[⑤]，首拔无疑。又问：该就府送考？就司送考？余曰：六合乘戌加未，商籍稳妥。后果得榜首。

己丑五月癸酉日酉时申将，友人李庚白占续弦成否？

未

午

巳

未申亥子

申酉子癸

辰巳午未

卯　　申

寅　　酉

丑子亥戌

断曰：占婚必成，成后必有讼。盖因成神入传，支上神又生其干神，女愿与男连姻。亶财官旺相，偕老有子之象。有讼者何？中末生助初鬼，克害

① 校者注：原文"申"。

② 校者注：原文似"无"。

③ 校者注：原文阙。

④ 校者注：原文"正"。

⑤ 校者注：原文阙。

干上神，又财乘暗鬼，必主因妻致讼。娶月余，前夫之弟告理，破财百金。

甲子四月癸卯日午时申将，有一人求占六甲。

未
酉
亥
未巳巳卯
巳卯卯癸
未申酉戌
午　　亥
巳　　子
辰卯寅丑

断曰：三传四课纯阴，阴极阳生，干上卯属震，长男之象。又系幕贵，生贵儿必矣。且支加干，俯首见子，生必顺利。但四课不备，未能足月。曰：何时生？曰：六月。因未为养神发用也。后果如所占。余又[①]细看之，子冲胎神，子上见寅，子日寅[②]时生。

丁丑十月癸丑日酉时卯将，大司礼曹化淳占东宫田妃六甲。

未
丑
未
丑未丑未
未丑未癸
亥子丑寅
戌　　卯
酉　　辰
申未午巳

断曰：此男子之祥也。然生而难育，应在卯年。盖因纯[③]阴返阳，其

① 校者注：原文“人”。
② 校者注：原文“再”。
③ 校者注：原文“纪”。

为生男必矣。但九土克一水，何以能育？且胎神夹克无气，此追魂之魔。卯为子，寅为东宫，受酉将金煞冲克，是以知卯年不育。未几，田妃生第[①]六子，卯年殒命。

庚辰二月辛卯日戌时戌将，一江右人求占六甲。

卯
子
午
卯卯戌戌
卯卯戌辛
巳午未申
辰　　酉
卯　　戌
寅丑子亥

断曰：此必双[②]胎，皆男子也。主八月辰日戌时生，母子清吉。何以知为双胎？以日月建重叠作胎神，乘旺气故也。何以知为两男？卯属震宫，震为长男；日上河魁，乾宫所属，亦男也。何以知八月生？酉冲卯胎也。辰日戌时者，辰为养神，待干上戌来冲也。

己丑二月辛丑日亥时戌将，有一回子占生产。

子
亥
戌
亥子申酉
子丑酉辛
辰巳午未
卯　　申
寅　　酉
丑子亥戌

① 校者注：原文“黄”。
② 校者注：原文“占”。

断曰：占产难生，子母皆亡。盖因干上虎遁丁神作暗鬼，支上子作游魂。又魁度[①]天门，斗云[②]日本。其子如何能生？况天后象母，受寅将劫煞克制，是以母子不保。未几，子未出，母已死矣。

甲申五月乙未日未时申将，东省张四知相公寓居扬州，因高镇屯兵北[③]门，求占行止。

酉
戌
亥
酉申午巳
申未巳乙
午未申酉
巳　　戌
辰　　亥
卯寅丑子

断曰：驿马、战雄加干，劫煞、日鬼临支，从魁乘元武发用克日作来年太岁，明年此地还有兵[④]戈扰攘。如何居？且喜日上罗网逢空，天上三奇入传，又三传遁入阴位，末[⑤]见长生。相公必当迁居水乡以就生为急也。相国遂渡江而南。

乙酉四月癸亥日午时酉将，予在淮阴，欲回扬州移家，因占一课，该城住？乡住？

---

① 校者注：通“渡”。
② 校者注：疑为“临”。
③ 校者注：原文“兆”。
④ 校者注：原文“典”。
⑤ 校者注：原文“求”。

辰

未

戌

巳寅未辰

寅亥辰癸

申酉戌亥

未　　子

午　　丑

巳辰卯寅

断曰：课得斩关，又阳将传入阴位，理应就西北水乡卜居安稳。住城即遇贼兵，亦无大害。因鬼墓加干发用，赖有支上寅木力能为救，且靠[①]阴鬼力，所谓“鬼贼不出万事宽”也。后别邗关，船被[②]兵拘[③]，因入城中，史阁部命守西城，城破，一家投水未死。

甲申二月乙丑日申时亥将，如皋季大生铨部，持丹阳孙公所占进京课，与余断。

未

戌

丑

未辰戌未

辰丑未乙

申酉戌亥

未　　子

午　　丑

巳辰卯寅

断曰：必不能北行，即行亦半途而旋。盖因墓覆日干，所为不通。干神归支，利静而不利动。又中末[④]皆空，课传年命未见二马；乙，主半道

① 校者注：原文似“告”。

② 校者注：原文“彼”。

③ 校者注：他本作“据”。

④ 校者注：原文似“卷”。

言旋。是以知其不能北行也。但今年却要起官，因青龙居干发用，年上酉乘皇恩为官星故也。弘光时，果官尚宝。

庚寅五月庚申日丑时申将，徐盟鹿携妻子远行，占得此课，求予断。

戌
巳
子
戌卯戌卯
卯申卯庚
子丑寅卯
亥　　辰
戌　　巳
酉申未午

断曰：男女远行，俱不得意，中途被劫，死于他乡。盖因男干女支，俱坐空墓之地；卯受干支之克，主舟车破坏；壬戌加卯发用，名天河地井相迫，且为死气凶煞；中传劫煞、旬丁，刑克干支；末传日死；子加巳，为阳生临于阳绝。其祸必矣。后行近江西百余里，男女五人被[①]盗而死。

戊辰十一月壬戌日巳时寅将，余在燕京，江都倪子元占父何日到京？途中平安否？

巳
寅
亥
辰未巳申
未戌申壬
寅卯辰巳
丑　　午
子　　未
亥戌酉申

断曰：行人已抵燕界，丙寅日方到，但途遇马贼抢劫。盖因贵人、正

① 校者注：原文似“后”。

时、二马、旬丁俱入课传，末足临寅，乃幽燕之分，二阴夹阳，中传见寅，故主寅日到。但元武、驿马临干，遥克庚午命神，主大路有马贼抢劫。丙寅日果至平子门外，途中遇马贼，劫银四十两。

庚寅二月癸卯日子时戌将，徽友程翔云，占引部孙杨二公可来赴任否？

丑

亥

酉

亥丑酉亥

丑卯亥癸

卯辰巳午

寅　　未

丑　　申

子亥戌酉

断曰：四月必来赴任，但居官不久耳。盖因丑作游神发用，三[①]传虚巳贵以待合局，故知其四月必来也。嫌两贵空陷，虚喜而已。况干神临支，被支所克，纵来亦失意之象。且格合回环，主来而复去。居官其能久乎？果五月奉旨[②]撤回。六月驿马加未，行矣。

庚寅七月丁丑日巳时午将，江西李梅公少司马在扬占行人。

申

酉

戌

卯寅酉申

寅丑申丁

午未申酉

巳　　戌

辰　　亥

卯寅丑子

---

① 校者注：原文“二”。

② 校者注：原文“吉”。

断曰：行人尚未起程，九月节后子、丑日，方能到扬。盖因进茹[1]逢空，元武、劫煞加支克支，主当地有兵戈盗贼扰害，是以未能起程。九月后方到者，因子爻入于末传，且贵人、游神、驿马会于戌地故也。果九月伊子到扬。

乙丑十月辛亥日午时卯将，予在金陵，壬友王养吾占妻病。

巳

寅

亥

巳申辰未

申亥未辛

寅卯辰巳

丑　　午

子　　未

亥戌酉申

断曰：蛇鬼发传，遁鬼加干，巳作闭口，食神坐空，病主胸膈不宽，饮食少进。且驿马发用，游魂加支，何以得生？目今子爻制鬼尚属无妨，恐来年初夏，太岁生鬼为可虑耳。况夫占妻岂宜财空？且辛日亦不宜占病，以辛作亡神故也。

乙酉正月己亥日巳时子将，总漕标[2]官卢承山占病。

午

丑

申

丑午酉寅

午亥寅己

子丑寅卯

亥　　辰

戌　　巳

酉申未午

① 校者注：原文“知”。

② 校者注：他本作“漂”。

断曰：脾土受症，目今无虑。六月恐有不测之忧。盖木为官鬼，则脾经受症矣。当以平肝清心为上。但死气发用，干支上乘明暗二鬼，禄神临于绝地，驿马又入墓乡，皆非病人非宜。又干鬼克日临未，故知其六月必死。果应。

己丑八月乙未日卯[①]时辰将，己[②]友程孝延为酉如[③]人占病。

酉

戌

亥

酉申午巳

申未巳乙

午未申酉

巳　　戌

辰　　亥

卯寅丑子

断曰：占病不治，八九交会之时乃其死期也。何以知其不起？盖课传革[④]故从新，支上二鬼克日，救神又空，且二马临身、宅，乘青龙、太常，谓之孝服纸钱煞。必有死丧之忧。何以知其死期？二阴一阳，中传戌临酉位，是八九交会之时也。果交九月节死矣。又：此课占病，曾死二人。

辛卯二月丁未日卯时戌将，有楠姓者[⑤]，为董[⑥]晋侯占病。

---

① 校者注：他本作“巳”。

② 校者注：原文“巳”，疑为衍文。

③ 校者注：疑为“命”。

④ 校者注：原文“草”。

⑤ 校者注：原文“首”。

⑥ 校者注：原文“重”。

酉
辰
亥
酉寅酉寅
寅未寅丁
子丑寅卯
亥　　辰
戌　　巳
酉申未[1]午

断曰：此病主手足不举，全无一点生气。盖因课传初死末绝，干支长生入空，又年上蛇巳追魂克日，子巳相加，为阳生临于阳绝，安能有救乎？何以知手足不举？因卯加申、戌加卯也。何日死？亥为日绝，亥上见午又为禄绝，亥日午时死矣。

辛未四月丙辰日午时酉将，莱阳迟芝莱父师为人代占。

申
亥
寅
戌未亥申
未辰申丙
申酉戌亥
未　　子
午　　丑
巳辰卯寅

断曰：此课财、官、驿马递生干神，大吉之兆。曰：此公已撄重戮，生全即出望外，矧[2]敢非分求乎？曰：篇神发传，中传贵绝，末见长生，此为绝处逢生。斗罡居命，指日出狱，第嫌戌临岁位，谪戍有所不免，然后来仕途显达。后知为张蓬元先生也。思宗因旱祈雨，赦文武大臣七人，

① 校者注：原文“木”。
② 校者注：原文讹误，他本作“矧”。

公在其内。后历仕至大司空。

辛[①]未四月癸亥日午时酉将，商城熊奋渭兵垣为戊寅命人代占。

辰

未

戌

巳寅未辰

寅亥辰癸

申酉戌亥

未　　子

午　　丑

巳辰卯寅

断曰：此课太岁克日，主君上不喜，须得木姓人解救，方可消释。盖因三传纯官鬼，又关墓覆日，雀入勾乡，岂不为凶？喜福德、仪神临支，贵德、丁马、皇书临命，定可转凶为吉。惟嫌戌[②]临行年，谪戍有所难免。后知为云间钱相公也。刑长垣李觉斯上疏救之，减死谪戍。

丙子二月乙酉日巳时戌将，淮阳巡按湖州胡振缨，因贼焚凤灵被逮，刑部已定重辟，索占。

未

子

巳

未寅寅酉

寅酉酉乙

戌亥子丑

酉　　寅

申　　卯

未午巳辰

① 校者注：原文阙。

② 校者注：原文“成”。

断曰：此课必遇恩赦，六月便有出狱之征。盖因皇恩临干，天赦加支，又解神发用，中传太岁贵人生日，罪虽至重，亦能转凶为吉。但嫌戌临本命，谪戍未能免。后曹大司礼奉命热审，豁罪贬[①]戍。六月者何？因未作青龙上乘岁贵，故也。

丙子三月乙未日卯时戌将，御马监太监冯允升被逮，刑部已定重辟，求占。

午
丑
申
酉寅午亥
寅未亥乙
子丑寅卯
亥　　辰
戌　　巳
酉申未午

断曰：此课必遇恩赦，仍拔重用之兆。盖因日上皇恩，支上天赦[②]，又太岁贵人生日，罪虽至重，亦能转凶为吉。且传将递生，初末引从未[③]命且加太岁位上，定主上台推荐。果六月热审，豁罪谪戍，发京营立功复职。又：东省戚司宗都司，已定重辟，同日占得此课，其应亦同。因都司未命，为初末所暗拱也。

丙子三月己酉日卯时戌将，粤东陈秋桃少宗伯，为宗藩建言被逮刑部，占出狱。

---

① 校者注：原文“败”。
② 校者注：原文讹误，似“匙”。
③ 校者注：原文“子”。

亥

午

丑

亥辰酉寅

辰酉寅己

子丑寅卯

亥　　辰

戌　　巳

酉申未午

断曰：目下不能，交四月甲戌日方出狱也。盖因发用皇恩、驿马坐于墓地，必有稽迟。且赤乌犯太岁，如上疏，旨意必驳。至四月巳建戌日冲开墓中之驿马，方有出狱之应。众不然其说。是月冯大司寇上疏，不准。四月复上，乃出狱。

丁丑正[①]月癸未日卯[②]时子将，山东抚台李懋芳被总镇刘泽清参劾逮问，求占。

戌

未

辰

丑辰未戌

辰未戌癸

寅卯辰巳

丑　　午

子　　未

亥戌酉申

断曰：占讼最难辨雪，后却无甚大凶，不过虎头蛇尾之势而已。盖课传虎蛇勾阴，又太岁岁破克日，主君相见责。所喜传见皇恩，命乘天赦。又以末传之辰蛇冲初传之戌虎，以凶制凶，其凶自散。但今行年恩星泄鬼

① 校者注：他本作“十一”。

② 校者注：他本作“辰”。

之气，目下尚难辩，当明春太岁为救，脱罪出狱当在彼时。后是冬上疏，新正，旨下，谪戍。

丁丑五月甲子日巳时申将，徽友吴子达在京为人代占。

申
亥
寅
午卯申巳
卯子巳甲
申酉戌亥
未　　子
午　　丑
巳辰卯寅

断曰：发用龙官内战，必因宰辅窝里生非而败事者。且命上勾陈为祟[①]，又丁动刃逢，贵履地网，公讼羁囚有所不免。幸太岁生命，勾阴育干，事可辨雪。曰：日后何如？曰：初传月将青龙，末[②]传德禄驿马会入天门，定然位居显要，忌坐空，难以久远。后知为常熟钱牧斋太史也，事果辨雪，后官至大宗伯。

丁丑七月丁亥日辰时巳将，太仓钱諟奄中翰占常熟陈南洲逮问吉凶。

申
酉
戌
丑子酉申
子亥申丁
午未申酉
巳　　戌
辰　　亥
卯寅丑子

① 校者注：原文“宗”。
② 校者注：原文“夫”。

断曰：占讼最凶，全无救[①]解。盖因发用皇诏乃支神之劫煞，又蛇虎二墓加临卯酉，此为[②]冢墓门开，必主有死丧之事。且传将病死墓俱见，缘何有救？又年上勾刃带木，是用刑人执杖，定遭凶死。后刑部鞫[③]讯满杖，毙于枷。

壬午七月甲午日午时巳将，有一客至埂子街求占。

子

亥

戌

辰巳子丑

巳午丑甲

辰巳午未

卯　　申

寅　　酉

丑子亥戌

断曰：公乃科第中人，非田姓即王姓也，然有获罪朝廷之事，终亦不至大咎。盖贵人临身，必科第中人；然四破发用，传将退茹，交车六害，贵被朱克，是以有获罪朝廷之事。喜初中后阴为恩，尚无大咎。后知为荆州知府王承曾，甲戌进士，以失城逮[④]问，贼破燕京遂归。

癸未九[⑤]月丁未日未时辰将，丹阳盛顺白被逮进京，舟泊邗关，求占。

① 校者注：原文阙。据他本校补。

② 校者注：原文阙。

③ 校者注：原文“鞠”。

④ 校者注：原文“远”。

⑤ 校者注：他本作“七”。

亥
辰
辰
丑辰丑辰
辰未辰丁
寅卯辰巳
丑　　午
子　　未
亥戌酉申

断曰：其事定然辨雪，到京公讼全休。盖因月将青龙加临干支，勾陈生日，官鬼空陷，且贵德皇[①]恩作长生临命，是以公讼辨雪且休息矣。因为宜兴周延儒相公占，亦得此课。曰：己丑。曰：命见日墓，年乘三刑，与寅命相去甚远，乌能无罪？后相国赐死，李贼破燕，盛脱归。

甲申五月己丑日午时申将，见日有大晕围绕，众皆曰此祥瑞之气，应于福济，予袖[②]传一课。

卯
巳
未
巳卯亥酉
卯丑酉己
未申酉戌
午　　亥
巳　　子
辰卯寅丑

断曰：此非祥瑞之气也。盖因干为天位而乘死神，支为社稷而见败气，且元武日鬼发用，克干克支，干神坐空，不能为救，又太岁临灭没之方，贵人复履地网，中州吴越必失封疆，君国败亡，此其兆也。后福藩登位一载，果失其国。

① 校者注：原文“昆”。
② 校者注：原文“子神”。

己丑三月乙丑日亥时戌将，广储门外普贤庵僧人敏若，半夜因鸦鸣占得此课，求断。

子
亥
戌
亥子寅卯
子丑卯乙
辰巳午未
卯　　申
寅　　酉
丑子亥戌

断曰：主有贼八九人，自东北而来，劫邻人衣服财物而去，汝庵无妨。然五日后必获。盖因游都临支发用，左见劫杀、天空，右见元武、驿[①]马，故主有此应。子发用，必自东北而来，子加丑乃八九之数；五日获者，因勾陈居支前五辰，遥克元武，又元阴度亥，贼何所逃乎？果亥时右邻木客被劫，次日北关外获盗二名。

己丑六月乙未日亥时未将，天宁寺半[②]夜内外[③]惊[④]喧，江南吴一山占此，问予主何应候？

卯
亥
未
亥卯申子
卯未子乙
丑寅卯辰
子　　巳
亥　　午
戌酉申未

① 校者注：原文“与”。
② 校者注：原文“守”。
③ 校者注：原文“卯”。
④ 校者注：原文“京”。

断曰：主有贼船东来，无略城致邑[①]之虞。盖因游都勾陈临干，白虎带风伯雨师作支鬼发用，又合中犯煞，故主东有贼船至。幸初传休囚，末传建旺，又是月将，且犯煞游都俱坐空乡，是以城邑无虞。己亥日报贼自东方来，水陆并进，余以申时以三传戌酉申初旺生末，格合返驾，主不战而自退。官兵出，贼遂自散。

丙寅四月丙寅日寅时酉将，维扬建龙寺僧丽天在蓝园住静，相晤[②]求占。

子
未
寅
辰酉未子
酉寅子丙
子丑寅卯
亥　　辰
戌　　巳
酉申未午

断曰：神后乘六合作鬼临干发用，必有阴人缠绕。僧默然，久之，曰：吉凶若何？曰：干支首尾相见，一时不能拆离[③]。且河魁[④]加卯命上，马临行年，又将乘天后，必有相携而逃之意。然而传将互克日，防岭[⑤]人攻诉[⑥]。僧因此渡江，后复来扬，携妇而去。

庚寅四月乙酉日巳时酉将，弯子街一人求占子逃，何方寻之？何日可得？

① 校者注：原文讹误，他本作“攻城破邑”。
② 校者注：原文“语”。
③ 校者注：原文“析力”。
④ 校者注：原文“则”。
⑤ 校者注：即“邻”。
⑥ 校者注：原文“折”。

申

子

辰

巳丑子申

丑酉申乙

酉戌亥子

申　　丑

未　　寅

午巳辰卯

断曰：此子逃于西南，四十八里近水楼房之家。待[1]往金山游寻之[2]，亥子日可得。盖申为金，加辰为山，又水局围绕，岂非金山乎？元卯居亥，即近水楼房，亥加未，上下相乘，即西南四十八里。子爻[3]又入于支阴，而勾陈克元武，故寻之可获。亥子日者，乃子爻爻克之日也。后二日，其子果自金山而回。

庚寅十月癸卯日申时卯将，同乡王阴槐占失马，地何处？找[4]寻可得？

卯

戌

巳

巳戌卯申

戌卯申癸

子丑寅卯

亥　　辰

戌　　巳

酉申未午

断曰：此马在西北山岗寻之，三日内必获。盖[5]因末传空亡之马加于

① 校者注：原文“时”。

② 校者注：原文“七”。

③ 校者注：原文此字在“勾陈”后。现予调整。

④ 校者注：原文“我”。

⑤ 校者注：原文“虚”。

戊地，故知在西北山岗也。三日内必获者，因类神临处相生且入于支阴，故也。出旬，旬空填实，此马即获矣。果三日，于西北方寻获。

己巳十一月丁酉日戌时丑将，莱阳迟芝莱父师因本[①]乡有一举人作乱，求占。

子

卯

午

卯子丑戌

子酉戌丁

申酉戌亥

未　　子

午　　丑

巳辰卯寅

断曰：指日败擒，无烦过虑。盖因干支上乘死墓，难免一番危惊，但发用元鬼临于败地，日上神又制之，是以不能持久，交土旺时，自休息矣。又问：家宅安否？曰：何命？曰：乙亥、戊子。曰：亥年驿马日贵；子年乘河魁。又两贵夹拱亥命，有功名而未成；子乃科第中人，俱迁居他处矣。曰：亥命家兄秀才，子命舍弟举人。十二月，为乱者事败，家中安堵。

辛未正月戊申日未时亥将，乡友刘一纯[②]经历占病。

辰

申

子

辰子丑酉

子申酉戊

酉戌亥子

申　　丑

未　　寅

午巳辰卯

① 校者注：原文“木”。

② 校者注：原文阙。

断曰：从魁临干，为日之死气，必因少阴致病。但传将合成财局，生其日鬼，一时难以脱体[1]。曰：何时可愈？曰：甲戌流年方且不保，遑问愈乎？缘纯财生木克日，故是年冬可虑。但元武发用，传归支上，须防窃盗。三月果被窃，刘复来。余以原课断云：贼北方，陈姓一人耳。告官可获。辰与陈姓同音，元武临子，子合一数。官鬼遥克元武，公命上神又制之，故告官可获。曰：何日获？曰：三日。果验。

壬午五月丙戌日丑时申将，予在淮安，有江阴六壬袁友为宿迁陆生奋翼占考试。

子
未
寅
子巳未子
巳戌子丙
子丑寅卯
亥　　辰
戌　　巳
酉申未午

断曰：院试必取，科举省试未能遂意。曰：史抚台已升凤督去否？曰：不能。盖因驿马坐墓，干神归支，静象也。曰：宿迁今岁安堵否？曰：岁破、月破作日鬼加干发用，冬月必有兵警。幸中传制初，来兵必败怯而退。又干神加支生支，居守保固，可无破城之患。又问女病。曰：胎神发用，血支加支，又课体不备，必因产症以致失血虚弱，心胸不利，冬月不保。后曰[2]：事俱验。

壬午十月己亥日未时卯将，东省王米山携子来扬访陈东明求功名，至埂子街访予，索占。

① 校者注：原文“休”。
② 校者注：他本作“四”。

未
卯
亥
卯未亥卯
未亥卯己
丑寅卯辰
子　　巳
亥　　午
戌酉申未

断曰：传将逆合，干神归支，郎君理应回东省求功名。且贵地不日兵动，宜迁他处以避之。然此犹后日事，日今须防失脱。果被盗。王复来。余曰：元武脱气居丑命，所盗者郎君物耳。须防复至。三日复被盗。王曰：何以知之？曰：课传回环，故知其复来耳。曰：山东兵动者何？曰：三传合局作鬼，又日鬼将星克干，鲁都白虎克支，必有攻城破邑之患。后果如所占。

丁丑十二月丁酉日卯时丑将，江西曾应遴[①]兵垣，因雪后云[②]气昏沉，用禽数断云：明日必雪。予以六壬占[③]。

丑
巳
巳
巳未卯巳
未酉巳丁[④]
卯辰巳午
寅　　未
丑　　申
子亥戌酉

① 校者注：原文“鲁应近”。
② 校者注：原文字迹模糊。
③ 校者注：原文“古”。
④ 校者注：原文“于”。

断曰：明日无雪，且有日色。因太阳发用，乘朱雀，乃南方火之精也。且三传四课纯阴，阴极阳生[①]，必有日现。至庚辛日有风暴起，因日禄乘白虎加申，上下战克。又未为风伯，酉为风煞，未与酉会，故主有此应。

戊寅三月己巳日丑时戌将，莱阳迟芝莱谏垣因思宗祈雨，求占。

寅

亥

申

寅亥申巳

亥申巳己[②]

申酉戌亥

未　　子

午　　丑

巳辰卯寅

断曰：巳午之日先有狂风起，出旬甲日小雨，乙日大雨。盖因斗罡加未，未为风伯，发用功曹、劫煞克日，故主有狂风。又：贵登天门，龙神飞天，皆行雨之象。因中末亥申空亡，故云出旬有验。甲日小雨者，乘休气空亡也。乙[③]日大雨者，子卯相刑也。

庚寅四[④]月甲寅日卯时申将，天气亢旱，闻鸠鸣[⑤]，因占一课，看有雨否？

---

① 校者注：原文“住”。

② 校者注：原文“甲”。

③ 校者注：原文阙。

④ 校者注：他本作“五”。

⑤ 校者注：原文“鸟”。

子

巳

戌

子未子未

未寅未甲

戌亥子丑

酉　　寅

申　　卯

未午巳辰

断曰：此课乃风大雨小之象。盖因风伯临干支、会寅，寅中有箕宿好风，中传巳为风门又遁旬丁，岂不今日有风？神后发用旬空，待今晚夜子时填实，岂不有雨[①]？因休废空亡，故不过[②]洒尘而已。

庚寅五月甲戌日未时申将，天气亢旱，途[③]中遇一人占何日有雨？

辰

巳

午

子亥辰卯

亥戌卯甲

午未申酉

巳　　戌

辰　　亥

卯寅丑子

断曰：明日必雨，六日后连雨。盖因天罡加卯，日居贵前，龙神飞天，贵人居子，皆行雨之象。缘神后加亥，故知明日必雨。中传巳上遁[④]辛，巳中丙火与辛金作合，化而为水。又式中辛壬上见亥子壬癸，二干加临巳午之位，故知六日后连雨。

---

① 校者注：原文“丙”。

② 校者注：原文“道”。

③ 校者注：原文“进”。

④ 校者注：原文“道”。

辛未四月丙子日酉时酉将，莱[1]阳迟芝莱父师占东省[2]地方安否？

巳

申

寅

子子巳巳

子子巳丙

巳午未申

辰　　酉

卯　　戌

寅丑子亥

断曰：东省，齐分。主有伏地兵作乱，民人尽遭伤也。盖因干上勾陈、月建，被支之将星元武所克，是以有伏兵屠杀之虞。又传将递克，游都、虎、马入于末传，官防参劾，民人流亡。冬月水旺，元武得令，此其时也。后孔耿李三将兵起，破登府七州县，总兵张可大自缢，孙巡抚逮问典刑。

甲申三月丙午日午时酉将，乡友卞孟公闻真定被贼围困，占城池安危。

申

亥

寅

子酉亥申

酉午申丙

申酉戌亥

未　　子

午　　丑

巳辰卯寅

① 校者注：原文“未”。

② 校者注：原文“石”。

断曰：不惟真定城破，即燕京亦有他虞[①]。盖因岁建内战发用，冲克旬[②]空之末传，又干支互克，兼[③]上神两阴神又克其干支，主居民心散，兵马为钱粮内变，左右献城之象。且末传寅为幽燕，被初传申马冲克，此日燕京亦必为贼所破。月余闻报，果验。

甲申四月庚申日辰时酉将，如皋[④]季大生铨部占燕京安危[⑤]。

卯

丑

丑

午丑午丑

丑申丑庚

戌亥子丑

酉　　寅

申　　卯

未午巳辰

断曰：贼自西山出奇，先攻西南后攻东北，大有凶变之忧。盖贼兵自戌发用，克中、末、干、支、贵人，而天空临寅，此地疏虞，贼必乘虚而入，且干支乘墓，而阴[⑥]神虎鬼又克干支及太岁，左右献城之象。后闻李贼明攻张掖，暗逾东直，城中鼎沸，而开门出降矣。

甲申五月庚子日巳时申将，总兵高杰颂兵自河北而来，围困断扬城近半月，江都令李日成占城[⑦]池安危。

---

① 校者注：原文“虚”。

② 校者注：原文似“何”。

③ 校者注：原文讹误。

④ 校者注：原文“鼎”。

⑤ 校者注：原文“象土”。

⑥ 校者注：原文“除”。

⑦ 校者注：原文“贼”。

午
酉
子
午卯寅亥
卯子亥庚
申酉戌亥
未　　子
午　　丑
巳辰卯寅

断曰：城虽可危，不日围解。盖因四课全脱，内外空虚，城甚可危。但初传鲁都、白虎乘月建作鬼，彼兵虽凶，幸末传游都、螣蛇又系月破冲克初传，以凶制凶，其凶自散，不过虎头蛇尾之势而已，故曰不日围解。

乙酉四月辛酉日申时酉将，左镇兵南侵，总漕田百原奉命勤王，兵已发矣，诸将士求占。

亥
子
丑
亥戌子亥
戌酉亥辛
午未申酉
巳　　戌
辰　　亥
卯寅丑子

断曰：此课白虎驿马临干发用，彼兵虽有虎假虎威之势，但坐于戌土之上，受其克制，举动定有阻塞。但我兵此行，必至半途而回。盖干支俱乘罗网，中末二传皆空，又干神归支，岂能前进？况辛日南征，日被方克，亦于军不利。后至扬州，高镇兵出城抢船，遂与史阁[1]部商议，抽兵而回。

① 校者注：原文“问”。

乙酉四月丁丑日辰时酉将，大兵攻扬城，守门将士索占。

巳

戌

卯

亥午巳子

午丑子丁

戌亥子丑

酉　　寅

申　　卯

未午巳辰

断曰：游都虽临畏地，然建旺发用，其势甚为汹涌。末传又生其初传，主有自行投降之象。城安能保乎？且课名铸印，中传戌又为占时冲破。印见刑冲则为破印矣。又戌为州城、为牢狱，屠城放狱，应在咫尺。饭后步入旧城，城已破。

乙酉五月乙酉日辰时申将，同盟副师杨九苞督舟师随征，修书相召，予因事固辞，仍占一课寄之。

申

子

辰

巳丑子申

丑酉申乙

酉戌亥子

申　　丑

未　　寅

午巳辰卯

断曰：放心前行，此去南都定然归顺，须防东南有兵变耳。盖因末传财[①]爻生其初传官鬼，且结水局生日，又三六相呼，是为主者必归顺而降也。且干支休囚，则旺气在内，其城不可拔，亦无屠戮之惨，但辰阴白虎

① 校者注：原文“则”。

乘旺克酉支之太岁，故须防东南兵变也。后果如所占。

戊子三[①]月乙亥日未时亥将，兴化李少文谏垣寓江宁虑金兵东下，索占。

未
亥
卯

未卯子申
卯亥申乙

酉戌亥子
申　　丑
未　　寅
午巳辰卯

断曰：金兵不但不能东下，且不能持久。因游都居西南恋生，且离日辰远。又初传休囚夹克，末传建旺制初，是守坚敌弱，故知其必不东下而又不能持久也。但太岁合水局，以生春夏之木，只今颇能坚守，一交丑[②]年合成金局，破坏传中之木，即难以支持矣。果应。

古博占验[③]

庚辰十一月壬辰日酉时寅将，余在怀庆时王觉斯撰台自北都而来，欲回原籍孟津，求占吉凶。

① 校者注：他本作“二”。

② 校者注：原文“壬”。

③ 校者注：标题为点校者据目录添加，即卷五目录之“郭御青先生占验”。下“庄程两先生占验”同。

寅
未
子
寅酉酉辰
酉辰辰壬
戌亥子丑
酉　　寅
申　　卯
未午巳辰

断曰：此课支加干克干、墓干，卑凌尊，下犯上，为上门乱首。且发用二马受制，中末空亡[①]，三传递克，贵人入狱，大凶之课！如回籍必有祸患，王公遂止，不行。次年春，贼陷洛阳，获免其难。

辛巳十二月壬寅日酉时丑将，余在许州，占此地尚可居否？皇丁圣林督师。

未
亥
卯
戌午未卯
午寅卯壬
酉戌亥子
申　　丑
未　　寅
午巳辰卯

断曰：此课勾陈作日鬼发用，又合局脱干，支为城，又为上神所脱，主兵戈扰攘，民人空虚之象。且干支皆逢死气。毕法云：人宅皆死各衰羸。正合此格。此地不可居也。督师于次日回决，越日贼至许，而城破矣。

---

① 校者注：原文“三”。

辛巳十二月己未日辰时子将，马杨中直指在河北延津欲渡河回陈留，求占吉凶。

卯

亥

未

亥卯亥卯

卯未卯己

丑寅卯辰

子　　巳

亥　　午

戌酉申未

断曰：此课三传合局，克干克支，干支上神又克其干支，全无[①]一点救解。又丧吊全逢，而贵空陷，大凶之课。陈留不可回也。公不听，径往邱封问渡抵家。二日，即遇贼至。家口多丧失，仅以身免。

辛巳十二月甲寅日午时丑将，闯贼兵马在汴东百余里，合在阳武县，占省城安危。

酉

辰

亥

辰酉辰酉

酉寅酉甲

子丑寅卯

亥　　辰

戌　　巳

酉申未午

断曰：贼当于二十三日至城东北[②]，危急而无害。盖因酉以破碎乘勾陈发用，全伤干支，城池危至九分。游都虽空，交甲子旬填实，亥水恩星

① 校者注：原文阙。

② 校者注：原文"此"。下文同。

反空。所以云：贼二十三日至。酉临艮地，所以云：东北受伤。幸初传生起末传，育其干支，是以云：危急而无害。

辛巳十二月乙卯日巳时丑将，因雪后占省城安危，并前课，至中州有师丁圣林各宪。

未
卯
亥
未亥申子
亥卯子乙
丑寅卯辰
子　　巳
亥　　午
戌酉申未

断曰：此课白虎作墓发用，亦凿城毁池之象也。三合犯煞，游都临干，虽值旬空，至甲子旬填实，贼兵即至矣。亦赖末传亥水育其干支，自墓传生，亦危中之救。时闯贼在汴东百余里，后果于甲子日至城下，攻城东北阳二十余日，危至九分。后闻左光手、纪镇起兵来援，贼乃遁去，城克保全。

壬午正月戊寅日辰时子将，丁圣林督师长公子在汴城，占左镇援兵何日可到？闯贼何日退兵？

戌
午
寅
午戌酉丑
戌寅卯戊
丑寅卯辰
子　　巳
亥　　五
戌酉申未

断曰：此课三传合局生身，且乘相气，必有救援兵至。嫌干上[①]丑为合中犯煞，到十三日，癸未冲去丑字，则援兵至而贼退矣。且游都、勾、武俱入空陷之乡，贼又何足忌[②]乎？果于十三日，左镇兵有东来之信，十五日，贼移当而去。

庄程占验

□□[③]九月辛巳日卯时辰将，余在江宁占新安程翔云何日到省？

午

未

申

未午子亥

午巳亥辛

午未申酉

巳　　戌

辰　　亥

卯寅丑子

断曰：行人已自宅中起程矣。应于丙戌日到。盖因白虎、驿马临干，贵人发用入辰。又：嚆[④]矢见金，即箭之有锥，故知其起程。丙戌日者，以马临戌，又为发用之墓绝，且寅为本命，午为用神，与戌作三合也。后果于丙戌日到。（庄公远）

辛巳正月乙酉日未时子将，余在新安，见雨雪寒甚，民多冻馁，有感而占。

---

① 校者注：原文“支”。

② 校者注：原文“志”。

③ 校者注：原文阙如。

④ 校者注：原文“蒿”。

未
子
巳
未寅寅酉
寅酉酉乙
戌亥子丑
酉　　寅
申　　卯
未午巳辰

断曰：今岁天气亢旱，风大雨小，田禾欠熟，且有疫疠死亡之患。盖因初中风伯会箕，神后夹克，末传巳为风门，又将乘白虎。故知天气亢旱，风大雨小也。未为田园，子属稻谷，二者俱空。故知田禾欠熟也。又支作天鬼克干，上门乱首。劫煞入辰，三传递克，此疾病死亡之征也。后果如所占。（程翔云）

甲申正月丁亥日酉时子将，余在广陵闻报兵警，占岁内吉凶？

午
戌
寅
巳寅丑戌
寅亥戌丁
申酉戌亥
未　　子
午　　丑
巳辰卯寅

断曰：墓神覆日，白虎临支，又丧吊入传，定有兵丧不测之忧。且干支乘脱，内外空虚，又支阴勾陈、游都、驿马会入幽燕之地，刑克太岁贵人，又为用神大将军所克，将来于君不利。后果贼犯燕京而有三月十九日之事。（程翔云）

六壬粹言卷六

慕农占验附存

仕宦　考试　婚姻　孕产　求财　出行　行人　探差　音信　趋谒　捕亡　疾病　公讼　盗贼　墓穴　风雨　杂占　射覆

仕　宦[①]

庚辰三月庚辰日子时戌将，乡友陈立斋，占胡省[②]文庶常，朝考可留馆否？

午

辰

寅

子寅辰午

寅辰午庚

卯辰巳午

寅　　未

丑　　申

子亥戌酉

断曰：此公不待散馆而回，且有不测之忧。盖因课得顾祖，有复其旧庐之象。且马至四重，其行必疾，是以知其不待散馆而回也。又干[③]神空亡，丧吊全逢，且作日辰之两鬼，龙神下贼，官禄俱空，不测之忧，其能[④]免乎？果回籍，数月而逝。

① 校者注：标题为点校者根据目录加入，原文无。下同。

② 校者注：原文“肖”。

③ 校者注：原文“土”。

④ 校者注：原文“命”。

庚辰十二月丁未日寅时子将，绍友萧季思，占施南府嵩菽圃太守，能调首府否？

丑
巳
巳
卯巳卯巳
巳未巳丁
卯辰巳午
寅　　未
丑　　申
子亥戌酉

断曰：首府必为吴越人所得，太尊未必能调。然却有别缺之理，且不至一次。盖因日比月建，自别处发用，丑为扬分，是以知为吴越人所得也。目[①]今，中、末、干、支、行年，得五驿马，又系皇恩，命上贵登天门，太岁、月建又生其命上神，是以知署理别缺，不止一次也。后，果署盐法，暨督粮道事。首府，丁公兆祺，江苏人。

辛巳正月丙辰日午时子将，绍友萧[②]季思，占两湖总督张筠团[③]制军，可升调否？

巳
亥
巳
辰戌巳亥
戌辰亥丙
亥子丑寅
戌　　卯
酉　　辰
申未午巳

① 校者注：原文“日”。
② 校者注：原文“肖”。
③ 校者注：他本作“圃”。

断曰：太岁乘天空发用，且遁丁神，生其年上神，中传贵人、天诏加临日干，目下必有征召之应。曰：迁[①]是内用？是外用？曰：龙神与日干相比，是内用。曰：果何官？曰：德禄入天门发用，行年上乘白虎，主有威权生杀之柄，必刑部也。果奉诏入京，随授刑部侍郎，次年转仓场。以是岁行年上乘日禄，故也。

辛巳正月丁卯日卯时亥将，裘慎甫司马，占新任陈望坡制军、温今[②]侨方伯、邓解预廉访三大宪，尚有更调否？

未
卯
亥

未亥亥卯
亥卯卯丁

丑寅卯辰
子　　巳
亥　　午
戌酉申未

断曰：制台、臬台皆到任，藩台尚有更调。盖陈为土，音属未；邓有卯形；温则水旁，属亥。未为干神发用，卯为支神加干，是以知制台、臬台皆莅任也。亥贵旬空，又为干阴之缺神，空缺相并，则其缺空矣。且占其一而缺其一，是以知藩台尚有更调也。后制台、臬台俱到任，温藩台左迁郎中，江西臬司廉敬升湖北藩台。

辛巳正月丙子日申时亥将，任淑渠刺史，占今年可升迁否？

① 校者注：原文讹误，他本作“还”。
② 校者注：他本作“会”。

申

亥

寅

午卯亥申

卯子申丙

申酉戌亥

未　　子

午　　丑[1]

巳辰卯寅

断曰：今年不能，明春定得升迁。盖因财、官、驿马递互相生，中传月将乘贵人，且系天诏，必有迁转之喜。嫌初、中空陷，是以今年未能。明岁行年在亥，上乘皇书、驿马，生其日干、龙神，必得升迁。次年正月，升安陆府知府。

辛巳二月丁亥日午时亥将，任淑渠刺史，占乃弟醴渠太守，在京候选，何日可以得缺？

巳

戌

卯

酉辰巳子

辰亥子丁

戌亥子丑

酉　　寅

申　　卯

未午巳辰

断曰：课得铸印，太常入传，且太岁乘天空发用，生其年命上神，又为支之驿马，今年必得铨选。嫌年乘日墓，目下尚不能得，须俟戌月土旺，墓化为库，得缺当[2]在此时。龙禄居丑，其缺当在吴越之分。果九月，

① 校者注：原文阙“丑寅”二字。

② 校者注：原文“常”。

选宁波府知府。

辛巳九月己卯日戌时卯将，远安令祝苻村明府，奉调锺祥，占部覆可准否？

巳
戌
卯
丑申巳子
申卯子己
戌亥子丑
酉　　寅
申　　卯
未午巳辰

断曰：课得铸印，格合天心。且太岁发用，生其日干，朱雀阴神又生太岁，部覆必准。嫌太岁受上下夹克，是以今年未能。开正，岁建、月建与朱雀作三合，方得部文。但命上驿马夹克，干上幕[①]贵临年，恐前程未能远大[②]耳。后部覆，果准。旋有请告之事。

壬午二月甲辰日丑时戌将，任淑渠[③]刺史，申报祝苻村明府疾痊，求复锺祥原缺，占能准否？

申
巳
寅
戌丑申亥
丑辰亥甲
寅卯辰巳
丑　　午
子　　未
亥戌酉申

① 校者注：原文“暮”。
② 校者注：原文“到”。
③ 校者注：原文“架”。

断曰：此课官星乘天马发用，惜为中传所克，末传德禄、驿马又属旬空，又交车互克，主彼此不和，且日干空亡，太岁克命，贵履地网，朱阴又空，必不能允所请也。后果如所占。

癸未六月乙巳日亥时未将，穆子雨刺史，因案为上司所劾，余代占一课寄之。

酉

巳

丑

酉丑申子

丑巳子乙

丑寅卯辰

子　　巳

亥　　午

戌酉申未

断曰：此课合局克干，命上又乘蛇鬼，应有一番风波。幸三传俱为天将所制，金局无力克干。干上子水，又能脱金之气，生其干神，化凶为吉。虽嫌交车互克，幸干支上神作六合，始虽龃龉，终归和好也。后果如所占。

癸未二月己亥日午时亥将，王叔臣太守相晤，索占。

巳

戌

卯

酉辰巳子

辰亥子己

戌亥子丑

酉　　寅

申　　卯

未午巳辰

断曰：此课白虎、驿马发用空亡，中传朱雀又入空乡，独存末传作日之鬼，且太岁、龙神不安，任内恐有不如意之事。曰：在何时？曰：十月。缘亥上见辰，冲其空印故也。曰：此后如何？曰：明岁年乘日禄，生其日干、龙神，可以稳坐中流矣。后果如所占。

乙酉四月丁巳日巳时酉将，郎牧云刺史，因广西桂林府出缺，占乃兄静谷太守，可能调否？

酉

丑

巳

丑酉卯亥

酉巳亥丁

酉戌亥子

申　　丑

未　　寅

午巳辰卯

断曰：贵神带驿马，作官星加干，三传又合局催之，朱雀乘太岁，作月将加支发用，青龙日禄临年，天喜临命，皆荣调之征也。又马至五重，丁神入传，其应最速。午月节，必得好音。后果如所占。

丙戌正月癸未日申时子将，乡友余篆之占费新桥方伯官星。

酉

丑

巳

卯亥酉巳

亥未巳癸

酉戌亥子

申　　丑

未　　寅

午巳辰卯

断曰：藩宪必有丁艰之事，当回籍也。盖因发用虽为生我之神，而实为干之败气，且属旬空，中传官星又坐空，命上乘旺相之财爻，入于课传，财爻旺则印爻被克矣。日禄陷空，驿马加干，是以知有丁艰回籍之事也。后果如所占。

考试

庚辰四月庚子日酉时申将，乡友陈立斋，占本科状元落于何省？且系何姓？

戌
酉
申
戌亥午未
亥子未庚
辰巳午未
卯　申
寅　酉
丑子亥戌

断曰：会元应落两湖、广西三省，非陈姓即王姓也。盖因天罡加巳，居翼、轸之分野，是以知在两湖、广西也。未作贵人临干，是以知为陈王等姓也。及阅邸报，仍陈公继昌，广西桂林人。

庚辰四月庚子日亥时申将，陈立斋复占本科状元落于何省、且系何姓？

午
卯
子
午酉寅巳
酉子巳庚
寅卯辰巳
丑　午
子　未
亥戌酉申

断曰：天罡加未，状元应落三辅、滇、黔等处。朱雀乘巳、临干，必陈、朱等姓也。及阅邸报，即陈公继昌。且系三元。余始疑其不验，既而思之，旬首发用，即会元之象也。三奇入传，非三元而何？且干上巳，正荆楚分野也。乃知课之奇妙，非钝根人所能理会。附书于此，以稔来者。

庚辰十月辛亥日巳时寅将，王摄山明府占乃弟在陆院试。

巳

寅

亥

巳申辰未

申亥未辛

寅卯辰巳

丑　　午

子　　未

亥戌酉申

断曰：日德、驿马、长生作官星发用，天喜临干，劫煞入辰，太岁乘朱雀与日相生，主文章高下咸宜。命上寅、年上戌，又与日贵之午作三合，必进无疑。干上未，八数；发用巳，四数。巳有双义，重之亦为八也。后果入[1]泮，第八名。

婚　姻

辛巳五月甲寅日子时申将，绍友陶未或[2]占婚[3]。

戌

午

寅

午戌午戌

戌寅戌甲[4]

丑寅卯辰

子　　巳

亥　　午

戌酉申未

① 校者注：原文“人”。

② 校者注：他本作“永成”。

③ 校者注：原文讹误。

④ 校者注：原文“卯”。

断曰：用合干支，结成火局。但三传逆合，事有不顺。交车互[①]克，格合解离。初传妻财，又受上下夹克，干支二阴神，复作自刑，其中必有人间阻。且男女行年，合中带刑。又女年坐空，空即不能成事也。后果如所占。

孕　产

庚辰九月甲子日寅时辰将，扬友吴益三占六甲。

辰
午
申
辰寅午辰
寅子辰甲
未申酉戌
午　　亥
巳　　子
辰卯寅丑

断曰：所产必男，主十月辰日生产而不育。盖罡加比日，其为生男必矣。甲干以亥水为长生，故知为十月。命上申、年上子，待干上辰之六合来会局，且辰又为胜光所临，是以知为辰日也。嫌发用六合加于寅位，为月之死气所克，恐生而难育耳。后果于是日生，二载而殇。

辛巳十月壬辰日巳时卯将，乡友崔仲和占六甲。

---

① 校者注：原文“孕”。

寅
子
戌
子寅未酉
寅辰酉壬
卯辰巳午
寅　　未
丑　　申
子亥戌酉

断曰：此课三传俱阳，主男。干神一阳二阴，亦男也。又三合缺一，格合虚一待用，主午日当产。干支交车六合，怀胎平安。干神上下[①]相生，产亦顺利。惟[②]有行年上神克其空亡之胎财，恐生而不育耳。果年余而殇。

壬午三月乙酉日辰时酉将，乡友崔仲和为谢[③]为珉妻占六甲。

未
子
巳
未寅寅酉
寅酉酉乙
戌亥子丑
酉　　寅
申　　卯
未午巳辰

断曰：其母必伤，子亦难育。盖因日墓乘死囚之气发用，又斗系日本，不能扶助其日干，且三传递克，初中空陷，支乘胎神、六合加干克干，上门乱首。年命上神，又俱被夹克，是以知其母必伤也。又乙干以巳为子孙，乃乘虎受克，是以知子亦难育也。果产后，母子俱亡。

① 校者注：原文“丁”。
② 校者注：原文“维”。
③ 校者注：原文“课”。据他本校正。

求 财

己卯正月辛酉日辰时亥将，遣人往乡友宋占鳌处借银，占可允否？

亥

午

丑

亥辰子巳

辰酉巳辛

子丑寅卯

亥　　辰

戌　　巳

酉申未午

断曰：三传逆行，干支冲克，先时似无和洽之意；但月将乘青龙发用，又作三奇，中传贵登天门，天财临命入辰，复作六合，太岁作财爻临年，又乘进旺之气，后必允许。后果如所占。

己卯五月丙辰日丑时申将，邵云亭少府占财。

午

丑

申

午亥未子

亥辰子丙

子丑寅卯

亥　　辰

戌　　巳

酉申未午

断曰：此课三传递生，空亡财爻又入墓地，财何能有？且干支上明暗二鬼克日，末传空财，复助其官鬼。又元武发用，传入勾陈，为干之脱气。不惟所求难得，且恐有贪污败名，因财致祸之事。后果如所占。

庚辰五月己未日酉时申将，杭友柳耘圃客楚负欠，央友挽江右金粹然担保，占可允否？

卯

午

午

巳午巳午

午未午己

辰巳午未

卯　　申

寅　　酉

丑子亥戌

断曰：其事必允。盖因龙神乘官星发用，月将乘贵人加临年命。又中末干支，乘建旺之朱雀，生其太岁、日辰。又干支上下，交车俱作六合，巳乘六合、成神，作干支之阴神，主有人明暗吹嘘，其事必成。后果如所占。

庚辰九月丁巳日酉时辰将，杭友柳耘圃遣仆往州城借银，占可允否？

酉

辰

亥

未子酉寅

子巳寅丁

子丑寅卯

亥　　辰

戌　　巳

酉申未午

断曰：财爻乘贵人发用，又系正[①]时。末传亥作三奇。青龙作长生，加临日干。必得允许。但以发用断之，不过六数而已。惟嫌式中天财陷空，驿马又入墓库，使人必空手而回，其银当后时寄来也。后果如所占。

庚辰九月癸亥日未时辰将，绍友余九如占财。

① 校者注：原文“且”。

巳
寅
亥
巳申未戌
申亥戌癸
寅卯辰巳
丑　　午
子　　未
亥戌酉申

断曰：巳作贵人，财爻发用，又乘丁马，财已动极。嫌末传亥遁旬癸，冲克初传之财爻，年命上虽乘午财，又为天将所伤。支上天财，虽为干之长生，又乘元武、劫煞，且干支共争一财。财何能有？后果如所占。

辛巳四月己酉日戌时申将，湖友蔡光德遣人往州城讨取[①]银两，占可即付否?

卯
丑
亥
巳未卯巳
未酉[②]巳己
卯辰巳午
寅　　未
丑　　申
子亥戌酉

断曰：不能即付，当从别处兑交也。盖因龙神乘官星发用，又属[③]旬空，迤逦至末传，始逢财爻。又遥克为用，传将间退，末传亥为图书，主使人持券而回，向别处交兑也。且三传缺未，得支上神凑合，其银必系两次凑成。后果如所占。

---

① 校者注：原文“酉”。
② 校者注：原文“卯”。
③ 校者注：原文讹误。

出　行

辛巳正月己未日申时亥将，王叔臣刺史赴省，出门马毙，因占水道平安否？

亥
戌
戌
丑戌丑戌
戌未戌己
申酉戌亥
未　　子
午　　丑
巳辰卯寅

断曰：干支无伤，水陆平安。惟此行不免有意外之费耳。曰：何以言之？曰：盖因岁破加月破发用，定主财物耗费。且干支俱乘日墓，又作三刑，中末又重刑其干支，是以所为不通，以致意外之财重重耗费也。后果因公事未了[①]，复赴省城，耗其多金。

癸未七月戊戌日酉时巳将，祖拭之买舟赴省，占道上平安否[②]？

寅
戌
午
寅午酉丑
午戌丑戌[③]
丑寅卯辰
子　　巳
亥　　午
戌酉申未

① 校者注：原文“子”。
② 校者注：原文无此字，据他本校补。
③ 校者注：原文“戌”。

断曰：此课三传合局生干，支神上下相生，舟行平安。嫌发用白虎克日，又合中犯煞，支上午为自刑，且系病符，加于行年，恐采可[①]之忧，有所不免耳。果主仆俱有疾而回。

行 人

庚辰十一月戊辰日酉时寅将，当阳裴正纲，占省友袁子仁，何日可到？

寅
未
子
寅酉卯戌
酉辰戌戊
戌亥子丑
酉　　寅
申　　卯
未午巳辰

断曰：人已起程，午日可到。盖因天、驿二马、白虎作官星发用，又系月将，其力甚雄。且寅加酉地，是已度门限也，故知其起程。发用寅，干上戌，待午作三合，是以知为午日到也。后果于壬午[②]日到。

辛巳十月戊戌日申时卯将，任淑渠刺史，占乃弟醴渠公祖赴宁波府新任，可来荆门相晤否？且何日可有信到？

① 校者注：他本作"薪"。
② 校者注：原文"干十"。

子

未

寅

子巳未子

巳戌子戌

子丑寅卯

亥　　辰

戌　　巳

酉申未午

断曰：天马临行年发用，且加楚分，似有迂道而行之象。但坐旬空，则不来矣。干神归支，此时业已回家。正时乘青龙、驿马加临丑地，主子月起程，即赴新任也。天马带天鸡发用，因坐空，须俟出旬后，方有信到。后果如所占。

壬午二[1]月甲[2]辰日申时戌将，李介鳌[3]少府，占新任荆门州郎牧云刺史，何日可到任？

辰

午

申

申[4]午午辰

午辰辰甲

未申酉戌

午　　亥

巳　　子

辰卯寅丑

断曰：斩关[5]发用，又得龙合，白虎入传，理应起程而来。嫌发用坐

---

① 校者注：原文“七”。

② 校者注：原文“午”。

③ 校者注：他本作“鼇”。

④ 校者注：原文“甲”。

⑤ 校者注：原文“开”。

空，主始有阻隔，辰前一位巳乘勾陈，必因案件稽留。又格合回环[①]，主来而又[②]去，且用神离门限甚远，一[③]时岂能到任？曰：何时到？曰：末传白虎、天马，加临午位，必午月寅日到也。果一一如占。

壬午三月戊寅日子时酉将，杭友柳耘圃，占伊子果否来楚[④]，何月可到省？

寅

亥

申

申亥亥寅

亥寅寅戊

寅卯辰巳

丑　　午

子　　未

亥戌酉申

断曰：行人尚未起程，至五月方到，即旋归也。盖因发用未度门限，子爻、驿马、旬空，是以尚未起程。但辰、戌加临年命，又乘天马，必主出来。五月方到者何？发用寅、年上戌，待午作三合，且又为将军加临之地也。因课体回环，故知其来而复去耳。果如所占。

辛巳六月乙巳日未时午将，楚省风[⑤]藩台出京，由襄阳登舟赴任，道经沙洋，家人求[⑥]占何日过境？

---

① 校者注：原文“来”。

② 校者注：原文“人”。

③ 校者注：原文阙。

④ 校者注：原文讹误。

⑤ 校者注：他本作“廉”。

⑥ 校者注：原文“来”。

卯
寅
丑
卯辰寅卯
辰巳卯乙
辰巳午未
卯　　申
寅　　酉
丑子亥戌

断曰：藩台已由水道赴任，毋庸守候矣。盖因退茹逢空，贵人、驿马俱不见于课传，日禄乘飞廉发用，天罡乘天马加支，支为水道，又[①]为任所，且天罡临巳，在日干之前，主其事已过。是以知之：已由水道赴任，毋庸守候也。后果如所占。

辛巳十月戊午日辰时寅将，任淑渠刺史在沙洋，守候本道勘堤，占何日可到？

丑
亥
酉
寅辰丑卯
辰午卯戊
卯辰[②]巳午
寅　　未
丑　　申
子亥戌酉

断曰：道台今日戌时可到，不勘堤，即行也。盖因贵人、飞廉发用，正时天罡加支，白虎、驿马临于戌地，且戌又为发用之墓神。是以知今日戌时可到也。天驿二马不见课传，丑贵旬空，又与明日之日建相冲。是以

① 校者注：原文“天”。
② 校者注：原文“卯”。

知其不勘堤而行也。后果如所占。

音信

辛巳十月壬寅日卯时寅将，乡友戚耐庵占有银信[①]寄家，可已到否？

子
亥
戌
子丑酉戌
丑寅戌壬
辰巳午未
卯　　申
寅　　酉
丑子亥戌

断曰：据此课，银信已到家矣。盖因旺神乘青龙、天鸡发用，又作三奇。中传日禄乘月建临年，天财加干，日财临命。皆银信到家之征也。后果如所占。

癸未六月戊辰日丑时午将，乡友戚耐庵因半载未得家报，占何日有信？

寅
未
子
寅酉卯戌
酉辰戌戌
戌亥子丑
酉　　寅
申　　卯
未午巳辰

断曰：己卯日必有信到，且不止一函。盖因白虎、驿马作信神发用克

① 校者注：原文讹误。

日，朱雀加支作六合。是以知必有信到。年上乘岁月建重迭之贵人，命上乘青龙，入于中末二传。是以知不止一函。卯日者何？盖二马、信神、天鸡等煞，所夹拱之辰也。后己卯日，果并到三函。

趋谒

辛巳正月乙卯日卯时子将，杭友柳耘圃占访友。

丑

戌

未

酉子戌丑

子卯丑乙

寅卯辰巳

丑　　午

子　　未

亥戌酉申

断曰：贵友当有出行之事，此去主半途相见而回。盖因日德阴神见丁神、驿马，故知其有出行之事。传将首尾相冲，初中干支空陷；且乙，主半道言旋。故知为半途而回。干支乘空亡之六合，子午为天地之道路。故知为在途相见也。后果如所占。

癸未七月戊戌日辰时巳将，戚耐庵遣子赴省，访友，求文稿，占能得否？

亥

子

丑

子亥未午

亥戌午戊

午未申酉

巳　　戌

辰　　亥

卯寅丑子

断曰：此课访友必见，文稿亦得。盖因课得连珠三奇，成、会二神全入课传，末传贵人又与命上神六合，必见无疑。朱雀与太岁发用作三合，文稿亦得，毋庸以克岁为嫌也。后果如所占。

捕 亡

己卯五月乙亥[①]日丑时未将，绍友祝慕宗[②]有一仆逃逸，遣人追之，占可回否？

巳
亥
巳
亥巳辰戌
巳亥戌乙
亥子丑寅
戌　　卯
酉　　辰
申未午巳

断曰：据此课，逃奴不复回矣。盖因元武、驿马发用，又乘亡神故也。且德生日刑，天空落陷，定主人不可获。勾陈虽克元武，而元阴实伤勾阴，是阳虽追呼，而阴实为其所制也。其不复回何疑？后果如所占。

壬午四月癸卯日午时酉将，沙洋一民妇携子而逃，其夫挽人求占。

① 校者注：原文“未”。据下文校正。
② 校者注：原文“完”。

酉

子

卯

酉午未辰

午卯辰癸

申酉戌亥

未　　子

午　　丑

巳辰卯寅

断曰：此妇逃往正东方，一十五里外寻之，辰日可获。盖时为日之妻财，加临卯上，是往正东方也。午数九，卯数六，是十五里也。酉作勾陈发用，遥克年上之元武，而勾阴又克元阴，故寻之可获也。干上辰，乘空亡之天后，与发用酉作六合。俟辰日填实，即可获矣。后果如所占。

疾　病

庚辰十二月辛亥日寅时子将，有一柏氏妇，为夫占病。

午

辰

寅

未酉午申

酉亥申辛

卯辰巳午

寅　　未

丑　　申

子亥戌酉

断曰：课得顾祖，丧吊全逢，又末传生助初鬼，克其日干，其凶已极。况妇以官鬼为夫，乃午作丧车，巳乘驿马，且系死气，又为来年之太岁，一交巳年死矣。果于开正，卯日死。卯日者何？以其夫行年见子，子卯相刑也。

辛巳八月庚寅日酉时巳将，秦揆一为同乡全凤三占病。

戌
午
寅

午戌子辰
戌寅辰庚

丑寅卯辰
子　　巳
亥　　午
戌酉申未

断曰：三传合局作鬼，克气日干。病甚沉重，且有旷日持[①]久之患。天医作暗鬼，主医人用药不当。幸午火空亡，年命上又得子孙救神，今冬水旺，可以无忧。但四墓覆生，主痊而复发。明春岁建填实旬空，救神无力，必不免矣。次年二月果死。

辛巳十一月辛未日酉时寅将，乡友吴可亭妻堕胎数日，癸中尚觉震动，向予求占。

巳
戌
卯

巳子申卯
子未卯辛

戌亥子丑
酉　　寅
申　　卯
未午巳辰

断曰：此乃积血所致，并非复有一胎也。盖因卯之胎神，坐于日干之坐乡，命上六合又空，是以知不复有胎也。太岁作日鬼发用，命上又乘血支，是以知有崩漏之症。喜贵人、天医临年，命上神又制其日鬼，可以药

① 校者注：原文“折”。

之而愈。后果如所占。

壬午二月辛卯寅时亥将，全凤三病笃，令乡友沈云程求占。

子

未

子

酉子辰未

子卯未辛

寅卯辰巳

丑　　午

子　　未

亥戌酉申

断曰：癸巳日必死。盖因脱气游魂，自支上发用，且入末传，是反[①]复往来，无非游魂为变也。且白虎、死气临干入传，年命上又乘螣蛇日墓，昴星逢蛇虎，凶不可解。癸巳日，必登鬼录矣。巳日者何？盖病符、日鬼、驿马会聚之辰也。果如所占。

癸未七月癸未日子时午将，崔仲和幼子病笃求占。

未

丑

未

未丑丑未

丑未未癸

亥子丑寅

戌　　卯

酉　　辰

申未午巳

断曰：据此课，明日必死。盖因岁破、太岁克日，全无一点救解，且命乘死气，年乘丧魄，如何能生？况父母占子，岂宜子爻坐空？且被建旺之申虎、劫煞所克，一交明日，旬空填实，其死必矣。后果如所占。

① 校者注：原文"人"。

癸未九月庚辰日未时卯将，张月台[①]在沙得兄病信息，求占。

子
申
辰
申子子辰
子辰辰庚
丑寅卯辰
子　　巳
亥　　午
戌酉申未

断曰：据此课，尔兄必死。盖因螣蛇作暗鬼发用，又系日之死神，且日干、中、末、年、命，俱入空陷之乡。（何以能生？况）兄弟爻空亡，亦与占者不宜。恐此去不能相见矣。（后果如所占。）

公　讼

辛巳二月己酉日巳时戌将，壬师祝荇村占林崎江明府因案在省，吉凶如何？

未[②]
子
巳
未寅巳子
寅酉子己
戌亥子丑
酉　　寅
申　　卯
未午巳辰

① 校者注：原文“长月共”。
② 校者注：原文“亥”。据文意和他本校正。

断曰：此课三传递克，贵临六害，其案已定。全无一点救解。又[①]贵为用克，龙神坐空，且四[②]下克上，名为“无禄”，种种不吉。幸末传白虎、太岁生其日干，降罚之外，尚无大咎耳。后果降二级抵销。

壬午三月戊寅日卯时酉将，郑支塘占同乡韦东乡明府，因公被羁，何日可以出狱？

寅
申
寅
寅申巳亥
申寅亥戌
亥子丑寅
戌　　卯
酉　　辰
申未午巳

断曰：据此课，七月当有出狱之征。盖因皇恩加干，天赦发用，命上乘天罡动神。应有指日出狱之兆。嫌干支内外六害，交车又作六合。是以一时未能，至七月救神乘旺，填实旬空，方能脱身[③]。且申系日鬼之绝地，又为末传之冲[④]神故也。后果如所占。

壬午四月丙午日巳时酉将，王地山明府因案在省，家人求[⑤]占。

---

① 校者注：原文“人”。

② 校者注：原文“酉”。

③ 校者注：原文“旬”。

④ 校者注：原文似“又以”。

⑤ 校者注：原文“米”。

酉
丑
巳
寅戌丑酉
戌午酉丙
酉戌亥子
申　　丑
未　　寅
午巳辰卯

断曰：三合作传，刑干害支，死神加干，蛇墓临辰，式中贵人又受上下之夹克，降革之愆，有所难免。幸中传丑作皇恩，末传德禄建旺，又得天空天、解吉神，化凶为吉，尚可解免耳。后果被参革[①]，旋得问复[②]。

盗贼

癸未三月丙申日丑时酉将，乡友陈菱船少府占捕盗，可能获否？

子
申
辰
子辰酉丑
辰申丑丙
丑寅卯辰
子　　巳
亥　　午
戌酉申未

断曰：此案，贼匪不能即得，至八月方可获也。盖因元武临三合之地，而勾陈反坐空乡，是以一时未能。幸发用日鬼，为干支之勾虎所克，

① 校者注：原文讹误。
② 校者注：他本作“开获”。

勾阴又乘贵人、月将，克其元阴，且系公之年上神，是以可获。八月者何？因勾阴乘酉故也。后果如所占。

癸未七月壬申日午时未将，郎应宿少府占捕盗。

丑
寅
卯
戌酉丑子
酉申子壬
午未申酉
巳　　戌
辰　　亥
卯寅丑子

断曰：此案盗匪，八九月间可获。盖因发用日鬼，被末传所克。又支[①]上勾陈乘旺，遥克中传之元武。故捕之可获。第勾阴为元阴所克，主盗强[②]而捕弱[③]。幸干支首尾相见，盗总无处可逃耳。勾阳酉、勾阴戌，是八九月之间也。九月，果获盗四名。

甲申正月己亥日午时亥将，余三子乡生占失窃。

巳
戌
卯
酉辰巳子
辰亥子己
戌亥子丑
酉　　寅
申　　卯
未午巳辰

① 校者注：原文“交”。
② 校者注：原文“弱”。
③ 校者注：原文似“强”。

断曰：课得铸印，初中空陷，独存末传作鬼。幸太岁作勾陈，入元武之本家，克制元武，其贼必获。但勾阴又生元阴，主捕者终于[①]释放。元卯临戌，其物已入连坐之家。况干上财爻被上下夹克，支阳乘太常为衣服，支阴乘六合为匣盒，俱入空陷之乡，赃物不能获也。后果如所占。

墓穴

辛巳正月甲戌日戌时亥将，乡友陈见吾，占孙大刚总镇南乡墓地风水。

辰

巳

午

子亥辰卯

亥戌卯甲

午未申酉

巳　　戌

辰　　亥

卯寅丑子

断曰：龙神发用，三传引进，干支交车六合，支阴子亥相乘，是已得吉地正穴也。支之阴阳二神，乘太常、白虎，是以先出武职。青龙作日禄，白虎为印爻，朱雀见子孙，建辛为官，内外明堂见旺[②]气财爻，主人丁、富贵俱全。初传日财，中传子爻，遁官星乘雀[③]，定主中代长房出文职官，福泽绵绵，正未有艾也。

辛巳十一月辛未日辰时寅将，沈生应杓占墓地吉凶，不言谁姓坟墓。

---

① 校者注：原文字迹模糊。据他本校。

② 校者注：原文“田”。

③ 校者注：原文“是”。

午

辰

寅

卯巳午申

巳未申辛

卯辰巳午

寅　　未

丑　　申

子亥戌酉

断曰：课得顾祖，其地必系回龙顾祖之局。螣蛇乘巳生支，且作干之长生。支之阴神又生其下神，已得吉地。贵人作官星发用，中传朱雀，主文明，末见财爻。主财、丁、秀俱全。青龙遁乙，勾陈乘寅，作日干之财。主长房、中房最利。白虎空战。惟季房人丁未旺[①]，后知为倪载韩广文祖墓也。

晴　雨

己卯七月戊辰日亥时巳将，余在施南，天雨难行，占何日雨晴？

巳

亥

巳

辰戌巳亥

戌辰亥戌

亥子丑寅

戌　　卯

酉　　辰

申未午巳

断曰：此课太阳发用，罡加季位，且亥水临干，为干神戌土所克，今

① 校者注：原文字迹模糊。

日必晴。但巳上乘亥，明日尚有大雨。本旬丙丁加申酉位上，来旬丙丁加午未位上，午未日以后，必得久晴。后果如所占。

辛巳四月乙酉日寅时[①]酉将，邵子奇相晤聚谈，向晚犹热，因占何日有雨？

亥

午

丑

亥辰午亥

辰酉亥乙

子丑寅卯

亥　　辰

戌　　巳

酉申未午

断曰：明日必有大风雨，且有疾雷。盖因斗罡指酉，酉中有毕宿，好雨。亥遁丁神发用，其势必猛；因坐墓受制，是以今晚无雨。式中神后加巳，上下交战，巳为风门[②]，又为雷煞，遁癸临戌。是以知明日必有大风，且有疾雷也。次日晚，果应。

辛巳十二月壬子日寅时丑将，雪后天色犹阴，崔仲和占可复有雪否？

戌

酉

申

戌亥酉戌

亥子戌壬

辰巳午未

卯　　申

寅　　酉

丑子亥戌

① 校者注：原文“晴”。

② 校者注：原文“伯”。

断曰：明后日必有大风雪。盖因天罡加巳，巳主雪。白[①]虎乘河魁加亥发用，与日干战克；中传酉，乃太阴之本家，且乘雨师、风伯、飞廉三煞。是以知明后日，必有大风雪也。后果如所占。

乙酉五月庚戌日申时未将，余设坛求雨，因占一课。

午
巳
辰

申酉午未
酉戌未庚
辰巳午未
卯　　申
寅　　酉
丑子亥戌

断曰：龙神发用，斗罡指阴。三传虽是火土，喜辰为水库，与正时之申，待子来会局，亥子临子丑位上，主壬癸日小雨，戊己日大雨。壬癸小雨者[②]，以亥子相加也。戊己大雨者，以上下战克也。果应。

杂　占

乙酉四月丁巳日午时酉[③]将，郎牧云刺[④]史，占奉宪开王家营对河淤沙，可能开否？

① 校者注：原文“曰”。
② 校者注：原文“有”。
③ 校者注：原文“门”。
④ 校者注：原文讹误。

申
亥
寅
亥申丑戌
申巳戌丁
申酉戌亥
未　　子
午　　丑
巳辰卯寅

断曰：淤河决不能开。何以言之？干为人，支为地。此课六合发用，三传递生，育其干支。是地不受伤，而人亦不劳其力也。且干神火土相生，支神虽有刑克，然却是长生六合。虽有宪谕，必见难而知止矣。后果如所占。

乙酉十月丁卯日巳时寅将，任淑渠太守，占王家营堤工，何日得成？

子
酉
午
酉子丑辰
子卯辰丁
寅卯辰巳
丑　　午
子　　未
亥戌酉申

断曰：堤工来月即可合龙。盖因发用子水，虽属时令之旺气，幸干阳之辰，干阴之丑，其力足以胜之。且丑又系龙神，与子六合。是以知来月即可合龙也。丑又为皇恩，将乘朱雀。日后工程告竣，锡命之荣，亦已兆于四课中矣。后果如所占。

射 覆

己卯正月丙子[1]日巳时亥将，湖友赵鹿坪袖藏一物，云：试占此系何物？

午

子

午

子午巳亥

午子亥丙

亥子丑寅

戌　　卯

酉　　辰

申未午巳

断曰：三传水火相加，其物必系水火所铸而成。初末皆火，火炎上，首尾必高。中传子水，水就下，其中必污下。龙属木，其形必长。天后亦水神，加午火之上，受其剪熬，则为茶。必茶船也。出袖视之，果然。

癸未九月戊戌日午时卯将，姚守和袖藏一物，请射。

寅

亥

申

辰未亥寅

未戌寅戌

寅卯辰巳

丑　　午

子　　未

亥戌酉申

---

① 校者注：原文阙。据下文校补。

断曰：此必钱也。其数二十有八。盖发用坐空，则以不空者为断。中传亥为丝绳，末传申有钱义。且三传递生，有连而不断之象。亥数四，申[①]数七。上下合[②]算，则二十八也。出袖视之，果钱一串，其数亦符。

① 校者注：原文“中”。
② 校者注：原文“命”。

周易书斋精品书目

书　　名	作　者	定　价	出版社
影印涵芬楼本正统道藏[再造善本;全512函1120册]	[明]张宇初编	280000.00	九州
术藏[全6箱,精装100册]	谢路军主编	58000.00	燕山
道藏[全6箱,精装60册]	谢路军主编	48000.00	九州
焦循文集[全精装18册]	[清]焦循撰	9800.00	九州
邵子全书[全精装15册]	[宋]邵雍撰	9600.00	九州
阳宅三要[宣纸线装一函三册]	[清]赵九峰撰	298.00	华龄
绘图全本鲁班经匠家镜[宣纸线装一函四册]	[周]鲁班著	680.00	华龄
青囊海角经[宣纸线装一函四册]	[晋]郭璞著	680.00	华龄
地理点穴撼龙经[宣纸线装一函三册]	[清]寇宗注	680.00	华龄
秘藏疑龙经大全[宣纸线装一函一册]	[清]寇宗注	280.00	华龄
杨公秘本山法备收[宣纸线装一函一册]	[清]寇宗注	280.00	华龄
校正全本地学答问[宣纸线装一函三册]	[清]魏清江撰	680.00	华龄
赖仙原本催官经[宣纸线装一函一册]	[宋]赖布衣撰	280.00	华龄
赖仙催官篇注[宣纸线装一函一册]	[宋]赖布衣撰	280.00	华龄
尹注赖仙催官篇[宣纸线装一函一册]	[宋]赖布衣撰	280.00	华龄
赖仙心印[宣纸线装一函一册]	[宋]赖布衣撰	280.00	华龄
新刻赖太素天星催官解[宣纸线装一函二册]	[宋]赖布衣撰	480.00	华龄
天机秘传青囊内传[宣纸线装一函一册]	[清]焦循撰	280.00	华龄
阳宅斗首连篇秘授[宣纸线装一函一册]	[明]卢清廉撰	280.00	华龄
精刻编集阳宅真传秘诀[宣纸线装一函二册]	[明]李邦祥撰	480.00	华龄
秘传全本六壬玉连环[宣纸线装一函二册]	[宋]徐次宾撰	480.00	华龄
秘传仙授奇门[宣纸线装一函二册]	[清]湖海居士辑	480.00	华龄
祝由科诸符秘卷祝由科诸符秘旨合刊[宣纸线装一函二册]	[清]郭相经辑	480.00	华龄
校正古本入地眼图说[宣纸线装一函二册]	[宋]辜托长老撰	480.00	华龄
校正全本钻地眼图说[宣纸线装一函二册]	[宋]辜托长老撰	480.00	华龄
赖公七十二葬法[宣纸线装一函二册]	[宋]赖布衣撰	480.00	华龄
新刻杨筠松秘传开门放水阴阳捷径[宣纸线装一函二册]	[唐]杨筠松撰	480.00	华龄
校正古本地理五诀[宣纸线装一函二册]	[清]赵九峰撰	480.00	华龄
重校古本地理雪心赋[宣纸线装一函二册]	[唐]卜应天撰	480.00	华龄

书　　名	作　者	定　价	出版社
宋国师吴景鸾先天后天理气心印补注[宣纸线装一函一册]	[宋]吴景鸾撰	280.00	华龄
新刊宋国师吴景鸾秘传夹竹梅花院纂[宣纸线装一函二册]	[宋]吴景鸾撰	480.00	华龄
连山[宣纸线装一函一册]	[清]马国翰辑	280.00	华龄
归藏[宣纸线装一函一册]	[清]马国翰辑	280.00	华龄
周易虞氏义笺订[宣纸线装一函六册]	[清]李翊灼订	1180.00	华龄
周易参同契通真义[宣纸线装一函二册]	[后蜀]彭晓撰	480.00	华龄
御制周易[宣纸线装一函三册]	武英殿影宋本	680.00	华龄
宋刻周易本义[宣纸线装一函四册]	[宋]朱熹撰	980.00	华龄
易学启蒙[宣纸线装一函二册]	[宋]朱熹撰	480.00	华龄
易余[宣纸线装一函二册]	[明]方以智撰	480.00	九州
明抄真本梅花易数[宣纸线装一函三册]	[宋]邵雍撰	480.00	九州
古本皇极经世书[宣纸线装一函三册]	[宋]邵雍撰	980.00	九州
奇门鸣法[宣纸线装一函二册]	[清]龙伏山人撰	680.00	华龄
奇门衍象[宣纸线装一函二册]	[清]龙伏山人撰	480.00	华龄
奇门枢要[宣纸线装一函二册]	[清]龙伏山人撰	480.00	华龄
奇门仙机[宣纸线装一函三册]	王力军校订	298.00	华龄
奇门心法秘纂[宣纸线装一函三册]	王力军校订	298.00	华龄
御定奇门秘诀[宣纸线装一函三册]	[清]湖海居士辑	680.00	华龄
龙伏山人存世文稿[宣纸线装五函十册]	[清]矫子阳撰	2800.00	九州
奇门遁甲鸣法[宣纸线装一函二册]	[清]矫子阳撰	680.00	九州
奇门遁甲衍象[宣纸线装一函二册]	[清]矫子阳撰	480.00	九州
奇门遁甲枢要[宣纸线装一函二册]	[清]矫子阳撰	480.00	九州
遁甲括囊集[宣纸线装一函三册]	[清]矫子阳撰	980.00	九州
增注蒋公古镜歌[宣纸线装一函一册]	[清]矫子阳撰	180.00	九州
宫藏奇门大全[线装五函二十五册]	[清]湖海居士辑	6800.00	星易
遁甲奇门秘传要旨大全[线装二函十册]	[清]范阳耐寒子辑	6200.00	星易
增广神相全编[线装一函四册]	[明]袁珙订正	980.00	星易
遁甲奇门捷要[宣纸线装一函一册]	[清]杨景南编	380.00	故宫
奇门遁甲备览[宣纸线装一函二册]	清顺治抄本	760.00	故宫
六壬类聚[宣纸线装一函四册]	[清]纪大奎撰	1520.00	故宫
订正六壬金口诀[宣纸线装一函六册]	[清]巫国匡辑	1280.00	华龄
六壬神课金口诀[宣纸线装一函三册]	[明]适适子撰	298.00	华龄
改良三命通会[宣纸线装一函四册,第二版]	[明]万民英撰	980.00	华龄
增补选择通书玉匣记[宣纸线装一函二册]	[晋]许逊撰	480.00	华龄

书　　名	作　　者	定　　价	出版社
增补四库青乌辑要[宣纸线装全 18 函 59 册]	郑同校	11680.00	九州
第 1 种:宅经[宣纸线装 1 册]	[署]黄帝撰	180.00	九州
第 2 种:葬书[宣纸线装 1 册]	[晋]郭璞撰	220.00	九州
第 3 种:青囊序青囊奥语天玉经[宣纸线装 1 册]	[唐]杨筠松撰	220.00	九州
第 4 种:黄囊经[宣纸线装 1 册]	[唐]杨筠松撰	220.00	九州
第 5 种:黑囊经[宣纸线装 2 册]	[唐]杨筠松撰	380.00	九州
第 6 种:锦囊经[宣纸线装 1 册]	[晋]郭璞撰	200.00	九州
第 7 种:天机贯旨红囊经[宣纸线装 2 册]	[清]李三素撰	380.00	九州
第 8 种:玉函天机素书/至宝经[宣纸线装 1 册]	[明]董德彰撰	200.00	九州
第 9 种:天机一贯[宣纸线装 2 册]	[清]李三素撰辑	380.00	九州
第 10 种:撼龙经[宣纸线装 1 册]	[唐]杨筠松撰	200.00	九州
第 11 种:疑龙经葬法倒杖[宣纸线装 1 册]	[唐]杨筠松撰	220.00	九州
第 12 种:疑龙经辨正[宣纸线装 1 册]	[唐]杨筠松撰	200.00	九州
第 13 种:寻龙记太华经[宣纸线装 1 册]	[唐]曾文辿撰	220.00	九州
第 14 种:宅谱要典[宣纸线装 2 册]	[清]铣溪野人校	380.00	九州
第 15 种:阳宅必用[宣纸线装 2 册]	心灯大师校订	380.00	九州
第 16 种:阳宅撮要[宣纸线装 2 册]	[清]吴鼒撰	380.00	九州
第 17 种:阳宅正宗[宣纸线装 1 册]	[清]姚承舆撰	200.00	九州
第 18 种:阳宅指掌[宣纸线装 2 册]	[清]黄海山人撰	380.00	九州
第 19 种:相宅新编[宣纸线装 1 册]	[清]焦循校刊	240.00	九州
第 20 种:阳宅井明[宣纸线装 2 册]	[清]邓颖出撰	380.00	九州
第 21 种:阴宅井明[宣纸线装 1 册]	[清]邓颖出撰	220.00	九州
第 22 种:灵城精义[宣纸线装 2 册]	[南唐]何溥撰	380.00	九州
第 23 种:龙穴砂水说[宣纸线装 1 册]	清抄秘本	180.00	九州
第 24 种:三元水法秘诀[宣纸线装 2 册]	清抄秘本	380.00	九州
第 25 种:罗经秘传[宣纸线装 2 册]	[清]傅禹辑	380.00	九州
第 26 种:穿山透地真传[宣纸线装 2 册]	[清]张九仪撰	380.00	九州
第 27 种:催官篇发微论[宣纸线装 2 册]	[宋]赖文俊撰	380.00	九州
第 28 种:入地眼神断要诀[宣纸线装 2 册]	清抄秘本	380.00	九州
第 29 种:玄空大卦秘断[宣纸线装 1 册]	清抄秘本	200.00	九州
第 30 种:玄空大五行真传口诀[宣纸线装 1 册]	[明]蒋大鸿等撰	220.00	九州
第 31 种:杨曾九宫颠倒打劫图说[宣纸线装 1 册]	[唐]杨筠松撰	200.00	九州
第 32 种:乌兔经奇验经[宣纸线装 1 册]	[唐]杨筠松撰	180.00	九州
第 33 种:挨星考注[宣纸线装 1 册]	[清]汪董缘订定	260.00	九州
第 34 种:地理挨星说汇要[宣纸线装 1 册]	[明]蒋大鸿撰辑	220.00	九州

书　　名	作　者	定　价	出版社
第 35 种:地理捷诀[宣纸线装 1 册]	[清]傅禹辑	200.00	九州
第 36 种:地理三仙秘旨[宣纸线装 1 册]	清抄秘本	200.00	九州
第 37 种:地理三字经[宣纸线装 3 册]	[清]程思乐撰	580.00	九州
第 38 种:地理雪心赋注解[宣纸线装 2 册]	[唐]卜则嵬撰	380.00	九州
第 39 种:蒋公天元余义[宣纸线装 1 册]	[明]蒋大鸿等撰	220.00	九州
第 40 种:地理真传秘旨[宣纸线装 3 册]	[唐]杨筠松撰	580.00	九州
增补四库未收方术汇刊第一辑(全 28 函)	线装影印本	11800.00	九州
第一辑 01 函:火珠林·卜筮正宗	[宋]麻衣道者著	340.00	九州
第一辑 02 函:全本增删卜易·增删卜易真诠	[清]野鹤老人撰	720.00	九州
第一辑 03 函:渊海子平音义评注·子平真诠·命理易知	[明]杨淙增校	360.00	九州
第一辑 04 函:滴天髓:附滴天秘诀·穷通宝鉴:附月谈赋	[宋]京图撰	360.00	九州
第一辑 05 函:参星秘要诹吉便览·玉函斗首三台通书·精校三元总录	[清]俞荣宽撰	460.00	九州
第一辑 06 函:陈子性藏书	[清]陈应选撰	580.00	九州
第一辑 07 函:崇正辟谬永吉通书·选择求真	[清]李奉来辑	500.00	九州
第一辑 08 函:增补选择通书玉匣记·永宁通书	[晉]许逊撰	400.00	九州
第一辑 09 函:新增阳宅爱众篇	[清]张觉正撰	480.00	九州
第一辑 10 函:地理四弹子·地理铅弹子砂水要诀	[清]张九仪注	320.00	九州
第一辑 11 函:地理五诀	[清]赵九峰著	200.00	九州
第一辑 12 函:地理直指原真	[清]释如玉撰	280.00	九州
第一辑 13 函:宫藏真本入地眼全书	[宋]释静道著	680.00	九州
第一辑 14 函:罗经顶门针·罗经解定·罗经透解	[明]徐之镆撰	360.00	九州
第一辑 15 函:校正详图青囊经·平砂玉尺经·地理辨正疏	[清]王宗臣著	300.00	九州
第一辑 16 函:一贯堪舆	[明]唐世友辑	240.00	九州
第一辑 17 函:阳宅大全·阳宅十书	[明]一壑居士集	600.00	九州
第一辑 18 函:阳宅大成五种	[清]魏青江撰	600.00	九州
第一辑 19 函:奇门五总龟·奇门遁甲统宗大全·奇门遁甲元灵经	[明]池纪撰	500.00	九州
第一辑 20 函:奇门遁甲秘笈全书	[明]刘伯温辑	280.00	九州
第一辑 21 函:奇门庐中阐秘	[汉]诸葛武侯撰	600.00	九州
第一辑 22 函:奇门遁甲元机·太乙秘书·六壬大占	[宋]岳珂纂辑	360.00	九州
第一辑 23 函:性命圭旨	[明]尹真人撰	480.00	九州

书名	作者	定价	出版社
第一辑 24 函:紫微斗数全书	[宋]陈抟撰	200.00	九州
第一辑 25 函:千镇百镇桃花镇	[清]云石道人校	220.00	九州
第一辑 26 函:清抄真本祝由科秘诀全书·轩辕碑记医学祝由十三科	[上古]黄帝传	800.00	九州
第一辑 27 函:增补秘传万法归宗	[唐]李淳风撰	160.00	九州
第一辑 28 函:神机灵数一掌经金钱课·牙牌神数七种·珍本演禽三世相法	[清]诚文信校	440.00	九州
增补四库未收方术汇刊第二辑(全 36 函)	线装影印本	13800.00	九州
第二辑第 1 函:六爻断易一撮金·卜易秘诀海底眼	[宋]邵雍撰	200.00	九州
第二辑第 2 函:秘传子平渊源	燕山郑同校辑	280.00	九州
第二辑第 3 函:命理探原	[清]袁树珊撰	280.00	九州
第二辑第 4 函:命理正宗	[明]张楠撰集	180.00	九州
第二辑第 5 函:造化玄钥	庄圆校补	220.00	九州
第二辑第 6 函:命理寻源·子平管见	[清]徐乐吾撰	280.00	九州
第二辑第 7 函:京本风鉴相法	[明]回阳子校辑	380.00	九州
第二辑第 8—9 函:钦定协纪辨方书 8 册	[清]允禄编	780.00	九州
第二辑第 10—11 函:鳌头通书 10 册	[明]熊宗立撰辑	880.00	九州
第二辑第 12—13 函:象吉通书	[清]魏明远撰辑	1080.00	九州
第二辑第 14 函:选择宗镜·选择纪要	[朝鲜]南秉吉撰	360.00	九州
第二辑第 15 函:选择正宗	[清]顾宗秀撰辑	480.00	九州
第二辑第 16 函:仪度六壬选日要诀	[清]张九仪撰	680.00	九州
第二辑第 17 函:葬事择日法	郑同校辑	280.00	九州
第二辑第 18 函:地理不求人	[清]吴明初撰辑	240.00	九州
第二辑第 19 函:地理大成一:山法全书	[清]叶九升撰	680.00	九州
第二辑第 20 函:地理大成二:平阳全书	[清]叶九升撰	360.00	九州
第二辑第 21 函:地理大成三:地理六经注·地理大成四:罗经指南拔雾集·地理大成五:理气四诀	[清]叶九升撰	300.00	九州
第二辑第 22 函:地理录要	[明]蒋大鸿撰	480.00	九州
第二辑第 23 函:地理人子须知	[明]徐善继撰	480.00	九州
第二辑第 24 函:地理四秘全书	[清]尹一勺撰	380.00	九州
第二辑第 25—26 函:地理天机会元	[明]顾陵冈辑	1080.00	九州
第二辑第 27 函:地理正宗	[清]蒋宗城校订	280.00	九州
第二辑第 28 函:全图鲁班经	[明]午荣编	280.00	九州
第二辑第 29 函:秘传水龙经	[明]蒋大鸿撰	480.00	九州
第二辑第 30 函:阳宅集成	[清]姚廷銮纂	480.00	九州

书　　名	作　者	定　价	出版社
第二辑第 31 函:阴宅集要	[清]姚廷銮纂	240.00	九州
第二辑第 32 函:辰州符咒大全	[清]觉玄子辑	480.00	九州
第二辑第 33 函:三元镇宅灵符秘箓·太上洞玄祛病灵符全书	[明]张宇初编	240.00	九州
第二辑第 34 函:太上混元祈福解灾三部神符	[明]张宇初编	360.00	九州
第二辑第 35 函:测字秘牒·先天易数·冲天易数/马前课	[清]程省撰	360.00	九州
第二辑第 36 函:秘传紫微	古朝鲜抄本	240.00	九州
中国风水史	傅洪光撰	32.00	九州
古本催官篇集注	李佳明校注	48.00	九州
增广沈氏玄空学	郑同点校	68.00	华龄
增广高岛易断(精装上下)	(清)王治本编译	198.00	华龄
地理点穴撼龙经	郑同点校	32.00	华龄
绘图地理人子须知(上下)	郑同点校	78.00	华龄
玉函通秘	郑同点校	48.00	华龄
绘图入地眼全书	郑同点校	28.00	华龄
绘图地理五诀	郑同点校	48.00	华龄
一本书弄懂风水	郑同著	48.00	华龄
风水罗盘全解	傅洪光著	58.00	华龄
堪舆精论	胡一鸣著	29.80	华龄
堪舆的秘密	宝通著	36.00	华龄
中国风水学初探	曾涌哲	58.00	华龄
全息太乙	李德润著	68.00	华龄
时空太乙	李德润著	68.00	华龄
故宫珍本六壬三书(上下)	张越点校	128.00	华龄
大六壬通解(全三册)	叶飘然著	168.00	华龄
壬占汇选(精抄历代六壬占验汇选)	肖岱宗点校	48.00	华龄
大六壬指南	郑同点校	28.00	华龄
六壬金口诀指玄	郑同点校	28.00	华龄
大六壬寻源编[全三册]	[清]周螭辑录	180.00	华龄
六壬辨疑　毕法案录	郑同点校	32.00	华龄
时空太乙(修订版)	李德润著	68.00	华龄
全息太乙(修订版)	李德润著	68.00	华龄
大六壬断案疏证	刘科乐著	58.00	华龄
六壬时空	刘科乐著	68.00	华龄

书　　名	作　者	定　价	出版社
飞盘奇门:鸣法体系校释(精装上下)	刘金亮撰	198.00	九州
御定奇门宝鉴	郑同点校	58.00	华龄
御定奇门阳遁九局	郑同点校	78.00	华龄
御定奇门阴遁九局	郑同点校	78.00	华龄
奇门秘占合编:奇门庐中阐秘·四季开门	[汉]诸葛亮撰	68.00	华龄
奇门探索录	郑同编订	38.00	华龄
奇门遁甲秘笈大全	郑同点校	48.00	华龄
奇门旨归	郑同点校	48.00	华龄
奇门法窍	[清]锡孟樨撰	48.00	华龄
奇门精粹——奇门遁甲典籍大全	郑同点校	68.00	华龄
珞琭子三命消息赋古注通疏(精装上下)	一明　注疏	168.00	华龄
御定子平	郑同点校	48.00	华龄
增补星平会海全书	郑同点校	68.00	华龄
五行精纪:命理通考五行渊微	郑同点校	38.00	华龄
青囊汇刊 1:青囊秘要	[晋]郭璞等撰	48.00	华龄
青囊汇刊 2:青囊海角经	[晋]郭璞等撰	48.00	华龄
青囊汇刊 3:阳宅十书	[明] 王君荣撰	48.00	华龄
青囊汇刊 4:秘传水龙经	[明]蒋大鸿撰	68.00	华龄
青囊汇刊 5:管氏地理指蒙	[三国]管辂撰	48.00	华龄
子平汇刊 1:渊海子平大全	[宋]徐子平撰	48.00	华龄
子平汇刊 2:秘本子平真诠	[清]沈孝瞻撰	38.00	华龄
子平汇刊 3:命理金鉴	[清]志于道撰	38.00	华龄
子平汇刊 4:秘授滴天髓阐微	[清]任铁樵注	48.00	华龄
子平汇刊 5:穷通宝鉴评注	[清]徐乐吾注	48.00	华龄
子平汇刊 6:神峰通考命理正宗	[明]张楠撰	38.00	华龄
子平汇刊 7:新校命理探原	[清]袁树珊撰	48.00	华龄
子平汇刊 8:重校绘图袁氏命谱	[清]袁树珊撰	68.00	华龄
纳甲汇刊 1:校正全本增删卜易	郑同点校	68.00	华龄
纳甲汇刊 2:校正全本卜筮正宗	郑同点校	48.00	华龄
纳甲汇刊 3:校正全本易隐	郑同点校	48.00	华龄
纳甲汇刊 4:校正全本易冒	郑同点校	48.00	华龄
纳甲汇刊 5:校正全本易林补遗	郑同点校	38.00	华龄
纳甲汇刊 6:校正全本卜筮全书	郑同点校	68.00	华龄

书　　名	作　者	定　价	出版社
子平精粹 1:官板音义详注渊海子平(精)	郑同点校	98.00	华龄
子平精粹 2:秘授滴天髓阐微(精)	郑同点校	98.00	华龄
子平精粹 3:命理秘本穷通宝鉴(精)	郑同点校	98.00	华龄
子平精粹 4:神峰通考命理正宗(精)	郑同点校	98.00	华龄
子平精粹 5:子平真诠、命理约言(精)	郑同点校	98.00	华龄
京氏易精粹 1:火珠林·黄金策(精)	郑同点校	98.00	华龄
京氏易精粹 2:易林补遗、周易尚占(精)	郑同点校	98.00	华龄
京氏易精粹 3:校正增删卜易(精)	郑同点校	98.00	华龄
京氏易精粹 4:野鹤老人占卜全书(精)	郑同点校	98.00	华龄
京氏易精粹 5:易隐、易冒(精)	郑同点校	98.00	华龄
古今图书集成术数丛刊:卜筮(全二册)	[清]陈梦雷辑	80.00	华龄
古今图书集成术数丛刊:堪舆(全二册)	[清]陈梦雷辑	120.00	华龄
古今图书集成术数丛刊:相术(全一册)	[清]陈梦雷辑	60.00	华龄
古今图书集成术数丛刊:选择(全一册)	[清]陈梦雷辑	50.00	华龄
古今图书集成术数丛刊:星命(全三册)	[清]陈梦雷辑	180.00	华龄
古今图书集成术数丛刊:术数(全三册)	[清]陈梦雷辑	200.00	华龄
四库全书术数初集(全四册)	郑同点校	200.00	华龄
四库全书术数二集(全三册)	郑同点校	150.00	华龄
四库全书术数三集:钦定协纪辨方书(全二册)	郑同点校	98.00	华龄
增补鳌头通书大全(全三册)	[明]熊宗立撰辑	180.00	华龄
增补象吉备要通书大全(全三册)	[清]魏明远撰辑	180.00	华龄
绘图三元总录	郑同编校	48.00	华龄
绘图全本玉匣记	郑同编校	32.00	华龄
周易正解:小成图预测学讲义	霍斐然著	68.00	华龄
周易初步:易学基础知识 36 讲	张绍金著	32.00	华龄
周易与中医养生:医易心法	成铁智著	32.00	华龄
增补校正邵康节先生梅花周易数全集	[宋]邵雍撰	58.00	华龄
梅花心易阐微	[清]杨体仁撰	48.00	华龄
梅花易数讲义	郑同著	58.00	华龄
白话梅花易数	郑同编著	30.00	华龄
一本书读懂易经	郑同著	38.00	华龄
白话易经	郑同编著	38.00	华龄
周易象数学(精装)	冯昭仁著	98.00	华龄

书　　名	作　者	定　价	出版社
知易术数学:开启术数之门	赵知易著	48.00	华龄
术数入门——奇门遁甲与京氏易学	王居恭著	48.00	华龄
壬奇要略(全5册:大六壬集应钤3册,大六壬口诀纂1册,御定奇门秘纂1册)	肖岱宗郑同点校	300.00	九州
白话高岛易断(上下)	[日]高岛嘉右卫门	128.00	九州
周易虞氏义笺订(上下)	[清]李翊灼校订	78.00	九州
周易明义	邸勇强著	73.00	九州
论语明义	邸勇强著	37.00	九州
统天易数	秦宗臻著	68.00	城市
润德堂丛书六种:新命理探原	袁树珊著	30.00	燕山
润德堂丛书六种:命谱	袁树珊著	60.00	燕山
润德堂丛书六种:大六壬探原	袁树珊著	30.00	燕山
润德堂丛书六种:选吉探原	袁树珊著	30.00	燕山
润德堂丛书六种:中西相人探原	袁树珊著	30.00	燕山
润德堂丛书六种:述卜筮星相学	袁树珊著	30.00	燕山
天星姓名学	侯景波著	38.00	燕山
解梦书	郑同、傅洪光著	58.00	燕山